博士后文库

中国博士后科学基金资助出版

基于计算思维的集装箱码头物流系统建模仿真与控制决策

李　斌　李文锋　杨家其　著

科学出版社

北　京

内 容 简 介

集装箱码头物流系统(container terminal logistics system,CTLS)的控制决策是其装卸作业的灵魂,具有高度的非线性、随机性、动态性、耦合性和复杂性。现有的运筹规划、系统仿真、智能优化和基于仿真的优化等方法对于 CTLS 的调度决策都有一定的局限性,且缺乏通用性,所提出的数学模型和优化算法的可移植性不强,故无论是从理论研究还是从工程实践的角度来看,都亟须新的研究思路和解决方案。本书从计算思维(computational thinking)的角度重新审视了 CTLS 的计划调度,将集装箱码头内的装卸作业看做一种广义的"计算",提出了利用计算机体系结构、操作系统任务调度和资源分配思想展开对 CTLS 建模的基础理论,给出了基于计算思维对 CTLS 进行建模仿真和决策优化的系统方法。在此理论框架下,面向集装箱码头的单个作业环节和协同作业生产调度,进行了大量的仿真实验和数据分析,验证了所提理论方法的可行性、可信性、适用性与优越性。

本书是利用计算思维对复杂交通/物流系统进行建模优化与计算实验的一次重要尝试,研究视角较为独特,具有一定的创新和学术价值,可作为交通运输工程、物流工程与管理、工业工程等专业教师、博士后、研究生的参考书,也可供从事交通运输工程、物流工程与管理、工业工程等专业研究方向的专业技术人员参考。

图书在版编目(CIP)数据

基于计算思维的集装箱码头物流系统建模仿真与控制决策/李斌,李文锋,杨家其著. —北京:科学出版社,2016
(博士后文库)
ISBN 978-7-03-050304-6

Ⅰ.①基… Ⅱ.①李… ②李… ③杨… Ⅲ.①集装箱码头-物流-物资管理-系统仿真 ②集装箱码头-物流-物资管理-系统建模 Ⅳ.①U656.1

中国版本图书馆 CIP 数据核字(2016)第 257988 号

责任编辑:姚庆爽 / 责任校对:郭瑞芝
责任印制:张 伟 / 封面设计:陈 敬

科 学 出 版 社 出版
北京东黄城根北街 16 号
邮政编码:100717
http://www.sciencep.com

北京教图印刷有限公司印刷
科学出版社发行 各地新华书店经销
*
2016 年 10 月第 一 版 开本:720×1000 B5
2016 年 10 月第一次印刷 印张:19 3/4
字数:400 000
定价:110.00 元
(如有印装质量问题,我社负责调换)

《博士后文库》编委会名单

《博士后文库》序言

博士后制度已有一百多年的历史。世界上普遍认为,博士后研究经历不仅是博士们在取得博士学位后找到理想工作前的过渡阶段,而且也被看成是未来科学家职业生涯中必要的准备阶段。中国的博士后制度虽然起步晚,但已形成独具特色和相对独立、完善的人才培养和使用机制,成为造就高水平人才的重要途径,它已经并将继续为推进中国的科技教育事业和经济发展发挥越来越重要的作用。

中国博士后制度实施之初,国家就设立了博士后科学基金,专门资助博士后研究人员开展创新探索。与其他基金主要资助"项目"不同,博士后科学基金的资助目标是"人",也就是通过评价博士后研究人员的创新能力给予基金资助。博士后科学基金针对博士后研究人员处于科研创新"黄金时期"的成长特点,通过竞争申请、独立使用基金,使博士后研究人员树立科研自信心,塑造独立科研人格。经过 30 年的发展,截至 2015 年底,博士后科学基金资助总额约 26.5 亿元人民币,资助博士后研究人员 5 万 3 千余人,约占博士后招收人数的 1/3。截至 2014 年底,在我国具有博士后经历的院士中,博士后科学基金资助获得者占 72.5%。博士后科学基金已成为激发博士后研究人员成才的一颗"金种子"。

在博士后科学基金的资助下,博士后研究人员取得了众多前沿的科研成果。将这些科研成果出版成书,既是对博士后研究人员创新能力的肯定,也可以激发在站博士后研究人员开展创新研究的热情,同时也可以使博士后科研成果在更广范围内传播,更好地为社会所利用,进一步提高博士后科学基金的资助效益。

中国博士后科学基金会从 2013 年起实施博士后优秀学术专著出版资助工作。经专家评审,评选出博士后优秀学术著作,中国博士后科学基金会资助出版费用。专著由科学出版社出版,统一命名为《博士后文库》。

资助出版工作是中国博士后科学基金会"十二五"期间进行基金资助改革的一项重要举措,虽然刚刚起步,但是我们对它寄予厚望。希望通过这项工作,使博士后研究人员的创新成果能够更好地服务于国家创新驱动发展战略,服务于创新型国家的建设,也希望更多的博士后研究人员借助这颗"金种子"迅速成长为国家需要的创新型、复合型、战略型人才。

中国博士后科学基金会理事长

序

《基于计算思维的集装箱码头物流系统建模仿真与控制决策》的书稿摆在我的案头,给我带来了一份惊喜。这是我全程见证的一位年轻学者及其所在研究团队过去十年承担国家"十一五"科技支撑计划课题、国家自然科学基金、中国博士后科学基金项目等,对汉堡港、上海港、广州港、宁波港、厦门港、福州港、重庆港和武汉港集装箱码头实地调查和研究所取得成果的结晶。这部专著的样稿经中国博士后科学基金会《博士后文库》编委会严格初审、专家评议、科学出版社选题论证,获得2015年度博士后优秀学术专著出版资助,由科学出版社出版发行。我愿意向读者推荐这部著作。

现代港口作为国际物流系统中的核心节点,是远洋、内河船舶以及内陆运输的枢纽,也是各种信息、经济和技术的汇集点,既是货物运输系统的集散站,又是转换货物运输方式的缓冲池。CTLS是以集装箱为对象,由装卸作业系统、生产调度系统和管理信息系统组成的高度复杂的物流系统,包括装卸和运输设备、信息读取、传输及处理设备、集装箱堆存区域、船舶停靠区域和控制与调度系统等。现代集装箱码头物流系统(container terminal logistics system,CTLS)的建模优化与控制决策研究已经成为交通运输工程、物流工程与管理以及工业工程领域的重要研究方向。

现代CTLS具有以下特征:其体系结构复杂,公路、铁路、海运等多种集疏运方式并行作业时,既要确保每种集疏运方式具有专用的作业和存储空间、设施设备资源,彼此之间又需要能共享空间和资源,这样,码头的设施布局和系统结构非常复杂;是一个典型复杂多环节、并发性强的多维空间作业离散事件动态系统(discrete element dynamic system,DEDS),需用一组离散状态方程来描述其动态特性;是分布式控制系统(distributed control system,DCS)和多层次并行处理系统(multi-level parallel processing system,MPPS),涉及多种作业设备和服务资源,各设备及资源均有特定的计划、调度、控制、决策逻辑和模式;涉及物流、信息、调度等多种建模和优化技术,系统运行时存在并行、协调、竞争、博弈和同步/异步等多种关系;是一个典型的排队系统,到港船舶在满足泊位适应情况下除特殊物资优先考虑,一般按照先到先服务(FCFS)的原则进行处理;是资源动态重构服务系统,需要敏捷高效地进行泊位、岸桥、集卡、场桥和堆场的资源分配,按照作业面形成实时动态的装卸运输生产作业线;装卸工艺多样、生产调度复杂,同一码头有几种不同的作业模式并存,同一设备在作业周期内需要完成进口/出口箱、中转箱、内部周转箱或客户提箱等多类操作,应尽量减少设备空转,提高各作业环节的并行性与协同性;尽量便于到港集装箱的集疏运作业;随机性强、柔性差、设备作业时间不确定、搬运设备之间协调性要求高,复杂多变的海洋气候环境和越来越个性化的客户需求,特别是某些根据潮汐规律作业的港口,增加了 CTLS 系统的随机性;集疏运作业时吊运设备没有缓冲区,运输车辆装卸站的缓冲区容量很小,致使系统柔性差,特别是在多作业线并行时,易发生死锁和冲突现象。

基于以上诸点,要求现代 CTLS 应具有合理的布局和先进、优化的集装箱装卸工艺,这是综合评价码头经济效益的基础。

现代 CTLS 本质上是一个信息物理系统(cyber-physical systems,CPS)和智能物流枢纽,这为 CTLS 的计划调度和控制决策引入新的优化思路提供了技术支撑,并奠定了其理论基础。

作者在这部专著中介绍了集装箱运输、集装箱码头物流系统,阐述了集装箱码头物流系统的建模与决策方法、决策对象的研究现状、研究趋势和共性关键问题;针对港口航运业的发展趋势和集装箱码头作业的实际需求,在计算思维和复杂系统的理论框架下,重新诠释"计算物流"的定义,集成计算机科学中体系结构、组成原理和操作系统的思想,融合分布式计算、并行计算、异构计算、可重构计算原理,对 CTLS 的建模优化与调度决策的理论和方法进行了系统深入的研究,具有重要的理论意义与实际应用价值,广大作者阅读以后一定会感到有些别开生面,一定会感到有所收获。

该书的出版是作者利用计算思维对复杂交通/物流系统进行建模优化与计算实验的一次成功的尝试。相信作者将不断拓展相应的研究方法、计算框架和决策模式,为集装箱港口的生产计划调度系统和智能决策支持系统的设计与实现提供更加坚实、完备的理论支撑,进一步提高我国集装箱港口的规划、设计、计划、调度和决策的水平和竞争力,为我国"一带一路"和自由贸易区战略的顺利实施贡献自己的聪明才智。

2016 年仲夏于武汉理工大学百花园

前　言

本书是过去十年间作者及其研究团队对集装箱码头实地调研和研究工作的全面回顾与系统总结。作者及其研究团队在分析集装箱码头物流系统(container terminal logistics system, CTLS)的平面布局、装卸工艺、设备配置、计划调度和控制决策的基础上，面向计算思维(computational thinking)，融合交通运输工程、物流工程、系统工程、软件工程、工业工程的科学思想和方法，将集装箱码头内的装卸作业看做一种广义的"计算"，首先引出集装箱码头集成服务系统(container termi-nal integrated service systems, CTISS)的概念；继而将经典的精确计算和分布式控制架构——计算机体系结构和基于 Agent 的计算设计思想和方法体系相融合，以描述和建模 CTLS，得出一种新的 CTLS 整体建模和调度决策思想；随后基于计算机和自动化科学的思想方法，为 CTLS 的滚动计划、集成调度、协同控制和智能决策提出新的计算框架和算法模式族，并利用一系列典型生产实例进行大量的计算实验，验证相关的建模思想和决策范式。

基于计算思维对 CTLS 进行复合建模和决策优化是一条有别于传统的运筹规划、系统仿真、智能优化和基于仿真的优化的较新的应用基础研究思路和工程实践的解决路径。在过去的十年间，本书的第一作者一直致力于利用计算思维和相似理论对集装箱港口的生产调度和控制决策进行理论分析及应用基础研究。在先后考察汉堡港、上海港、广州港、宁波港、厦门港、福州港、重庆港和武汉港等多个有代表性的集装箱码头基础上，进行了大量的仿真实验和数据分析，对所提出的建模思想、决策框架、控制模式、调度算法和计算范式进行了验证、分析和修正。相关研究工作主要围绕国家"十一五"科技支撑计划课题：现代物流综合管理关键技术与平台(批准号：2006BAH02A06，骨干成员，按时结题)；国家自然科学基金：面向同贝同步装卸的集装箱码头前沿集成生产调度计算实验(批准号：61304210，主持，在研)；教育部人文社会科学研究一般项目：不确定环境下集装箱码头生产调度的复合模型、优化策略及其计算实现(批准号：11YJC630089，主持，免于鉴定结题)；中国博士后科学基金：集装箱码头泊位-岸桥-集卡协同生产调度仿真优化研究(批准号：2012M511695，主持，按时结题)；福建省自然科学基金：不确定环境下的集装箱码头泊位与岸桥协同配置调度仿真优化研究(批准号：2012J05108，主持，按时结题)和福建省教育厅 A 类科技项目：基于哈佛体系结构的集装箱码头物流系统建模与优化研究(批准号：JA10214，主持，按时结题)等国家、省部和市厅级科研项目进行展开。项目主要成果已经在 *International Journal of Distributed Sensor*

Networks、《计算机集成制造系统》《交通运输系统工程与信息》《东南大学学报》《电子科技大学学报》《系统仿真学报》、IEEE CDC、IEEE SMC、IEEE WSC、中国控制会议等权威学术期刊和国内外权威会议上发表学术论文 30 余篇,已被 SCI/EI 检索 22 篇,核心期刊 17 篇,在中国知网的下载总量超过 3000 次,他引超过百次。

项目团队的李文锋和杨家其两位教授使我能够在武汉理工大学这座高等学府和传统交通行业院校中,在深爱的研究方向自由探索,毫无束缚地开展自己的工作。本书从选题到理论构造再到计算实验以及最终定稿的过程中都得到了两位导师的悉心指导和无私帮助。在校期间两位导师严谨的治学态度、渊博的知识、广阔的学术视野和勤奋进取的精神深深地影响着我,他们在学业上所给予的指导、精神上所给予的鼓励,成为鞭策我不断进取的动力,我的每一点进步都离不开两位导师的悉心指引和关怀,李老师和杨老师将是我毕生学习的楷模。

感谢实验室张煜教授、詹斌教授和葛艳红副教授对我的指导和帮助!

感谢实验室博士研究生闫新庆、陈维克、梁晓磊、钟叶、杨林等,硕士研究生孙波、刘曙光、吴翔、金龙、熊巧文、孙俊等同学在我学习和工作过程中给予的建议和帮助!

未来,作者的研究思路将进一步结合港航发展趋势和贴近港口作业实践,完善、拓展和提高相应的计算框架和决策模式,将相关的思想方法转化到港口的作业实践中,为集装箱港口的生产计划调度系统和智能决策支持系统的设计与实现提供理论支撑,切实提高我国集装箱港口的规划、设计、计划、调度和决策能力,为我国"一带一路"和自由贸易区战略的顺利实施提供有力的支撑。

目　　录

第1章 绪 论

1.1 集装箱运输

经济全球化进程对整个世界的经济与产业结构产生了重大的影响,其特点之一就是越来越多的生产经营活动和资源配置在全球范围内进行,全球性贸易与运输链正在逐步形成。在此大趋势下,现代港口在社会经济发展中的作用与地位也正在发生深刻变化,已经成为一个国家、地区经济能否有效参与经济全球化并保持国际竞争中主导地位的重要基础设施,对于拥有自由贸易区(free trade zone)的国家和地区,集装箱港口更是具有举足轻重的作用[1-3]。另外,当前国际物流业发展进入一个新时代,世界贸易一体化和信息技术的广泛应用,使物流服务业呈现出新的发展势头。由于国际贸易的增长,通过港口的货物物流也迅速发展,物流结构也向集装箱化和高附加值方面调整[4,5],集装箱运输与信息化网络已经成为国际物流体系和全球供应链的两大基础[6]。

集装箱运输作为一种高效率、大规模的运输工艺,自出现以来,其地位日益突出,目前已有 60%以上的普通货物运输采用集装箱运输,在经济发达和稳定的国家及地区这一比例甚至达到 100%。预计到 2020 年以前,集装箱运输总量将以每年 10%的速度递增[7-9]。经济的全球化、跨国经营和现代信息技术的发展推动国际集装箱运输与现代物流进一步融合发展,形成所谓的集装箱物流,即通过集装箱将装卸、存储、拆拼、包装、运输、保管连贯起来,形成贯通全程的物流活动。集装箱物流的巨大优势是可以将不同运输手段有效衔接,形成"多式联运",以实现"门到门"的物流服务[10]。当前世界主要的集装箱航运地区有远东、西欧、北美和澳大利亚,这四个地区货运量大,消费水平高,适于集装箱运输的货源充足,连接这几个地区的集装箱航线便成为全球海上集装箱航运干线,它们是北太平洋航线、北大西洋航线、远东—欧洲航线(印度洋航线)。其中,北太平洋航线是目前世界上最繁忙的航线,也是我国主要港口大连、天津、青岛、上海、厦门、广州、深圳、香港、高雄和基隆等所处的航线[11]。目前我国 90%以上的外贸物流量要依靠港口实现,而主要的运输方式就是集装箱运输(container shipping)。随着我国集装箱运输迅猛发展,港口集装箱吞吐量已跃居世界第一位,也已成为全球最大的集装箱运输国。

以国际集装箱运输为代表的现代运输方式推动了新一轮国际航运中心和区域性集装箱枢纽港的竞争[8,9]。2009 年我国国务院发文推进上海建设成为国际金融中心和国际航运中心,其中的国际航运中心建设的总体目标内容中就有"基本形成以上海为中心,以江浙为两翼,以长江流域为腹地,与国内其他港口合理分工、紧密协作的国际航运枢纽港"和"基本形成规模化、集约化、快捷高效、结构优化的现代化港口集疏运体系,以及国际航空枢纽港,实现多种运输方式一体化发展"两点主要内容。港口的运营条件、服务水平、综合环境、设备条件、现代化管理水平以及港口集装箱吞吐量规模和增长率等均将直接影响港口在运输物流市场的竞争实力。由于港口所在的地理位置、水域条件不可改变,因此港口要发展必须改善设备条件,提高自身的管理和服务水平[12,13]。总体来看,在一定条件下,集装箱港口的主要竞争力一是其要有充裕的近海补给航班和稳定的远洋班轮,二是自身应具备良好的软硬件设施和生产服务能力,两者相辅相成,缺一不可。另外,当前船舶的发展逐渐走向大型化和绿色节能,例如,马士基海陆运输班轮公司(Maersk Sealand)、丹麦航运集团公司(Dannis Carrier)等世界著名集装箱运输公司经营的第七代集装箱船舶的装载能力普遍达到了 7000 标准箱(twenty-feet equivalent units,TEU)以上,其最新的 3E 级集装箱船舶(economy of scale,energy efficiency,environmentally improved,3E)可容纳 18000TEU,同时该船的碳排放量比之前在亚欧贸易航线上运营船舶的行业平均水平低 50%。

集装箱船舶的发展趋势对集装箱运输系统的优化管理提出了更高的要求,给港口的生产作业带来了巨大的压力[14,15]。因此要在新一轮的港口竞争中取得优势,必须使港口的物流作业系统化、合理化,为船舶的装卸提供一个良好的物流作业平台。

1.2　集装箱码头物流系统概述

现代港口作为国际物流系统中的核心节点,是远洋、内河船舶以及内陆运输的枢纽,也是各种信息、经济和技术的汇集点。作为现代物流链条上的重要节点,港口既是货物运输系统的集散站,又是转换货物运输方式的缓冲池[7-9]。码头是港口的前沿,主要完成货物装卸、临时堆存和货物的提与接等基本功能,在地理上分为两个主要区域:码头前沿(quay side)和堆场(storage yard)。码头前沿是整个 CTLS 中最重要的一个环节,集中了大量装卸设备,是集装箱装卸作业的平台,包括集装箱的装卸作业和相应的水平运输。码头前沿宽度和集卡配比的合理规划,与码头前沿设备的装卸效率、栈桥的拥堵、船舶在港时间、资源的利用都有关联,直接影响港口的经济效益。堆场在集装箱港口中起临时存储集装箱的作用,实际上是船舶装卸作业与内陆提交箱作业间的一个缓冲区,其组织管理是整个码头最复杂的部分,因为进口、出口和中转集装箱需要同时处理。集装箱的堆码计划很大程度地决定了码头效率,堆场系统主要资源(堆场空间和堆场起重机)的优化管理更是直接左右了该系统的效能。CTLS 是以集装箱为对象,由装卸作业系统、生产调度系统和管理信息系统组成的高度复杂的物流系统,其系统组成主要包括装卸和运输设备、信息读取、传输及处理设备、集装箱堆存区域、船舶停靠区域和控制与调度系统等[16,17]。CTLS 的设备和设施资源主要包括港口大门进/出道口、堆场、机械设备、锚地、泊位、装/卸作业区和控制中心等。CTLS 的基本功能和系统组成可以表示为如图 1-1 所示的层次结构。

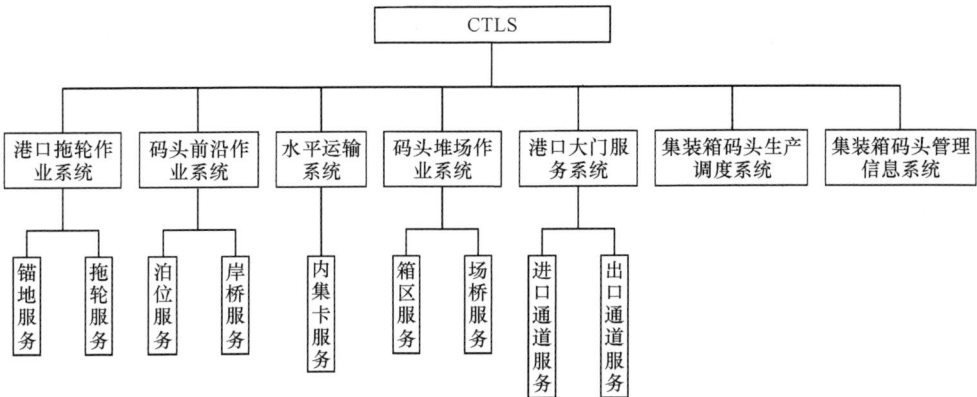

图 1-1 CTLS 的层次结构

CTLS 也是一个典型的复杂多环节且并发性强的多维空间作业的离散事件动态系统(discrete element dynamic system,DEDS)、分布式控制系统(distributed control system,DCS)和多层次并行处理系统(multi-level parallel processing system,MPPS),涉及物流、信息、调度等多种建模和优化技术,系统运行时存在并行、协调、竞争、博弈和同/异步等多种关系。CTLS 具有随机性强(自然条件与客户需求多变)、系统柔性差(设备作业空间有限)、设备作业时间不确定、搬运设备之间的协调性要求高等特点,因此要求集装箱码头应具有一个合理的平面布局和集装箱装卸工艺,其中集装箱装卸工艺是综合评价码头经济效益的基础。所谓装卸工艺(handling technology),是指港口装卸和搬运货物的方法和程序,按一定的操作过程,根据港口的条件,针对不同的货物、运输工具和装卸设备,以合理和经济的原则来完成装卸和搬运任务,集装箱装卸工艺是指装卸集装箱的方法。集装箱码头作为集装箱运输的中转设施是一个十分复杂的系统工程,其系统装卸工艺随着规模的增大变得愈加复杂。集装箱码头的装卸搬运设备与码头的装卸工艺密切相关,目前我国集装箱码头一般采用岸边集装箱起重机(简称岸桥,quay crane,QC)装卸船方式;堆场起重机(简称场桥,可采用场桥轮胎式龙门起重机和轨道式龙门起重机,yard crane,YC)在堆场完成集装箱装卸和堆码作业;集装箱拖挂车(简称内集卡,inner yard trailer,IYT)承担从码头前沿与堆场以及堆场内箱区间的水平运输。

集装箱码头的集疏运过程主要包括两个方面:出口集装箱的作业流程,从道口的信息输入到集装箱装船离港;进口集装箱的作业流程,从随船只到港到离开港区被客户取走,两者的物流路线相反。在码头的作业过程中,受许多不确定因素的影响,如自然和人为的因素使系统呈现出较大的随机特征,集装箱集疏运过程主要集中在拖轮、岸桥、场桥、内集卡和港口大门检查桥等 5 类设备上。其中,港口大门检查桥是外部集装箱卡车把集装箱运进或运出集装箱堆场的通道,而船舶排队进出港口均需要拖轮进行拖曳作业,即港口大门检查桥和拖轮是 CTLS 与外界交换集装箱流的边界设施和设备。敏捷、高效、鲁棒的 CTLS 要求 5 类设备之间相互协调、合理配置,并且具有能够依据系统实时状态和调度决策规则策略来动态选择作业对象和解决资源冲突的功能。现代 CTLS 具有以下几方面的特征:

(1) CTLS 体系结构复杂[18,19]。路、铁、海运等多种集疏运模式并存,既要确保每种集疏运方式具有专用的作业和存储空间、设施设备资源,又要彼此之间能够共享空间和资源,因此码头的设施布局非常复杂。特别是在几种集疏运方式并行作业时,码头内的物流路径、设备的作业空间均会受资源的限制,系统的结构极其复杂和多变。

(2) CTLS 是离散事件系统[20,21]。船舶到港、进入锚地排队、离开锚地、靠泊泊位、开始作业、作业结束、离开泊位等事件均发生在离散时刻,且具有随机性。因此,CTLS 是典型的随机离散事件系统,其动态特性需用一组离散状态方程来描述。

(3) CTLS 是分布式控制系统[22,23]。集装箱码头的作业涉及多种作业设备和服务资源,各个设备及资源均有特定的计划、调度、控制、决策逻辑和模式进行局部作业,故 CTLS 是一个典型的分布式控制系统。

(4) CTLS 是多层次并行处理系统[24,25]。集装箱码头中多艘到港船舶往往同时进行装卸作业,各个岸桥、集卡和场桥并行协同工作,完成到港船舶的装卸和到港集装箱的集疏运作业。

(5) CTLS 是排队系统[26-30]。由于港口作业的随机性和来港船舶的随机性,港口营运具有很大的不平稳性。在 CTLS 中,一个码头泊位在同一时刻只能为一艘船服务,并且要求码头泊位的靠泊能力不小于船舶的吨级,船舶必须按类型排队形成排队系统。当到港船舶的频度大于船舶作业的频度时,将发生船舶在锚地等待作业的现象。当这种情况发生时,就有一个船舶作业次序选择的问题。根据港口生产作业的特点以及在实践中一般遵循的规则,到港船舶在满足泊位适应情况下除特殊物资优先考虑,一般按照先到先服务(FCFS)的原则进行处理。

(6) CTLS 是资源动态重构服务系统[31-33]。集装箱码头在对到港船舶进行装卸作业时,既要求船舶通过能力和集装箱吞吐量具有较好的表现,同时又要根据不同的客户合同,对挂靠船舶具有较好的响应性。故敏捷高效地进行泊位、岸桥、集卡、场桥和堆场的资源分配,按照作业面形成实时动态的装卸运输生产作业线,是CTLS 提高系统吞吐量和响应性的必然途径。

(7) CTLS 随机性强、柔性差[34-37]。复杂多变的海洋气候环境和越来越个性化的客户需求,特别是某些根据潮汐规律作业的港口,增加了 CTLS 系统的随机性。例如,船舶到港具有随机性,在船舶航行过程中,易受风、浪、流的影响,无法保持恒定的航速,从而导致船舶无法按规定的时间到达港口。而 CTLS 自身的运作也具有随机性的特点,在港口生产营运过程中,易受气候条件、装卸能力、生产调度水平等许多因素的影响。另外,集疏运作业时运输车辆装卸站的缓冲区容量很小,吊运设备没有缓冲区,致使系统柔性差,特别是在多作业线并行时,易发生死锁和冲突的现象[16]。

(8) CTLS 装卸工艺多样和生产调度复杂[38,39]。随着港口自动化程度的提高,集装箱的装卸工艺也随之复杂多样,同一码头有几种不同的作业模式并存,同一设备在作业周期内需要完成进口/出口箱、中转箱、内部周转箱或客户提箱等多类操作。一个明显的趋势就是港口装卸工艺向重载高速方向发展,所以要尽量减少设备的空转,提高各个作业环节的并行性与协同性,尽量便于到港集装箱的集疏运作业[40,41]。

(9) CTLS 是一个信息物理系统(cyber-physical system,CPS)和智能物流枢纽[42-45]。为了提高港口的运作效率,各个港口都加大了对其信息支撑基础设施、管理信息系统、生产调度系统及其决策支持系统的投入,所以现在以及未来的港口不仅是一个核心物流枢纽,同时也是一个智能交通系统,本质上就是一个信息物理系统,这为 CTLS 的计划调度和控制决策引入了新的优化思路,提供了技术支撑,并奠定了理论基础。

1.3 研 究 现 状

1.3.1 集装箱码头物流系统的建模与决策方法

CTLS 的作业计划、任务调度、资源分配和管理决策一直是国内外相关研究的热点、重点和难点[7-10,46-50]。集装箱码头调度决策研究的主要方法有运筹解析法[51,52]、系统仿真方法[53-64]、智能优化方法[65-80]和基于仿真的优化方法等[81-95]。

运筹解析法有比较悠久的发展历史,在实际中应用广泛,在集装箱码头的生产运作中的应用也不例外,其中以排队论[26-30](queuing theory,QT)和系统优化法[51,52]用得最多。例如,澳大利亚的 Kozan 针对船舶在港停泊时间问题,用批量到达的多服务台排队模型对码头作业进行建模,讨论影响集装箱码头运输效率的各种主要因素[96];随后 Kozan 又研究了批量到达、多服务台的排队系统,在此基础上建立了随机模型,通过仿真分析了不同运作模式对集装箱码头作业的影响[53];意大利的 Legato 等基于可视化的 SLAM 语言,分析与集装箱船舶到达、靠泊和离泊过程相关的物流活动的排队网络模型,研究泊位规划问题[20];Canonaco 等研究了某码头的集装箱装卸的管理最优化,认为在实现部分昂贵资源生产能力最大的同时,应当满足船只的服务完成率和等候时间最小化的需求,据此建立了排队网络模型,并结合管理者的策略,通过仿真比较分析,对总产量和完成时间等系统参数进行评价[27]。而在国内众多的学者也利用排队理论对集装箱码头作业的各个方面进行了研究[28-30]。

　　传统港口规划和运营方法主要依靠的是已建码头生产实践的经验总结,很难对因系统环节改变而产生的影响做出定量评估,加之集装箱码头物流系统具有离散、动态、随机等特性,采用数学模型进行定量求解分析十分困难,所以系统仿真方法常被用来辅助港口的分析决策[97-99]。事实上,前述文献利用解析法来对集装箱码头物流系统进行分析时,也往往利用仿真作为最后验证和分析的手段。而对 CTLS 进行仿真,建立可信的系统模型是最重要的前提[88]。CTLS 是典型的离散事件动态系统,而目前对离散动态系统的建模多采用形式化建模技术、非形式化建模技术和复合建模技术。其中形式化建模主要采用排队网络法[26-30]、极大代数法、扰动分析法和 Petri 网[16]。非形式化建模的主要方法有活动循环图、流程图、面向对象技术[100]、基于多 Agent 的建模[101-110]。当前形式化建模和非形式化建模都有各自的优势及不可克服的缺点,因此现在也有不少学者将形式化建模与非形式化建模技术相结合来对 CTLS 进行复合建模。目前将两者结合得最多的是将 Petri 网和面向对象技术结合起来进行复合建模[16,111-113],应用于系统的建模仿真与调度规划,通过面向对象或分层,来克服 Petri 网的封闭和状态空间"指数爆炸"问题,以便于复杂系统的模块化,而 Petri 网自身也增强了模型的数学分析能力。其次是将排队网络与面向对象相结合,使无论是从理论分析还是仿真实现都能很好地解决集装箱码头物流系统中的各种问题[28-30,114-116]。本书同样对集装箱码头物流系统进行复合建模,但是将混合流水车间和基于多 Agent 的建模相结合,以描述分析和优化集装箱码头物流系统,类似的复合建模方式鲜有在文献中发现。

　　由于在集装箱码头中的生产调度问题几乎都具有 NP-Hard 性质,其数学模型都难以求解,因此绝大多数智能优化方法,包括禁忌搜索[70,79,117](tabu search, TS)、神经网络、模拟退火算法[68,118](simulated annealing, SA)、遗传算法[28,65,69,71,75,76](genetic algorithms, GA)、粒子群优化算法[31,34,119-121](particle swarm optimization, PSO)、蚁群算法[77,122](ant colony optimization, ACO)都在集装箱码头的各个任务调度环节以及集成生产调度中获得了广泛的应用,并获得了一定的成效。

　　而将智能优化和系统仿真融为一体的基于仿真的优化(simulation based optimization,SBO)方法在 CTLS 也有着极其广泛的应用[81-95]。意大利学者 Legato 等在第 22 届欧洲建模与仿真会议上提出了海港集装箱码头基于仿真优化的模型和计算框架[57],并在 2008 年的美国冬季仿真会议中基于此框架对集装箱码头的岸桥调度进行了研究[82],并在随后的 2010 年和 2014 年在 OR Spectrum 等国际权威期刊上利用基于仿真的优化方法面向集装箱码头的装卸作业、泊位分配和堆场倒箱等问题进行了探讨[84-86]。国内的 Zeng 等[123]、汪定伟等[93,94]和金淳等[89-91]将基于仿真的优化方法应用到了集装箱码头,对其水平运输、堆场生产、大门作业以及多式联运背景下的码头整体资源配置协调优化进行了研究,取得了阶段性的成果。

作者针对 CTLS 自身的特点和运营需求,根据当前国内外已有的相关研究及其发展趋势,提出了面向 CTLS 的基于仿真优化的完整方法体系,并给出相应的参考设计实现模型,为 CTLS 的设备配置、资源分配、生产计划和调度控制获得了高效、敏捷、鲁棒的解决方案[95]。事实上,本书中多处利用基于仿真的优化方法,对基于计算思维建模的 CTLS 的任务调度与资源分配进行了相应的研究,并深入探讨了相关框架模型的可信性与适用性。

1.3.2 集装箱码头物流系统的建模与决策对象

CTLS 的主要运营环节发生在港口锚地、码头前沿、水平运输、码头堆场和港口大门,因此运营环节研究可归纳为资源配置问题、日常运营管理问题、各种运营环节的局部研究,以及由于各环节运营效率不同而产生的瓶颈问题。国内外学者已经针对相应的核心问题进行了文献综述和研究趋势分析[124-129]。具体来说,其主要包括拖轮调度、泊位指派、船舶配载、发箱和装船顺序决策、堆场箱位分配、设备配置与调度、港内交通流控制以及 CTLS 的描述与评价等。

1. 拖轮调度

港口拖轮作业系统是港口服务系统的重要组成部分,在港口,船舶排队进出港口均需要拖轮进行拖曳作业。拖轮投资成本巨大(拖轮的购买成本达千万元以上),因此港口的拖轮种类和数量是有限的,如何利用有限的拖轮资源及时快速地为各种类型的船舶服务,减少船舶的在港停留时间,是港口生产作业需要解决的重要问题[130-134]。港口拖轮作业有其特殊的工艺约束,由于到港船舶的种类不同,为每艘船舶提供服务的拖轮的种类和数量也不同。杨志华等针对拖船在港口作业的随机性、动态性的特点,建立了拖船作业的排队仿真模型,对不同的港口拖船配置如艘数、功率数进行了仿真实验,得出相对应的一系列系统特征值,如船舶的平均等待时间、平均等待队长等,为港口合理配置拖船提供了科学的依据[130]。而刘志雄等将拖轮调度看做离散事件系统中的生产资源配置问题,并基于仿真方案择优和逆向仿真的资源优化配置方法来帮助港口进行拖轮调度[131]。随后,刘志雄等又将港口拖轮作业调度问题描述为一类带特殊工艺约束的并行多机调度问题,并采用基于进化策略的混合算法和粒子群算法来帮助港口进行合理高效的拖轮调度[119,120]。近年来,刘志雄等又利用多处理器任务调度理论分析了拖轮作业调度问题,并在考虑拖轮最短距离作业的前提下,以最小化最大完工时间为优化目标建立了拖轮作业调度模型,继而采用演化策略算法对拖轮作业调度问题进行优化[132]。徐奇等也利用混合流水车间和多处理器任务调度理论对拖轮调度进行了探讨,取得了相关的结论[133,134]。

2. 泊位指派(通常已将岸桥分配问题简化包含到其中)

指泊问题又称泊位分配(berth allocation problem,BAP),是指船舶到达后或之前根据各个泊位的空闲情况和物理条件的约束为船舶安排泊位和靠泊顺序[135]。由于港口岸线即泊位是码头的主要稀缺资源,因此泊位分配是否合理是决定 CTLS 服务水平的关键问题[136]。通常泊位的分配原则是:最小化船舶的等待时间、装卸的集装箱从泊位到相应分配的堆场距离最短、最大化泊位和岸边起吊设备的利用率。但泊位分配涉及的因素众多:①船舶相关信息,如船期计划、船型、装卸箱量等;②岸边资源情况,如泊位数量、泊位长度、设备配置等;③其他物理条件,如天气、潮汐、水深等[137,138]。目前,集装箱码头的泊位分配多是计划人员根据以往经验来安排,没有现成的模型和方法。

国内外对港口泊位调度的优化研究已取得重要进展。Imai 等把泊位分配问题分为静态泊位分配和动态泊位分配两个方面,以最小化船舶等待时间和作业时间为目标,用非线性整数规划给出了两种分配问题的模型及其求解方法,并重点研究利用拉格朗日松弛法解决动态泊位的分配问题[51]。随后,Imai 等扩展了上述模型到不同水深泊位的情形,并设计了遗传算法来求解模型[69]。Imai 等还从到港船舶服务优先级[139]、服务时间和延迟时间[140]以及超大型集装箱船舶在交错式码头前沿布局[141]靠泊等方面研究集装箱码头的泊位分配问题。此外,Edmond 等首次利用排队论模型对码头泊位分配和货物处理规划问题进行了讨论[26]。Legato 等在此基础上建立了与船舶到港和离港时间、泊位作业相关的排队网络模型以优化集装箱码头的泊位分配[20,27],并引入禁忌搜索[117]到泊位分配中以帮助港口进行生产调度。

泊位指派是否合理是决定 CTLS 通过能力和服务水平的关键问题。如前所述,依据船舶到达时间和泊位分配时间的先后,泊位调度可以分成静态和动态两种。但无论是应用研究还是生产实践,常常从另外一个维度对泊位指派问题进行划分:一是将码头岸线划分成若干个独立的泊位来进行分配;二是将整个码头岸线看做连续的水边线,只要满足到港船舶物理条件(水深、长度和安全距离)限制的位置就可以进行停泊。

当前的泊位指派研究多基于离散泊位指派策略,Lim 将该问题转化为"二维装箱"问题,在证明了该问题的 NP 完全性后,基于图论的思想提出了一种有效的启发式算法,但为了简化问题,他假设所有船舶的停靠时间是固定的[135]。Vis 等对集装箱港口分别采用顺岸式和交错式泊位配置时,到港船舶的在港作业时间进行了探讨,并进行了敏感性分析[142]。严伟等利用神经网络和聚类分析得出泊位分配的主要影响因素,然后制定泊位分配策略[143]。

相对于离散泊位指派方法,连续泊位指派方法的研究要少得多。Imai 等详细分析了离散化泊位指派和连续化岸线分配的优缺点,并用启发式算法来解决连续化岸线分配的问题[144];Hu 等[25]、何军良等[145]、Ganji 等[146]、Lee 等[147] 则各自利用邻域搜索、遗传算法和贪婪随机自适应搜索算法对连续化泊位指派问题进行了求解。

此外,越来越多的学者开始注意不确定性对泊位指派产生的影响。如 Hendriks 等[148] 考虑班轮到港时间可能会有一定波动,于是基于时间窗而不是预计到港时间,构建了滚动式周期泊位分配计划;Cheong 等[149] 同样针对船舶到港的不确定性,利用多目标进化算法对泊位指派问题进行了优化求解;Zhen 等[150] 重点研究了船舶到港时间和作业时间不确定情况下的泊位指派问题,提出了面向此不确定环境下的两阶段泊位指派模型,并以最小化不确定条件下的调整初始计划惩罚代价为目标,提出了相应的元启发式算法,对模型进行求解。Xu 等[151] 则在考虑船舶到港时间延迟和装卸作业时间变动的情况下提出鲁棒的泊位指派滚动决策模型,并结合模拟退火和分枝界限法进行了求解。

3. 岸边装卸设备的调度

集装箱船舶到港并被安排靠泊泊位后,需要对该船上进口集装箱进行卸船,并将出口集装箱进行装船(中转箱是上述作业的组合)。进行装卸所需的港口设备为岸桥,它是在码头前沿专门用于装卸集装箱的工具,由专门司机进行现场操作,也是在现代码头中少数几类必须配备人员的装卸设备之一,因为在水平运输和码头堆场作业上都可以使用全自动化设备。因此对于 CTLS,岸桥既是最昂贵的设备之一,也是运营成本最高的设备之一,而且其分配和装卸计划直接影响船舶的装卸效率和在港时间,因此在 CTLS 的运营过程中,岸桥的配置优化是提高整个 CTLS 物流过程效率的关键所在。

对于 CTLS,泊位是最稀缺的基础资源,岸桥则是最昂贵及运营成本最高的设备,其分配调度直接决定船舶的装卸效率和在泊时间。岸桥调度的相关因素有:①船舶的相关信息,如停靠泊位、船舶装卸计划和在停船舶情况等;②装卸搬运设备的信息,如岸桥数量、港内运输车辆情况等。

Daganzo 是第一个真正意义上对岸桥装卸调度进行研究的学者,他采用了混合整数规划模型对岸桥调度进行仿真求解从而确定分配给多个船的贝位的岸桥数[152],随后其又与 Peterkofsky 一起在上述的模型基础上,针对多艘船作业的情况,以船离港时间及最小延误惩罚最小化为目标,进一步发展模型,将作业中的岸桥视为平行作业的同种机械,把该问题转化为开放的生产计划问题来对待,建立了整数规划模型,并用分支定界法求解该问题的精确解[153]。需要指出的是,这两篇文章都将一个船的贝位看做一个需要占用岸桥一定工作时间的工作,并且不考虑各个岸桥之间的相互影响,也不考虑各相邻工作间的影响。Kim 等假设一个船的靠、离泊时间以及岸桥的可服务状态是已知的,同样采用混合整数规划模型对岸桥装卸调度问题进行描述,以最小化某船的作业完成时间为目标,并分别用分支定界法和随机贪婪启发式算法对该问题进行求解[154]。与 Daganzo 和 Peterkofsky 的研究所建的模型不同的是,Kim 等所建立的模型中假设船上的每个贝位可以包含多个作业,因此,使得所处理的工作得到了进一步的细化。

此外,Bish 则研究了集装箱码头的多岸桥约束调度问题,通过启发式算法优化调度岸桥装卸集装箱作业,最小化船舶作业时间[155];Sammrra 等[156]在考虑港口实际作业约束的前提下,利用禁忌搜索算法对岸桥调度问题进行了求解;Chung 等[157]提出改进的遗传算法对岸桥调度及岸桥装卸贝位的作业组织问题进行了探讨,并取得了较优的结果。张亚辉等以船舶服务时间最短为目标,提出了一个基于离散贝位的岸桥调度混合整数规划模型[158]。秦天保等为求解大规模集装箱码头岸桥调度问题,提出了一个基于约束规划并考虑岸桥冲突、安全间距、就绪时间以及任务优先关系等因素的岸桥调度约束规划模型[159]。董良才等通过对集装箱码头装卸桥生产过程的研究,建立了全岸线集装箱装卸桥调度与分配的混合整数动态规划模型,并采用基于段编码技术的遗传算法,进行了模型优化求解[160]。而 Meisel 等[161]则根据当前集装箱码头岸桥生产调度模型众多,但又无法进行有效比较的特点,提出了一个有效对比分析现有岸桥调度模型的方法体系。

4. 泊位-岸桥协同分配调度

实践生产中泊位或岸桥配置调度最优往往无法获得码头前沿生产全局的最优,于是国内外的不少学者开始将泊位-岸桥调度进行联合研究。第一个试图将泊位与岸桥整合考虑的研究可追溯到 Park 和 Kim 在 2003 年的工作[162],他们提出一个两阶段的运筹规划模型以解决码头前沿的泊位-岸桥计划调度问题,但是其模型是建立在船舶在泊时间是与分配给其的岸桥数目成反比的简单假设上的,其与码头生产实践有较大的差距。于是,Imai[163]等将 Park 和 Kim 的两阶段规划模型整合为单一的决策模型,但是其增加了"每艘到港船舶都必须配备指定岸桥数且在指定数目岸桥未准备妥当前,船舶不能开始装卸作业"的假设,这与港口生产实际仍有较大的出入。类似地,Meisel 等[164]也针对 Park 和 Kim 工作的不足,用更符合港口生产实践的岸桥利用函数替代"船舶在泊时间是与分配给其的岸桥数目成反比"的简单假设,建立新的码头前沿生产调度模型。Chen 等[165]则提出一种"combinatorial benders'cuts algorithm"对集装箱码头前沿的泊位指派、岸桥指派问题(quay crane assignment problem,QCAP)和岸桥调度问题(quay crane scheduling problem,QCSP)集成调度问题进行了求解。Birger 等[166]通过考虑生产实际约束,建立泊位指派与岸桥调度的混合整数线性规划模型对其进行求解;Turkogullari 等也提出了一种新的面向泊位指派与岸桥分配的二进制整数线性规划模型[167];Chang 等[168]利用混合并行遗传算法对泊位-岸桥协同调度进行优化;Liang 等[169]将到港船舶的停靠位置、停靠时间以及岸桥分配问题同时进行考虑,并以最小化船舶的作业时间、等待时间和延迟时间为目标,建立相关的数学模型,并利用修正的遗传算法进行了求解。Song 等[170]将泊位指派和岸桥调度问题进行统一考虑,提出了双层规划模型,并融合修正遗传算法和分枝界限法进行求解。杨春霞等[171]针对现有泊位、岸桥分配优化方法因未考虑二者耦合关系引发的资源浪费或作业冲突等问题,以船舶作业时间为耦合变量,建立了基于泊位分配子模型和岸桥分配子模型的耦合模型,优化目标为最小化船舶在港时间和岸桥移动次数,并提出了一种嵌套循环进化算法进行求解。孙彬等重点研究了当不确定性因素发生时,如何通过泊位和岸桥联合实时调度提高系统的鲁棒性[35]。董盼等针对岸桥作业成本对装卸活动的影响,建立了集装箱码头离散型泊位和岸桥集成分配的混合整数规划模型[172]。赵坤强等[173]、桂小娅等[174]、魏晓东等[175]和肖玲等[176]则探讨了连续泊位分配情况下,泊位与岸桥的协同调度问题。

此外,张振毓等针对不确定因素下集装箱码头泊位岸桥资源的协同调度问题,提出了前摄调度计划和与之匹配的反应策略相结合的决策框架,并在前摄调度计划中引入了时间缓冲,以吸收船舶到港时间不确定带来的影响[36]。Han 等[177]重点探讨了船舶到港时间和作业时间不确定条件下的泊位指派和岸桥调度问题,提出了相应的混合整数规划模型,并利用修正的遗传算法进行了求解。周鹏飞等[178]针对船舶抵港时间和装卸时间的随机性,建立了面向随机环境的集装箱码头泊位-岸桥分配模型,并利用改进的遗传算法对其进行了求解。曾庆成等[179]针对集装箱码头作业过程中,由于干扰事件导致泊位与岸桥调度计划难以顺利实施的难点,运用干扰管理方法,建立泊位分配-岸桥调度干扰管理模型,提出了求解干扰管理模型的仿真优化方法。

5. 集卡调度

在集装箱码头装卸作业中,码头前沿与堆场之间的集装箱运输是由水平运输设备完成的。在自动化集装箱码头中水平运输机械是自动导航车辆系统(automated guided vehicle,AGV),其调度问题的研究主要包括车辆的分配和路径的选择。

但考虑到自动导航车辆系统的高昂初始装置费用,一般只用于人力成本费用高的港口(如欧洲的一些大型港口),其相关研究也主要集中在国外。在低人力资源地区的港口,则比较适用于非自动化水平运输设备。对于我国,显然适用于后者,即使用集卡进行水平运输。事实上,一个良好的集卡配置调度计划不仅有利于提高港口机械的利用率,而且能够减少不必要的设备投资,在有限的资源约束下提高港口的装卸作业效率。本书随后的讨论中也都是利用集卡进行水平运输的装卸作业。

　　Matthew 等通过设计实时的集卡调度模型来评估岸桥长期的平均作业效率[180];Zhang 等[181]利用对带时间窗的旅行商问题(TSP)的扩展对进口重箱、出口重箱、进口空箱和出口空箱的水平运输进行了建模,并对其进行了求解。曹庆奎等[77]为了解决港口中存在的集卡拥堵问题,探讨了影响集卡作业效率的因素和集卡路径构成成本,建立了面向“作业面”的港口集卡路径成本优化模型,并针对这一模型设计了遗传蚁群算法并进行了求解。计明军等[182]面向待装集装箱船舶与待卸集装箱船舶同时作业的情况,研究了集卡的运输路径,建立了集卡行驶路径最短的优化模型。王铮等[183]针对码头每日装运计划和动态新任务,以集卡的最小行驶成本为目标函数,建立了共享式集卡动态调度模型。徐德磊等[184]基于集装箱港口堆场箱区堆存集装箱能力考虑,建立了一个集装箱作业时间最短为目标的集卡分派优化的两阶段模型。徐远琴等[185]考虑了特定集装箱卸载到特定的箱区和从船舶到箱区运行路径上的集卡数量限制等现实约束,建立了集卡动态调度模型,求出集卡的最小运作时间。李广儒等[186]提出了一种新的集装箱卡车(集卡)动态调度路径的自适应蚁群算法,通过判断阻塞状况和调整可行点集,确定了信息素浓度更新策略与转移概率计算方法。王军等[187]基于“作业面”的水平运输作业模式,综合考虑岸桥作业时间、场桥作业时间的基于时间最短的集卡调度模型,旨在解决在不同船舶装船作业和卸船作业同时进行的前提下集装箱码头集卡作业路径选择问题。尚晶[188]等针对集装箱码头双 40 英尺①岸桥的作业特点,制定了集卡实时调度策略,建立了综合考虑多个集装箱装卸环节的集卡调度模型,并设计了相应的遗传算法对其进行求解。

　　同时,也有不少学者开始考虑集卡与相邻作业环节的协同调度。曾庆成[30]利用 BCMP 排队网络描述集卡在闸口和堆场的排队过程,在给定集卡到达调整量水平的限制下,优化每个时间段的预约份额,并基于遗传算法和逐点固定流体近似算法对模型进行了求解。丁荣涛[189]等为提高集装箱船舶装卸过程中集卡和吊装设备同步作业效率,引入了基于时间窗的冲突反馈机制,并应用改进的量子遗传进化算法进行了模型求解。Chen 等[190]重点探讨了基于传统工艺和常规设备的岸桥/场桥与集卡的协同作业。秦天保等[191]针对集装箱岸桥与集卡集成调度问题,以

---

① 1 英尺＝0.3048 米。

卸船完工时间最小化为目标,提出考虑任务顺序约束的岸桥与集卡联合调度的混合整数规划模型和约束规划模型,并利用不同规模的实例进行了测试和评估。乐美龙等[192]考虑了实际作业中存在的一些约束,例如,多台龙门吊在同一个箱区作业时由于共享一个双向轨道而存在的龙门吊间不能相互跨越的约束、龙门吊间的安全距离约束和工作优先约束等,构建了一个数学模型来描述龙门吊与集卡的协同调度,目标是使所有作业总完工时间最短,并应用一种多层遗传算法对模型进行了求解。

6. 堆场作业优化

码头堆场集装箱搬运堆垛作业主要在堆场箱区内完成,其在 CTLS 是最复杂的部分,因为进口、出口和中转集装箱需要同时处理。相对于集装箱码头前沿,其研究还未成熟。堆场作业问题主要包括两大类:堆存空间分配问题和场桥调度作业问题。集装箱的堆码计划很大程度地决定了码头效率,而堆场系统主要资源(堆场空间和堆场起重机)的优化管理直接决定该系统的效能。

影响堆场空间分配的因素有很多,包括船舶停靠泊位、堆场分块密度、装卸计划、堆场的分布以及堆场的交通状况等。通常将堆场空间问题分为两个层次:第一层次是堆场区段级分配,包括确定分配给到港船舶的堆场区段数和确定堆场区段中的箱量;第二层次是箱位级分配,即为每个进场箱确定具体的箱位。目前大多数的研究集中在第一个层次上。Kim 采用启发式算法讨论了堆场的集装箱分配问题[193];Zhang 等研究了集装箱码头堆场箱区的分配问题,把每个规划阶段问题分解成两层,采用滑动阶段算法对该问题求解[194];Lee 等通过对场区集装箱的堆放以及场桥吞吐量的情况,优化了集装箱码头堆场"块"(block)容量尺寸[195];Woo 等基于出口箱的属性,将属性相同的出口箱尽量堆放在相邻的贝位中,以此对出口箱进行箱位分配[196];Saurí 等根据进口集装箱的集疏运状况和堆场属性,为减少倒箱作业量,指定了多种进口箱堆放策略[197]。Alcalde 等在考虑堆场作业随机行为和堵塞的情况下,给出了预测堆场集装箱库存量大小的模型,并提出了堆场设计和计划的原则[198]。Matthew 以水水联运的集装箱码头为研究对象,对到港出口箱在堆场的实时摆放位置进行了多目标优化[199]。国内的王斌根据集装箱码头堆场的生产特点提出了一种动态随机堆存方法[200];倪全慧等针对进口集装箱的装卸作业,提出了避免装卸设备交通拥堵的高低作业量平衡堆存策略,其不仅考虑了相邻箱区之间作业量的平衡,同时也考虑了不同装卸作业路上的并行堆存,从而实现了岸边集装箱船中卸下的集装箱在堆场堆存空间的实时配置[201]。

在分配好箱位后,由于港口作业中的各种随机和动态因素,倒箱难以避免。然而,尽量减少倒箱,能大幅提高堆场的吞吐量和作业效率。Kim 对倒箱操作中集装箱的摆放位置进行了探讨,以尽量减少二次倒箱的次数[202]。Petering 等针对箱区倒箱问题(block relocation problem,BRP)进行了数学建模,并引入了一种新的前瞻算法进行求解[203]。Expósito-Izquierdo 等利用基于知识的启发式算法对倒箱问题进行了探讨,并取得了较好的结果[204]。国内的 Jin 等则针对大规模的堆场作业问题,提出了一种贪婪前瞻启发式算法对倒箱问题进行了求解[205];张灿荣等为减少集装箱在装船时的翻倒箱次数,针对出口集装箱在堆场贝内箱位分配问题进行了研究[206];徐亚等为降低集装箱堆场的倒箱率,也对翻倒箱落箱位置的确定问题进行了研究[207];易正俊等为降低堆场的翻箱率,提高作业效率,把翻箱优化问题转化为最短路径求解问题,并利用脉冲耦合神经网络(pulse-coupled neural net-work,PCNN)具有独特的自动波并行传播的特性,进行了求解[208];朱明华等在以倒箱量最少为目标的基础上考虑集装箱场桥的移动代价,定义约束关系并建立了该问题的数学模型,并采用定向搜索算法进行了求解[209]。进口箱提箱过程中的翻箱落位优化是降低码头翻箱率的重要途径,周鹏飞等建立了基于 Petri 网的翻箱模拟仿真模型,建立了翻箱概率与翻箱落位后的二次翻箱量估计模型,并基于翻箱量估计最小规则设计了集装箱堆场翻箱落位优化启发式算法[210]。

场桥是集装箱港口堆场作业的中心设备。场桥作业优化主要有两个方面:①堆场内各箱区的场桥配置数量;②场桥作业顺序。国内外学术界对场桥的调度问题研究较少。Ng 等在作业任务数量、作业任务预期时间已知的情况下,研究了单台和多台场桥的作业顺序问题,并设计了基于动态规划问题的求解算法[211,212];李建忠和韩晓龙建立了场桥调度的多目标非线性数学规划模型,并通过 Lingo 对模型进行了求解[213];He 等应用启发式规则和并行遗传算法对场桥动态调度问题进行了建模求解[214];Chang 等面向场桥调度问题,提出了一种水平动态滚动决策策略[215];王展等在单堆区内集装箱混贝堆放的前提下,提出了堆场场吊装卸作业时间窗约束、作业次序依赖的设备调整时间以及堆场空间约束等,在此基础上建立了整数规划模型,并针对这一模型设计了改进禁忌搜索算法对问题进行求解[216];赵磊等针对进口集装箱的装卸作业,提出了避免装卸设备交通拥堵的高低作业量平衡堆存策略,不仅考虑了相邻箱区之间作业量的平衡,同时也考虑了不同装卸作业路上的并行堆存,从而实现了岸边集装箱船中卸下的集装箱在堆场堆存空间的实时配置[217]。作者则提出面向哈佛体系结构的场桥动态调度模型,并将计算机操作系统中的磁盘臂调度算法和基于仿真的优化思想引入调度中进行求解[218]。

7. 港口大门作业管理

集装箱堆场大门是外部卡车(以下称外卡)把集装箱运进或运出集装箱堆场的通道。随着集装箱港口吞吐量的快速增长,对码头大门系统的作业性能的要求也越来越高。但是如果大门通道规划不合理,在作业高峰时段,通道前排队等待现象就会非常严重,这将严重影响港口企业对客户的服务水平。金淳等根据系统作业中存在的不确定性、随机性活动的特点,建立了大门作业系统的离散事件仿真模型,并运用仿真模型与启发式算法相融合的仿真优化方法进行求解;运用案例分析验证了该方法的有效性,同时进行了敏感性分析[90]。随后,金淳等提出基于仿真优化的集装箱港口大门通道作业的调度优化方法,并针对集装箱港口大门服务系统性能测试中在测试数据和测试事例生成、计划响应时间获取方面效率低的问题,提出了一种基于离散事件仿真的自动化测试方法[219]。

此外,国内少部分学者开始对同贝同步装卸等新装卸工艺作业进行了初步研究,如曾庆成等[40]建立了同贝同步装卸调度模型,实现了装卸桥在同一贝位内同时进行装船与卸船作业,并设计了基于双层遗传算法的模型求解方法;陈超等[39]运用系统工程优化理论,提出了混合交叉作业集成调度方法与同步优化技术,以泊位分配、设备配置、集装箱卡车(集卡)行驶路径为决策变量,以集装箱码头最小运营成本为目标函数,建立了三阶段集成调度优化模型,并设计了双层遗传算法进行求解。汤齐等则提出集装箱码头单船舶的异贝位混合装卸作业的调度方法,以岸桥和集装箱卡车运作时间最短为目标[220]。

1.4　研究趋势与共性核心问题

由以上讨论可知,国内外学者从多个方面对 CTLS 的生产作业、计划调度和建模优化进行了相关的探讨。德国学者 Dirk Steenken、Stefan Voss、Robert Stahlbock、Hans-Otto Günther,韩国学者 Kap-Hwan Kim 和沙梅等对当前集装箱运输的总体发展,自动化、半自动化和机械化集装箱码头的装卸工艺,相关港口集装箱物流各个环节的作业组织和控制管理,码头运作计划和调度的数学解析法、建模仿真、智能优化方法进行了系统的总体概括、文献回顾和趋势总结,尤其指出在当前船舶日益大型化和高速化以及港口间竞争日益加剧的背景下,给 CTLS 的生产调度和管理决策带来了巨大的压力和挑战。从上述的文献内容中可以发现,当前的研究应用中存在着以下不足和趋势:

(1) 当前的研究对象主要是 CTLS 中的局部生产环节,但正逐步向港口的协同作业组织和集成生产调度延伸,这也是港口生产实践的需要;

(2) 现在集装箱码头生产调度的研究方法主要是单纯的数学解析、运筹规划、建模仿真和智能优化,然而由于计算能力的限制和港口作业复杂性的日益增高,故亟须新的思想方法应用到 CTLS 的控制决策中,以缓解上述矛盾;

(3) 目前的研究方式主要是将装卸工艺和运筹管理相结合对 CTLS 进行研究,未充分考虑信息技术,尤其是物联网技术对港口生产运营所带来的影响。

由于当前港口作业对象、装卸工艺的日益复杂和目前信息处理能力的局限性,上述的研究发展趋势虽然反映了港口发展趋势和行业竞争需要,但其中仍有大量

的理论研究及应用基础问题未得到较好研究,亟须解决:

(1) CTLS 作为一种典型的动态复杂开放系统,其建模描述和集成调度十分困难,目前还没有系统完整的全局建模和决策优化体系方法;

(2) CTLS 中单个作业环节的生产组织是具有代表性的组合优化问题,是典型的 NP-Hard 问题,难以获取最优解,而且单个作业环节最优,未必 CTLS 的整体较优,在此基础上欲取得 CTLS 集成生产调度的最优解/高质量的满意解十分困难;

(3) 不确定动态作业环境下,如何将装卸工艺、运筹管理和计算处理三者有机结合,构建滚动作业计划、协同生产调度和管理决策支持的敏捷、高效和鲁棒的仿真优化体系和策略。

由上述的研究趋势和亟待解决的应用基础问题可知,仅仅依靠现有的运筹解析规划、复杂系统建模、智能优化算法和计算机仿真等手段,难以对 CTLS 形成较好的理论创新和实践解决方案,故亟须应用新的科学思维对 CTLS 的调度决策进行理论探讨和实验分析。

1.5　本书研究的目的与意义

1.5.1　研究目的

集装箱装卸工艺布置和装卸机械配置通常发生在新建、扩建或改建集装箱码头工程时的规划阶段,当码头投入运营后,如何在既定的设备设施和装卸工艺条件下,通过码头作业各环节的合理组织和计划管理,最大限度地发挥作业系统的整体效率,是减少船舶在港时间,提高服务质量的关键所在。

CTLS 是典型的离散事件动态系统和分布式控制系统,其中各个部分和单元之间存在并行、协调、竞争等多种关系,以及动态的强耦合作用,具有随机性强、系统柔性差(设备作业空间有限)、作业时间不确定、设备间的协调性要求高等特点,而且在机械作业和所处环境均存在一定的不确定性,易受多种随机和干扰因素的影响,故集装箱码头的集成生产调度和协同控制决策十分复杂,一直是国内外学者研究和港航业实践的难点和热点。

鉴于此,结合作者主持的中国博士后科学基金"集装箱码头泊位-岸桥-集卡协同生产调度仿真优化研究"、国家自然科学基金"面向同贝同步装卸的集装箱码头前沿集成生产调度计算实验"、教育部人文社会科学研究青年基金"不确定环境下集装箱码头生产调度的复合模型、优化策略及其计算实现"和福建省自然科学基金青年科技人才创新项目"不确定环境下的集装箱码头泊位与岸桥协同配置调度仿真优化研究"等纵向课题,以 CTLS 的建模仿真和控制决策为研究主线,面向计算思维,首先从 CTLS 与计算机系统的相似性为切入点,融合计算机体系结构和分布式控制系统建模模式——基于 Agent 的计算的设计思想和方法体系建模 CTLS。随后进一步将 CTLS 视为一个大规模、并行、可重构、异步、协同计算系统,融合计算机科学与自动化学科的体系、框架、机制、模式、算法和范式,建立较为系统的集装箱码头协同作业调度决策应用基础理论和行业解决方案,以辅助集装箱码头的作业计划、生产调度与控制决策。同时,为现有集装箱码头布局的改建扩建、装卸工艺和设备配置调整以及未来集装箱码头规划设计的决策支持提供理论基础和科学手段。

1.5.2 研究的实际价值与理论意义

当前国际物流业的发展对集装箱码头的生产调度提出了越来越高的要求。一方面,集装箱运输船舶日益大型化,大型集装箱远洋货运公司热衷于发展大型集装箱船队,通过规模化运输来降低运营成本和减少碳排放,例如,2011 年 2 月 21 日,马士基宣布拟斥资 57 亿美元建造 30 艘迄今最大的新型"3E"级集装箱船,其设计装载能力达到 18000TEU。另一方面,主干线上集装箱年度平均运价持续增高,为充分发挥集装箱船舶运能,降低成本,提高收益,就必须缩短船舶在港时间。针对大型集装箱船舶的装卸需求,依靠传统的装卸工艺和生产管理手段,CTLS 已很难在客户需求的时间内完成到港船舶的装卸和集疏运作业,这不但极大影响了远洋班轮公司的运营成本和整体收益,也降低了 CTLS 的服务水平和通过能力。

然而,CTLS 是一个大型的人造复杂系统,各个作业环节的调度已经具有 NP-Hard 难度,多环节或整体作业决策的数学模型更是难以建立和求解,利用传统的运筹学(operations research,OR)极难求得现实作业中的最优解,甚至较优解。故基于新兴的计算思维思想和复杂系统理论,针对集装箱码头的生产作业和管理调度,探讨了在不确定环境和物联网背景下 CTLS 的复合建模、调度机制、策略算法及计算实现,以期得出敏捷、高效和鲁棒的 CTLS 滚动运营计划、协同作业组织和集成生产调度管理体系和控制策略,为提高我国集装箱港口的控制决策水平和"软环境"提出新的解决方案和做出有益尝试。

在理论上,CTLS 的建模、仿真和优化研究涉及交通运输工程、系统工程、工业工程、物流工程、控制工程和软件工程等多个相关领域的研究。虽然其研究已经经历了较长的时间,但仍是相关领域研究的重点和热点。随着当今集装箱物流的迅猛发展,集装箱船舶的日益大型化、装卸工艺的不断演化和港口间竞争的日益白热化,如何有效管理集装箱码头的各种有限设施、设备和资源,协调各个环节的生产与调度,提高集装箱码头的运作效率、资源利用率、运营收益和竞争力,仍是摆在科学工作者面前的一项艰巨任务。

本研究围绕当前 CTLS 中建模仿真和生产调度研究中的不足,以码头集装箱流和信息流为系统运作核心,面向计算思维,将 CTLS 映射到一个异构、并行、可重构、同/异步、协同计算体系之中,以构建高效、均衡、鲁棒的 CTLS 调度决策层次体系、操作系统和策略算法,达到 CTLS 整体性能较优的目的。值得指出的是,本研究期待从计算思维的角度建模、仿真和优化 CTLS,为复杂物流系统构建相应的"计算物流"做出了有益的尝试,并得出相应的初步结论,这也是本书的研究目的和科学意义所在。

第 2 章 计算思维框架下的集装箱码头物流系统

2.1 集装箱码头物流系统分析

2.1.1 集装箱码头物流系统的运作描述及其转化模型

柔性制造系统(flexible manufacturing system,FMS)是由统一的信息控制系统、物料储运系统和一组数字控制加工设备组成,能适应加工对象变换的自动化机械制造系统。为了更加直观地利用系统工程、工业工程和软件工程的理论对 CTLS 进行建模描述和分析,可以把码头集装箱的装卸船问题经过适当处理,转化为柔性制造系统环境下的生产调度问题。集装箱码头作业过程主要包括进口箱的卸船作业(船到堆场)、出口箱的装船作业(堆场到船)、中转箱的装卸船作业以及进口箱的疏运和出口箱的集运。由于中转箱可以认为是进口箱的卸船作业和出口箱装船作业的组合,因此主要考虑进口箱和出口箱的生产装卸作业即可。于是 CTLS 就可以被认为是根据集装箱码头与船代、货代的信息交互而高效加工进口箱、出口箱和中转箱的柔性制造系统。根据系统状态空间的概念,将进口箱和出口箱抽象为从一种位置状态经过装卸搬运设备的作业转变为另外一种位置状态。集装箱的每种位置状态可以分别用一个六元组来表示,即集装箱在船上的位置 $P(1)$:$(S,B,D/H,b,r,t)$,其中,S 为到港集装箱船(container ship),B 为泊位(berth),D/H 为甲板/船舱(deck/hold),b、r、t 分别为船上的贝(bay)、排(row)和层(tier)。集装箱在堆场的位置 $P(2)$:(T,Z,B',b,r,t),其中,T 为到港集装箱船停泊的集装箱码头(container terminal),Z 为相应集装箱码头堆场的箱区编号(zone),B' 为堆垛块号(block),b、r、t 分别为堆场的贝(bay)、排(row)和层(tier)。集装箱在外集卡上的位置 $P(3)$:(T',G,Y,b,r,t),其中,T' 为到港集箱或提箱的外集卡(outer container truck),G(gate)为外集卡进入港口时的大门通道,Y 为箱区中具体从外集卡上装卸集装箱的场桥(yard crane),b、r、t 同样分别为堆场的贝(bay)、排(row)和层(tier)。这里要详细说明的是,为什么这里没有指定外集卡提箱的箱区编号和堆垛块号呢?这是因为一旦指定了为外集卡装卸的场桥,因为该场桥在某一时刻,一定位于某箱区的某堆垛块上,所以指定了场桥,自然就确定了相应的箱区和堆垛块。这样所有的集装箱在港口的位置都可以通过一个六元组确定,则进、出口箱的集疏运过程就可分别描述为由船上的位置向堆场的位置和堆场的位置向船上的位置转变的空间位移过程。事实上,在这个空间位移的转变过程中,仍可以利用一个六元组对集装箱的状态进行跟踪确定。$P(4):(T,B,Q,T'',Z,Y)$,其中,T 为集装箱装卸作业的集装箱码头(container terminal),B 为泊位(berth),Q 为装卸该集装箱具体的岸桥(quay crane),T'' 为水平运输该集装箱的内集卡(inner yard trailer),Z 为相应集装箱码头堆场的箱区编号(zone),Y 则是在箱区中具体堆码装卸集装箱的场桥(yard crane)。上述的集装箱位置及位移描述如图 2-1 所示。

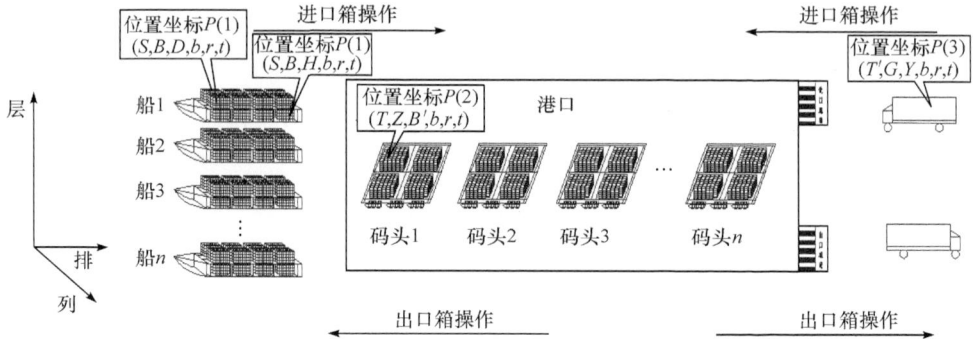

图 2-1　CTLS 生产运作的装卸位移模型

在上述集装箱在船舶和堆场位置的六元组定义下,进口箱的状态转移过程可以分解为图 2-2 左边所示的 8 个步骤,而出口箱的状态转移过程则可以分解为图 2-2 右边所示的 8 个步骤,两者都类似于柔性制造系统中 flow-shop 环境下的加工工序,只是加工的方向不同。其中,进口箱作业的①、②是由拖轮完成船舶到港后从锚地到泊位的顶曳过程;③是到港船舶在拖轮的帮助下停靠泊位;④是岸桥完成集装箱的卸船过程;⑤是由内集卡完成水平运输任务;⑥是由场桥完成卸车过程;⑦是外集卡提箱;⑧是外集卡出道口办理提箱手续。出口箱作业的①是外集卡进道口办理集箱手续;②是外集卡集箱;③是场桥完成对内集卡的装车过程;④是由内集卡完成水平运输任务;⑤是岸桥完成集装箱的装船作业;⑥是船舶在拖轮的帮助下离泊;⑦、⑧是拖轮将船舶从港内顶曳至航线直至其自行驶离港口。

2.1.2　港口集装箱流

集装箱码头作为国际物流体系中海运和陆运的核心中转枢纽,以及重箱和空箱转换的必经之路,其生产物流包括装船、卸船、集港、提箱和清场(倒箱)5 种主要生产工艺,涉及码头堆场、港口大门(检查桥)、码头前沿 3 个主要物流作业区域和 1 个码头生产管理中枢,即生产调度中心。在图 2-1 和图 2-2 所示的 CTLS 运作过程中,集装箱在其内部的装卸作业过程中的流动形成了港口集装箱流(container logistics)。以港口锚区和大门作为 CTLS 的系统边界和外部接口,那么港口集装箱流的基本流动过程如图 2-3 所示。

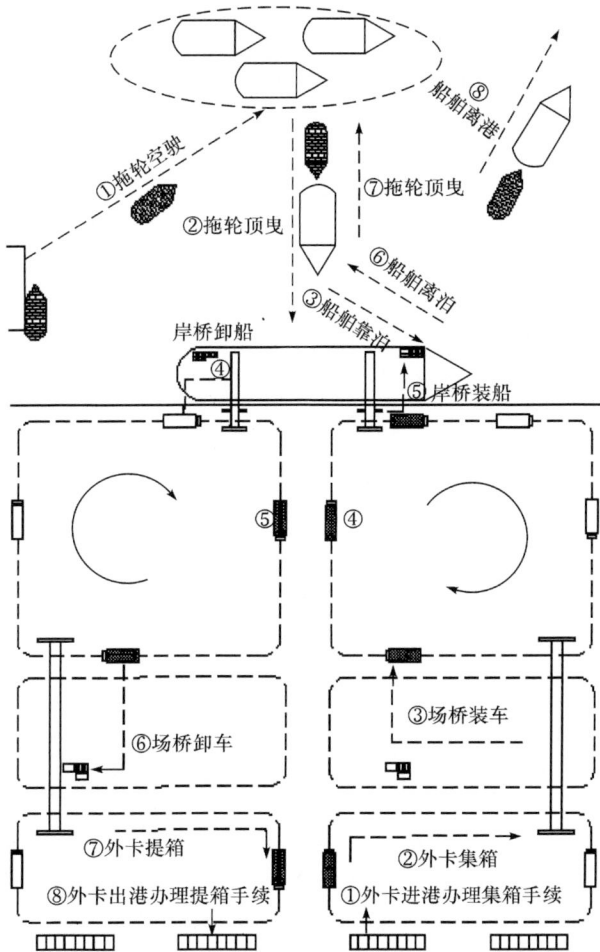

图 2-2　CTLS 生产运作的柔性制造系统转换模型

　　图 2-3 中的港口集装箱流是指集装箱从到达港口至离开港口过程中形成的流[221]。集装箱船舶到港后，集装箱经过"进入锚区-拖轮顶曳-进入泊位-岸桥卸船-内集卡水平运输-场桥卸箱-堆场堆存-场桥装箱-外集卡疏运-大门出口通道放行"（进口），以及"大门进口通道放行-外集卡进场-场桥卸箱-堆场堆存-场桥装箱-内集卡水平运输-岸桥装船-船舶离泊-拖轮拖曳-驶离港口"（出口）的流动情况，形成了一个港口内部的集装箱流系统。由上述集装箱流的流动过程可以进一步证实和突出 1.2 节中 CTLS 的本质属性：①CTLS 是一个典型的分布式控制系统，无论是进口箱还是出口箱，都要经过码头内多次的装卸设备和资源的分配和调度，才能完成相应的集疏运，如果只使某个环节的作业达到最优，那么 CTLS 的运作效率未必最优，甚至某一个环节作业最优后，使其他环节成为作业的瓶颈；②如 2.1.1 节所

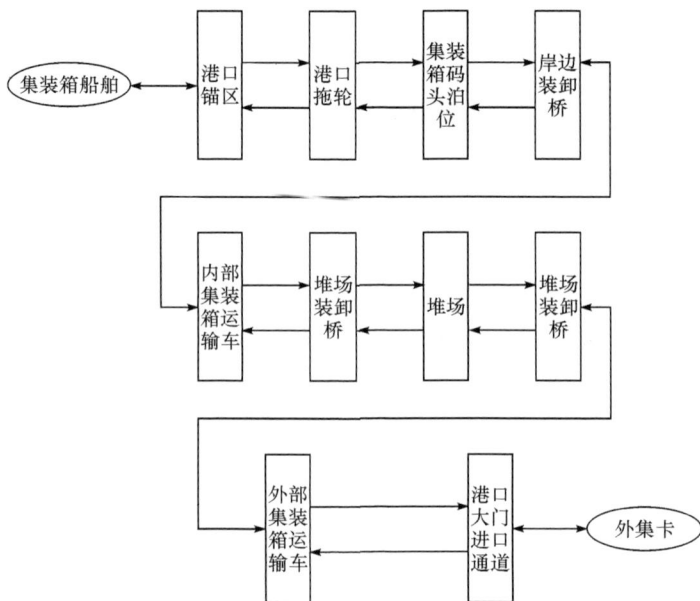

图 2-3　港口集装箱流

述,CTLS 也可以认为是一个双向集装箱装卸作业的流水线,其只有经过如图 2-3 所示的加工作业步骤,才能达到相应的物流目的,完成和实现港口供应链枢纽的功能;③CTLS 是一个不确定环境下的复杂随机动态开放系统,需要着重强调的是,港口集装箱流运作的过程中,除了物流,还包括相应的信息流(指令流)。集装箱码头中内部物流与信息流是否统一和畅通,对于提高集装箱运输的效率和效益、提高服务水平和增强竞争能力至关重要,具有举足轻重的作用。随着信息技术日益融入 CTLS,集装箱码头的集装箱流和信息流必将实时或准实时协调和同步。下面将讨论物联网环境下 CTLS 的建模仿真,以期得出合乎港口未来发展趋势的系统建模仿真和生产调度决策的体系方法及模式算法。

2.2　集装箱码头物流系统与信息物理系统

生产调度和控制决策是集装箱码头装卸作业的灵魂。对于当前正在运营的大中型集装箱港口要在新一轮的港口竞争中取得优势,就必须使港口的物流作业系统化、合理化且均衡协调整体最优化,为到港船舶的装/卸箱和集卡的提/集箱提供一个良好的物流作业平台,而实现这一目标的唯一有效途径就是在港口的现有平面布局下配置先进合理的装卸工艺,配备与装卸工艺相符的先进作业机械,并优化港口的资源分配与任务调度,即提高 CTLS 的协同作业组织与集成生产调度水平。

　　但要在港口作业实践中达到上述目标,十分不易。一方面,CTLS 中单个作业环节的生产调度多为大规模组合优化问题,是典型的 NP-Hard 问题,难以获取最优解,尤其是在动态和不确定环境下更是如此。集装箱船舶的日益大型化、低碳化以及港口装卸工艺和作业设备的不断并行重载的改进更是进一步加大了相关问题的复杂度。在此背景下,欲将 CTLS 中的多个作业环节进行统一考虑,获取面向CTLS 多个生产环节的协同作业最优解,甚至是高质量的满意解,都非常困难。另一方面,船舶到港时间、外集卡到港信息、机械装卸运输时间、港内交通与自然环境等大量不确定性和随机性因素的影响,以及 CTLS 各子系统间的动态强耦合制约关系,进一步增加了 CTLS 生产组织和调度管理的复杂性。

　　在上述情况下,仅仅依靠传统的运筹规划、系统仿真和智能优化已很难帮助港口制定合理高效鲁棒的生产计划和调度控制方案,尤其是在我国很多港口超负荷运转的情况下。深度引入计算机和自动化科学的技术手段和思想方法到港口的控制决策中,势在必行。事实上,国内外众多学者已经对信息物理系统和物联网(Internet of things,IoT)在交通物流领域以及 CTLS 中的应用基础和应用研究进行了初步但卓有成效的探讨。

　　信息物理系统是多维异构的计算单元和物理对象在网络环境中高度集成交互的新型智能复杂系统,具有实时、鲁棒、自治、高效和高性能等特点[222]。信息物理系统通过将感知能力、通信能力和计算能力嵌入物理设备中,对外部环境或资源进行分布式感知、可靠数据传输、综合信息处理,并通过反馈循环实现对物理过程的实时控制[223]。信息物理系统实现了计算资源与物理资源间的紧密集成与深度协作。信息物理系统是计算进程与物理进程的集成和相互影响,即通过嵌入式计算机和网络实现对物理进程的监测及控制,并通过反馈循环实现物理进程对计算进程的影响[224]。

　　大量的国内外学者对信息物理系统在交通和物流领域的应用基础研究和核心问题进行了探讨。周兴社等在结合典型实例分析信息物理系统系统特征及其模型构建具体挑战的基础上,研究并总结了信息物理系统动态行为建模的主要方法[225]。李晔等从多 Agent 系统的角度,以面向对象 Petri 网为语义基础,建立了一种信息物理融合系统体系结构模型,将系统抽象为传感器节点 Agent、执行器节点 Agent 和控制器节点 Agent[226]。彭商濂等对物联网对象跟踪中常见的在线-离线数据流上复杂事件检测的关键问题进行了探讨[227]。

　　面向交通和物流领域,赵祥模等提出了一种泛在交通信息服务系统的架构,将先进的协同感知、泛在网络、云计算、大数据等技术综合运用于交通信息服务领域,实现交通信息服务系统与交通物理系统的深度融合[228]。刘海宁等针对港口现场物流过程和港机健康状态等监测问题,将全球定位系统(global positioning system,GPS)技术、地理信息系统(geographic information system,GIS)技术与虚拟现实技术相结合,通过构造港机零部件标准 3D 模型库和分布式港口监测系统,实现对虚拟港机面向对象的层级模块化几何建模和全球定位系统数据驱动的运动建模,从而构建了对港口监测的虚拟可视化平台[229]。曹小华等根据集装箱无线射频识别系统无线电波传播特性,建立了读写器与电子标签之间电波传播损耗的预测模型,并根据该模型对射频识别(radio frequency identification,RFID)系统的性能参数进行了仿真分析[230]。庞蓓蓓等针对基于无线传感器网络(wireless sensor network,WSN)的多集装箱监测应用中存在的能量有限问题,提出了一种基于 Leach 分层路由协议的低功耗监测算法,并对传统 Leach 协议进行了更符合应用要求的改进[231]。张宏宇等针对港口堆场集装箱管理调度问题,结合传感器网络和有源射频识别设计了高效的传输协议和结合堆场实际情况的集装箱定位算法,来解决集装箱管理中交易出现的"丢箱"问题[232]。谢云等通过采用射频识别、传感器技术和图像识别技术有效地实现了对自动化无人空箱堆场中集卡的全自动定位和装卸作业[233]。Guo 等利用射频识别和全球定位系统跟踪港口作业设备状况,提出了基于实时数据驱动的场桥分配算法,从而优化每个时间窗内场桥的作业序列,减少集卡在堆场中的等待时间[83]。唐雅璇等基于物联网技术,研究了集装箱自动堆放算法和拖车自动排载算法[234]。包雄关等基于射频识别等自动感知技术,构建由感知终端、信息传输装置、信息处理和监控中心等组成的集装箱码头生产监控系统,并对系统框架、自动感知终端布局、生产监控信息中心的监控流程和监控模块设计等进行研究[235]。

　　由前述的 CTLS 的作业分析和当前的国内外研究可知,在已有的自然条件和平面布局下,CTLS 的主要运作核心要素是港口装卸工艺、运筹调度管理和信息支撑技术。集装箱码头装卸工艺是指集装箱从卸船到离港与从进港到装船过程中采用的工艺流程、装卸搬运机械类型及其相互配合作业的方式。在既定的港口平面布局下,它从根本上确定了港口集装箱流的业务流程;运筹调度管理为上述业务流程中的生产计划、设备配置和资源分配提供了科学管理和正确决策的模型、算法和策略;物联网技术(信息支撑技术)提供了上述两个要素之间的桥梁和耦合剂,它对系统资源的忙闲状况和集装箱流的实时作业情况进行全面的反馈的基础。事实上,运筹调度管理要素可看做 CTLS 的信息流处理器,物联网设备是 CTLS 的物理传感器,而装卸搬运设备是 CTLS 的集装箱流执行器,它们三者之间相辅相成,其关系如图 2-4 所示。需要强调的是,图 2-4 中的三维坐标轴分别是时间、地点和实体。在物联网技术的支撑下,集装箱码头的信息流(控制＋反馈)和集装箱流获得同步,平面布局、作业设备和工作流程得到了有效的整合,使得集装箱码头中的任意实体可以在任何情况下相互感知对方状态,从而具备了构建 CTLS 良好运作机制和控制决策模式的基础。

任何时间的连接

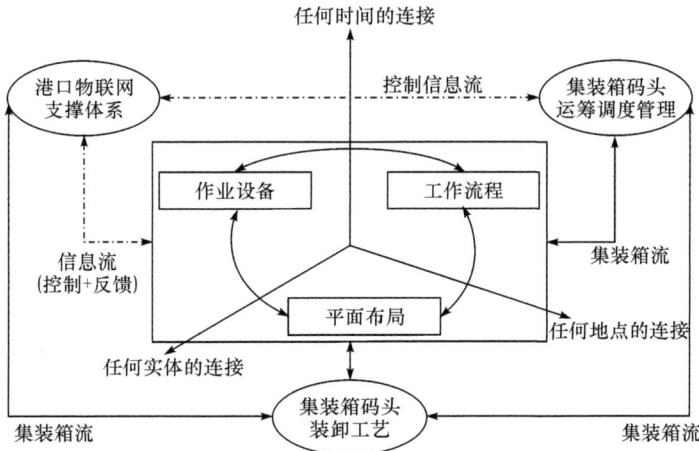

图 2-4　集装箱码头物流作业的核心要素关联

图 2-4 也从本质上阐明了物联网环境和不确定条件下 CTLS 生产作业时各核心要素的关联作用和支撑体系。集装箱码头装卸工艺在既定的自然条件和平面布局下,给出了港口生产作业的工艺流程,确定了装卸、运输和堆码机械设备类型及其数量配置,从而决定了港口集装箱流的作业基本情况。物联网支撑体系在 CTLS 中构建了一个人与人、物与物以及人和物之间能够随时随地互联和交互的普适计算空间,感知、定位和驱动港口中的装卸生产设备进行物流作业,并将相关的实时数据、控制指令和反馈信息在作业现场和控制中心间传递和处理。于是,装卸工艺和物联网技术分别建立了 CTLS 中集装箱流和控制信息流的运营模式和工作机制,两者由 CTLS 运筹管理模型和算法进行统一协调和管理决策,从而提高港口的资源利用率、生产效率和通过能力。

集装箱港口的装卸工艺和运筹管理多年来一直是人们研究的重点和热点,但仍有诸多的应用基础研究问题未得到良好的解决。物联网技术的出现及其被应用到港口的生产实践中,对集装箱码头装卸工艺和运筹管理必将产生重要影响,也为 CTLS 物流资源整合和协同生产调度产生新的敏捷高效鲁棒的解决方案提供了可能。

2.3　集装箱码头集成服务系统

在基于单个企业的管理模式思想下,美国的 Joseph Harrington 博士在 1974 年提出了计算机集成制造系统(computer integrated manufacturing system, CIMS)的概念。计算机集成制造系统的两个基本观点一是企业的全部生产活动是一个不可分割的整体,要紧密连接,统一考虑;二是整个生产过程实质上是一个数据采集、传递和加工处理的过程,最终形成的产品可以看做数据的物质体现。计算机集成制造系统是以提高企业的资源利用率为核心的,注重生产高度柔性化、自动化的需求,强调以信息集成为特征的技术集成、组织集成乃至人的集成。计算机集成制造系统的提出从狭义的角度看是为了进一步解决多品种、小批量的生产组织问题,从而提高企业的生产效率和市场响应能力。但从广义的角度去考虑,会发现计算机集成制造系统强调的核心是信息技术和生产技术的综合应用,计算机集成制造系统某种程度上可以认为是信息物理系统在信息技术不成熟背景下传统生产制造领域中的原型。计算机集成制造系统和信息物理系统的思想在物联网背景下,面向 CTLS 必将获得新的诠释和应用。

所谓调度就是将组织中的稀缺资源分配给需要一定时间内完成的不同任务,从这个角度看,制造业和服务业的生产调度并无二致,甚至两者都强调指令与物流的协同。表面上看,CTLS 服务的对象比较固定,主要只有 20 英尺标准集装箱(TEU)、40 英尺集装箱(2TEU)和 45 英尺集装箱等几种集装箱,但 CTLS 装卸生产时并发度高、动态性强,对各作业环节的协调性要求高,最重要的是其中不确定性和随机性因素较传统生产制造领域要复杂得多。在这种情况下,将装卸工艺、运筹管理和信息技术集成到一起对 CTLS 进行规划、设计和改善的必要性和重要性就凸显出来。①集装箱港口通过电子数据交换(electronic data interchange,EDI)或信息门户从船代和货代接收船舶、外集卡到离港信息和相关集装箱的数据开始,到具体完成集装箱的集疏运任务,整个 CTLS 的物流服务过程是一个有机整体,某个作业环节最优或者较优对于整体往往是毫无意义的,甚至会造成其他环节的阻塞,严重影响 CTLS 的服务能力,这也与本研究前面的分析相同。②整个 CTLS 的运作过程,本质上就是一系列数据采集、传递、处理和优化的过程,而每一个环节都有数据采集、分类、传输、分析、加工和驱动等处理,其最终在实体物流网络中的集装箱流就是国际物流体系中信息流的实体转移过程。③较传统的生产制造线,在 CTLS 内,对于装卸生产资源和作业对象的识别、感知、控制、驱动、执行和反馈更为关键,因为从数学建模上,传统生产制造和集装箱港口物流服务可以相互借鉴,在方法上具有较大的相似性和通用性,但 CTLS 实践作业的环境更为复杂,随意性更大,不确定性和随机性因素更多,故 CTLS 自身运营的特点,其不可能像传统制造业的生产作业线一样,事先制定较为完备的物料清单(bill of materials,BOM)和主生产计划进行有序的作业,而且一旦协同作业不当,马上就会降低服务水平,引起船舶滞港,造成船期延误,导致用户不满,因此对企业运作敏捷性、时效性和鲁棒性的要求更高。于是本节提出集装箱码头集成服务系统(container terminal integrated service systems,CTISS)的思想方法,将计算机集成制造系统的思想扩展移植到 CTLS 中,或者说将信息物理系统应用到 CTLS 中,提出融合各项软硬件和计算资源的 CTLS 集成协同调度体系,其基本思想如图 2-5 所示。

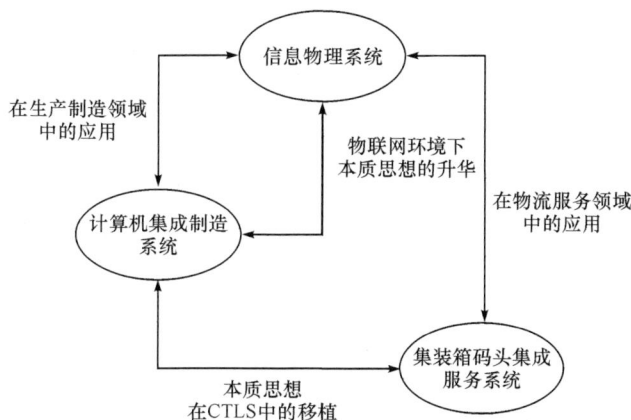

图 2-5　集装箱码头集成服务的思想来源

信息物理系统把计算与通信深深地嵌入实物过程,使之与实物过程密切互动,是物理过程和计算过程的统一体,其注重计算资源与物理资源的紧密结合与协调。显然物联网相关技术的出现为在 CTLS 中融合港口装卸工艺、运筹计划调度和信息集成支撑提供了可行的途径,也为构建面向集装箱码头的信息物理系统提供了解决方案。

CTLS 中的数据处理、通信和存储是信息空间中的计算,而物理世界中的集装箱码头内的装卸、运输和堆码作业同样可看做一种广义的"计算",于是整个 CTLS 就是一个综合的集装箱流和信息流处理系统。在集装箱码头这个物流服务的核心枢纽中,由于工艺日益复杂,为达到整体运作的最优,不仅各个作业环节应当相互配合,减少装卸生产瓶颈,而且数据上的计算必定要和实际上的作业保持一致。事实上,无论是集装箱流的控制还是信息流的处理都可以利用排队论(queuing theory,QT)或其他运筹模型进行计划调度,从而谋取形式上的一致。①CTLS 是一个典型的随机服务系统,所以当前国内外不少专家学者就以排队论为工具对 CTLS 的生产作业进行了相应的分析与改进,并取得了丰硕的成果,尤其是在港口的岸桥、场桥、集卡调度和堆场箱位计划分配等方面。②众所周知,排队论是现代计算机系统运作的理论基础之一,尤其是在计算机操作系统的作业组织和资源分配中。因此,在广义计算和集成协调的角度上,仍然可以用排队论或其他运筹模型来探讨 CTLS 的运作过程。图 2-6 所示是 CTLS 中的集装箱码头实体装卸作业组织的排队网络模型,实际上与集装箱流匹配的信息流处理模型也服从该形式。

图 2-6 所示是集装箱码头装卸生产的实体资源网络,它们与物联网技术构成的控制信息网络,共同构成 CTLS 生产运营的基础和根本。如何合理地集成和构建这两者到一个建模优化体系策略下,使得两者更好地协作,探索新的业务模式,提高 CTLS 的资源利用率、服务水平和通过能力,是物联网环境下 CTLS 所面临

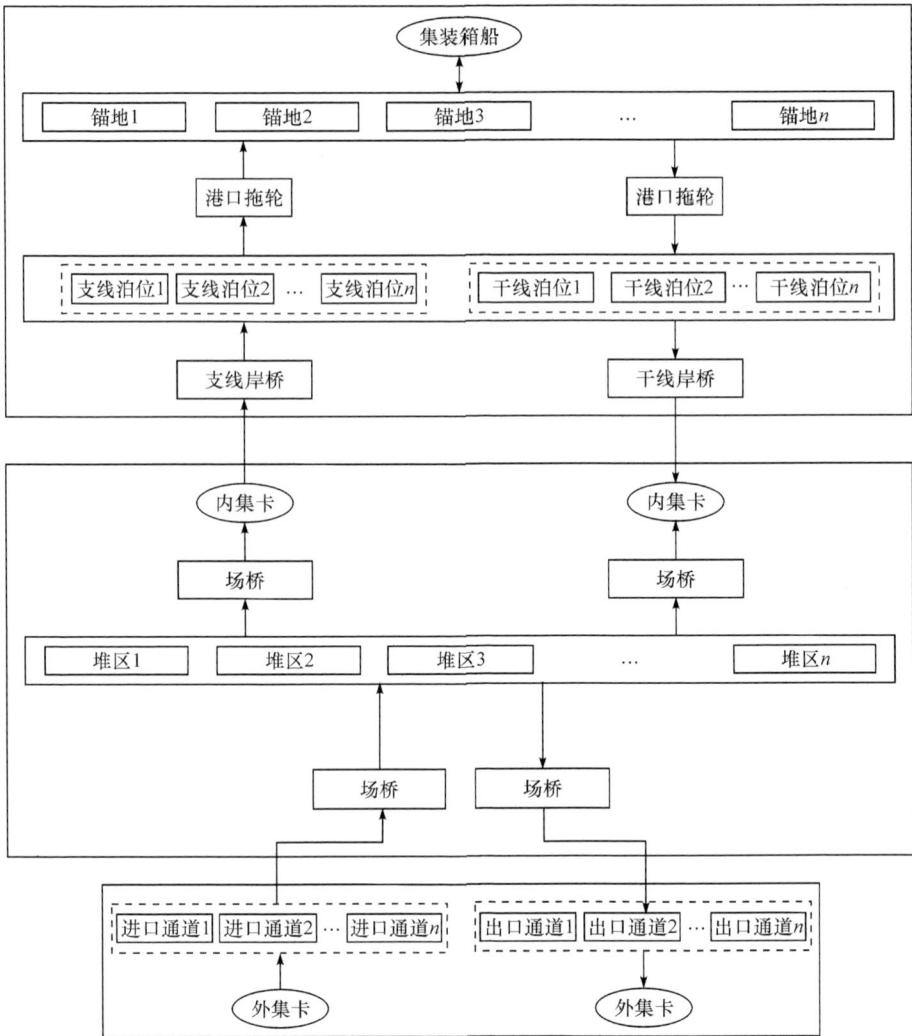

图 2-6　CTLS 的排队网络模型

的重要挑战之一。CTLS 是一个分布式控制系统,也是一个多环节多维空间作业的复杂开放物流系统。港口作业中存在着很强的并发性、动态性、耦合性、不确定性、随机性和复杂性,CTLS 的运作又要求有相应的敏捷性、协调性、均衡性和鲁棒性,故基于传统的形式化和非形式化方法很难对 CTLS 的协同生产调度进行建模和优化。鉴于此,作者利用计算思维,面向集装箱码头集成服务系统,对集装箱码头的控制决策进行探讨。

2.4　计算思维与集装箱码头计算物流

2.4.1　计算思维

科学思维包括理论思维、实验思维和计算思维,它们分别以数学、物理和计算机科学为代表。其中计算思维是运用计算机科学的基础概念(fundamental concept)去求解问题、设计系统和理解人类的行为的一种方法,是一类解析(analytical)思维,以设计和构造为特征[236]。

计算思维包括涵盖计算机科学之广度的一系列思维活动,是一种递归和并行处理思想,也是数学和工程思维的互补与融合。一方面,计算思维利用启发式推理来寻求解答,就是在不确定情况下的规划、学习和调度。另一方面,计算思维利用海量数据来加快计算,在时间和空间之间,在处理能力和存储容量之间进行权衡[237]。

计算思维提出了面向问题探索(problem-oriented explorations)的系列观点和方法,这些观点和方法有助于人们更加深刻地理解计算的本质和计算机求解问题的核心思想,其本质是抽象(abstraction)和自动化(automation)。计算思维已经在除计算机科学的其他学科中显示出了重要的影响,如统计学、经济学、生物学、物理学和化学等。2007 年 3 月,卡内基梅隆大学(Carnegie Mellon University,CMU)和微软宣布建立微软-卡内基梅隆计算思维中心(Microsoft Carnegie Mellon Center for Computational Thinking),它们将从事计算机科学新兴领域的研究,尤其是那些能够对其他学科的思维产生影响的领域。该中心正是采用面向问题探索的方法进行核心的计算机科学领域的研究。

2.4.2　计算物流

正如计算思维的提出者周以真教授所说:普适计算(ubiquitous computing,UC)之于今天就如计算思维之于明天。普适计算是已成为今日现实的昨日之梦,而计算思维就是今日之梦的明日现实。从本质上看,普适计算是将各类计算设备融入日常生活和生产服务中,而计算思维则是在此基础上更进一步,将计算机科学的思想应用到各个学科里,其内涵和本质较普适计算都有根本的提升。

事实上,可以根据当前全球供应链和大型物流系统的运营特点和发展趋势,融合普适计算和计算思维,重新定义计算物流(computational logistics,CL)的概念体系,其是智能交通系统(intelligent transport system,ITS)的自然延伸和内涵提升。本书的第一作者已经在控制与决策领域的权威学术会议 The 54th IEEE Conference on Decision and Control (CDC 2015)上提出了计算物流新的定义[238]:

　　计算物流是基于计算理论和相似理论,通过提取、转化和运用计算机科学和自动化控制理论的基础概念、思想原理、决策框架、控制机制和调度算法规划、设计、实现、测试和评估复杂物流系统(complex logistics systems,CLS),并在不同的管理层次上计划、控制、调度和决策其相关物流服务过程的一种方法,它为复杂物流系统的设计、构建、执行、管理和改善提供了一条统一、定量、通用的敏捷高效解决途径。

　　相对于以往的运筹规划、系统仿真、智能优化和基于仿真的优化,计算物流为大型复杂物流系统的建模优化与控制决策提供了新的理论研究思路和工程解决方案。

2.4.3　面向集装箱码头的计算物流

　　计算思维建立在计算过程的能力和限制之上,无论这个过程是由人还是由机器来执行的。计算机科学已经根据坚实的理论基础准确地回答了一个特定问题的复杂度及其相关的解决方法。同时,计算思维直面机器智能的不解之谜,迄今为止,人们对可计算性仍是一知半解。然而,这并不妨碍人们将计算思维应用到不确定环境下复杂动态随机系统的控制与决策中。事实上,将计算思维应用到复杂的机械实体系统中,将会提供另一个层面和角度去探讨可计算性理论基础,从而更好地了解机器智能[239]。

　　具体来看,计算思维是将一个问题清晰、抽象地描述出来,并将问题的解决方案表示为一个信息处理的流程。同时,计算思维是一个典型的迭代递归和并行处理模式,核心原则之一就是"Data as Code and Code as Data"。具体到CTLS,集装箱实体流和信息流间得到迭代递归和并行处理,即"Container as Packet and Packet as Container"。集装箱运输的国际标准化,使得这个"Packet"甚至相较于计算机中的各种数据格式更易于处理。

　　在上述的概念认识下,作者自2006年开始利用计算机系统组成和体系结构来建模CTLS[240],本质上正是计算思维在集装箱港口这个特定复杂物流系统上的探讨和应用,也是前述计算物流理念的一种理论实践和具体应用。而前述面向信息物理系统定义集装箱码头集成服务系统来探讨CTLS的控制与决策,正是期望融合普适计算和计算思维的思想来面向集装箱码头定义相应的计算物流,统一建模和优化CTLS的集装箱流和信息流,进而提高其作业性能。

2.4.4　面向 CTLS 的广义计算思维

　　计算思维通过约简、嵌入、转化和仿真等方法,把一个看来困难的问题重新阐释成一个人们知道如何解决的问题。计算思维着重于解决人类与机器各自计算的优势以及问题的可计算性。计算思维同时包含了数学性思维和工程性思维,而其中最重要的思维模式就是抽象模式。

计算思维的本质也正是抽象(abstract)和自动化(automation)，它反映了计算的根本问题，即什么能被有效地自动进行。计算是抽象的自动执行，自动化需要某种计算机去解释抽象。从操作层面上讲，计算就是如何寻找一台计算机去求解问题，隐含地说就是要确定合适的抽象，选择合适的计算机去解释执行该抽象，后者就是自动化。

为充分发挥计算机可以从事大量的重复的、精确的运算的能力，需要与计算机交流，将现象转化为符号，以便于计算机理解，同时将其抽象赋予不同的含义，然后通过编程赋予计算机以"思维"，让它自动地进行运行，得到新的东西，这个过程就是计算思维，其中最重要的思维模式就是抽象模式。计算思维中的抽象完全超越物理的时空观，可以完全用符号来表示，其中数字抽象只是一类特例。计算思维中的抽象最终是要能够机械地一步一步自动执行的。

计算的本质就是将一个符号串 f 变换成另一个符号串 g。从类型上讲，计算主要有两大类，即数值计算和符号推导，它们在本质上是等价的，可以相互转化，具有共同的计算本质。人们对计算本质认知的变革也从工具(tool)、方法(means)逐步演变为过程(process)。物流服务正是一种过程，集装箱码头的装卸作业更是如此，故可将 CTLS 视为一种广义的计算系统，其内部的各种作业服务行为都是一种广义的计算。

2.5　面向计算思维的 CTLS 抽象定义

2.5.1　CTLS 的运作模式

现代计算机自诞生以来，虽然经过多年的发展，但从本质上仍然遵循的是冯·诺依曼原理的存储程序和程序控制，即一个程序(指令序列)规定计算机完成的一个完整任务，计算机按程序编排的顺序，不断地取指令和执行指令，并将计算的结果放入指令指定的存储器地址中。港航业经过多年的演变，大中型集装箱码头的服务对象主要是各种集装箱班轮，其到港周期和装卸箱量均具有较强的规律性。故现代集装箱码头普遍利用电子数据交换、企业信息门户和物联网等信息技术手段提前获取到港船舶及其装卸集装箱的相关信息，事先制定 CTLS 的生产组织和资源分配计划，为后续的实际现场作业提供控制基础。显然，CTLS 生产计划与计算机系统中程序的地位和作用相当，而特定的集装箱、拖挂车和船舶到港后，码头中控室的管理人员查询相关的任务计划(装载程序)，安排作业线路，组织相应的物流装卸运输服务(执行指令)，并根据生产实践情况进行现场控制(人机交互)。综上所述，CTLS 的运作机制和计算机系统的工作原理(存储程序和程序控制)从集装箱码头集成服务系统信息控制和装卸作业的视角来看,是高度相似的,而这也为面向计算机体系结构对 CTLS 的调度控制建模奠定了坚实的理论基础。

2.5.2 面向 CTLS 的统一指令级体系结构

传统计算机体系结构概念是程序员所看到的计算机的属性(概念性结构与功能特性),其实际上是机器语言程序员所看到的传统机器级所具有的属性,本质上它既是计算机系统中软硬件界面的确定(其界面之上的是软件的功能,界面之下的是硬件和固件的功能),也是从系统工程角度对计算机的逻辑/物理实现、任务调度和性能评估给出了系统的解决方案。另外,在计算机科学领域中,为将编程所需要了解的硬件信息从硬件系统中抽象出来,人们在计算机中引入了指令集体系结构(instruction set architecture,ISA),其不仅为处理器提供了一个抽象概念层,也给出了计算机系统的隐含计算模型。

抽象层次是计算思维中的一个重要概念,它使人们可以根据不同的抽象层次,进而有选择地忽视某些细节,最终控制系统的复杂性。虽然集装箱运输为全球物流体系建立了一整套的标准存储运输体系,但集装箱码头的平面布局、基础设施、设备配置和装卸工艺各异,即 CTLS 生产作业的硬件基础较计算机系统存在更大的差异性,为所提出的模型具有普适性,必须建立 CTLS 的抽象层次结构。于是将集装箱码头的拖轮、岸桥、集装箱拖挂车、场桥、正面吊、检查桥等视为 CTLS 的异构处理器集群,为它们定义统一指令集体系结构(unified instruction set architecture,UISA),以便对集装箱码头计划调度人员有效屏蔽底层作业细节,提供 CTLS 的抽象概念和行为功能视图,辅助制订生产计划和调度控制方案。于是可得出整个 CTLS 的调度控制层次结构如图 2-7 所示。

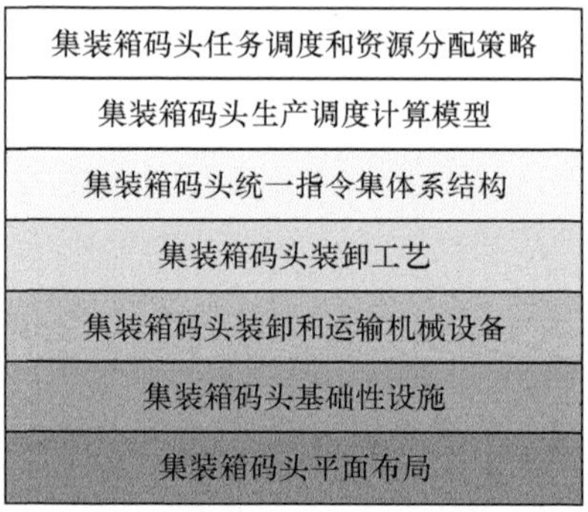

图 2-7 集装箱码头调度控制的层次化结构

2.5.3　面向 CTLS 的通用计算指令集

图 2-7 所示的集装箱码头调度控制层次体系是一个典型的纵向支撑结构,统一指令集体系结构是一个关键的组成部分,其既是 CTLS 中生产调度系统与装卸作业系统的分界面与功能接口,也提供了集装箱码头装卸生产的广义计算定义和隐含执行模型。对于 CTLS 中的拖轮、岸桥、内集卡、场桥、正面吊和检查桥等异构并行处理器,它们执行的拖顶、装卸、运输、堆码/倒箱、拆拼箱和集疏运等过程本质上皆可定义为物理世界中的一种广义"计算",于是整个 CTLS 正是一座机械化和宏观化的异构异步协同并行计算系统。事实上,近代计算机的体系结构和设计思想的萌芽正是查尔斯·巴贝奇在其"分析机"中所提出的,只不过当时的机械加工工艺无法支撑巴贝奇的设计理念。现在从计算机体系结构的角度去看待 CTLS 这样一个装卸运输机械自动化系统,正是计算机核心设计理念的原始回归,是两者异曲同工的根本体现,同时也是计算定义过程本质的体现。

具体来看,计算机系统中的指令集体系结构主要围绕中央处理器(central processing unit,CPU)展开,其通常包括以下类型的指令:数据处理指令、数据传送指令、程序控制指令和状态管理指令。要支撑 CTLS 的生产运作和调度控制,在上述的 CTLS 广义计算定义框架下,统一指令集体系结构同样需要具备上述四类指令。计算机系统中所有计算主要集中在中央处理器的算术逻辑单元(arithmetic logic unit,ALU)中进行处理;而 CTLS 是一个复杂的并行分布式协同作业系统,主要任务是完成到港船舶、拖挂车与集装箱的装卸及集疏运作业,其整体生产是一个复杂的流水线服务过程,各类异构处理机按照集装箱码头装卸工艺设计完成指定服务功能。无论是从时间维度还是空间分布上看,CTLS 都是对到港集装箱流进行并行、分布、协同处理,故其通用计算指令集(generalized computational instruction set,GCIS)可定义如下:

(1) 数据处理指令主要是指岸桥的装卸船、场桥/正面吊的堆码/倒箱、集装箱货运站的拆拼箱和检查桥的验箱操作等;

(2) 数据传送指令主要是指拖轮的拖顶作业、内集卡的水平运输、外集卡的集/提箱作业指令;

(3) 程序控制指令主要是指拖轮的靠/离/移泊指令,岸桥的移泊指令,场桥、正面吊、集卡的移场、路径规划指令,检查桥通道的开放/关闭指令;

(4) 状态管理指令是指实时更新拖轮、岸桥、集装箱拖挂车、场桥、正面吊、检查桥等处理器以及航道、港池、泊位、堆场等基础设施的状态,以便 CTLS 及时进行任务调度和资源分配。

2.6　本章小结

　　集装箱码头的协同生产调度问题是典型的超大规模组合优化问题,欲在管理决策允许的时间范围内获取港口装卸生产的高效鲁棒的设备配置和生产调度方案十分困难;而当前国际物流业对 CTLS 的服务水平和通过能力的要求越来越高。物联网技术的迅速发展,为解决上述矛盾提供了契机。本章对物联网环境下的集装箱码头协同生产调度进行了重点探讨,提出了集装箱码头集成服务系统的思想以及基于计算思维的 CTLS 建模调度方法,从而为装卸工艺日益复杂、竞争日渐激烈的港口生产作业提供了新的解决方案。随后各章将以此建模调度思想为基础,提出较为完整敏捷的 CTLS 生产计划调度和智能决策支持体系及方法,为提高我国大中型港口的“软实力”进行有益的尝试。

第3章 CTLS 和计算机系统的体系结构与调度机制相似分析

3.1 引 言

众所周知,信息化网络中信息流和数据流的核心处理节点是计算机系统(computer system,CS),而 CTLS 是国际物流体系中集装箱流的关键中转枢纽。于是自然而然,将 CTLS 与计算机系统进行全面系统的比较,结果发现在各个方面 CTLS 与计算机系统都十分相似,具有明显的同质性。

(1) CTLS 是典型的离散事件动态系统(discrete element dynamic system,DEDS),而现代计算机系统的工作是基于二进制逻辑(binary logic)和中断系统(interrupt system)的,两者在运作机制从根本上是一致的。在计算机系统中,信息、指令、状态和数据都是用二进制数表示的,运算和处理也是用二进制数进行的。这是因为计算机作为一种电子计算工具,是由大量的电子器件组成的,在这些电子器件中,电路的通和断、电位的高和低,用两个数字符号"1"和"0"分别表示容易实现。同时二进制的运算法则也很简单,因此,在计算机内部通常用二进制代码来进行内部存储、传输和处理数据,即计算机系统是一个典型的离散动态系统。另外,中断是计算机中的一个十分重要的概念,在现代计算机中毫无例外地都要采用中断技术,因此完全可以认为计算机系统是一个离散事件动态系统。而如前所述,CTLS 是典型的离散事件动态系统,故两者在运作机制上具有明显的同根性,只不过在集装箱码头中各个设备和资源的状态可能更为复杂(但其状态同样是动态离散的),但这并不影响两者运作上本质上的一致性。事实上,以往的研究中已经提出基于数字电路的离散系统建模仿真方法,并利用此方法以集装箱码头卸船过程为例,进行了其数字电路建模仿真和分析。故基于计算机体系结构(计算机就是建立在超大规模的数字电路上的)对 CTLS 进行描述、建模和仿真是完全可行的。

(2) 在当代集装箱码头的运作中,集装箱流及其信息/指令流正好对应于现代计算机系统(尤其是基于哈佛体系结构的计算机系统)中的数据流(data stream)和指令流(instruction stream),这一点为两者的类比、转化以及互相借鉴奠定了坚实的基础。当然,在现代计算机运作中还有地址总线上的地址流,这种流在 CTLS 中同样存在,因为集装箱无论在船上还是在堆场上都有自己详细的位置编号(见 2.1.1 节分析),而无论在岸桥、场桥和集卡在对集装箱进行装卸运输时也都是按照这个位置(地址)编号进行相应操作的。类似地,在典型的计算机段页式存储管理中,计算机中逻辑地址的表示由三部分组成:段号 s、页号 p 和页内地址 d,记作 $v=(s,p,d)$。而在 CTLS 中,每个集装箱在船上或堆场上的位置是由一个六元组来确定的(见 2.3.1 节)。与计算机系统中有单独的地址总线不同,在集装箱码头的运作中,每个集装箱装卸运输的源地址和目的地址是通过随着信息网络通道下发和上传的,即在信息(指令)流中包含了地址流的内容(甚至是信息流中一个很重要的组成部分),这是 CTLS 与计算机系统很大的一个不同,但这并不妨碍其高效运作。

(3) CTLS 与计算机系统的系统组成与体系结构十分相似。集装箱码头前沿(泊位+岸桥集合)可以看做集装箱码头物流系统的中央处理器集群。集装箱码头前方堆场(marshalling yard)则可以认为是 CTLS 的主存,集装箱码头后方堆场(container yard)是 CTLS 的辅助存储器。栈桥、港内道路和集卡池组成的水平运输子系统是 CTLS 的集装箱流总线(container logistics bus),而集装箱码头的锚地、拖轮和大门等则是 CTLS 的输入输出设备,它们共同有机地组成了 CTLS,为现代物流体系的核心处理节点。

(4) 计算机设计的一个主要进步就是存储程序计算机的发明。在集装箱码头的实际生产中,港口的管理人员可以通过电子数据交换和港口的电子企业门户等现代信息手段提前获得到港集装箱及其船舶的相关信息,从而事先制定码头的生产计划指导港口的生产。显然港口的生产计划相当于计算机系统中的程序,当指定的集装箱、集装箱船和用于集疏运的集卡到达港口时,码头中控室的管理人员查询相关的生产计划,从而组织其随后的装卸运输。这个运作流程显然和现代计算机运作的基本原则相同。当然,在实际的生产中还会根据具体的情况对计划有所调整,而这又正好类似于计算机中的人机交互来决定程序的具体走向。

(5) 如前所述,CTLS 是一个高度复杂的、离散的开放系统,所以国内外不少专家学者就以排队论为工具对 CTLS 进行相应的分析与改进,并取得了丰硕的成果,尤其是在港口的岸桥、场桥、集卡调度和堆场箱位计划分配等方面。众所周知,排队论是现代计算机系统运作的理论基础之一,而集装箱投入当代国际物流运输是从 1966 年开始的,此时基于排队论的现代计算机系统已经发展了超过 20 年(1946 年第一台现代计算机出现)。那么在计算机科学与技术领域成熟、成功的设计以及调度思想显然能够也应该被集装箱码头的生产调度系统所借鉴,从而提高港口的生产效率和经营效益。

(6) 集装箱码头的基础设施和设备(如泊位和岸桥)的投资巨大,这非常像大型数字计算机系统,硬件设备价格高昂,资源分配(resource allocation)和程序有效性(program efficiency)举足轻重,系统效率至关重要,所以制定合理、高效、鲁棒的生产计划和调度策略具有重要的意义。

(7) 现代机械工程发展的一个很重要方向是柔性制造系统,其由加工、物流、信息流三个子系统组成,在加工自动化的基础上实现物料流和信息流的自动化。而 CTLS 的主体部分相对于柔性制造系统省去了加工环节,而主要由集装箱流和信息流两部分组成,但毫无疑问,CTLS 可以看做一个自动化的柔性装卸运输作业系统,从而借鉴自动化设计原理到现代 CTLS 中,而自动化设计最为集中的领域毫无疑问就是计算机系统。

　　基于以上七点原因,在本章中将对 CTLS 与计算机系统进行相似分析,系统地映射分析两者之间的异同,并从系统组成、体系结构、作业组织和资源分配的角度对 CTLS 和计算机系统进行详细的对比分析,得出两者在系统组成的关键部件和作业组织的调度机制之间的映射关系,从而为随后 CTLS 的多 Agent 模型采用何种体系结构和生产调度框架奠定坚实的基础。

3.2　两系统总体视图比较

3.2.1　系统层次结构比较

　　CTLS 是当代国际物流网络中集装箱流的中心处理平台,就像计算机系统是现代计算机网络中数据流的核心处理节点一样。本节首先从系统层次结构方面给出 CTLS 与计算机系统的层次结构分析,然后再从系统组成和体系结构的视角展开讨论。详细对比 CTLS 与计算机系统的层次结构,如图 3-1 所示,不难得出以下结论:①集装箱码头的平面布局及其装卸设备资源(包括所采用的装卸工艺)在系统中的地位类似于计算机的硬件系统及其体系结构,两者提供了 CTLS 运作的物理基础,并从根本上决定了系统的组成与体系结构;②集装箱码头的生产调度和管理信息系统可映射为计算机体系中的软件系统,因为两者都是相互配合通过合理有效的资源管理与分配,提高 CTLS 运作的效率,并为用户提供友好的人机交互界面,以使用户能够良好地观察、管理和最大化地使用系统,从而使系统的整体运作和吞吐量最优。

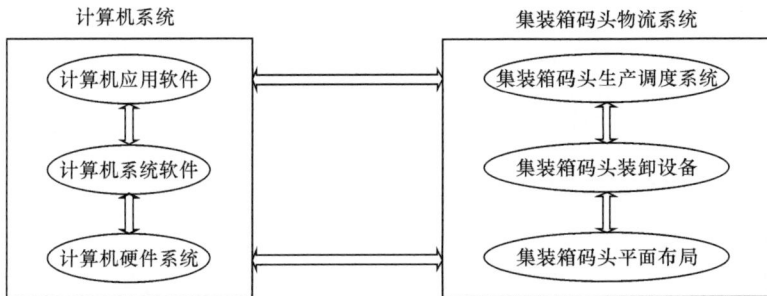

图 3-1　系统层次结构映射关系

这里要着重强调的是,在计算机系统中,应用软件、系统软件和硬件系统是一个垂直调用的支撑关系,即对于一个具体的应用,应用软件调度操作系统的服务,而操作系统驱动系统硬件进行工作。而在 CTLS 中,集装箱码头的平面地理位置及其布局是 CTLS 运作的根本,各种装卸运输设备,则是集装箱码头作业的基础,生产调度及管理信息系统根据电子数据交换提供的到港船舶、外集卡和集装箱的相关信息,来制定作业计划和实时组织码头的生产,并将这些信息通过港口各级门户提供给港口的生产作业人员、生产调度人员、管理决策人员以及各类货代和船代客户。在 CTLS 的运作中,生产调度系统驱动码头中的各种装卸运输设备在码头的地理布局上进行物流作业,显然这是一个类似于计算机系统工作原理的垂直支持关系。

3.2.2　顶层视图映射

几乎所有当代的计算机设计都是以普林斯顿高级研究院的冯·诺依曼提出的概念为基础。这种设计被称为"冯·诺依曼结构"。它基于以下三个关键性的概念:①数据和指令存储在单一的"读写存储器"中;②存储器的内容通过位置寻址,而不考虑它容纳的数据是什么;③以顺序的形式从一条指令到下一条指令来(除非有明确的修改)执行。在上述的理念下,指令解释器、通用算术逻辑功能模块(这两者组成了中央处理器)、输入输出部件和存储器构成了整个计算机系统。冯·诺依曼指出,同一存储器既可以存放指令又可以存放数据。但这样做,显然有其弊端,也不适合描述和建模 CTLS,于是将指令和数据分开在不同的存储器中存放,并通过不同的总线去访问它们的系统组织结构,即采用哈佛体系结构(Harvard architecture)。图 3-2 表示了基于哈佛体系结构的计算机系统的最高层部件并暗示出它们之间的相互作用,其中中央处理器负责与存储器间交换数据。为了和内存交换数据,中央处理器一般使用两个内部寄存器:一个是存储地址寄存器(MAR),为下一次读或写指定内存地址;另一个则是存储缓冲寄存器(MBR),容纳写到内存或从内存接收的数据。类似地,一个输入输出地址寄存器(I/O AR)指定了一个特定的输入输出设备;输入输出缓冲寄存器(I/O BR)用于输入输出模块和中央处理器的数据交换。而内存模块分为两个部分,一个存储指令,一个保存数据,且各自包含一组单元,由连续的编号来定义其地址。每个单元都含有一个二进制数,各自相应可以解释为指令和数据。输入输出模块将数据从外设传送到中央处理器或存储器,反之亦然。输入输出模块包含内部缓冲器,用来暂时存储输入输出数据,直到它们被发送出去[241]。

可以用类似的视角来看待 CTLS 的最高层系统组成及其相互关系,如图 3-3 所示。其中中心控制室、码头前沿的泊位和岸桥组成 CTLS 的中央处理器群集,它们负责完成到港集装箱船舶的装卸。由于集装箱船舶的日益大型化和高速化,

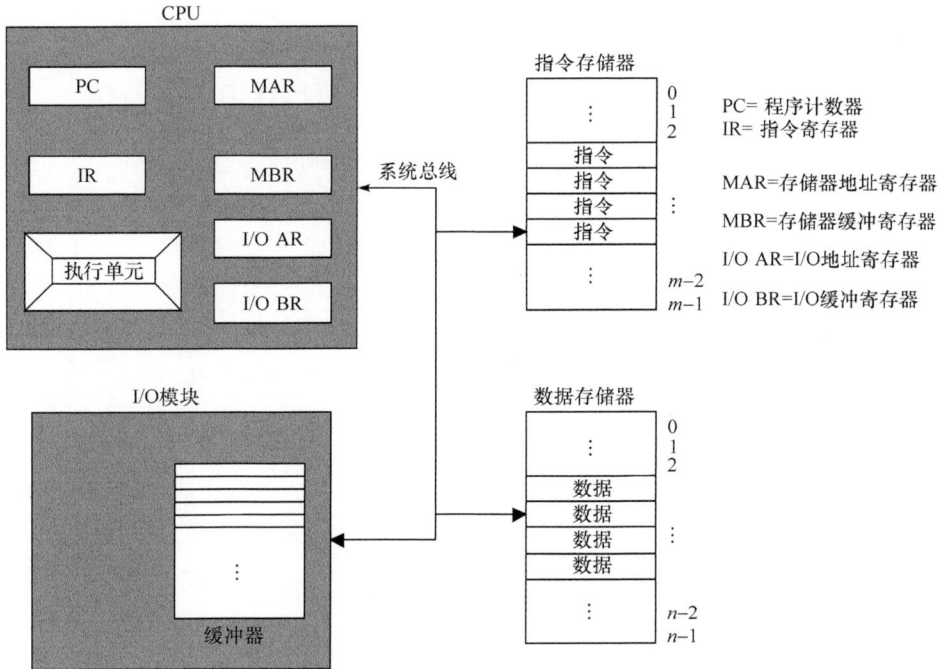

图 3-2　计算机系统部件：顶层视图[241]

CTLS 为了提高装卸效率，岸桥往往采用多小车、多吊具、重进重出等先进装卸工艺，而与之对应的是每个小车下都有相应的内集卡队列正在等待装卸，那么内集卡、栈桥和港内道路构成了 CTLS 的总线系统。在集装箱码头堆场，根据事先制定的堆场计划，对堆场场桥进行合理的调度，完成进口箱、出口箱以及中转集装箱的堆放和存储。而港口拖轮作业调度系统和港口大门作业调度系统等组成 CTLS 的外围输入输出子系统，它们和外界的信息交互与集装箱交换直接构成了 CTLS 的集疏运体系。

3.2.3　CTLS 和计算机系统的互连结构映射

计算机系统由一组相互之间通信的三种基本类型（中央处理器、存储器和输入输出设备）的部件或模块组成。实际上，它是一个基本模块的网络。因此，必须有使模块连接在一起的通路。连接各种模块的通路的集合称为互连结构（interconnection structure），这一结构的设计取决于模块之间所必须交换的信息。图 3-4 通过指出计算机系统中每种模块类型的主要输入输出形式给出了所需的信息交换的种类。

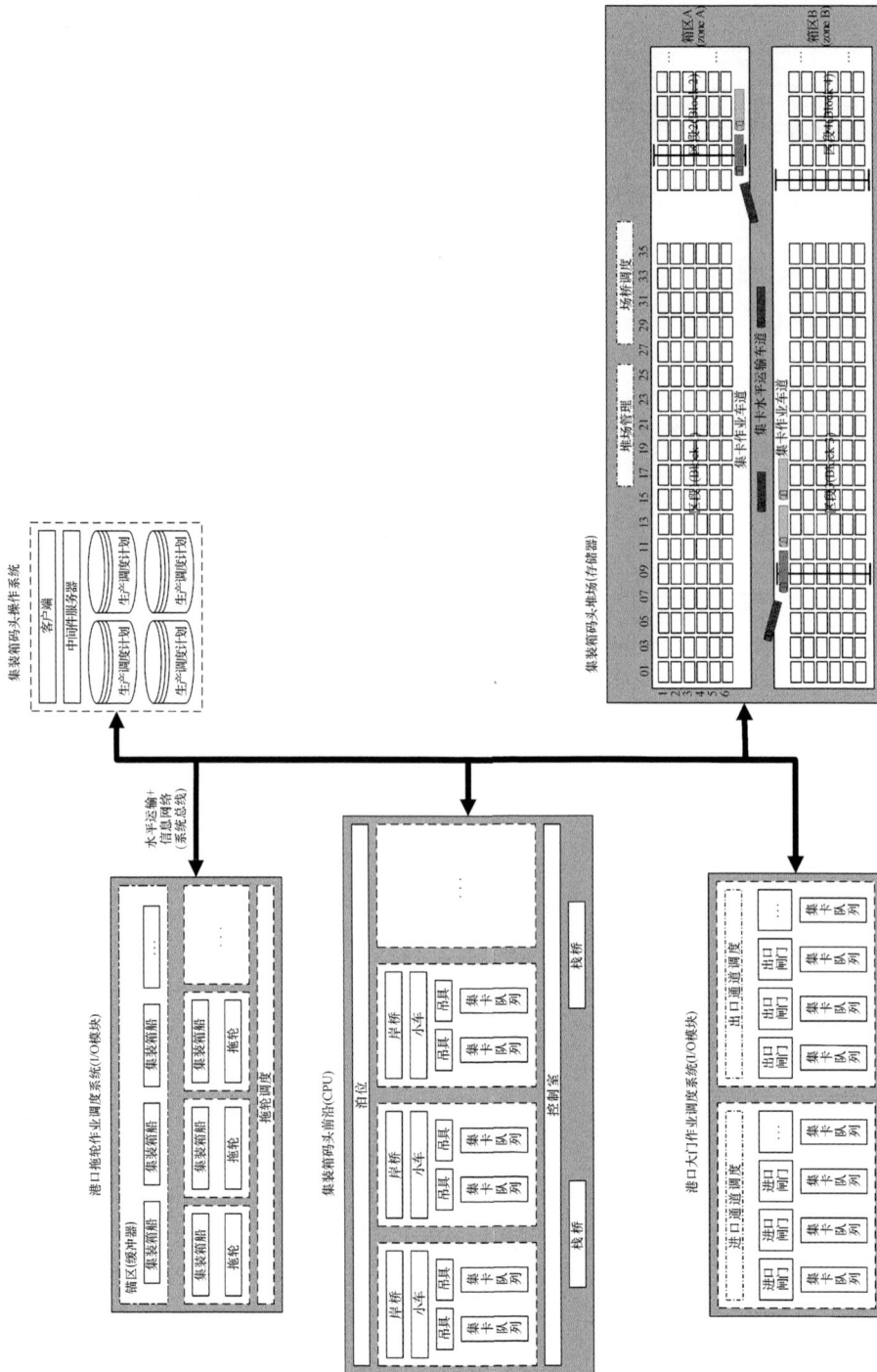

图 3-3　CTLS组成:顶层视图

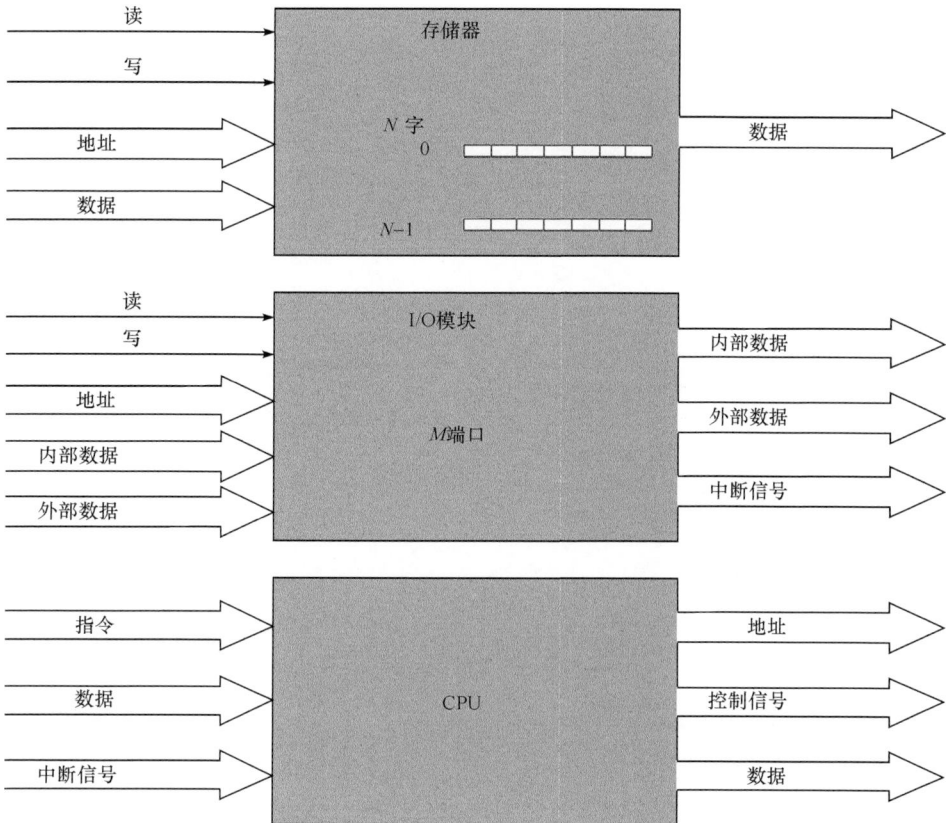

图 3-4　计算机组成模块的互连结构[241]

CTLS 的各组成部分的互连结构如图 3-5 所示,其同样采用总线结构相连,而且是一个令牌总线网。只不过此时的系统总线的组成不再是平行的导线,而是宽阔的港内道路,而内集卡就是总线上的令牌,港内的交通规则决定令牌的走向。另外,图 3-5 通过指出 CTLS 主要组成模块的主要输入输出形式给出了所需的信息交换的内容和种类。

(1)码头前沿作业调度系统:根据到港船舶的情况,完成制定的生产计划,形成实时的调度指令,对相应的集装箱船舶进行装卸。码头前沿是整个 CTLS 运作的核心,整个系统的运转以其为中心,码头堆场、集卡调度、拖轮调度和大门管理等都以供码头前沿高效运行为基本原则。

(2)码头堆场作业调度系统:堆场是 CTLS 运作最为复杂的部分,一是因为出口箱、进口箱、中转箱、冷藏箱以及特种箱都需要在堆场上同时处理;二是因为场桥、内集卡和外集卡等多种装卸运输设备也需要同时被调度分配。整个集装箱堆区可被分为箱区(zone)、区段(block)、贝位(bay)和箱位(slot)。每个箱位根据其

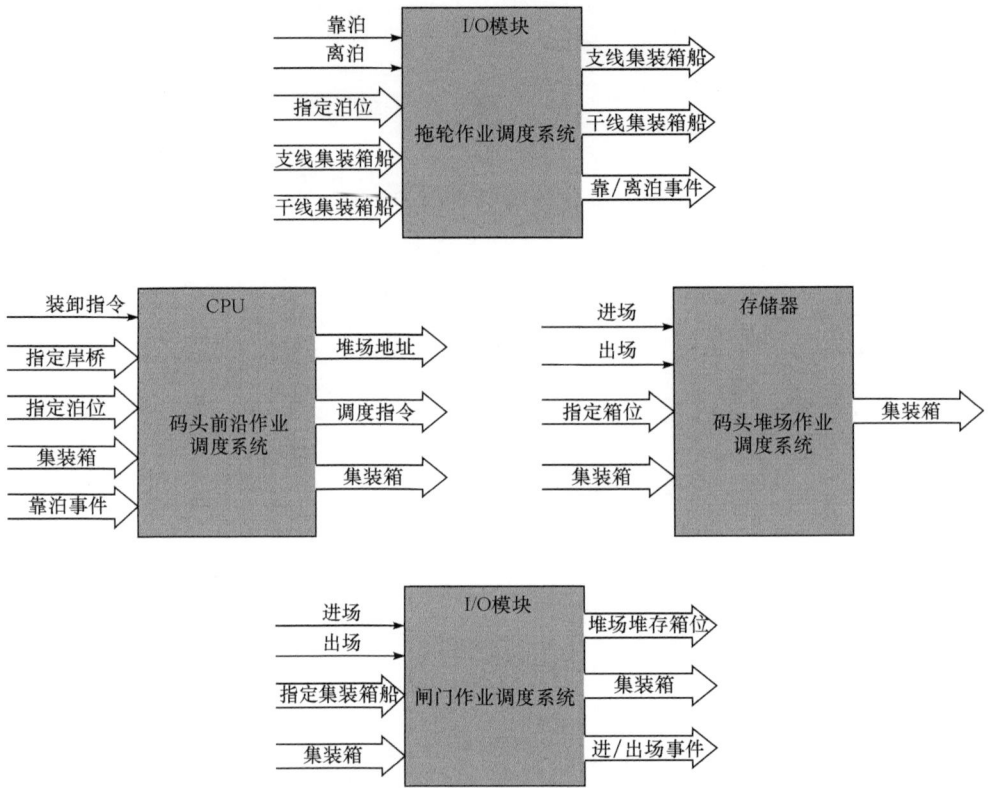

图 3-5　CTLS 组成模块的互连结构

箱区号、区段号、贝位号、排(row)号和层(tier)号被分配了唯一的箱位地址。是进场还是出场由中控室下发指令,场桥和集卡作业时的箱位由箱位地址指定。堆场是港口集疏运体系运转的中心,其他设施服务于集疏运,如大门、内集卡和外集卡都直接受其制约。

(3) 外围系统:集装箱码头的外围系统主要包括拖轮作业调度系统和大门作业调度系统,它们和集装箱堆场一起构成集装箱码头的集疏运体系。从 CTLS 内部的观点来看,它们在功能上与堆场相似。它们都有使集装箱进场和出场的两类主要功能。显然,集装箱码头的外围系统可以控制多类设备和资源,每个与外部交换集装箱的接口借用计算机领域的术语,不妨称为端口(port),并为它分配唯一的地址。它们同时根据需要随时向中控室发送离散事件信号。

图 3-5 同时定义了组成部分之间的交换内容。互连结构必须支持下列类型的传送:

(1) 堆场到前沿:码头前沿在装集装箱船时,可以根据需要装载堆场任意箱位上的集装箱。

　　(2)前沿到堆场:码头前沿在卸集装箱船时,可以根据事先为该船计划好的堆区中将集装箱堆码到相应的集装箱箱位中。

　　(3)外围到前沿:特种箱或因紧急原因需要快速装卸船时,外集卡有时也可以直接行驶到码头前沿装卸特定的集装箱,但这种处理并不经常出现。

　　(4)前沿到外围:同样,根据用户需求需要紧急提箱时,外集卡也会直接开到码头前沿直接提箱,这种情况尤见于特种箱。

　　(5)外围到堆场:当然,这是最常见的情况,集装箱经内陆运输(外集卡)被集箱到码头堆场,等待相应的船舶到港装船。

　　(6)堆场到外围:集装箱被卸船后,堆放在码头堆场上,等待内陆运输(外集卡)到码头提箱,进行集装箱的到港疏运。

3.3　系统组成与体系结构比较

3.3.1　整体结构比较

　　计算机系统主要是由控制器、计算器、存储器、输入设备和输出设备等五大部件组成的,其中存储器是计算机系统的中心,这也是现代计算机系统体系结构的发展趋势。在计算机执行程序的整个过程中,存储器是各种信息存储和交换的中心。集装箱码头是集装箱水陆运输的中转站,其可看做拥有两个输入输出接口的集装箱流处理系统(开放的)。一个接口是码头前沿,其负责完成集装箱到相应船的装卸工作,另一个则是集装箱码头的陆基集卡大门,其负责完成陆运集装箱的集疏运。集装箱堆场在集装箱码头中起到临时存储集装箱的作用,实际上是船舶装卸作业与内陆提交箱作业间的一个缓冲区。参见图 3-6,很容易发现存储器和堆场是各自系统运行的中心。如果将 CTLS 中的集装箱流看做计算机系统中的数据流,CTLS 中的信息流认为是计算机系统中的指令流,而集装箱码头的装卸运输作业是一种广义的“计算”,那么整个 CTLS 就可认为是一个巨大的“数据流”和“信息流”处理系统。于是下面具体地从系统组成和体系结构的角度等全方位地、逐一地比较两个系统,其相关的结论和推论如下。

3.3.2　码头前沿与中央处理器

　　如果把码头中控室当做 CTLS 的控制器,将每个泊位看做一路处理器,那么装备有多个岸桥的码头前沿就可看做 CTLS 的中央处理器集群(cluster),而整个 CTLS 则是一个多路多核(multiprocessor and multi-core)的集装箱流处理系统。因为装备有一个岸桥的泊位可以认为是单核的集装箱流处理器,装备有两个岸桥的泊位可以看做双核的集装箱流处理器,装备有三个岸桥的泊位则可以等价于三

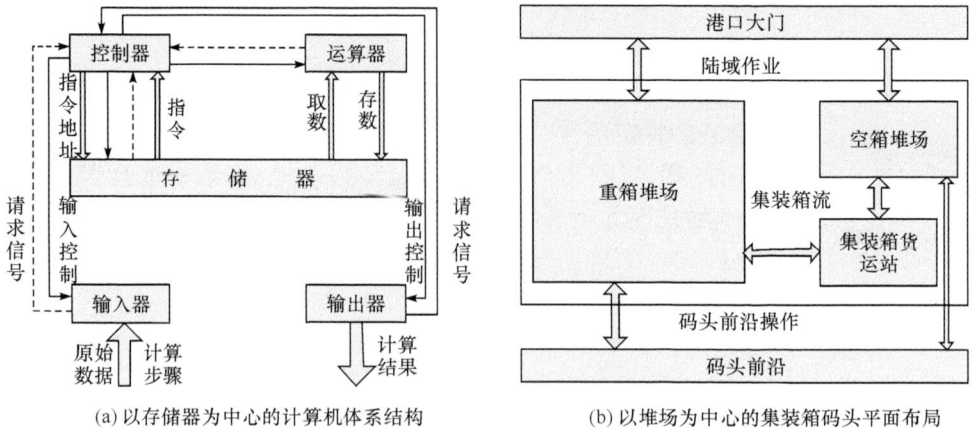

(a) 以存储器为中心的计算机体系结构　　　　　(b) 以堆场为中心的集装箱码头平面布局

图 3-6　计算机系统和 CTLS 的整体结构比较[242]

核的集装箱流处理器,以此类推。而且,CTLS 较传统的多路多核计算机系统具有得天独厚的优势:因为岸桥可以根据装卸生产的需要从一个泊位移到另一个泊位,而这显然是计算机系统无法做到同时又对提高生产效率和吞吐量大有裨益的。此外,一个岸桥装备多个吊具是当今集装箱码头装卸工艺的一个发展趋势,而每个吊具完全可以认为其等价于中央处理器核中的线程。单吊具的岸桥相当于单线程的处理器核,双吊具的岸桥可认为是超线程(hyper-threading)的处理器核,而三吊具的岸桥则是拥有三个线程处理中心的处理器核。综上所述,可以认为 CTLS 是一个多路多核超标量的集装箱流处理系统。

　　当前中央处理器正向着多核超标量多级流水线的方向发展,而且每个处理器中的计算核的数目已不再一定是 $2n$ 个,例如,已经有 3 核的中央处理器。无独有偶,集装箱码头的核心装卸设备——岸边集装箱起重机也正经历着类似的技术发展趋势。世界上最大的岸桥制造商振华港机在近年来连续推出双小车岸边集装箱起重机、双 40 英尺箱的岸边集装箱起重机、吊三只 40 英尺箱的集装箱起重机以及双 40 英尺箱双小车岸边集装箱起重机。双小车岸边集装箱起重机充分体现了计算机体系结构中流水线的设计思想,双 40 英尺箱的岸边集装箱起重机体现了超标量体系结构的思想,双小车双吊具则充分体现了超标量体系结构与流水线的思想,而吊三只 40 英尺箱的集装箱起重机则体现了三核中央处理器的技术发展趋势。毫无疑问,岸桥就是 CTLS 的处理核心,其工艺发展与计算机处理器毫不相干,但却意外地呈现出同样的规律和趋势。

3.3.3　码头堆场和存储器

　　存储器是计算机系统的核心组成部分,现代计算机系统往往拥有如下的存储器层次结构：寄存器（register）-缓存（cache）-主存（main memory）-辅存（supplementary storage）。这个结构中包括不同层次上的存储器，通过适当的硬件和软件有机地组合在一起形成计算机的存储体系结构。CTLS 拥有类似的集装箱存放层次结构。岸桥下等待装卸的集卡是 CTLS 中央处理器的寄存器，码头前沿的缓冲区是缓存，而集装箱堆场作为码头前沿和后方集疏运的一个主要缓冲区则是集装箱码头物流系统的主存。而在集装箱码头所在港区附近的集装箱堆场则是集装箱码头物流系统的辅存。如 2.1.1 节所述，码头中的集装箱装卸作业运输可以表示为一个六元数组的位置转移，那么集装箱在船上的位置可以认为是计算机系统中程序的逻辑地址，而在码头堆场上的位置是程序的物理地址。这里要着重强调的是集装箱码头堆场是 CTLS 的主存，但其逻辑地址转换为物理地址的设备却遵循的是计算机系统中辅存-硬盘驱动器的工作原理（见随后第 6 章的仿真）。

　　由于内存使用的所有数据都经过 L1 缓存，L1 缓存是分析内存和改进性能的基础。改进 L1 缓存的方法也能够改进 L2 和 L3 级缓存的使用，并减少操作系统的页交换。Pentium 4 系列处理器的 L1 缓存按照 64 字节块来组织，即缓存块。缓存可以有 256/512 行，总共 16834/32768 字节。每 8 行为一组（sets），32/64 行的每一列称为路（ways）。另外，集装箱堆场中的堆存区一般可以进一步细划为箱区（zone）、区段（block）和贝位（bay）等，且涉及集卡车道的布局，具体情况如下：

　　（1）堆存区域细分。堆存区域由多个箱区组成（如箱区 A、箱区 B 等），一个箱区包含多个区段，每个区段内通常有 10 多个甚至 30 多个贝位。奇数贝位为 20 英尺贝，相邻的 2 个 20 英尺贝可组贝为偶数贝以堆存 40 英尺集装箱。每个贝位可堆垛 6 排，每排最大堆高为 4 层（这根据是空箱还是重箱箱区有所不同，也与各个码头的情况不同而不同）。每个集装箱堆存箱位可用"箱区-区段-贝位-排-层"唯一标识。

　　（2）场内道路布局。堆场内主要通道可分为集卡水平运输车道和集卡作业车道。各箱区或各区段之间一般留有集卡运输车道，用于集卡水平运输，部分运输车道也可供场桥转场；集卡作业车道位于场桥跨距内，只有场桥大车停靠在某个贝位进行装卸作业时，待装卸的集卡才进入作业车道在轮胎吊下排队等待，作业完毕后离开作业车道驶入水平运输车道。每个箱区区段通常配备 1～2 台轮胎吊，2 个轮胎吊之间应该保持最小作业间距，以保证轮胎吊大车和待装卸的集卡队列互不干扰。

　　由上述的描述分析可知，计算机系统中主存和 CTLS 中堆场箱区的组织情况在本质上是一致的，除了内存的组织是二维的，箱区的组织是三维的。因此两者的组织和结构显然是相似的，可互为参考和借鉴。

3.3.4　码头集装箱进出端口与外设

　　设备是计算机系统与外界交互的工具，具体负责计算机与外部的输入输出工作。集装箱进出码头要么是通过集装箱船要么是通过集装箱拖挂车,前者因为水文原因为防止损害港口,多数使用拖轮顶曳进入泊位或离港而非依靠自身动力,所以拖轮是 CTLS 重要的外设;后者进出码头需要通过港口大门办理相关手续,同样受码头进出通道的约束。所以对于港口,CTLS 的输入输出设备就是集装箱船、拖轮、外集卡进出集装箱码头的大门进口通道和出口通道等,它们决定着集装箱码头中集装箱的进出,形成了 CTLS 中集装箱流的进出端口,即构成了集装箱码头的集疏运体系。如果依据计算机系统中对外部设备的分类标准,即按照数据组织形式对上述的输入输出设备分类,因为集卡一次只能运输 1～2TEU 的集装箱,港口大门的一个通道一次也只能放行一辆外集卡,所以外集卡和港口大门属于"字符设备";而集装箱船和拖轮一次可以向 CTLS 输入输出成百上千乃至上万标准集装箱,所以集装箱船和拖轮是"块设备"。

3.3.5　CTLS 的体系结构分析

如 3.3.2 节所述,CTLS 是一个多路多核超线程的集装箱流处理系统,即一个典型的多处理器并行体系结构,是一个"并行计算平台"。而在计算机领域中,要实现软件并行执行的目标,就必须为多个线程同时执行提供一个硬件平台。一般而言,可以从两种不同的角度对计算机体系结构进行分类,第一种分类的依据是计算机在单个时间点能够处理的指令流(instruction streams)数量,第二种分类的依据是计算机在单个时间点上能够处理的数据流(data streams)的数量。因此,任何给定的计算机系统都可以根据其处理指令和数据的方式加以归类。这种分类方法就是众所周知的 Flynn 于 1972 年提出的 Flynn 分类法,如图 3-7 所示。1966 年 Flynn 提出了如下的定义:①指令流,机器执行的指令序列;②数据流,由指令流调用的数据序列,包括输入数据和中间结果;③多倍性(multiplicity),在系统最受限制的元件上同时处于同一执行阶段的指令或数据的最大可能个数。

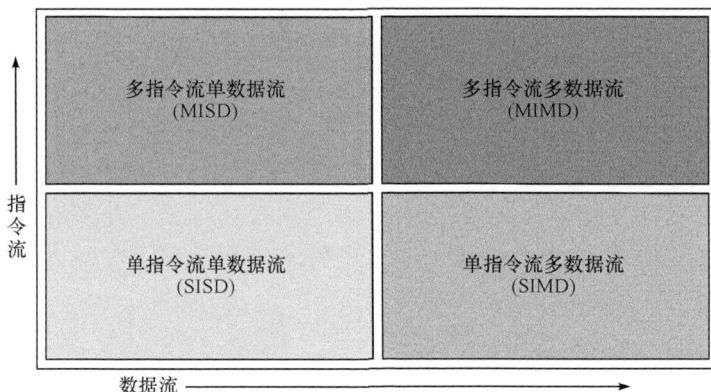

图 3-7　Flynn 分类法[242]

在上述定义的基础上,Flynn 提出了一种对所有计算机进行分类的简单模型,在今天看来这个模型仍然很有价值,本书也用该模型对 CTLS 进行分类。根据多处理器中限制要求最多的单元中的指令调用的数据流和指令流的并行度(即多倍性),他把所有的计算机归为四类:①单指令流单数据流(SISD);②单指令流多数据流(SIMD);③多指令流单数据流(MISD);④多指令流多数据流(MIMD)。以上只是一个粗略的分类,有些机器是上述不同类型的混合体。但是,这种分类方法可以为计算机体系结构设计制定一个基本框架。因为多指令流多数据流模型可以实现线程级并行机制,所以就成为一般多处理器设计所选择的系统结构,这同时也是本节的关注点。导致多指令流多数据流多处理器格外引人注目的原因有两个,一是其灵活性强,二是能够充分利用现有微处理器的性价比优势。

CTLS 在 Flynn 分类模型中所处的位置正是多指令流多数据流,即 CTLS 是一个典型的多指令流多数据流系统。由于每个泊位都是一路中央处理器,停靠着待装卸的船舶,即有相应的作业。所以从宏观来看,CTLS 是一个多指令流多数据流系统。从中观的角度来看,在每一个泊位上,根据船舶装载仓单的需要,对于泊位上的每一个处理核心——岸桥,又有各自的指令流和集装箱流,即每个泊位上的装卸运输系统又是一个多指令流多数据流系统。从微观的角度来看,在每一个岸桥上,因为有多个吊具,同样会有多个集装箱流、集卡流,而同样因为集装箱船装载仓单的需要,岸桥在一次装卸操作中需要接收多条指令流,即在微观的岸桥角度来看,其仍是一个多指令流多数据流系统。由上可知,CTLS 是一个纯粹的多级多指令流多数据流系统,故其调度和决策显然也是一个非常复杂的问题。

3.4　集装箱码头生产调度系统与计算机操作系统比较

3.4.1　基于排队网络理论的集装箱码头生产调度

如 3.2.1 节所述,集装箱码头生产调度系统可以看做 CTLS 的操作系统,因为两者的首要功能都是通过合理高效地管理和分配系统资源来提高系统的运作效率和整体吞吐量。鉴于此,本节将对集装箱码头生产调度的各个子系统与计算机操作系统中的各个子系统进行对比和映射,使不仅从系统组成与体系结构的角度进行对比映射 CTLS 和计算机系统,而且在运作机制上也充分比较两者,从而为随后的 CTLS 建模奠定坚实的基础,也便于将计算机操作系统中成熟的作业组织和资源分配策略和算法引入集装箱码头生产调度系统中,以辅助港口管理人员进行码头生产的计划和调度。

计算机操作系统通过管理计算机资源来调度和控制计算机的基本功能,其资源分配与调度的核心理论和应用基础之一就是排队论。根据第 2 章中对 CTLS 的详细分析可以发现,无论对于进口箱、出口箱还是中转箱,CTLS 都可抽象为一个典型的随机动态多级排队系统。参照 2.1 节的 CTLS 运作及其转化模型,适当地简化和抽象后,如果从排队论和港口集疏运体系的角度来看待 CTLS,可得出如图 3-8 所示的 CTLS 的排队网络模型。由图 3-8 可以看出,正如 3.3.1 节所述,整个 CTLS 的运作是以码头堆场为中心,以码头前沿生产为核心,以外围集疏运体系为输入输出的复杂开放系统。在系统的整个装卸作业过程中,各类装卸作业设备与资源在对不同顾客的服务过程中具有极大的关联性和制约性,其生产调度对于系统整体效率的高低具有极大的影响。同时由于在大多数情况下,集装箱码头中往往有多条集装箱船同时到港作业,因此集装箱码头的生产调度系统是一个典型的多任务操作系统。通过对 CTLS 的排队网络模型分析,可以将 CTLS 分为锚

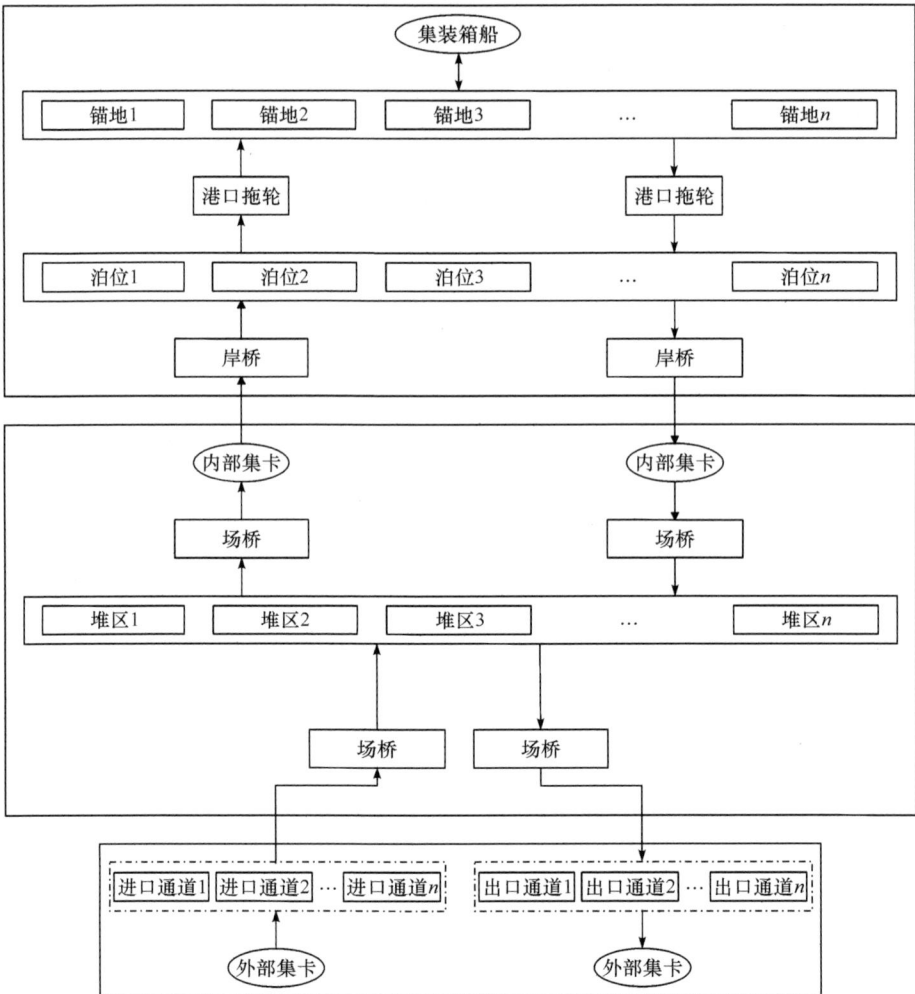

图 3-8　CTLS 的排队网络模型

地拖轮、码头前沿、水平运输、码头堆场、港口大门等五个作业子系统。而一般来说,操作系统具有五大管理功能:①进程管理;②文件管理;③存储管理;④设备管理;⑤作业管理。下面根据 CTLS 的系统组成与运作特点,将操作系统的五大管理功能逐一引入集装箱码头的生产调度系统中,并在最后给出 CTLS 的系统调度层次结构。

3.4.2　码头前沿调度与处理机调度

如 3.3.2 节所述,装备有多个岸桥的码头前沿可看做 CTLS 的中央处理器集群。在计算机操作系统中,一个作业从提交到完成,往往要经历三级调度:长程、中程和短程调度。即当产生一个新进程时,就执行长程调度,将新进程加到一组活动进程中;中程调度是替换功能的一部分,它将一个新进程的部分或全部调入内存以便执行;短程调度真正决定哪一个就绪进程将在下次执行。由于调度决定了哪些进程将等待,哪些进程被执行,所以直接影响系统的执行效率。从根本上讲,调度就是要使队列延迟最小,并优化系统的执行效率。相似地,一条集装箱船从到港到完成装卸集装箱离港也需要经历三级调度,其如图 3-9 所示。一条集装箱到港后,它在锚地等待(锚地显然可以看做集装箱码头的外设),当码头中有空闲的泊位、岸桥和拖轮时,它首先经由拖轮调度,由港口指定相应的拖轮将集装箱船顶入港口。这里的拖轮调度相当于长程调度,将该集装箱船列入活动的作业序列中;而后经由

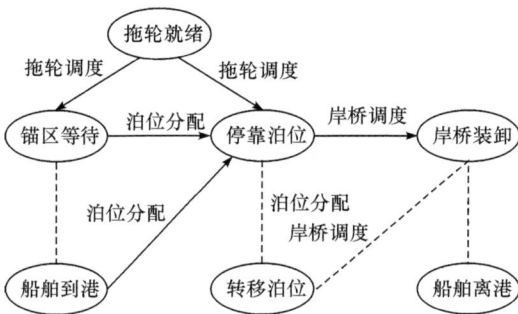

(a) 集装箱码头中的船舶状态转换　　　　　　(b) 集装箱码头前沿生产调度层次

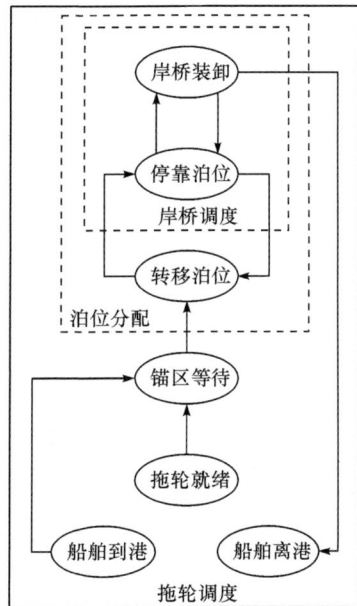

图 3-9　集装箱码头前沿的三级调度

泊位调度(中程调度),在拖轮的协助下集装箱靠泊到指定的泊位,然后拖轮离开,这意味着集装箱船有机会被岸桥装卸,进入实际的作业;最后进行岸桥调度(短程调度)指定相应的岸桥装卸该集装箱船。就像进程调度一样,岸桥调度直接决定有限的岸桥资源分配给哪条集装箱船,并且在整个装卸过程中根据实际情况的需要随时进行调配。

　　集装箱码头的泊位调度方式非常类似于计算机操作系统发展早期所采用的主要调度方式——多道批处理模式(multiprogramming batch processing mode)。因为在现实的生产中是绝不可能让一条集装箱船靠泊到指定泊位,装卸一段时间后,让出该泊位,回锚区等待集装箱码头的二次泊位分配的。在港口的生产装卸中,移泊偶有发生,但绝不是退出泊位,而是对该集装箱船的泊位的二次调度。根据实际生产装卸的需要,岸桥能够从一个泊位移动到相邻的泊位,甚至在当前装卸的集装箱船并未装卸完毕的情况下,而这与计算机操作系统中的进程调度有异曲同工之妙。集装箱码头的这种泊位-岸桥调度方式既具有传统多道批处理方式的优点:同一批内各作业的自动依次执行,改善了主机中央处理器和输入输出设备的使用效率,提高了吞吐量;又避免了其在批作业处理过程中,用户不能与系统交互的缺陷。Li 等将泊位分配问题看做一个可同时处理多个任务的处理机调度问题,并假定所有船舶已在港等候靠泊,建立了以船舶总在港时间最小为目标的模型,提出了一种分配泊位的启发式算法[137]。类似地,Guan 等也将泊位分配问题看做处理机调度问题,其优化目标是最小化带权重的任务完成时间[138]。基于上述分析,可以认为CTLS 的泊位分配和岸桥调度是一个多处理器多任务调度问题。于是在操作系统的多道批处理作业模式中的各种调度策略可以自然地被借鉴和应用到集装箱码头前沿生产的调度和决策之中。

3.4.3　堆场管理与内存管理

　　集装箱码头是集装箱海陆运输的中转站,码头堆场起到临时存储集装箱的作用,是集装箱码头的重要资源,除直装、直提的危险品箱,所有的集装箱从陆运转为水运、水运转为陆运或从水运转为水运,抑或是海铁联运,均需事先在堆场堆存。而存储器是计算机系统中的关键性资源,是存放各种信息的主要场所。两者在各自的系统承担相似的功能,提高自身的运作效率是它们的主要任务。集装满码头堆场的组织管理是整个码头中最复杂的部分,因为进口和出口集装箱需要同时处理,其实际上是船舶装卸作业与内陆提交箱作业间的一个缓冲区。

　　由 3.3.3 节的描述可知,集装箱码头堆场的组织和管理非常类似于计算机操作系统内存管理中的请求式分页系统。计算机操作系统中的分页管理是解决内存碎片问题的一种有效方法,它允许程序的存储空间是不连续的,用户程序的地址空间被划分为若干个固定大小的区域(称为"页"),相应地,也将内存空间分成若干个物理块,其中页和块的大小相等。在为进程分配内存时,以块为单位将进程中的若干页分别装入多个可以不相邻的块中。请求式分页系统的基本思想是,作业在运行之前,只把当前需要的一部分页面装入内存,当需要其他页面时,才自动选择一些页交换到辅存,同时调入所需的页到内存中。这样,减少了交换时间和所需内存的容量,能支持比内存容量大的作业在系统中运行。在计算机系统中为了实现请求式分页,系统必须有一定的硬件支持,这包括页表、块表、内存管理单元(主要是用来完成地址转换)和缺页中断机构[241]。在集装箱堆场的生产管理中,也有类似的软硬件支撑。如果把每个集装箱在船上的位置认为是逻辑地址,而其在堆场中的位置是物理地址,那么堆场上的场桥就可以认为是 CTLS 中的堆场管理单元,即地址转换机构,集装箱码头管理信息系统数据库服务器表格中存放各个集装箱的堆放情况的表格就是页表和块表。页式管理系统的一个主要任务就是选择合适的页面置换策略和算法,因为置换算法的好坏将直接影响系统的性能,不适当的算法可能会导致系统发生“抖动”。而在计算机内存页式管理的有益置换策略和算法将能够被集装箱码头堆场的倒箱问题所借鉴,从而减少码头堆场的倒箱和提高系统的装卸效率。

3.4.4　水平运输与总线调度

集装箱码头的水平运输是衔接集装箱码头前沿装卸和码头堆场作业之间的重要纽带,也是 CTLS 生产运作的三大核心组成部分之一。其在基于哈佛体系结构和 Agent 计算的 CTLS 整体建模框架中,相当于系统总线调度。系统总线在计算机系统中往往是系统的瓶颈,而水平运输也是港口中联系前沿生产和后方堆场的纽带,如果调度不当,会有很大可能成为系统的瓶颈。故随着港口装卸工艺的不断改进,以及岸桥和场桥效率的不断提高,水平运输日趋重要。从当前码头的装卸工艺发展来看,主要有三个方面对水平运输影响重大:

(1) 现代集装箱码头的集卡调度已经逐步抛弃传统的静态作业线调度模式,转向动态的作业面调度模式;

(2) 码头前沿岸桥的发展迅速,双小车多吊具的使用,对集装箱码头集卡调度提出了前所未有的挑战;

(3) 码头前沿的装卸船作业已经从过去的先卸后装向边卸边装发展,这意味着内集卡很可能在几乎所有的时间里都是重载状态在港口内行驶,毫无疑问这将加大集卡与岸桥、场桥的协同生产作业难度。

3.4.5　集装箱码头集疏运与输入输出设备管理

在计算机操作系统中,输入输出设备管理的主要目标之一是如何提高设备的利用率,即提高中央处理器与输入输出设备之间的并行操作程度,主要利用的技术有中断技术、直接主存存取(direct memory access,DMA)技术、通道技术、缓冲技术。设备管理中所蕴含的技术和相应的并行性思想对于 CTLS 同样至关重要。只不过计算机系统中输入输出外设提供的数据和信息保持与当前运行在中央处理器中的任务并行,而集装箱码头中的集疏运与码头前沿的装卸作业是一种"异步并行",即集装箱码头中外设应为以前或日后在码头前沿装卸的集装箱进行集疏运,码头前沿则为外设以往准备好的集装箱或为外设以后作业的集装箱进行装卸。这里需要强调的是,集装箱堆场上所进行的集疏运行为应该以集装箱码头中为前沿服务的水平运输不受干扰为前提,因为码头前沿的装卸运作是整个 CTLS 运作的重中之重。同时又因为现代集装箱码头的吞吐量巨大,为保证集装箱码头前沿连续流畅地装卸,这些外设又必须保证良好的系统效率,即与前沿保持高度的并行性。为达到这个目的,那些在计算机操作系统设备管理中所用的手段和技术,如中断技术、直接主存存取技术、通道技术、缓冲技术,其设计思想和理念也完全可以应用到 CTLS 的规划和调度中来,事实上它们其中的很多已经被应用到了实际的规划布局和生产作业中。

(1)引入通道的目的是使数据的传输独立于中央处理器,使中央处理器从烦琐的输入输出工作中解脱出来。设置通道后,中央处理器只需向通道发出输入输出命令,通道收到命令后,从主存中取出本次输入输出要执行的通道程序,并执行,仅当通道完成了输入输出任务后才向中央处理器发出中断信号。港口大门就是 CTLS 的通道,并且由于港口中往往拥有多个大门通道,因此其是一个多通道系统,并且其输入通道和输出通道是物理独立的。

(2)直接主存存取是指数据在主存与输入输出设备间的直接成块传送,即在主存与输入输出设备间传送一个数据块的过程中,不需要中央处理器的任何干涉,只需要中央处理器在过程开始启动与过程结束时处理,实际操作由直接主存存取硬件直接执行完成,中央处理器在此传送过程中可做其他事情。多式联运港口中的水水联运和海铁联运子系统,就可被看做 CTLS 的直接主存存取,因为两者都是一次与码头堆场大批量地交换多个集装箱。

(3)缓冲技术可提高外设利用率,尽可能使外设处于忙状态。缓冲的思想在集装箱码头中随处可见,几乎是作为保证关键设备和资源连续运作的一个基本原则,例如,锚区是码头泊位的缓冲区,停靠暂时无法靠泊的待装卸集装箱船;码头前沿岸桥和码头堆场场桥下等待装卸的集卡队列则是保证岸桥和场桥连续运作的缓冲区,也是水平运输和岸桥/场桥作业速度不匹配的良好解决方案。

3.4.6 CTLS 生产调度层次

在 CTLS 的生产调度系统中,根据上述分析的集装箱码头生产调度系统与计算机操作系统的映射关系,可以得到如图 3-10 所示的 CTLS 生产调度层次结构。

从图 3-10 中可以明显看出 CTLS 装卸作业系统和生产调度系统之间的对应关系,以及系统组成的各个 Agent 之间如何相互协作共同完成 CTLS 的作业任务。显然,集装箱码头前沿、水平运输与码头堆场的生产调度是 CTLS 运作的核心部分,它们直接决定了 CTLS 的吞吐能力与通过能力。但是,外围的锚地分配、拖轮调度和港口大门管理也对 CTLS 的生产运作有着很大的影响,锚地和拖轮调度不当,将使到港船舶的靠泊和离泊效率降低,从而影响码头前沿的装卸生产能力,而港口大门进口通道和出口通道管理不善,将会直接对 CTLS 的集疏运体系造成巨大的影响,从而间接影响码头的堆场作业效率,进而降低 CTLS 的吞吐能力。

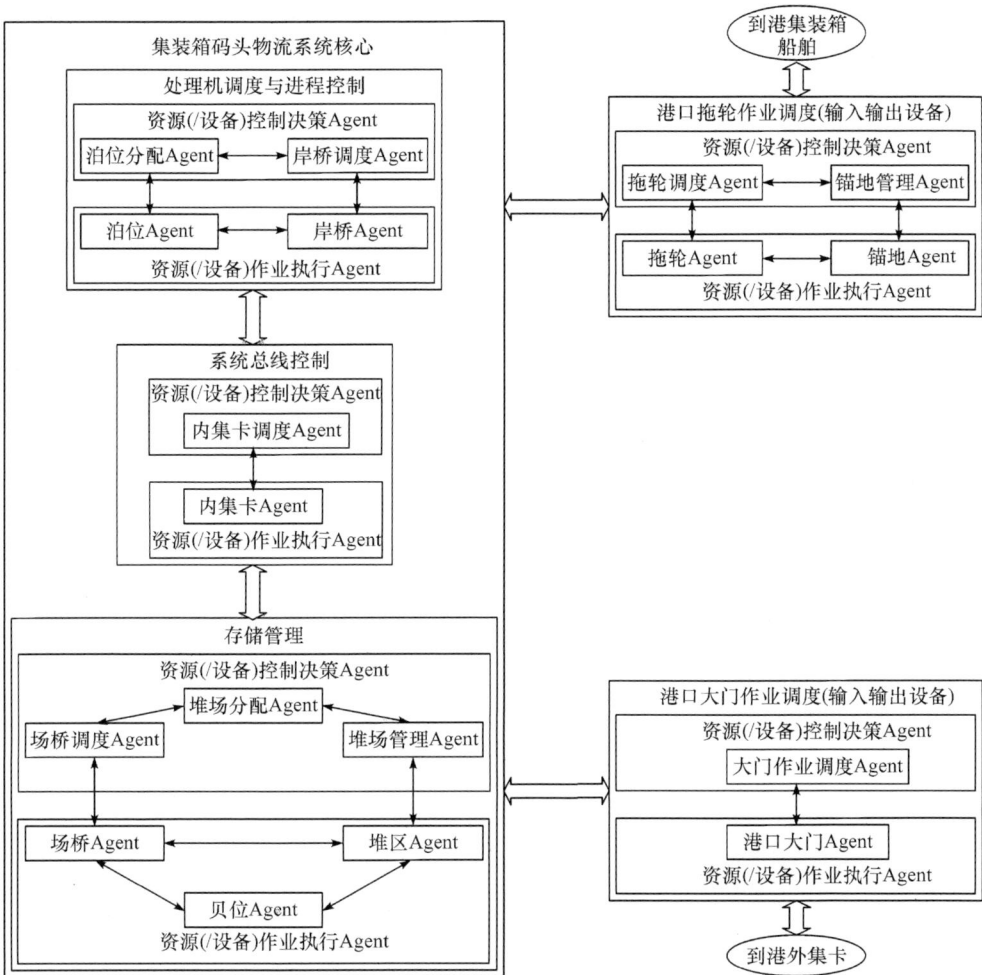

图 3-10 CTLS 的生产调度层次结构

3.5　差异性浅析

前面基于计算思维和相似理论对计算机系统和 CTLS 的相似性进行了较为详细的分析。然而,两者的服务对象和器件运作原理不同,必然也存在一定的差异性,这些差异性也是造成 CTLS 强非线性和高复杂性的根本原因之一。本节浅析 CTLS 和计算机系统之间的差异性,以便更好地面向 CTLS 进行建模和优化。

集装箱码头是集装箱运输的核心枢纽,其多式联运和拆拼存储的功能使港口在结构、行为和地位上极类似于信息网络中的骨干路由器(特定功能和架构的计算机),都是对到达"数据包"进行拆拼、存储和转发操作(协议转换等同于多式联运)。两者之间的区别主要如下所述。

(1)前者是针对物理世界中的集装箱流,后者则是面向信息空间中的数据流。前者相对于后者,在作业空间、处理工艺和设备配置等约束方面都有更为严格的要求。

(2)路由器根据网络状况和路由表来实时判定数据包转发何处,数据包去向不唯一且很难确定当前转发路径是否最优,系统运作以增大数据吞吐量、减少数据包转发延迟和健壮容错为首要目标;而 CTLS 中的每个集装箱都有明确的集疏运路线和载运对象,在保证系统通过能力和任务延迟的既定目标前提下,需将每个集装箱准确发送到指定对象。故集装箱码头物流的综合需求较骨干路由器更为严苛,其任务调度和资源分配体系及机制更为复杂。

3.6　本章小结

本章主要对经典的计算机系统与 CTLS 进行了类比与映射,结果发现无论是从系统层次结构、顶层视图、互连结构、系统组成、体系结构,还是从系统作业组织和资源分配机制的角度,两者之间都非常相似,这为建模 CTLS 这样一个人工复杂服务系统提供了一个有效的广义计算视图和建模体系结构,即用计算机系统体系结构来建模 CTLS。故在计算思维体系下,综合应用计算机系统原理,同时注重 CTLS 与计算机系统的差异性,有望获得较为完备的集装箱码头物流调度决策计算体系(container terminal logistics scheduling and decision computing architecture,CTLSDCA)和一系列计划控制计算范式(planning and scheduling computing paradigm,PSCP),从而对集装箱码头的生产调度进行智能决策支持。

第4章 基于哈佛体系结构和 Agent 计算的 CTLS 建模

4.1 引 言

在基于 Agent 的建模思想和方法中,采取的是一种由底向上的建模思路,把 Agent 作为系统的基本抽象单位,先建立组成系统的每个个体的 Agent 模型,然后采用合适的多 Agent 系统(multi-Agent system,MAS)体系结构来组装这些个体 Agent,从而最终建立整个系统的系统模型。本章在第 2 章和第 3 章的基础上,融合经典的精确计算和分布式控制架构——哈佛体系结构和典型的分布式控制系统建模模式——基于 Agent 的计算的设计思想和方法体系建模 CTLS,提出一种基于哈佛体系结构和 Agent 计算(Harvard architecture and Agent-based computing,HA-AC)的 CTLS 建模体系结构,并根据计算机体系结构的相关技术提出在此体系结构下的交互协作框架和集装箱码头生产调度模型。

4.2 多 Agent 系统与 CTLS

4.2.1 分布式人工智能与多 Agent 系统

Agent 的概念来源于分布式人工智能(distributed artificial intelligence,DAI)的研究,其技术的诞生和发展可以说是人工智能发展的必然结果。在分布式人工智能的研究中,1977 年 Carl Hewitt 在 *Viewing Control Structures as Patterns of Passing Message* 一文中定义了具有自兼容性、交互性和并发处理机制的 Actors 对象,该对象具有封闭的内存状态,并且可以与其他同类对象进行消息发送和反馈。随后,Agha 对 Actors 模型进行了进一步的研究,这被认为是多 Agent 系统研究的起源。1986 年,Minsky 在 *Society of Mind* 一书中第一次提出 Agent 概念,认为社会中的某些个体通过协商可得到问题的解,这些个体就是 Agent,Agent 是具有特定技能的个体,应具有社会交互性和智能性。从个体的自治性和粒度角度可将分布式人工智能的研究分为三个分支:分布式问题求解(distributed problem solving,DPS)、多 Agent 系统和并行人工智能(parallel artificial intelligence,PAI)。其中多 Agent 系统是指由多个自主或半自主 Agent 组成的系统,研究重点在于理解 Agent 以及 Agent 之间的交互。与分布式问题求解和并行人工智能相比,多 Agent 系统中各个 Agent 是自主的,生命周期不全为其他 Agent 所知,可以有共同的目标,也可以有各自不同的目标,Agent 间既可能协作,也可能对抗,协作形式多种多样(如命令/服从式、投票式、磋商式等),多 Agent 系统需要协调这些自治的 Agent 的行为。而各 Agent 空间上的分布性、时间上的并行性和逻辑上的依赖性使得多 Agent 系统的问题求解过程更为复杂。但在分布式人工智能中,由于智能本质上不是一个独立存在的概念,只能在团体中实现,因此分布式人工智能研究主要是几个主体之间的合作与交互。由于多 Agent 系统更能体现人类社会智能,具有更大的灵活性和适应性,更加适合开放、动态的世界环境,因而受到越来越多人的重视。而多 Agent 系统研究逐渐兴起的另一个原因是其可以提高系统鲁棒性和效率;与已有系统或软件实现互操作;求解数据和控制具有分布特征的问题[243-245]。

尽管 Agent 理论与技术的研究起源于分布式人工智能,但从 20 世纪 80 年代开始,Agent 的研究从分布式人工智能领域拓展开来,并与经济学、社会学等其他领域相互借鉴与融合,在许多最初不属于分布式人工智能的应用领域得到更为广泛的应用,面向 Agent 的思想技术作为开发设计软件系统的新方法也日益引起学术界和企业界的广泛关注。

4.2.2　基于 Agent 的计算及其应用研究

多 Agent 系统广义地可称为基于 Agent 的计算(Agent-based computing,AC)[243],其研究内容包括 Agent 系统的理论模型、Agent 的组织和语言、多 Agent 学习、多 Agent 合作求解、实现平台以及多 Agent 系统的应用等问题。多 Agent 系统是由多个 Agent 基于一定协调机制组成的自组织系统。由于 Agent 理论和技术在描述能力与合作求解方面的优势,它正在得到广泛的应用,特别是在开放、分布、复杂系统中的应用,取得了明显的效果。Agent 技术的应用大致可以分为三个方面:第一个方面是 Agent 助理;第二个方面是 Agent 合作求解;第三个方面是多 Agent 仿真系统[244]。这三种应用,从 Agent 的数量来看,可以分成单 Agent 应用和多 Agent 应用,尽管 Agent 助理类的应用也需要 Agent 之间的交互,但决策是由单个 Agent 做出的;后两种应用需要 Agent 通过合作进行决策。第二种应用和第三种应用的区别在于,第二种应用有明确的系统求解目标,Agent 要在系统中产生真实的动作,通过与其他 Agent 以及环境的交互实现系统目标;第三种应用的目标是通过 Agent 代表现实世界中的元素,帮助用户理解复杂系统的运动规律,为决策提供依据[243,245]。利用 Agent 建模 CTLS 中,主要是 Agent 三种应用中后两种应用的一种综合。如 2.1 节所述,CTLS 是一个高度复杂的开放分布式系统,集装箱流及其信息流在系统中流动,利用合适的系统体系结构基于 Agent 的计算对 CTLS 进行建模仿真,以探知其运作规律,然后利用 CTLS 的多 Agent 系统模型,施加相应的交互策略给各类 Agent,使得其能够通过合作协商机制,以使

CTLS 的运作达到最优。

4.2.3　将智能 Agent 引入 CTLS

早在 2002 年,Michael Wooldridge 就在文献中指出:基于 Agent 的建模与仿真(Agent based modeling and simulation,ABMS)的方法非常适合于研究具有分布式、异构特点的以及具有离散性复杂系统决策的领域。由 2.1 节可知,CTLS 正是具有分布、异构特点的复杂离散开放系统,因此基于 Agent 的建模与仿真对于 CTLS 是一个非常可行的方法和手段。于是,瑞典布京理工学院的 Henesey 提出了基于 Agent 的评估集装箱码头生产调度策略的模型和方法[101,102]。而国内武汉理工大学的于蒙也利用多 Agent 对集装箱码头生产调度系统进行了研究,并提出了相应的系统框架,对其中的协商和通信机制进行了较为深入的研究,并利用 Agent 之间的协商和通信演示了如何解决集装箱码头某个生产调度环节上的问题[107]。周鹏飞在对集装箱堆场作业工艺分析的基础上,建立了堆场收发箱管理多 Agent 系统模型,系统地分析了 Agent 的基本结构和功能,分别基于两级调度策略和翻箱期望最小设计了收、发箱箱位优化 Agent,提出了 Agent 间的通信和协作机制。

然而,集装箱码头作业系统具有多目标性、不确定性以及决策的复杂性,因此,目前对集装箱码头作业调度优化的研究主要针对作业系统的某个子过程进行优化,主要的模型有泊位分配模型、装卸桥调度模型、龙门吊配置与调度模型、堆场优化模型、车辆调度与路径优化模型、码头大门排队模型等。由于 CTLS 生产作业极其复杂,很难从整体运作的层面上获取其生产调度的最优解,但这并不妨碍从整体运作的角度去规划思考 CTLS 的运作,尽量找出其相互耦合的关系,得出其合理高效的整体建模体系结构和生产调度模型,然后逐一对各个生产环节进行建模、优化和评估。另外,以往的研究鲜有考虑过 CTLS 中信息流与物流的同步与协调问题,本书利用基于 Agent 的计算来描述和建模 CTLS,无论是装卸作业系统、生产调度系统还是管理信息系统,试图从整体统一的角度去看待 CTLS 的生产组织和资源分配,从而给出在集装箱流与信息流高度一致的背景下,CTLS 的建模仿真和生产调度体系。

4.2.4　基于 Agent 的建模与仿真方法

Agent 技术的发展和应用有两个基本的推动力:①无论在现在还是在将来的计算机科学及其应用领域中,由 Agent 组成的多 Agent 系统都有能力扮演重要的角色。因为现在的计算平台和信息环境都是分布的、开放的和异构的,计算机不再是一个独立的系统,它们要处理诸如海量数据,或来源于分布在不同地域上的数据。为了处理这样的应用,计算机必须以一个"个体"或 Agent 的方式来工作,而不是作为系统的零件。②在建立和分析人类社会中的交互模型和理论方面,多Agent系统也可以扮演重要的角色,人们以各种方式在各个层次上进行交互。基于 Agent 建模的思想也正是来源于以上两个基本的推动力。人们将 Agent 作为系统的基本抽象单位,必要时可赋予 Agent 一定的智能,然后在多个 Agent 之间设置具体的交互方式,从而得到相应系统的模型。这样,Agent 智能和交互便是基于 Agent 建模思想中最基本也是最重要的内容。在上述的基本思想的指导下,就形成了所谓的基于 Agent 的建模方法。简单来说,基于 Agent 的建模是一种由底向上(bottom-up)的建模方法,它把 Agent 作为系统的基本抽象单位,采用相关的 Agent 技术,先建立组成系统的每个个体(individual)的 Agent 模型(大多数时候它是比较简单的),然后采用合适的多 Agent 系统体系结构来组装这些个体 Agent,最终建立整个系统的系统模型。由于 Agent 是一种计算实体,因此最终模型就是该系统的程序模型,这极大地便利了研究人员对系统进行仿真研究和开发人员的应用开发(从分析到设计到实现可平滑过渡)。由于可以将 Agent 看做主动对象,基于 Agent 的建模技术完全可以从面向对象技术中继承并发展[243-245]。

4.3　面向 CTLS 的 Agent 建模

4.3.1　CTLS 中的 Agent 分类

　　基于 4.2.4 节所述的基于 Agent 的建模与仿真由底向上的建模思想,根据 CTLS 的组成、特点、生产流程以及 CTLS 中实体的对象及其相互关系,可将整个 CTLS 抽象分解为以下 21 种 Agent:①锚地 Agent;②拖轮 Agent;③泊位 Agent;④岸桥 Agent;⑤集卡 Agent;⑥堆区 Agent;⑦贝位 Agent;⑧场桥 Agent;⑨港口大门 Agent;⑩锚地管理 Agent;⑪拖轮调度 Agent;⑫泊位分配 Agent;⑬岸桥调度 Agent;⑭集卡调度 Agent;⑮堆场分配 Agent;⑯堆场管理 Agent;⑰场桥调度 Agent;⑱大门作业调度 Agent;⑲集装箱 Agent;⑳外集卡 Agent;㉑集装箱船 Agent。前 18 种 Agent 可以分为两类:资源(/设备)控制决策 Agent 和资源(/设备)作业执行 Agent。后 3 种 Agent 则是 CTLS 的服务对象,当然也可以看做设备作业执行 Agent。这样分类的目的一方面是合理地映射 CTLS 中的各种实体及其相互关系,更重要的是引入多种资源(/设备)控制决策 Agent,去分别控制和调配 CTLS 中各个生产装卸环节中的设备和资源,以符合 CTLS 是分布式控制系统的本质。CTLS 的多 Agent 系统模型通过资源(/设备)控制决策Agent之间以及资源(/设备)控制决策 Agent 和资源(/设备)执行 Agent 之间的相互交互,高效协作地完成系统的运作。当然各个集装箱码头的平面布局和装卸工艺不同,这些 Agent 不可能完全覆盖所有的 CTLS,但绝大多数 CTLS 的核心部分可由上述 21

种 Agent 所涵括,它们也是随后展开讨论的基础。

4.3.2　核心 Agent 的功能分析

　　如暂时不考虑多式联运和自动化码头情况下的 CTLS,就一般的国内外集装箱码头,本节在上述的 21 种 Agent 中,就其中的 18 种核心 Agent 进行详细描述和讨论。

　　1. 锚地管理 Agent

　　随着集装箱船舶吨位和数量的不断增加,各港口明显出现了泊位不够、船舶锚地水域不够等一系列问题。在这些高密度、长时间的锚泊环境中,实现对锚地进行有效管理,及时与各到港船舶进行沟通协调,确定其具体的到港日期和时间,从而最终提高港口的服务质量和水平,具有重要意义。

　　基于以上原因,锚地管理 Agent 应随时掌握港内多块锚地各自的情况:锚地允许停靠船舶的类型、水域面积的大小、锚地底质类型、锚标设置情况、当前潮汐情况的变化、锚地与航道间的关系、已抛锚等待作业船舶的数量,并参考以下三类信息来综合合理安排船舶的具体到港时间和在锚地中的抛锚等待位置:①到港船舶事先发来的到港日期、船舶大小和装卸箱量等信息;②集装箱码头对当前靠泊船舶作业状况;③当前天气情况。

　　2. 锚地 Agent

　　一般港口中有多块不同用途的锚地,而每块锚地的自身条件也不相同,故锚地 Agent 应详细设置自身允许停靠船舶的类型、水域面积的大小、锚地底质类型、锚标设置情况、当前潮汐情况的变化、锚地与航道间的关系、当前已抛锚等待作业船舶的数量,并根据拖轮顶曳船舶靠泊和进入航道的情况综合形成本锚地内的船舶实时交通情况,与锚地管理 Agent 通信,以帮助锚地管理 Agent 实时决策应如何为到港船舶分配锚地位置。由于港口的泊位有限,因此船舶往往需要在锚地中等待泊位和岸桥空闲。所以锚地从本质上看,也是 CTLS 作业的缓冲区;另外,港口中的锚地分为不同的类型,故上述的锚地管理 Agent 其实也就是缓冲区队列的管理者。

　　3. 拖轮调度 Agent

　　在集装箱码头作业系统中,拖轮作业是必不可少的部分。船舶从到达港口到离开港口,主要有三个过程需要拖轮服务:①进港,船舶到达港口航道后需要拖轮拖曳进入泊位进行集装箱的装卸;②移泊,船舶需要在港口不同泊位之间移动进行集装箱的装卸;③出港,船舶装卸集装箱完毕后需要拖轮拖曳其离开泊位进入航道。有的船舶在港口只经历进港、出港两个过程,而有的船舶则可能要经历进港、移泊和出港三个过程。无论进港、移泊和出港,只要有船舶需要服务,一般需要根据船舶的船长或吨位配置相应马力的一艘或几艘拖轮进行服务。因此拖轮调度 Agent 主要负责为到港集装箱船舶安排拖轮服务,并与泊位分配 Agent 一同安排船舶具体的进港、移泊和出港顺序与时间。

拖轮调度 Agent 需要全天候 24×7 地通过电子数据交换从货代和船代收集下个 24 小时内即将到港船舶的信息和数据,包括到港船舶的船型、船长、吨位、作业箱量以及预计到港时间等,根据一定的调度策略为未来 24 小时内到港的船舶生成拖轮作业计划表。当然每个到港船舶都希望自己一到港就有合适的拖轮为自己服务,这样船舶之间必然出现争夺拖轮资源的现象,拖轮调度 Agent 因此还起到协调到港船舶之间冲突的作用,为 CTLS 的作业船舶合理分配拖轮,其分配是否合理及其相关作业服务时间将直接影响码头泊位和岸桥的利用率,从而间接地决定 CTLS 的通过能力。

4. 拖轮 Agent

在集装箱船舶到港的一周或 72 小时前,船舶业主或代理将预计到港时间、船舶配载图,装卸箱数量以及相关属性等发送给 CTLS,那么泊位分配 Agent 会为该船舶指定停泊计划,并与拖轮调度 Agent 协商指派相应的拖轮 Agent 在预定时间内为该集装箱船舶服务。由于水文等因素,到港船舶只有经拖轮拖曳至指定泊位才能作业。在拖轮作业过程中,由于各种因素的影响,即使船舶给出了其预计的进出港和移泊的时间,其仍然是随机的(在预计时间周围)离散的,同时拖轮为每艘船舶服务的时间也是随机的。因此拖轮 Agent 将随时与拖轮调度 Agent 进行协商以便根据实际情况进行拖轮调度的最优化。而另一方面,每个拖轮调度 Agent 都要面对一系列的调度问题,例如,必须为每艘集装箱船舶配备相应资质的领航员。这就同时要求不同的拖轮 Agent 之间在任何时候都必须相互协商,使得争夺相关资源的冲突最小化。当一条到港集装箱船将被服务时,拖轮调度 Agent 就会将船舶服务请求或期望的服务时刻发送给相应的拖轮 Agent,该时间可通过式(4-1)计算:

$$t_i^{\text{haul\_in}} = t_i^{\text{depart}} - T_i^{\text{haul\_in}} - T_i^{\text{serving}} - T_i^{\text{move\_berth}} - T_i^{\text{haul\_out}} \geqslant t_i^{\text{arrive}} \tag{4-1}$$

式(4-1)中,$t_i^{\text{haul\_in}}$ 为指定拖轮开始拖曳船舶 i 的时刻;$T_i^{\text{haul\_in}}$ 为指定拖轮拖曳船舶 i 从锚区至停靠泊位完毕总共所花去的时间;$T_i^{\text{move\_berth}}$ 为船舶 i 在装卸过程中发生移泊时所花的时间;$T_i^{\text{haul\_in}}$ 为当船舶 i 装卸完毕,由拖轮顶曳船舶 i 离泊到重返航道的时间;T_i^{serving} 为船舶 i 的装卸作业时间。其中,$T_i^{\text{haul\_in}}$,T_i^{serving},$T_i^{\text{move\_berth}}$ 和 $T_i^{\text{haul\_out}}$ 均根据港口实际操作的经验和船型来获取,而 T_i^{serving} 则与该船的实际装卸

箱量和泊位分配Agent、泊位 Agent、岸桥调度 Agent 和岸桥 Agent 相关。另外，要重点说明的是，之所以要在式(4-1)中减去 $T_i^{move\_berth}$ 是考虑实际生产中为照顾重点客户或其他情况，船舶往往有可能移泊。而多次移泊在实际的生产运作中则极为少见，故可不予以考虑。由于船舶只有已经到港才能由拖轮作业，所以其作业时间显然应该大于船舶 i 的到港时间 t_i^{arrive}。

5. 泊位分配 Agent

泊位分配 Agent 负责为到港集装箱船舶分配泊位和安排装卸服务时间，并根据港口和船公司签订的协议和码头运营策略协调船舶争夺泊位资源的冲突。一旦为船舶分配泊位，则其余的设备和资源将以泊位为龙头组织相关的调度和装卸生产，所以泊位分配 Agent 也会向其他相关的设备控制决策类 Agent 发出作业设备需求。与拖轮调度 Agent 一样，泊位分配 Agent 全天候 24×7 的通过电子数据交换从货代和船代收集下个 24 小时内即将到港船舶的信息和数据。根据当前码头的装卸作业、等待作业、预留作业、机械设备状况以及即将到港船舶的船型、船长、吨位、作业箱量、预计到港时间等，根据港口对不同公司、不同船型的运营以及调度策略为未来 24 小时内到港的船舶生成靠泊服务的计划表。需要说明的是，在实际运作中，港口往往会生成一周的泊位计划，然后根据实际船舶的到港情况和泊位利用状况，每 24 小时更新一次，形成港口实际操作的滚动周期调度计划表。其实这种情况不仅是对泊位调度如此，对于港口的其他装卸设备和资源也是如此，包括前述的锚区和拖轮资源。

每一艘到港的船舶当然都希望自己一到港就能靠泊接受服务，尤其是在集装箱船舶日益大型化和快速化的今天。现在诸多的船务公司都已经投资或入股码头的建设，而现代集装箱码头作为整合物流供应链的最佳平台，也开始制定诸多的港口经营策略，其中泊位分配的一种重大的举措非常类似于计算机系统中的一种设计思想，即计算机系统中常见的前后台设计思想：如果前台有计算任务，优先考虑前台的计算作业，如果前台没有任务，则由后台作业占据中央处理器等资源。类似地，CTLS 根据客户种类和港口当前营运重点，制定集装箱码头的季度计划、月计划、周计划、日计划乃至作业前 2 小时的装卸计划，提高 CTLS 的服务能力和水平，为客户提供高效快捷的服务。其在充分整合利用集装箱码头资源的同时，通过调度策略的倾斜，使得大客户的"专有码头"和公共码头融为一体，以提升港口核心用户的忠诚度和积极拓展重点客户，为港口的进一步发展和经营战略的制定奠定良好的基础。

6. 泊位 Agent

在集装箱船舶到港的一周或 72 小时前，船舶业主或代理会将船舶的预计到港时间、船舶配载图、装卸箱属性等发送给 CTLS,此时泊位 Agent 会向泊位分配 Agent报告自己所管辖的码头泊位的空闲/繁忙情况和预留作业状况,即在下一个工作周期内,是否有空闲时段可供到港船舶停靠服务,如果有,则向泊位分配 Agent传送相关信息,等待泊位分配 Agent 的回应,这种信息之间的交流很可能会使泊位分配 Agent 重新计划当前所有泊位的生产装卸计划。每个泊位 Agent 都要面对一系列调度问题,例如,必须为集装箱装卸作业分配岸桥、集卡、场桥等设备以及相应的占用设备的时间。这就要求不同的泊位 Agent 之间在任何时候都必须相互协商,并和泊位分配 Agent、岸桥调度 Agent、集卡调度 Agent 等相互磋商,使得各装卸设备资源能够在负载均衡的前提下将争夺设备资源的冲突最小化。当一艘集装箱船被服务时,泊位 Agent 就会将船舶服务请求或期望的服务时间 T_i^{serving} 发送给装卸 Agent,该时间可通过式(4-2)计算:

$$T_i^{\mathrm{serving}} = t_i^{\mathrm{depart}} - t_i^{\mathrm{arrive}} - T_i^{\mathrm{prepare}} - T_i^{\mathrm{move\_berth}} - T_i^{\mathrm{wait}} \tag{4-2}$$

式(4-2)中,如该船停泊作业后,无须移泊,则 $T_i^{\mathrm{move\_berth}} = 0$,而 T_i^{prepare} 包括靠泊和离泊两个准备时间,其根据码头的装卸作业情况确定一个大约固定的值,一般为 $40 \sim 120\mathrm{min}$。至于 T_i^{wait} 则是船舶在靠泊作业前的等待时间,其与拖轮和泊位的忙闲状况以及拖轮调度和泊位分配的调度策略直接相关。

7. 岸桥调度 Agent

岸桥调度 Agent 根据泊位 Agent 传来的到港船舶和相应的泊位信息,根据船型、船长和装卸箱量和预计离港时间配备岸桥,因为岸桥收起以及放下前升臂和移泊等准备需要一定的时间,所以通常这些分配指令总是与船舶到港由拖轮拖曳靠泊的指令同时由中控室下发,其相关过程也是并行发生的。由于船舶到港时间具有相当的随机性和离散性,船舶的长度、作业箱量和集装箱属性每次作业都各不相同,而且码头前沿的岸桥很有可能有少数处于故障或维修保养之中,或者该集装箱码头是潮汐港等,这些都给岸桥调度 Agent 带来了相当的难度。要保证船舶在港时间短、装卸效率高,岸桥调度 Agent 必须根据岸桥的作业能力和当前实时数据,利用相关的调度策略对岸桥进行调度。现代集装箱码头的吞吐量巨大,对通过能力的要求很高,因此往往在作业高峰时,会出现岸桥资源紧缺现象,这时就需要岸桥调度 Agent 从中进行协调。另外,所安排的岸桥还与船舶是否为班轮、时间是否紧迫以及是否支付先遣费等有关。

显然岸桥为船舶服务的最长时间不能超过 T_i^{serving},否则会影响船舶的离港时间,岸桥调度 Agent 在这个预计的服务时间范围内,根据船型、船长和装卸箱量来为该船舶分配岸桥。通过船舶信息,得出为之装卸服务所需的岸桥数量。假设集装箱船所需装卸的总集装箱数量为 C_i^{number},岸桥的平均生产效率为 $Q^{\mathrm{average\_efficiency}}$,那

么该船所需的岸桥数目 Q^{number} 的计算公式为

$$Q^{number} = C_i^{number} / (Q^{average\_efficiency} \cdot T_i^{serving}) \tag{4-3}$$

这里要注意的是,在码头前沿摆放的岸桥并不一定是同一规格的,所以这里的 $Q^{average\_efficiency}$ 应当是所有参与装卸岸桥的平均效率,而不是其中某一个的装卸效率,另外因为岸桥有可能在参与该船装卸的过程中移泊到其他泊位对另外的船舶进行装卸,所以其平均装卸效率如式(4-4)所示。

$$Q^{average\_efficiency} = \left(\sum_{i=1}^{n} (Q_i^{efficiency} \times T_{Q_i}^{serving}) \right) \Big/ \left(\sum_{i=1}^{n} T_{Q_i}^{serving} \right) \tag{4-4}$$

岸桥调度 Agent 的第二项主要任务是将码头上岸桥资源合理均衡地分配给每条船的各个贝位,并根据中控室的调度来执行相关的装卸集装箱顺序,其依据就是从集装箱船 Agent 发送至泊位分配 Agent,再由泊位分配 Agent 转发至岸桥调度 Agent 的船的具体相关信息和船舶配载图,包括指定泊位 Agent 所靠泊船的船长、贝位数、贝位的箱量以及所有集装箱的分布和属性(尺寸、类型和挂靠港口)。岸桥调度 Agent 在分配任务给各个岸桥 Agent 时应当注意负载均衡的原则,保持各个岸桥之间的安全距离,同时考虑后续相邻泊位之间的作业情况。

8. 岸桥 Agent

在整个码头装卸作业过程中,岸桥调度 Agent 指派岸桥 Agent 任务,根据港口运营策略和实际生产情况,随时下发新的指令给岸桥 Agent。岸桥 Agent 一旦接收任务指令,就要根据任务情况,参考当前作业船舶配载图,框选出相应的贝位,然后分析其负责每个贝位的所有集装箱的属性,主要是重量和挂靠港,生成合理有效的装卸序列表,以尽量减少堆场作业的倒翻箱工作。根据该表的信息,向集卡调度 Agent 和场桥调度 Agent 发送相关信息,请求集卡和场桥为之配合,其根本目标就是尽量保持岸桥的连续不间断工作,同时避免岸桥和场桥下等待作业的内集卡队列过长,以免阻塞集装箱码头的前沿和堆场交通。岸桥应当与堆场分配 Agent 和堆场管理通信和协作,清楚地了解当前作业贝位的每个集装箱在堆场的具体位置(对于进口箱和出口箱都是一样),从而向场桥调度 Agent 和集卡调度 Agent 发出相关的请求。

泊位分配 Agent、泊位 Agent、岸桥调度 Agent 和岸桥 Agent 是 CTLS 的运作核心,它们是 CTLS 的中央处理器集群。同时它们的运作又与系统作业的主要输入通道拖轮调度 Agent 以及拖轮 Agent 有着密切联系。在许多系统中,调度被分成三种:长程、中程和短程。其实拖轮调度、泊位分配和岸桥调度也是 CTLS 的三种类似的调度。

9. 集卡调度 Agent

这里集卡调度 Agent 调度的是内集卡,即只在码头内部进行水平运输的集装箱卡车。CTLS 运营时所追求的目标就是使到港船舶的总体在港时间最短,从而使得港口整体吞吐量最大。这就需要尽量避免使码头前沿所分配的岸桥作业出现闲置状态,或在作业中出现中断。可靠而有效的水平运输对保证岸桥的生产效率至关重要。集卡调度 Agent 所解决的水平运输中的问题主要就是装载序列、路径选择以及与岸桥、场桥装卸运输作业的配合。其相当于计算机系统中的中央处理器前端总线调度,对系统的性能发挥有着重要意义,其调度效率一旦较低或有明显的缺陷,就极有可能成为系统的瓶颈或者需要增大港口的投资来增加新的集卡,但是如果增加的集卡太多反而会引起码头前沿和/或堆场的交通负担,易形成堵塞,使得 CTLS 的整体运作效率不升反降。

集卡调度 Agent 是对岸桥 Agent 和场桥 Agent 的任务请求作出相应的动作,指派适当的集卡配合岸桥和场桥的装卸作业,作水平运输服务,即集卡调度 Agent 主要与岸桥 Agent 和场桥 Agent 进行通信和协作。集卡调度 Agent 的目标是在满足码头其他作业环节的有序进行的前提下,尽量不让集卡空车返回,同时降低集卡在岸桥和场桥下的排队阻塞现象,保持码头前沿和堆场的交通畅通。在集装箱码头日益繁忙的背景下,水平运输作为码头装卸生产的重要环节,集卡调度正面临着一系列新的问题:①现代岸桥为提高生产效率,出现了双吊具甚至三吊具,于是在每个岸桥 Agent 下需要等待的就不再是一列集卡,而是两列或三列集卡,这对集卡调度 Agent 提出了更高的要求,尤其是在动态调度的情况下;②现代集装箱码头的装卸生产时,岸桥开始采用重进重出的装卸工艺,这从另一个方面对集卡调度 Agent 提出了新的挑战。以上的问题也从另一个侧面说明了码头前沿的装卸工艺直接影响了码头水平运输以及堆场的装卸工艺,因为 CTLS 的生产作业的核心正是码头前沿的生产,这正如计算机系统的发展是以中央处理器为标志一样。

10. 集卡 Agent

在强有力的信息技术支撑下,每个集卡 Agent 都可以通过各种信息手段把当前自身的信息(忙/闲、当前地点、是否完成任务等)及时发送给集卡调度 Agent。一旦其当前状态为空闲,集卡调度 Agent 就会根据当前的生产任务状况,发出新的任务的指令。集卡调度 Agent 根据进出口箱的属性、重要程度、集装箱的地点、岸桥的作业请求紧急程度、岸桥下集卡等待队列的长度、场桥的作业请求紧急程度、场桥下集卡等待队列的长度以及集卡当前在码头上的位置等因素和条件,为集卡 Agent 安排作业,集卡 Agent 收到任务后,就会立即响应集卡调度 Agent,执行水平运输任务(这里假定每辆集卡一次只能运输一个自然集装箱),并将任务的执行情况实时地反馈给集卡调度 Agent。

集卡 Agent 在接收到任务指令后,根据集装箱码头的平面布局图,在遵循码头道路行驶的交通规则下,自动计算从当前位置到指定岸桥(或场桥)的两点之间和装、卸箱两处岸桥和场桥之间的最短路径,并和码头上的其他集卡 Agent 进行通信,避开港区内阻塞的路段以及避免与其他集卡发生碰撞。码头内装卸生产对于一个作业时间段 S(如 6 小时、8 小时或 12 小时),集卡的有效使用率的计算如公式(4-5)所示。

$$U_{YT} = \left(\sum_{i=1}^{m} T_i^{busy} \right) / (m \times S) \tag{4-5}$$

式(4-5)中,U_{YT} 为 CTLS 中集卡的整体利用率;m 为 CTLS 中集卡的总体数量。显然 $0 < U_{YT} < 1$,可以根据 U_{YT} 的高低来判定集卡调度算法的优劣,同时也从一个侧面来判断 CTLS 生产调度是否合理高效。

11. 堆场分配 Agent

码头堆场上的集装箱按照去向可分为三种类型:①从外面运进码头的集装箱,在堆场放置一段时间后被客户取走(进口箱);②客户预先运到堆场,船只靠岸后被运走的集装箱(出口箱);③从外面运来的集装箱,但是在码头放了几天后就被另外的船只运走,它们只是在码头中转一下(中转箱)。到港船舶的装卸作业时间主要与岸桥的作业效率有关,而要想保持岸桥持续稳定地装卸,就必须保持稳定的前沿与堆场间的集装箱流,即需要有良好的集卡和场桥作业作为基础,而良好的集卡和场桥作业应建立在良好的集装箱定位以及集装箱箱位分配和管理上。由于不管是进口箱、出口箱还是中转箱,即对于集装箱码头的集疏运体系,都可以提前获取到港集装箱的信息,那么堆场分配 Agent 根据这些提前获取的信息,对每艘船中的进口箱、出口箱以及中转箱划定摆放的区域,使其摆放有序且较为均匀地分散在各个场区中,并尽量将每个客户的集装箱放在一个场区中或一个贝位 Agent 中。这样做的目的是在装船或卸船时能够有多个场桥(其数目显然要比岸桥多,具体配比系数关系视具体情况而定)同时作业,这样就可以快速喂给岸桥作业且使得每个场桥下等待装卸的集卡队列不是太长,有效地提高集卡的水平运输效率和减轻堆场的交通堵塞状况。也正是因为如此,堆场分配 Agent 需要与场桥调度 Agent 协商,来决定为每艘船最终分配的堆区范围。因此堆场分配 Agent 主要目标是以到港船舶为基本单位,确定其进口箱、出口箱和中转箱的堆放范围并与场桥调度 Agent 协商,初步确定相应工作时间段场桥的作业计划。衡量一个堆场分配Agent 的计划策略的优劣,可以根据每个箱位被实际占据时间的长短与总的时间长度之比来衡量:

$$U_{\text{yard}} = \left(\sum_{i=1}^{n} \left(\sum_{j=1}^{m_i} T_j^{\text{stack}} \right) \right) / (T_{\text{sectiontime}} \times k_{\text{export}} + T_{\text{sectiontime}} \times k_{\text{import}}) \quad (4\text{-}6)$$

$$T_j^{\text{stack}} \leqslant T_{\text{collectiontime}} \quad (4\text{-}7)$$

$$T_j^{\text{stack}} \leqslant T_{\text{distributiontime}} \quad (4\text{-}8)$$

式(4-6)中,U_{yard} 为 CTLS 中堆场箱位的整体利用率;T_j^{stack} 为每个集装箱在堆场上停留的时间;$T_{\text{sectiontime}}$ 为衡量堆场利用率的指定时间周期,一般以月、季度或年为单位;U_{yard} 为整个码头堆场在一个较长时间 $T_{\text{sectiontime}}$ 内的堆场利用率;n 为在这段时间内到港的集装箱船数目;m_i 为每艘到港船舶的装卸箱量;$T_{\text{collectiontime}}$ 为集装箱码头规定的出口箱可以进场的时间(一般为 5~10 天不等);k_{export} 为集装箱码头的整个出口箱区的箱位数;$T_{\text{distributiontime}}$ 为集装箱码头规定的进口箱可以免费堆存在堆场中的时间(一般为 3~7 天不等);k_{import} 为集装箱码头的整个进口箱区的箱位数。式(4-7)和式(4-8)则指每个集装箱在堆场上的时间不可能超过规定时间,这一方面是根据码头的实际运营状况所决定的;另一方面,对于极少数未及时疏运的集装箱,码头会统一清场,所以都符合上面的表述。在式(4-6)中,未考虑特种箱,一是因为特种箱数量较少,在堆场中的箱位也较少;二是因为特种箱不少采用直提的方式。另外,为了提高港口堆场的利用率,人们常常采用多阶段堆区分配计划策略。

12. 堆场管理 Agent

堆场管理 Agent 根据其管理区域的划分,又可细分为出口重箱管理 Agent、出口轻箱管理 Agent、进口重箱管理 Agent、进口轻箱管理 Agent 和特种箱管理 Agent。但无论是哪种堆场管理 Agent,该 Agent 必须拥有其所管辖的那个堆区的堆场布局图、已经占据的箱位分布图、未占据的箱位分布图、集装箱所属的船属性、货代(客户)属性以及码头规定的装卸工艺(如堆多高)。当每个集装箱到港时,根据其船舶和所属客户信息就以堆场分配 Agent 事先指定的堆场区域,由堆场管理来指定具体的贝位和箱位。堆场贝位和箱位分配的主要依据有:①本堆区贝位分布图;②本堆区各贝位的箱位分布图;③作业计划天内抵港船舶停靠泊位、装卸箱信息;④作业计划天内预计的进场集装箱量和预计的收箱时间;⑤作业计划天内预计的出场集装箱量和预计的提箱时间;⑥作业计划天内到港集装箱的船舶配置图。除此以外,每隔一段时间堆场管理 Agent 对过期仍未提走的集装箱将做统一处理,请求堆场分配 Agent 给予一个统一的堆放地点。堆场管理 Agent 在船舶到港之前和集箱完毕之后,根据船代事先发来的船舶配载图,对已到港的集装箱进行预翻箱,使其能够在实际装卸过程中尽量少翻箱而能使场桥保持持续的工作,使得码头堆场与前沿之间保持稳定的集装箱流。

13. 堆区 Agent

与堆场管理 Agent 相对应,堆区 Agent 根据其管理区域,也可对应细分为出口重箱区 Agent、出口轻箱区 Agent、进口重箱区 Agent、进口轻箱区 Agent 和特种箱区 Agent。不管是哪一种堆区 Agent,都必须实时维护其所属的贝位分布图和统计各贝位的信息,并根据当前自身的实际状态与同划为一艘船的堆区 Agent、场桥调度 Agent 相协商,确定进场集装箱的具体贝位,并与所属的贝位 Agent 通信,实时统计与更新其状态。

14. 贝位 Agent

每个堆区 Agent 根据码头的实际布局,会拥有多个贝位 Agent,而每个贝位 Agent 必须根据码头的装卸工艺,实时维护其贝位内的箱位信息,即贝位的箱位信息表。贝位 Agent 应与所属的堆区 Agent 通信,获取本堆区内场桥 Agent 的信息,并与之通信,根据堆场管理 Agent 所分配的贝位来确定最后的箱位,并将信息传送至堆区 Agent 和堆场管理 Agent。在堆场管理 Agent 下,装船或客户提箱预倒箱时,贝位 Agent 应与堆场管理 Agent 通信,获取本贝位内各集装箱的属性及其在船上的位置,并与场桥 Agent 通信,进行本贝位内的预翻箱。

15. 场桥调度 Agent

场桥调度 Agent 根据堆场分配 Agent 制定的作业计划和堆场管理 Agent 发出的实时请求,对堆场作业的场桥进行合理的调配和决策,使其能尽量满足各堆区作业的需求。当有多艘船舶到港时,场桥资源就会显得十分紧张,这时就需要场桥调度 Agent、场桥 Agent、堆区管理 Agent、堆区 Agent、贝位 Agent 等进行协商,以对港口内的场桥资源进行合理调度。

16. 场桥 Agent

场桥 Agent 的主要任务是完成将集装箱从堆场装载到集卡上或从集卡上把集装箱卸载到堆场,是具体来完成集装箱在码头堆存的设备执行 Agent。场桥 Agent 间相互通信,并与场桥调度 Agent 协商,在有效完成堆场作业的同时将各自的场桥的机械运动路径最小化,尤其是大车的移动距离。为此,就要获得最有效的搬运集装箱的序列以及装卸集装箱的精确位置,这就要求场桥 Agent 与其服务的岸桥 Agent 通信,获取其当前装卸的集装箱在船舶配载图中的具体分布,然后与其当前所在的堆区 Agent 以及贝位 Agent 通信,并且请求集卡调度 Agent 做装卸箱的配合,来决定如何获取最有效的搬运集装箱的序列以及装卸集装箱的精确位置。衡量场桥的整体作业效率,可以采用如下的公式:

$$T_{\text{yardsectiontime}} = T_i^{\text{stacking}} + T_i^{\text{relocating}} + T_i^{\text{moveblock}} + T_i^{\text{idle}} + T_i^{\text{maintaining}} \qquad (4\text{-}9)$$

$$U_{\text{yardcrane}} = \left(\sum_{i=1}^{n} (T_i^{\text{stacking}} + T_i^{\text{relocating}}) \right) / (T_{\text{sectiontime}} \times n) \qquad (4\text{-}10)$$

式(4-9)中,在一个正常的时间周期 $T_{\text{yardsectiontime}}$ 内,对于场桥,其是由堆码作业时间 T_i^{stacking}、倒箱作业时间 $T_i^{\text{relocating}}$、移场时间 $T_i^{\text{moveblock}}$、空闲时间 T_i^{idle} 和保养时间 $T_i^{\text{maintaining}}$ 组成的。其中堆码作业时间和倒箱作业时间被认为是场桥的有效作业时间,因此在一个工作周期内,场桥的整体利用率如式(4-10)所示。如果场桥的整体利用率偏低,那么就应当考虑将部分场桥停机,以减少港口的运营成本和适应当前的环保需求;反之,如果场桥的利用率极高,场桥作业已接近饱和,那么就应该考虑投资增加场桥,以满足港口的发展需要。

17. 大门作业调度 Agent

集装箱港口大门是外部集装箱卡车(外集卡)把集装箱运进或运出集装箱堆场的通道,分为进口大门和出口大门,两者在地理位置上分开,以利于 CTLS 组织作业。集装箱海铁联运子系统不是每个集装箱码头都具有的陆运集疏运方式,但利用集卡进行陆基的集装箱集疏运却是每个集装箱码头必不可少的,甚至是唯一的方式。另外,由于车辆到达以及堆场场桥作业的随机性,在各个时间段大门通道开放的具体数目往往难以决定。所以集装箱码头大门作业调度 Agent 的任务就是合理配置各时间段工作通道的数量,它对于均衡通道服务设备的负荷、及时解决通道前外卡的排队等待等问题具有重要意义。

事实上,集装箱码头大门服务子系统同时也是一种兼有事务处理与作业计划功能的信息系统,它面向码头陆域的外集卡提供持续、高频度的单据处理与堆场作业计划服务,其可靠性和高效性是确保系统服务质量的关键。故大门作业调度 Agent的鲁棒性与调度算法的有效性至关重要。

18. 港口大门 Agent

集装箱码头的大门按用途来分,可分为进口大门和出口大门,所以港口大门 Agent 首先应设置区分其类型的参数,其次各个港口大门 Agent 应设置其进口(或出口)通道的整体数量、当前开放通道的数量、各个通道的繁忙程度(至少是定性的)。港口进口大门和出口大门的利用率计算公式为

$$U_{\text{importgate}} = \left(\sum_{i=1}^{m_1} (N_{\text{empty}} + N_{\text{heavy}}) \right) / (C_{\text{designcapacity}} \times m_1) \qquad (4\text{-}11)$$

$$U_{\text{exportgate}} = \left(\sum_{i=1}^{m_2} (N_{\text{empty}} + N_{\text{heavy}}) \right) / (C_{\text{designcapacity}} \times m_2) \qquad (4\text{-}12)$$

式(4-11)和式(4-12)中，m_1 和 m_2 分别为港口进口大门和出口大门总的通道数量；N_{empty} 和 N_{heavy} 分别为通过大门空载和重载外集卡的数量，当然如果某个通道未开放，则 N_{empty} 和 N_{heavy} 皆为零；而 $C_{designcapacity}$ 为大门单个通道的通过设计能力。如果 $U_{importgate}$ 和/或 $U_{exportgate}$ 的值较小，则说明当前大门作业的任务较轻；反之，则说明大门作业的任务较重，或开放的通道数太少，需要增开新的通道。如果通道全开，利用率仍居高不下，而且港口大门外的外集卡等待队列很长，那么港口在做中长期规划时就应当考虑在港口外围新开辟大门，并重新规划港口集卡的行驶道路和堆场布置。当然各个港口大门 Agent 应随时与大门作业调度 Agent 保持通信，报告其作业状况，以便使大门作业调度 Agent 决定各个港口大门 Agent 开放的通道数量，以及引导外集卡流向适当的港口大门通道，从而使 CTLS 拥有一个良好的集疏运集装箱流，即系统的陆域输入输出高效畅通。

　　上面详细阐述了基于哈佛体系结构和 Agent 计算建模体系下 21 种 Agent 中的 18 种，它们构成了整个 CTLS 的核心，也是所有集装箱码头作业的必备部分。至于外集卡 Agent、集装箱 Agent 和集装箱船 Agent，它们是 CTLS 的服务对象，也是 CTLS 这个复杂离散开放系统为现代物流体系服务的载体，仅部分受 CTLS 的影响，故在随后的建模仿真中处理简单化，只关心其与 CTLS 相关的属性。依据基于 Agent 的建模与仿真思想，后续章节将讨论采用何种合适的多 Agent 系统体系结构来组装这些个体 Agent，从而最终建立整个系统的系统模型，以便建模、仿真和优化 CTLS。

4.4　基于哈佛体系结构和 Agent 计算的整体建模思想

　　由 2.1 节的 CTLS 分析，可知其是一个典型的分布式控制系统，如果将集装箱码头内的装卸作业看做一种广义的"计算"，用计算机系统组成和体系结构的思想建模集装箱码头的装卸作业系统和生产调度系统，即用一种精确计算的架构来构建一个复杂开放系统，那么整个 CTLS 将都是基于计算机体系框架的(集装箱码头的信息管理系统显然是基于计算机运转的)。另一方面，4.3 节已经对 CTLS 中的各个 Agent 进行了描述与分析，即从基于 Agent 的计算的视角将 CTLS 的各个组成部分都抽象为相应的 Agent，从而整个 CTLS 便是一个多 Agent 系统(MAS)，因为无论是物理世界中的装卸作业系统、生产调度系统还是信息世界中的管理信息系统，它们都是基于 Agent 进行抽象的。利用精确计算的体系结构——哈佛体系结构架构 CTLS 的多 Agent 系统模型，融合经典的分布式控制架构——哈佛体系结构和典型的分布式控制系统建模模式——基于 Agent 的计算两者的优势，得出一条新的建模仿真优化 CTLS 运作途径。由于采用计算机体系结构来构建 CTLS 的多 Agent 系统模型,于是从计算机体系结构中获取计算机系统成熟的设计思想,并以此为借鉴在基于哈佛体系结构和 Agent 计算(HA-AC)的 CTLS 建模体系下,提出 CTLS 的整体生产调度模型。在以上的基础上将计算机操作系统的通用调度框架引入集装箱码头生产调度系统中,并利用计算机操作系统的资源分配算法和计算智能作为集装箱码头生产调度策略。最后利用基于 Agent 的仿真和基于仿真的优化去帮助港口选择合适的调度策略和设备配置,以帮助港口制订生产计划和调度,从而提高码头的作业效率和辅助决策规划港口的未来发展。

4.5 基于哈佛体系结构和 Agent 计算的 CTLS 的建模体系结构

4.5.1 CTLS 与计算机系统的组成映射关系

在 4.3.1 节中,已经将整个 CTLS 分为 21 种 Agent,这种分类方式其实借鉴了计算机组成原理、计算机体系结构和操作系统资源调度的思想,尤其是参考了计算机系统发展的历史和趋势。在计算机发展的初期阶段,中央处理器中的控制器控制计算机中的所有设备,包括计算器、存储器和输入输出设备。人们很快发现这种计算机在运行时有两个重要的缺陷:

(1) 系统的效率十分低下,因为任何一个设备的运行都需要控制器的介入;

(2) 每种设备的运行往往需要单独针对此种设备的指令集,而中央处理器的指令集不可能如此庞大。

鉴于上述原因,人们引入图形处理器,中断、通道、直接主存存取等控制单元到计算机系统中,使控制器摆脱烦琐的输入输出和存储业务,减轻了其工作负载,使得其能够专注于程序的核心控制,从而提高了计算机系统运行的整体效率。基于同样的道理,在 CTLS 将所有的 Agent 分为两类,即资源(/设备)作业执行 Agent 和资源(/设备)控制决策 Agent,后者去分别控制和调配 CTLS 中各个生产装卸环节中的设备和资源,这本身也符合 CTLS 是一个分布式处理系统的本质。4.3.1 节中 CTLS 组成的各类 Agent 可以根据第 3 章 CTLS 与计算机系统的系统组成与体系结构对比分析所得出的 CTLS 与计算机系统的比较映射关系,将其一一映射为计算机系统中的关键部件,其映射关系如表 4-1 所示。

表 4-1　系统关键部件的映射关系表

计算机系统	集装箱码头物流系统
缓冲区管理	锚地管理 Agent
作业管理	拖轮调度 Agent
处理器分配	泊位分配 Agent
进程管理	岸桥调度 Agent
系统总线控制	集卡调度 Agent
存储分配	堆场分配 Agent
存储管理	堆场管理 Agent
内存管理单元	场桥调度 Agent
通道	大门作业调度 Agent
缓冲区	锚地 Agent
中央处理器	泊位 Agent
处理器核心	岸桥 Agent
系统总线	内集卡 Agent
主存	堆区 Agent
页	贝位 Agent
地址转换结构	场桥 Agent
输入输出设备	锚区 Agent
输入输出设备	拖轮 Agent
输入输出设备	港口大门 Agent
输入输出设备	外集卡 Agent
输入输出设备	集装箱船 Agent
数据	集装箱 Agent

4.5.2　基于哈佛体系结构和 Agent 计算的 CTLS 的建模体系结构

鉴于 4.4 节所述的基于哈佛体系结构和 Agent 计算的 CTLS 整体建模思想和 4.5.1 节对 CTLS 中实体的 Agent 分类与计算机系统组件的映射关系,本节提出如图 4-1 所示基于哈佛体系结构和 Agent 计算的 CTLS 建模体系结构。CTLS 是一个复杂、动态、离散的开放系统,基于系统工程、软件工程和工业工程的方法论,对其建模时考虑作业类型、组织作业的方法、Agent 间的协作机制、港口的集疏运体系以及模型运作时的可扩展性和鲁棒性,提出了上述的建模体系结构。如前所述,基于哈佛体系结构和 Agent 计算的 CTLS 建模体系将采用典型的多层次分布式控制来管理调度集装箱码头的整个装卸作业流程,这样将有效地提高码头生产作业的灵活性、高效性和鲁棒性。

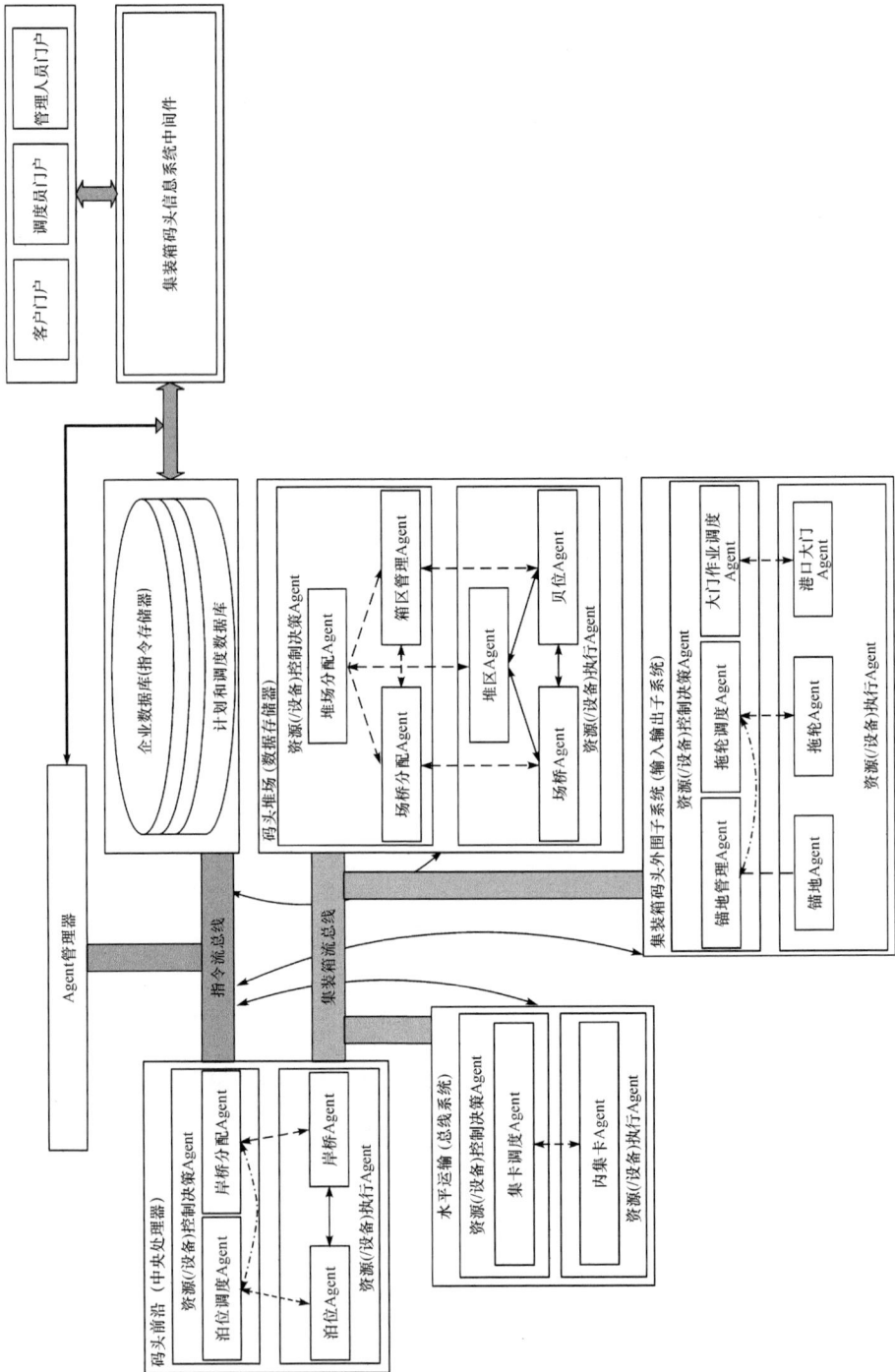

图 4-1　基于哈佛体系结构和 Agent 计算的 CTLS 建模体系结构

图 4-1 所示的基于哈佛体系结构和 Agent 计算的 CTLS 的建模体系结构旨在将集装箱码头的装卸作业系统、生产调度系统和管理信息系统融为一体,从而有机地全面整合集装箱码头物流企业的各项软硬件资源,全面提高企业的日常运作和长远规划水平。其建模的主要焦点是集装箱码头的装卸作业和生产调度系统,这也是本书的重点。大体上 4.3 节中资源(/设备)控制决策 Agent 是集装箱码头生产调度系统的拆分,而资源(/设备)作业执行 Agent 集合是集装箱码头装卸作业系统。集装箱码头的装卸作业和生产调度系统的多 Agent 结构采用计算机的经典体系结构——哈佛体系结构。其中码头前沿可被看做 CTLS 的“中央处理器”集群,堆场则是 CTLS 的“主存”:其中泊位指派 Agent 和岸桥调度 Agent 组成“中央处理器”集群的控制器;泊位 Agent 和岸桥 Agent 组成“中央处理器”的计算器。其余的各个设备控制类 Agent 则可认为是 CTLS 的内存管理、设备管理,例如,拖轮调度 Agent 可看做 CTLS 中的“直接主存存取(DMA)”,闸口调度 Agent 则可认为是其“通道(channel)”;其他各个设备执行类 Agent 则可认为是系统的“总线”与“输入输出设备”。更重要的是,在以上的 CTLS 的建模框架中,CTLS 和基于哈佛体系结构的计算机系统十分相似,它们都具有两个自控的存储器空间,一个专门存储指令,另一个只存储数据,并且它们各自拥有自己的总线及控制器。因此,在运行时,机器里没有总线冲突,而当中央处理器通过数据总线进入数据存储器,中央处理器能同时存取操作指令。在图 4-1 中,“集装箱流总线”和“信息流总线”分别产生数据和指令,而且后者和前者相互协调。它们构成了 CTLS 的中枢,且它们之间的同步与协调得到了物联网基础设施与设备的充分保障。

4.6　CTLS 中各 Agent 间的交互和协作描述

4.6.1　Agent 间的相关性

多 Agent 系统由多个自主、灵活运作的相对独立主体构成。但是在大部分系统中,构成系统的许多成分不仅在结构上存在各种相关性,而且在行为上也存在各种相关性。其中主体间的结构相关性是指多个主体在系统构成以及组织结构等方面存在的相关性,它描述了这些主体在系统中的结构关系;主体之间的行为相关性是指多个主体的活动和行为之间的关联关系。主体间的相关性是主体间进行协作,实现主体以及多主体系统的设计目标的起因。有效的协作将对多主体系统的运行以及系统设计目标的实现产生积极的影响,具体表现为:①防止系统的混乱;②满足系统的全局性约束;③实现信息、数据、资源和服务的共享;④避免死锁和活锁;⑤提高系统的运行性能。而在多主体系统中,主体之间进行协作的方式也是多种多样的,大体包括以下三种类型:合作、协商和竞争[243]。在 4.5 节所述的基于哈佛体系结构和 Agent 计算的 CTLS 建模体系结构中,通过各个 Agent 间有效地相互协作,多 Agent 系统协作对系统所产生的五种积极影响在 CTLS 中均有明确的体现。而多 Agent 系统中三种类型的协作在基于哈佛体系结构和 Agent 计算的 CTLS 建模体系结构也均存在,例如,泊位 Agent 与岸桥 Agent、岸桥 Agent 与集卡 Agent、场桥 Agent 与集卡 Agent 之间都是合作关系;而岸桥 Agent 与场桥 Agent在协作一起装卸集装箱船 Agent 时,它们之间是协商关系,而岸桥 Agent 与岸桥 Agent 之间竞争内集卡资源时是竞争关系。总体上来说,在基于哈佛体系结构和 Agent 计算的 CTLS 建模框架中,资源(/设备)控制决策 Agent 与相应的资源(/设备)作业执行 Agent 之间是合作或协商关系,而不同的资源(/设备)控制决策 Agent 之间和不同的资源(/设备)作业执行 Agent 之间是协商或竞争关系。CTLS 中各 Agent 的基本关系如图 4-2 所示。

4.6.2　Agent 间的通信方式

在多 Agent 系统中,一个 Agent 要和另一个 Agent 进行交互和协作,就需要有相应的方式以便将相关的信息从一个 Agent 传送到另一个 Agent,从而实现 Agent之间的交互。在有完备信息技术支撑的集装箱码头上,即以网络和计算为基础的多 Agent 系统中,通信是实现交互的一种主要手段,并且主体之间通常采用以下几种方式进行通信:消息传递、黑板方式和邮箱方式。在本书所用的仿真平台 AnyLogic 中,其对以上三种通信方式皆有较好的支持,而随后的仿真实验也对这三种通信方式有较为充分的融合应用。

本书所使用的仿真平台 AnyLogic 对上述的三种通信方式都有着良好的设计与支撑:①AnyLogic 自身就提供了良好的点对点通信(通过 Agent 间的 port 动态连接与发送消息)与广播通信(通过 Agent 所在的环境)的机制;②AnyLogic 良好的开放体系结构使得其能够与数据库或者文件服务器进行良好的交互,而无论是数据库还是文件服务器都可以充当黑板系统;③而基于仿真的优化中的优化器可以将所生成的解决方案周期性地投放在邮件服务器中,由仿真部分周期性地去读取解决方案,同时将仿真结果存放在邮件服务器中,供优化器读取,来评估相应组合优化解的优劣,而邮件服务器可以根据建模仿真的需要,通过数据库或程序定义的公共带锁区域都可以实现。上述的 Agent 间的通信方式的具体融合实现如图4-3 所示。

4.6.3　Agent 间的通信交互定义

由于一直基于计算机体系结构来建模 CTLS,而 CTLS 又是一个典型的离散事件动态系统,且各种 Agent 的状态模式都较为简单,如泊位 Agent,其状态仅有空闲和占用两种;岸桥 Agent 的状态只有作业、空闲、移泊和保养四种;场桥Agent

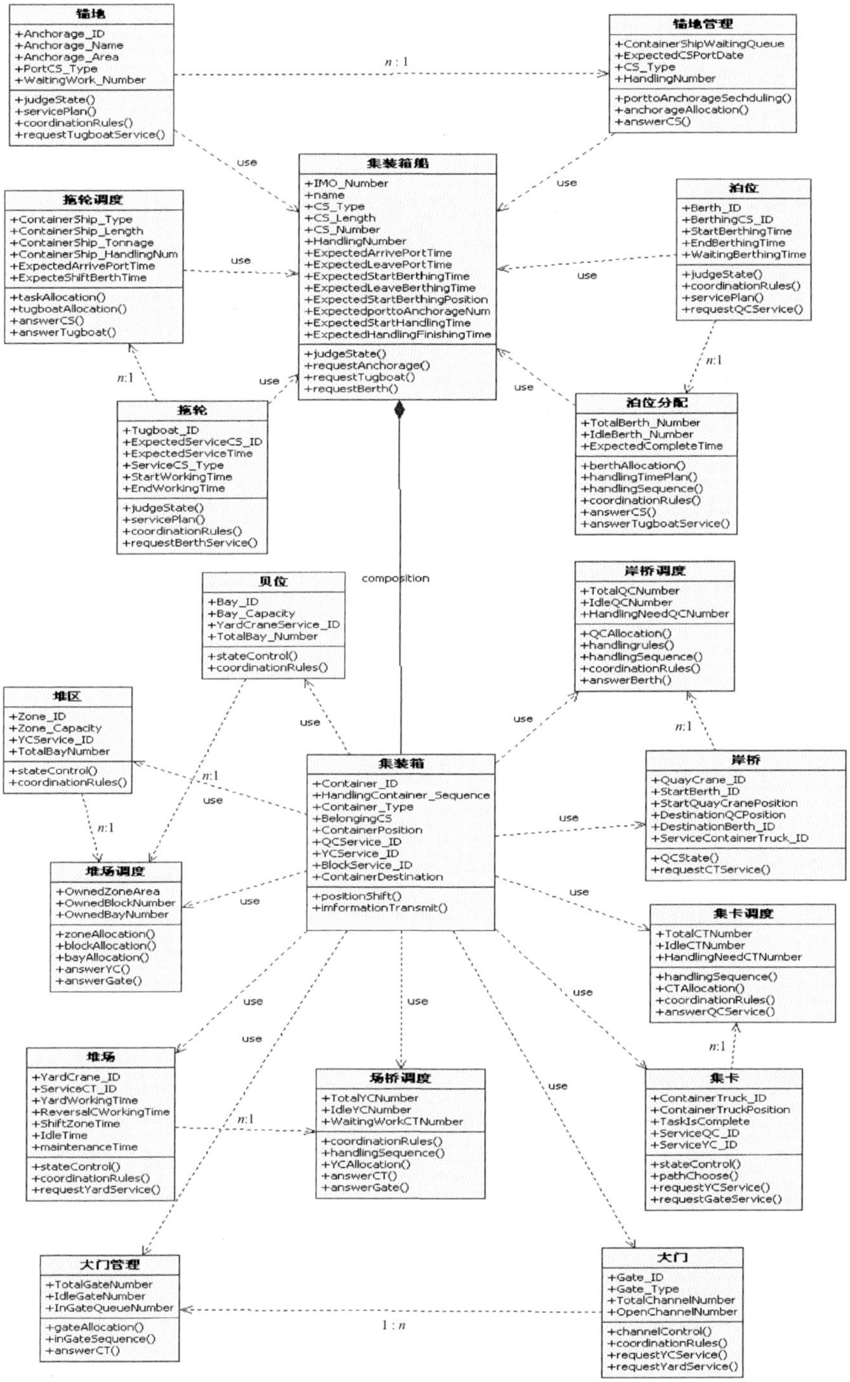

图 4-2　CTLS 中的主要 Agent 及其相互关系

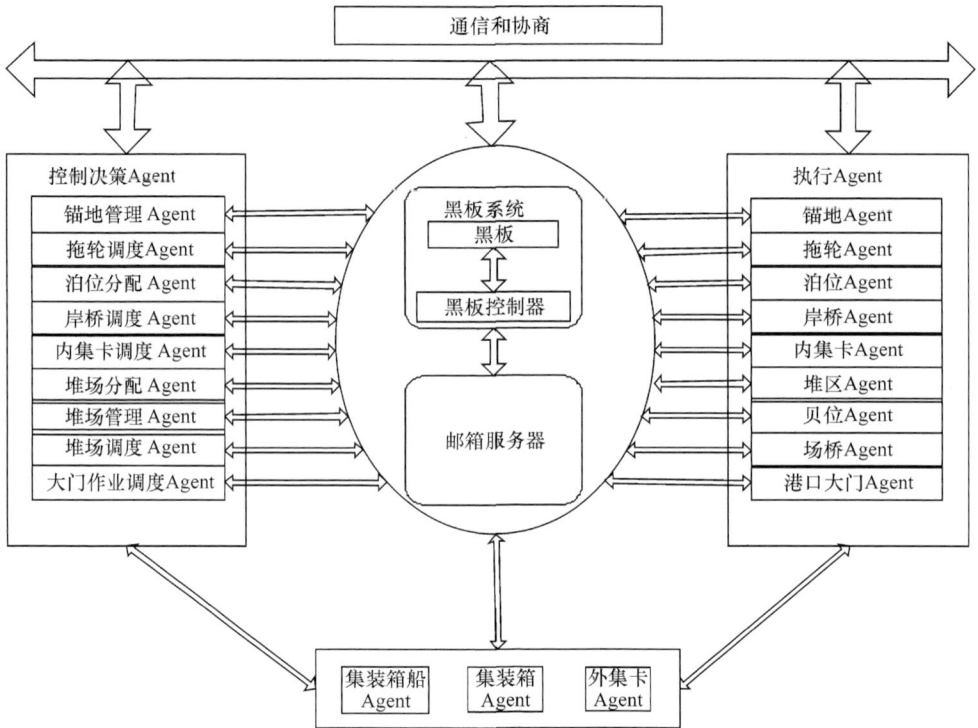

图 4-3 CTLS 中 Agent 通信方式的具体实现

的状态类似,也只有作业、空闲、移场和保养四种;内集卡则有空载行驶、重载行驶、等待装卸和保养四种。在 CTLS 各 Agent 之间主要传递的是作业任务量及各自 Agent 的状态信息,因此,完全可以用二进制来编码定义 CTLS 中各 Agent 之间的通信内容,如泊位的状态,仅有 1 位二进制编码,而岸桥、内集卡和场桥的状态也仅用 2 位二进制编码即可,至于装卸的工作量,由于现在几乎没有超过 15000TEU 的集装箱船,即一艘集装箱船舶在一个码头的装卸箱量不可能超过 30000TEU,那么即可以用 15 位二进制数来表示,以此类推。所有在 CTLS 中通信的内容都可以利用适当位数的二进制编码来实现,故利用二进制编码来定义 CTLS 中 Agent 之间的通信内容,以此来完成各个 Agent 间的协作。而在基于哈佛体系结构和 Agent 计算的 CTLS 建模框架中,2.5.2 节所述的 CTLS 中各相关 Agent 的交互和协作方式如图 4-4 所示。从图 4-4 可以看出,CTLS 的各个 Agent 之间交互关系复杂,一个生产环节的调度往往会受其余多个环节的影响,因此从整体上对 CTLS 调度进行综合考虑十分必要。

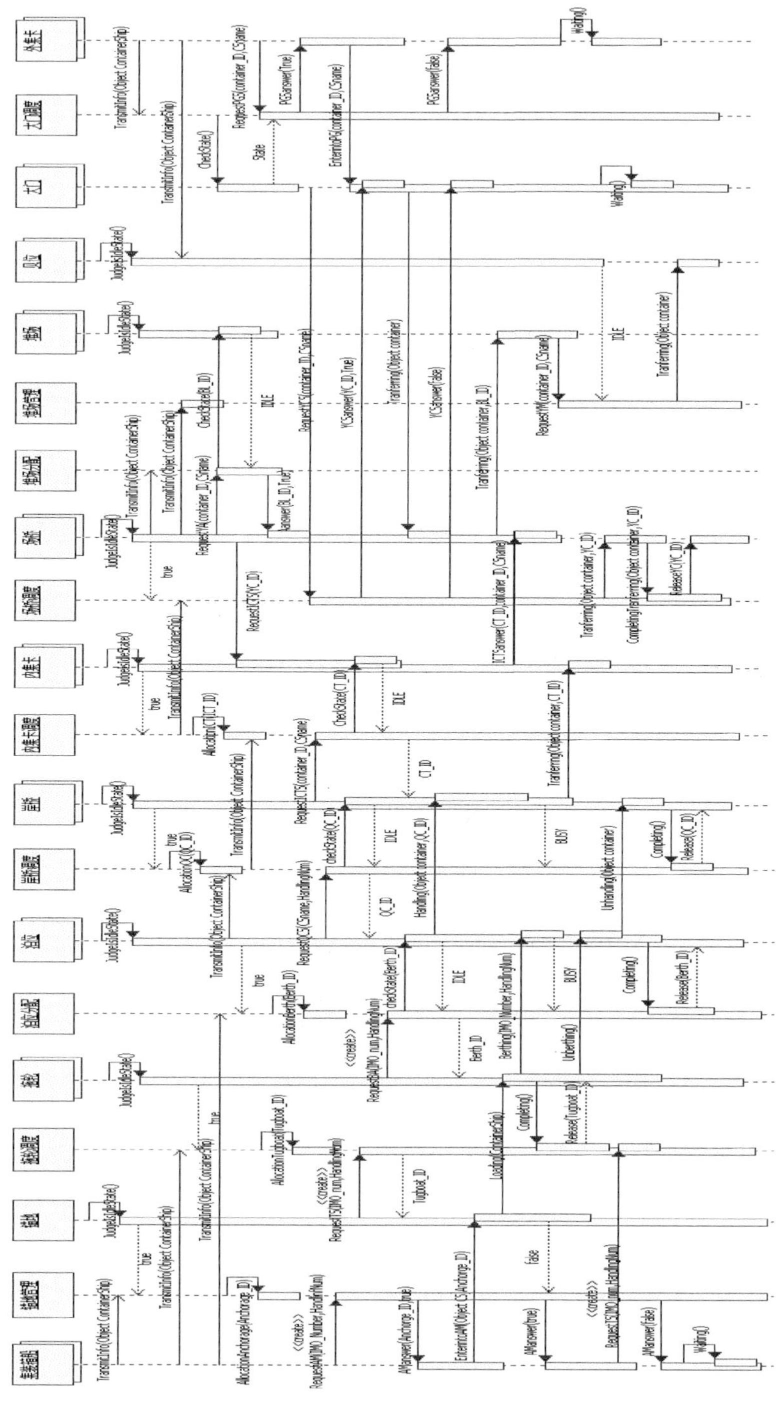

图 4-4　基于哈佛体系结构和 Agent 计算的 CTLS 中 Agent 间的交互框架

4.7　基于属性的有阻塞的混合流水车间的集装箱 码头生产调度建模

4.7.1　基于属性的有阻塞的混合流水车间问题

混合流水车间(hybrid flow shop, HFS),又称柔性流水线(flexible flow line, FFL),是两类经典调度问题 flow shop 和 parallel shop 的推广,其由一系列处理阶段组成,每个处理阶段有多个并行处理器,其中某些阶段可能只有一个处理器,但至少有一个阶段存在两个以上的并行处理器,工件可由并行处理器中的任一个处理器处理,且工件在车间里单向流动。混合流水车间调度问题是一类具有很强工程背景的组合优化问题,相当普遍地存在于化工、钢铁、制药等流程工业中。混合流水车间是设备分配和工件排序问题的组合,比一般的 flow shop 调度问题要复杂得多,即使是小规模问题最优求解也比较困难,而较大规模问题最优求解几乎不可能,该调度问题已被证明是 NP-Hard 问题,Gupta 甚至已经证明了以最小化 makespan 为目标函数的两阶段混合流水车间问题就是 NP-Hard 问题。基本混合流水车间由 m 级的流水车间构成,第 j 级($j \in \{1, 2, \cdots, m\}$)由 M_j 个相同的设备组成,每台设备一次只能加工一个工件。调度的对象是一组待加工的工件$\{1, 2, \cdots, n\}$,所有工件的加工路线都是一致的,每个工件都要依次经过 m 个工序,所有工序中至少有一个工序中存在并行设备,即至少有一个 M_j 大于 1。工件可由并行处理器中的任一个处理器处理,且工件在车间里单向流动。调度的环境假设各阶段之间存在无限缓冲区,工件允许在工序间等待,而工件在完成上一工序后,如果设备允许,可以无等待地进入下一工序。调度的任务是找到工件的加工排序和在并行设备上的分配情况,调度的目标则是使工件的最大完工时间最小,并且使同一阶段的并行设备的加工时间相对均衡[246,247]。

带有阻塞(blocking)限制的混合流水车间(HFS-B)调度问题,其各级设备之间不存在工件临时存储区,许多实际生产环境,如钢铁、石油化工等流程工业都是带有阻塞限制的混合流水车间环境。在 2.1.1 节和 3.4.1 节,已经从柔性制造系统和排队网络理论的角度论述了 CTLS 的生产运作,显然两者都从一种流水线加工的视角来对 CTLS 的装卸作业进行分析,可以看出 CTLS 也是一个带有阻塞限制的混合流水车间的作业环境;另外,在 CTLS 中被处理的各个集装箱船和集装箱都有各自的属性,规格型号各不相同,这些属性对于 CTLS 中的装卸作业和生产调度至关重要,于是下面基于属性的有阻塞的混合流水车间(hybrid flow shop with blocking based on attributes, HFS-BA)来描述和建模 CTLS 的生产调度系统,它比以往常用的排队网络理论更适合于 CTLS 的生产调度。正如 3.3.2 节所述,集装箱码头装卸工艺的发展与计算机系统的演变毫不相干,但却意外地呈现出同样的规律和趋势。通过随后对中央处理器的技术分析可以发现,其实中央处理器处理数据的方式同样可以用基于属性的有阻塞的混合流水车间来对其进行描述和建模。事实上,也正是因为前面利用计算机体系结构来建模 CTLS,所以期望从中央处理器的高度处理数据的方式获取更为有效的 CTLS 生产调度方式,而最终决定采用基于属性的有阻塞的混合流水车间从 CTLS 整体运作的角度来描述和建模其生产调度。

4. 7. 2　中央处理器与集装箱码头前沿装卸

为理解中央处理器的组织,可以首先考虑对中央处理器的要求,它必须做的事情有:①取指令,必须从存储器读取指令;②解释指令,必须对指令进行译码,以确定所要求的动作;③取数据,一条指令的执行可能要求由存储器或输入输出模块读取数据;④处理数据,一条指令的执行可能要求对数据完成某些算术或逻辑运算;⑤写数据,执行的结果可能要写数据到存储器或输入输出模块。显然,为了做这些事情,中央处理器需要暂时存储某些数据。中央处理器必须记住最后执行的指令的位置,以便知道从何处得到下一条指令。中央处理器还需要指令执行期间暂时保存指令和数据。换句话说,中央处理器需要一个小的内部存储器。图 4-5 是中央处理器内部结构与系统总线视图。中央处理器的主要部件是一个算术逻辑单元(arithmetic logical unit,ALU)和一个控制器(CU)。算术逻辑单元完成数据的实际计算或处理。控制器控制数据和指令移入移出中央处理器并控制算术逻辑单元的操作。另外,图 4-5 还表示了由一组存储位置组成的极小的内部存储器,称为寄存器,其功能在分级系统中作为位于主存和缓存之上的存储器级别。指出了数据传送和逻辑控制的路径,包括一个标记为内部中央处理器总线的构件。需要有这么一个构件以在各寄存器和算术逻辑单元间传送数据,因为算术逻辑单元实际上只对中央处理器内部存储器中的数据进行操作。图 4-5 也表示了 ALU 典型的基本组件。请注意其作为一个整体的计算机内部结构与中央处理器内部结构之间的相似性。两种情况中,都有一个主要组件的小集合(计算机的中央处理器、输入输出、存储器;中央处理器的控制器、算术逻辑单元、寄存器)通过数据路径连接在一起[248,249]。

在基于哈佛体系结构和 Agent 计算的 CTLS 建模体系中,对应于中央处理器的正是码头前沿的泊位以及停靠在其上作业的岸桥,它们必须完成的功能与中央处理器极其相似:①取指令,读取控制中心所下达的装或卸集装箱的调度计划;②解释指令,根据所读取的集装箱码头装卸计划,参照到港船舶的配载图,为岸桥详细指定装或卸集装箱的位置;③卸集装箱,根据指令从到港船舶中卸载集装箱到内集卡上;④装集装箱,根据指令将指定集装箱装载到船舶的指定位置上。唯一的

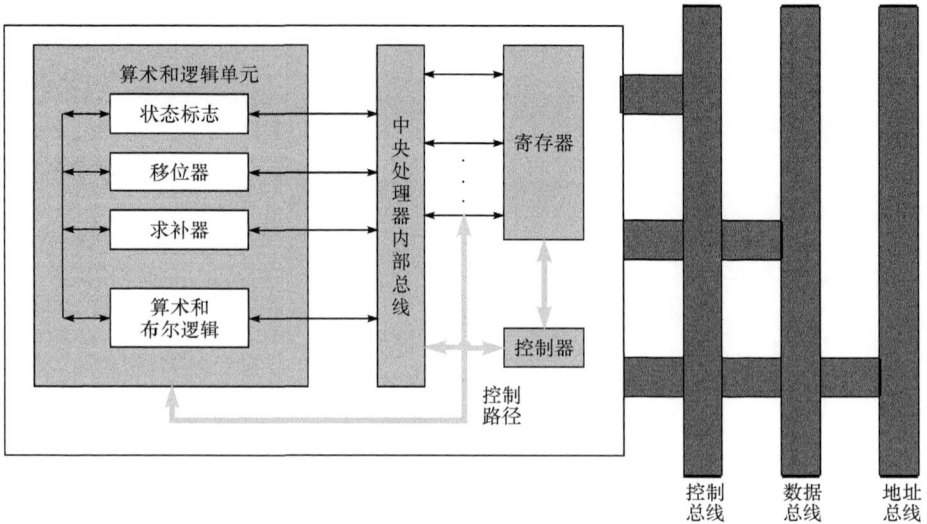

图 4-5　中央处理器内部结构与系统总线[248]

区别在于"处理数据"上,在集装箱码头中,对集装箱的处理,例如,根据用户需求拆箱和拼箱等是在码头内部的集装箱货运站(container freight station,CFS)中完成的,但这并不影响在集装箱码头前沿的生产调度中借鉴和参考中央处理器设计的先进思想和方法。而且如前所述,作为一个整体的计算机内部结构与中央处理器内部结构具有高度的相似性,而 CTLS 与码头前沿也有类似的相似性,因为码头前沿的泊位、岸桥和前沿堆场自身就构成了一个核心的 CTLS。

　　从中央处理器当前最新的发展趋势(如多核等)和上述对中央处理器的分析可知,现代计算机系统的指令执行一是流水线处理(instruction pipeline),二是多采用超标量体系结构(super scalar architecture),从数学模型上看,两者的结合调度其实就是有阻塞的混合流水车间问题。3.4.1 节已经利用排队论对集装箱码头的生产调度进行了描述,但其与实际生产相比仍有一定的距离,为更贴切地描述集装箱码头的整体装卸运输生产,下面将基于有阻塞的混合流水车间对集装箱码头生产调度系统进行建模,又由于集装箱码头的服务对象为集装箱船舶、集装箱以及外集卡等,都具有对集装箱码头生产调度具有重要影响的属性,所以以下面将基于属性的有阻塞的混合流水车间对集装箱码头生产调度系统进行描述和建模。

4.7.3　集装箱码头生产调度的基于属性的有阻塞的混合流水车间描述

　　在 2.1.1 节对集装箱码头的生产作业描述中,可以清楚地看出如果将 CTLS 看做一个柔性制造系统,那么无论是出口箱、进口箱还是中转箱,都可以看做流水线上的工件,而在每一个阶段上都会有多个生产作业资源准备为工件服务。同时在实际的装卸生产过程中,在每一对集装箱装卸运输作业处,服务器的数量都不会是 1。下面针对工件的不同类型,分别以到港集装箱船和集装箱为对象对集装箱码头的生产调度的基于属性的有阻塞的混合流水车间进行描述。

1. 集装箱码头中针对船的调度

在集装箱码头的较为宏观的调度中,每一艘集装箱船是其调度的最小单位。控制中心需要调度和分配各项设备和资源来装卸到港的集装箱船:当一艘集装箱船到达港口时,其往往需要在锚地中等待码头进一步的调度指令。如果码头此时已经为该船舶计划预留了泊位和岸桥或者此时码头有空闲的泊位和岸桥,这时港口拖轮首先被调度前往锚地去将该船拖拉至指定的泊位靠泊。当船舶靠泊准备完毕后,岸桥开始对该船舶进行装卸,通常采用先卸后装的方式,当然随着装卸工艺的改进,现在也有不少码头开始实现了码头的边装边卸。当该集装箱船舶被装卸完毕后,港口拖轮被再次调度以拖曳该船舶离港进入航道。在针对集装箱船的生产调度中,岸线资源的合理利用即泊位调度问题研究对于集装箱码头具有重要的现实意义。基于以上原因,所有集装箱码头中针对船舶的调度都是以提高泊位利用率为核心的。

在上述的生产和调度过程中,集装箱船被认为是流水线上的工件。停留在锚区的集装箱船、拖轮拖曳船舶从锚区至泊位、船舶停靠泊位、岸桥装卸集装箱船和拖轮拖曳船舶离泊至航道被认为是流水线上的五道加工工序。并且,在码头的实际生产的五道工序中,显然锚区的停泊位置、拖轮、泊位和岸桥等装卸设备资源的数量都不会是 1,而是有多个相类似的资源(具体规格可能有所不同),所以可以用基于属性的有阻塞的混合流水车间来描述上述生产装卸过程,如图 4-6 所示。

集装箱码头中针对船舶的生产调度(五级混合流水线)

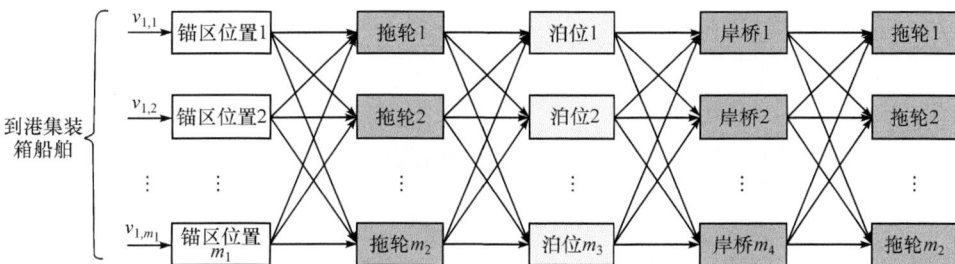

图 4-6 集装箱码头中针对船舶的基于属性的有阻塞的混合流水车间调度

对于集装箱码头中针对船舶的基于属性的有阻塞的混合流水车间生产调度,有以下几点是需要着重强调的:①第三道工序和第四道工序是绑定在一起的,当岸桥开始装卸集装箱船时,集装箱船仍然要占据相应的泊位,但另外,为当前船舶服务的岸桥有可能从一个泊位移至相邻的泊位以提高码头的整体装卸效率和吞吐量，这一点已经在文献中得到了充分的验证；②由于集装箱船舶的日益大型化，一艘集装箱船可能需要两艘甚至更多的拖轮来将其从锚区拖曳至泊位，反之亦然。这种情况尤见于第六代超巴拿马船舶或者更大的集装箱船舶上，而且这种船舶在港口的实际生产调度中极少会中途移泊，所以集装箱码头中针对船舶的调度也可做带多处理器任务的动态混合流水车间调度问题。

2. 集装箱码头中针对集装箱的决策

在集装箱码头的较为微观的调度中，每一个自然箱是其调度的最小单位。当集装箱船舶靠泊后，岸桥便开始对集装箱船舶进行装卸。在岸桥下等待的内集卡将集装箱从前沿运至堆场，或从堆场运至前沿。然后堆场上的场桥将集卡上的集装箱卸下放在指定的箱位中，或从指定的箱位中将集装箱装至集卡中。然后外集卡前往码头提取集装箱，或从外面向码头集箱，反之亦然。同集装箱码头上针对船舶的一样，在上述的装卸生产过程中，集装箱被看做混合流水线调度中的工件。对于进口箱、岸桥装或卸集装箱、内集卡水平输送集装箱、场桥装或卸集装箱、集装箱在码头堆场存放以及外集卡提箱是混合流水线调度的五道生产工序，类似的情况对于出口箱也是类似的。同样在每道工序中，岸桥、内集卡、场桥、箱位和外集卡的数量都不是唯一的，所以利用基于属性的有阻塞的混合流水车间描述岸桥调度、内集卡调度、场桥分配、箱位分配和外集卡调度（和大门调度密切相关）如图 4-7 所示。

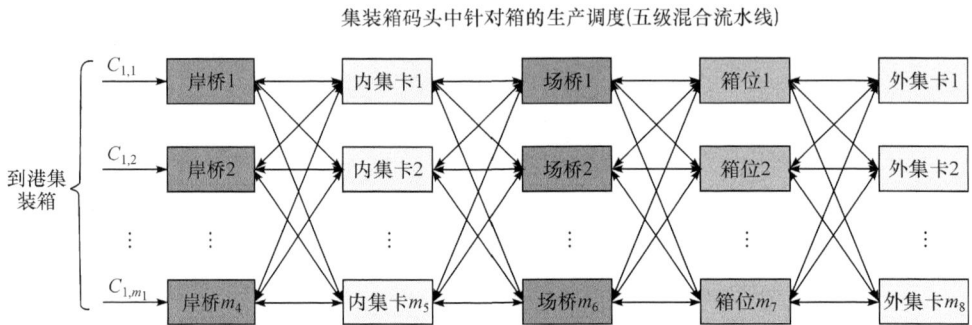

图 4-7　集装箱码头中针对箱的基于属性的有阻塞的混合流水车间调度

对于集装箱码头中以集装箱为目标的基于属性的有阻塞的混合流水车间生产调度，同样有以下几点是需要着重强调的：①某一工序中处理器有可能可以同时处理多个集装箱，例如，内集卡或外集卡可以一次运输一个甚至两个集装箱，此外，一个岸桥一次也可以装卸两个甚至四个集装箱，这一点与集装箱码头中针对船舶的调度正好相反；②集装箱码头中针对集装箱的调度是一个双向的集装箱流处理模型,其中进口箱和出口箱的处理流程恰好相反,这点是与集装箱码头中针对船舶的生产调度明显不同的,也与基本的混合流水车间定义不同;③外集卡不是集装箱码头物流系统唯一的集疏运方式,在现代化多式联运的集装箱码头中,陆、水和铁路都有可能是集装箱码头物流系统的集疏运方式,所以在图 4-7 中外集卡有可能被支线集装箱船和/或集装箱列车所代替,但这并不影响上述模型的本质;④最后一点是图 4-7 中所描述的是一个较为普遍或普适的生产调度建模,但在实际的生产调度中是可以裁剪的,一个极端的例子就是外集卡直接驶上前沿,它省去了中间的多处处理环节,这种情况其实在集装箱码头中针对集装箱船舶的调度中也存在,例如,有的船舶一到港就停靠泊位进行装卸。

4.7.4　基于属性的有阻塞的混合流水车间的双层集装箱码头生产调度模型

根据上述集装箱码头中针对船舶和集装箱的生产调度的描述和分析,一个基于属性的有阻塞的混合流水车间的双层集装箱码头生产调度模型可以被提出,如图 4-8 所示。整个模型由三部分组成:①上层生产调度模型;②下层生产调度模型;③由黑板系统和邮箱系统所组成的公共通信系统。上层生产调度模型是码头前沿生产调度模型,包括锚地、拖轮、泊位以及岸桥等装卸设备和资源,以到港的集装箱船舶为主要服务对象。最小化到港船舶的总体时间和最大化集装箱码头的收益是上层生产调度模型的两个主要目标。下层生产调度模型是码头水平运输及集疏运模型,包括岸桥、内集卡、场桥、堆场等装卸运输设备和资源。与上层生产调度模型相似,最小化水平运输时间和集装箱在堆场中的停放时间是下层生产调度模型的两个主要目标,当然后一个目标不完全取决于集装箱码头的内部装卸生产,但是外集卡一旦到港,及时安排其装卸箱是集装箱码头生产调度应着重解决的问题,也是下层模型应着重解决的问题,因为在繁忙的港口外往往都有大量的外集卡在排队等待。而第三部分公共通信子系统则借助数据库进行实现。

需要重点强调的一点是,在图 4-8 所示的集装箱码头整体生产调度模型中,上层模型和下层模型中各有五个生产工序,但是只有八类装卸生产设备和资源集合在这 10 个生产工序中:这一是因为在实际的生产调度中,拖轮会被调度两次(因为船舶进出港口均需要拖轮进行拖曳);二是因为岸桥是上下层模型的衔接点,在上下层模型中是同一个资源集合。作为公共通信子系统实现的数据库将会在线实时记录和更新两类信息:一是集装箱码头生产调度系统的生产任务信息,即到港的船舶及其相应的集装箱信息;二是实时记录集装箱码头上各类装卸资源和设备的忙闲状态(包括是否正处于保养维修状态)以及各个设备的相应运行参数,第二类信息也是集装箱码头生产调度的重要基础信息。上层生产调度模型和下层生产调度模型在公共通信子系统支持下的反馈和交互形成了集装箱码头生产的计划和调度方案。到港的集装箱船舶及其相应的集装箱分别是上层模型和下层模型的加工工

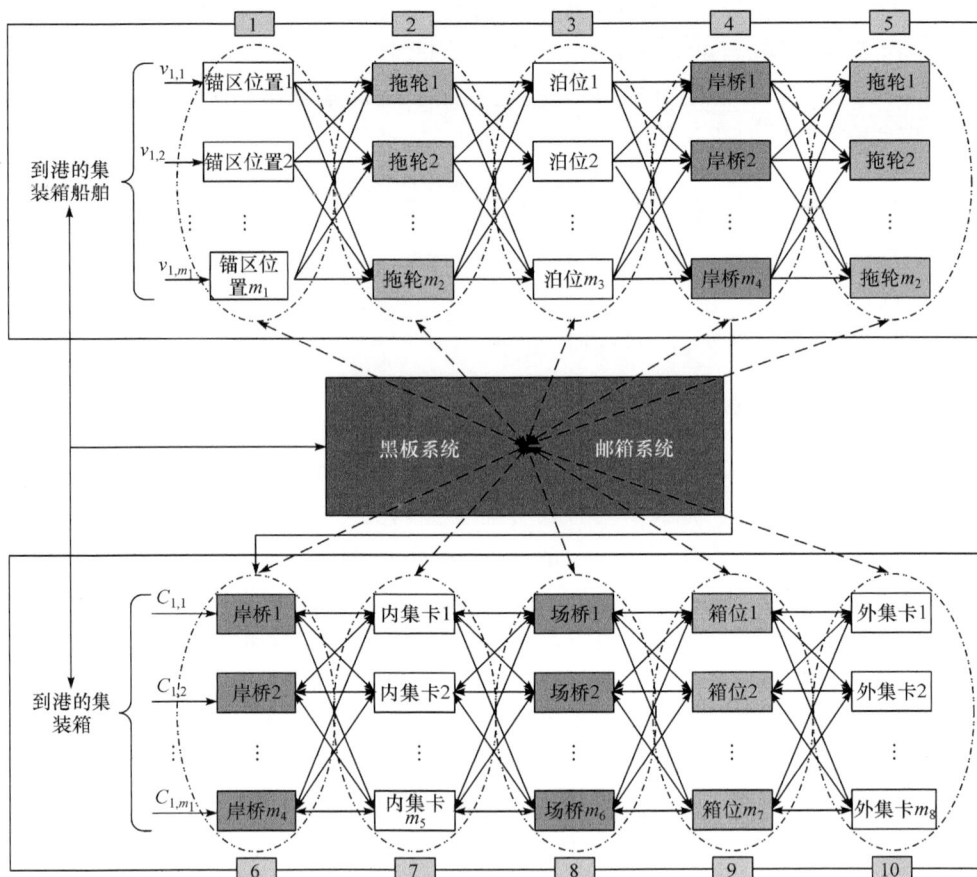

图 4-8　集装箱码头双层生产调度模型

件,岸桥是两个模型的衔接点,也是两种工件转换交互的桥梁。其一可以决定停靠船舶的在港作业时间,其二又是水平运输以及堆场作业组织工作的龙头。故岸桥调度应是集装箱码头生产调度应着重考虑的核心环节。

　　上述的集装箱码头双层生产调度模型是在基于哈佛体系结构和 Agent 计算的 CTLS 建模体系下,从码头生产组织的角度阐述了 CTLS 中集装箱流的运作状况以及就 CTLS 的生产调度问题所提出的一个整体运作模型。其也是从港口实际生产作业出发,对 3.4.6 节所述的 CTLS 的生产调度层次结构的诠释。它同时也是 CTLS 中各个生产调度环节数学描述和建模的依据,其与图 4-1 所示的 CTLS 建模体系结构(包括其中 Agent 的交互框架)共同组成了 CTLS 建模仿真优化的整体解决方案:基于多 Agent 和基于属性的有阻塞的混合流水车间的 CTLS 复合建模体系。此建模体系方法中不管是其中的形式化建模部分还是非形式化建模部分都源于计算机科学与技术中的设计思想,且已在计算机科学与技术领域中有了良好的融合应用,所以将其映射到 CTLS 的建模仿真及其优化中将为 CTLS 的生产调度和决策支持提供一条新的解决方法和途径。

4.8　本章小结

在集装箱码头这样一个投资巨大的物流基础设施中,CTLS 的建模仿真与生产调度一直是研究和应用的热点问题,很多研究学者从不同的角度用不同的方法对其进行了研究,并有相当的一部分成果应用到了实际的生产中。本章首先论述了基于哈佛体系结构和 Agent 计算的 CTLS 建模的整体思想,随后基于计算机组成对 CTLS 进行分解,建立 CTLS 与计算机系统之间组成部件的详细映射关系,最后利用计算机体系结构对 CTLS 进行了描述和建模,并提出了此体系结构下 Agent 交互框架的集装箱码头生产调度模型。其本质意在将在集装箱码头上的装卸运作作业看做一种广义的"计算",旨在利用精确的计算架构对复杂系统进行建模,从而融合经典的精确计算和分布式控制架构——哈佛体系结构和典型的分布式控制系统建模模式——基于 Agent 的计算的设计思想和方法体系建模 CTLS,得出一种新的 CTLS 建模优化方法。

第 5 章　集装箱码头操作系统的控制决策计算模型

5.1　引　　言

随着集装箱船舶和港口装卸设备不断向高速重载方向发展,现代集装箱码头的作业组织、任务调度、资源分配和控制决策日益复杂,故港口普遍采用集装箱码头操作系统(container terminal operation system,CTOS)对港口装卸生产进行调度管理。然而,由于集装箱码头物流系统(CTLS)自身所具有的高复杂性,各作业环节间的强耦合性,以及所处生产环境中固有的动态、随机、不确定性因素,欲设计和实现敏捷、高效和鲁棒的集装箱码头操作系统,必须首先对 CTLS 的结构行为、任务调度和资源分配进行完备健壮的建模和分析。

以往的研究多注重于 CTLS 建模仿真、运筹调度和控制决策的理论研究中,未根据港口生产实践情况,从设计和实现集装箱码头操作系统的角度去探讨港口的任务调度及其相关的资源分配问题。本章试图在以往面向计算思维对 CTLS进行建模的理论框架下,从计算机操作系统(operating systems,OS)和自动控制的视角对 CTLS 的调度管理进行建模和分析,建立集装箱码头操作系统的计算模型,在 CTLS 的理论研究和应用实践间架设桥梁,给出集装箱码头操作系统新的概念视图、实现模型和解决方案,为集装箱码头操作系统的国产化实施提供新的解决方案,从而为提高我国大中型港口的竞争力和"软实力"做出有益的探索和尝试。

5.2　集装箱码头操作系统的计算逻辑视图

5.2.1　集装箱码头操作系统和计算机操作系统

计算机操作系统(以下简称操作系统)是管理计算机硬件并提供应用程序运行环境的软件,其关键任务之一就是管理各种可用资源(内存空间、输入输出设备、处理器),并调度各种活动进程使用这些资源。操作系统进行任何资源分配和调度策略时主要考虑三个因素:公平性、有差别的响应性和有效性[248]。集装箱码头操作系统和操作系统在各自系统中的地位和作用等同,具有同样的重要性和任务,主要的考虑因素也基本相同。既然利用计算机体系结构对 CTLS 进行建模,自然就期望能够将操作系统的调度策略和运作机制应用到集装箱码头操作系统中,以提高CTLS 的整体协同服务能力。事实上,这也是以往面向计算机体系结构对 CTLS

进行建模仿真的主要原因之一。于是参照多道程序设计操作系统的主要组件,典型集装箱码头操作系统的核心构件如图 5-1 所示。

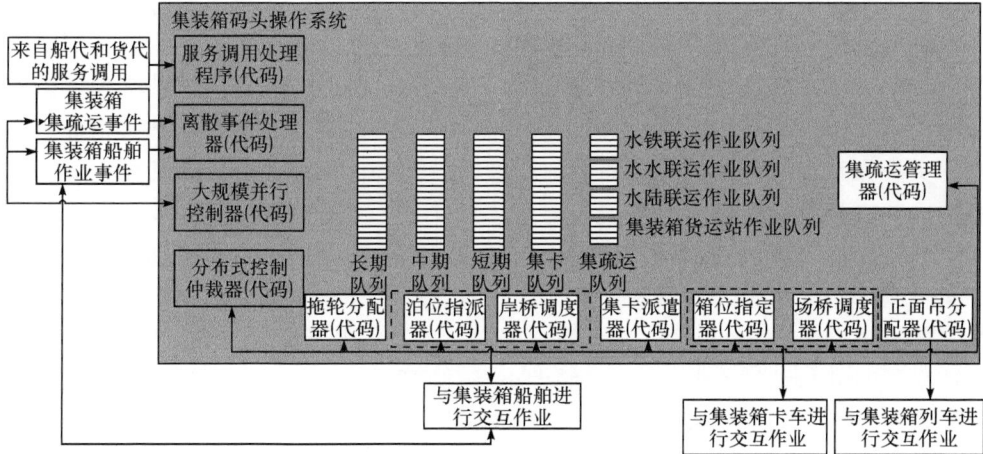

图 5-1　集装箱码头操作系统的主要构件组成

　　计算机操作系统的根本目的是为用户提供方便且有效地执行程序的环境。作为管理计算机硬件的软件,其庞大而复杂,剖析其组织方式和内部机制,主要有以下四个基本观点:①用户环境观点;②虚拟机器观点;③资源管理观点;④作业组织观点[250]。这四个基本观点同样适用于集装箱码头操作系统,尤其是将集装箱码头放到全球供应链和物流枢纽这样一个大的背景下去考虑 CTLS 的地位和作用。①在供应链管理(supply chain management,SCM)的运作体系下,集装箱港口向供应链的上下游合作伙伴提供集装箱集疏运的功能与接口,为用户提供便捷、高效和健壮的物流活动实现环境;②依靠集装箱码头操作系统的计划、调度和控制功能,将整个 CTLS 虚拟为一个能充分发挥其设计吞吐能力(甚至更强大)的集装箱物流和信息流并行处理机器;③集装箱码头操作系统是 CTLS 中的各类物流设施和设备(作业资源)的监控者和管理者,负责分配、控制和回收系统中的各种软硬件资源;④从计算机集成制造系统的视角来看,集装箱码头操作系统既是港口装卸工艺的具体实施者,也是 CTLS 工作流程的组织者。在既定的装卸工艺和运营策略下,面向集装箱流和信息流,集装箱码头操作系统负责计划、调度和控制 CTLS 基础设施/作业设备对到港各集装箱运输载体和集装箱货物的服务序列,组织各项资源进行有序生产服务。

　　此外,计算机操作系统通常具有以下四个基本特征:①任务并行;②资源共享;③虚拟性;④异步性。上述操作系统的四个基本特征在集装箱码头操作系统中体现得更为明显。①CTLS 是一个典型的复杂多环节且并发性强的多维空间作业的离散事件动态系统、分布式控制系统和对称多处理系统,又是一个多道程序系统,集装箱码头的装卸工艺正不断向并行方向发展,在集装箱码头运作的微观、中观和宏观层次上都存在着明显的并行性,这既提高了 CTLS 的通过能力,也对集装箱码头操作系统提出了更高的并行控制、死锁排除、资源分配和事务管理要求。②集装箱港口是国际物流体系中的重要基础设施,无论是从运营成本还是面向供应链管理的角度考虑,都应当是一个典型的多用户系统,故必定存在资源共享现象。只是港口根据自己的运营策略,可以指定相应航运公司的服务优先级,从而指导集装箱码头操作系统进行任务分配和资源调度,使得各用户能在挂靠协议规定的时间范围内获得相应的装卸船服务。③与上述的第二点相辅相成的是,对于供应链的上下游合作伙伴,集装箱码头操作系统都会构建相应的物流服务,将港口有限的装卸运输物理实体虚拟为更多的逻辑实体映像,使用户感觉能够独占相应资源,获取集装箱运输服务,尤其是高优先级的大客户。④在集装箱港口中,往往允许多个到港船舶同时并行装卸作业,由于船舶大小、装卸箱量的差异、资源限制、港口作业中的瓶颈以及港口的运营策略和生产运作中的不确定性,同时到港或者同时开始装卸的集装箱船舶,完成服务的顺序与到港作业的起始顺序极有可能不同,甚至晚到港的船舶,由于服务优先级和装卸箱量的差异,而率先完成作业离港。

综上所述,集装箱码头操作系统和操作系统在各自的系统中不仅具有相同的地位和功能,而且也拥有类似的结构/功能视图和基本特征,故可将操作系统中成功的设计思想引入集装箱码头操作系统的设计与实现中,提出集装箱码头操作系统的计算模型、概念框架和实现模式,以期为集装箱码头提供新的生产调度和决策支持解决方案。

5.2.2　集装箱码头操作系统的分层微内核体系结构

为提高操作系统的整体性能和健壮性,当代操作系统往往会采用分层和/或微内核的设计模式。CTLS 的装卸工艺和生产规模同样飞速发展,其生产调度管理的复杂性也越来越难以掌控。故综合计算机操作系统分层和微内核的设计思想,本节拟提出集装箱码头操作系统的分层微内核体系结构。

借鉴操作系统的分析和设计思想,CTLS 中的装卸生产可分为三个主要部分:港口前沿生产、码头堆场作业和到港集装箱集疏运服务。围绕此三个阶段的装卸生产,集装箱码头操作系统的微内核作为整个 CTLS 的控制决策中枢,必须具备以下功能:①港口装卸作业中会产生大量的服务调用、事件处理和并行作业的运行需求,相应也就会出现并行控制、作业调度和资源分配等事件。为此,有必要将服务调用处理、离散事件处理、并行控制决策等功能形成公共服务集合,作为集装箱码头操作系统微内核的一个重要组成部分。②由于 CTLS 的装卸生产无论是在地点还是功能上都具有明显的分布性,每个服务进程都需要具有一定的自主性和智能性,而各个生产环节间又具有强耦合性,易形成资源分配的死锁,难以保证任务调度的公平性和有效性,因此在集装箱码头操作系统微内核中需要具备资源调度适配、分布式控制仲裁和死锁预防/检测/恢复功能。③为满足当前船舶不断向高速重载方向发展的趋势,港口作业设备不断演化。为充分发挥新设备的作业潜能,集装箱码头操作系统必须调整装卸工艺,提高调度策略,以跟进装卸设备的发展。但是另外,同计算机操作系统的目标一样,集装箱码头操作系统希望生产调度人员能够只是明确作业设备的各项参数,无需了解其具体的作业原理,因此在集装箱码头操作系统中必须具备硬件抽象功能,以便为生产管理人员提供良好的交互接口。上述的功能间具有极强的关联性,它们共同构成了集装箱码头操作系统的微内核。于是集装箱码头操作系统的整体分层微内核体系结构如图 5-2 所示。

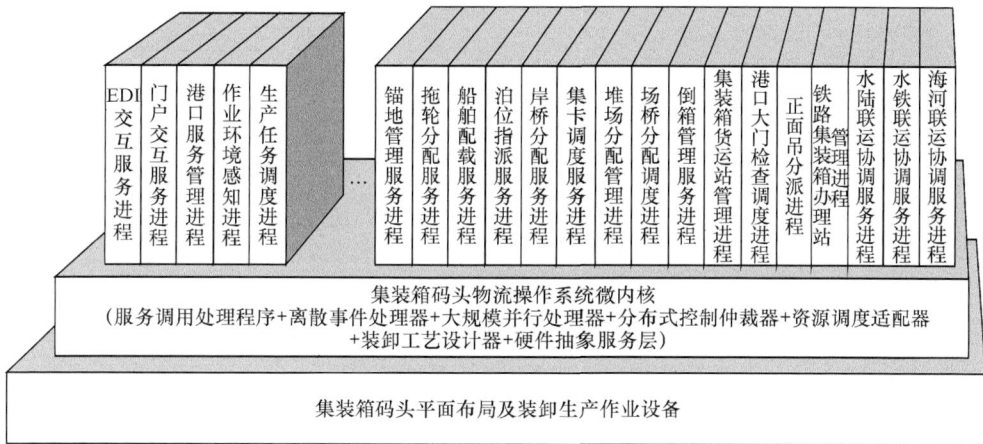

图 5-2　集装箱码头操作系统的分层微内核体系结构

由图 5-2 可知,集装箱码头操作系统的微内核是港口作业的核心调度控制引擎,其主要功能如下:①监控各服务进程的状态变化,并在各服务进程间进行信息传递和核心数据共享;②过滤和处理装卸生产过程中的各类离散动态事件,协调各服务进程的运作,合理进行任务调度和资源分配,并进行死锁预防、检测和恢复;③协调各阶段作业设备对同一集装箱船舶的装卸任务,提高 CTLS 各作业环节的并行性和连续性,从而提高对单一船舶作业的船时效率;④挖掘同一阶段装卸生产设备间的并行性,在保证足够公平性和有效响应性的同时,提高资源利用率,消除系统运作的瓶颈;⑤仲裁各服务进程的请求,在多目标优化体系下在指定的控制决策时间范围内得出任务分配和资源调度的满意解;⑥在前述基础上,集装箱码头操作系统随后将调度控制指令发送到相应的装卸作业实体,授权相应的集装箱船舶和集装箱货物访问港口的装卸作业硬件,同时驱动港口装卸设备对目标实体进行作业;⑦集装箱码头操作系统的微内核也执行保护功能,杜绝 CTLS 各个阶段作业时的误访问和误操作;⑧对集装箱码头操作系统外围守护进程所监测到的随机动态不确定性事件进行及时处理;⑨及时通知集装箱码头操作系统,CTLS中各类生产资源的变化状况,同时有效屏蔽其作业细节。

图 5-2 所示采用分层微内核体系结构的集装箱码头操作系统是水平分层和纵向分层模式的有机结合,本质上也是不确定环境下面向动态作业负载的集中控制、分布式控制和并行控制运作机制和模式的集成融合。计算机操作系统中的微内核是一个小型核心,它为模块化扩展提供了基础,同时微内核设计为各进程发出的请求提供了一致接口,为服务进程群间相互协作建立了一个敏捷健壮的计算环境。类似地,集装箱码头操作系统的分层微内核体系结构,能够为各作业环节提供统一的交互接口,方便各作业阶段装卸工艺和生产设备升级扩展,为各作业环节间的交互提供并行控制和最终仲裁,并在随后定义的集装箱码头操作系统的多 Agent 系统模型运行时,不断进行自组织、自学习和自适应,持续获得控制改进和决策支持知识,以便在不同的装卸工艺、基础设施和设备配置下,面向不同的工作负荷,指导获取港口生产的满意解甚至最优解,从而提高 CTLS 的运营水平。

此外,集装箱码头操作系统的微内核与 CTLS 所采用的集装箱码头平面布局、基础设施、装卸工艺和设备配置休憩相关,它应能为上层的服务进程屏蔽底层作业细节,尤其当从供应链管理和计算机集成制造系统的角度下去探讨 CTLS 的结构和功能时。同时集装箱码头操作系统应能够根据港口生产实际情况,敏捷鲁棒地应对各种随机和不确定性事件,及时调整任务调度与资源分配策略,寻找当前资源状况下的滚动最优装卸生产计划和调度控制方案。

5.2.3　集装箱码头操作系统的客户/服务器计算模型

计算机操作系统最重要的一点是要有多道程序处理能力。由于当前有限的码头资源和急剧增加的集装箱流量之间的矛盾,为了节约运营成本,提高码头资源的利用效率,世界大中型港口主要采用多用户集装箱码头管理模式。而随着集装箱船舶日益高速化和大型化,集装箱码头多数情况下都需要同时对多艘到港集装箱船舶进行作业。因此,集装箱码头是一个多用户公用系统,又是一个多道作业处理系统。于是集装箱码头操作系统需要提供强大的多道作业组织和并行调度控制能力,这在很大程度上与计算机操作系统的需求和任务是一致的。

无论是从港口生产实践的角度,还是从面向哈佛体系结构建模的视角,集装箱流和信息流都是 CTLS 运作的中枢和核心。如果将集装箱码头内的装卸、运输、堆码、集疏运和拆拼箱作业看做一种广义的"计算",于是集装箱流就可视为 CTLS 处理的数据流,那么无论是系统数据处理的视角,还是将集装箱码头放到供应链管理的背景下,图 5-2 中集装箱码头操作系统中的各个进程都可以等同认为是计算机服务器上的服务进程,而船代和货代则是客户机上的计算进程,两种进程之间进行集装箱流和信息流的交互和处理,从而完成 CTLS 的功能实现。故集装箱码头操作系统及其调度控制的实体可以看做计算机体系中的客户/服务器计算环境中服务器端的计算实体。

计算机体系中的客户/服务器计算是典型的分布式计算,而客户/服务器模型结构的主要特点是应用程序级的任务在客户机和服务器之间分配。集装箱码头操作系统作为全球物流服务网络中的核心服务器计算进程群,将向货代和船代等客户计算实体提供支撑和服务。具体来看,集装箱码头操作系统作为服务器计算群,向客户计算实体提供敏捷鲁棒的集装箱装卸、运输、转运、拆拼箱和集疏运服务。一方面,集装箱码头操作系统根据用户的物流服务需求,向用户提供适宜的港口综合一体化物流服务,例如,既可以由港口仅向客户提供集疏运服务,由用户自己进行拆拼箱和调配空箱的作业,也可以由集装箱货运站提供拆拼箱和空重箱堆存转场服务,甚至包装等增值作业,即物流任务(包括集装箱/货物的运输和堆存)是在用户和集装箱码头间根据需要而动态分配的,针对不同类型和需求的用户,集装箱码头操作系统提供的计算服务进程在功能上是动态调整的,这一点与计算机系统中客户机/服务器和浏览器/服务器模式没有优劣,而只有适用不同环境的特点在本质上是相同的。另一方面,集装箱码头操作系统应随负载状况和环境变化,实时控制服务器端服务进程的处理速度和数量,并将港口生产实体的作业情况及时向客户端反馈,从而有效驱动供应链上下游合作伙伴的生产运作、物流服务和协同合作,形成敏捷良性的物流服务循环。

5.2.4　集装箱码头操作系统的执行模式

现代计算机操作系统通常有两种执行模式:用户模式(user mode)和内核模式(kernel mode),操作系统模式切换本质上是由处理器的体系结构来决定的,如Intel x86 处理器就提供了"门"机制供操作系统实现模式切换。类似地,集装箱码头操作系统同样可以认为具有两种运作模式:集中装卸特权模式(concentrated handling privileged mode)和分散集疏运服务模式(dispersed collecting and distributing service mode),其模式切换主要通过港口的通用计算处理器——场桥来体现。之所以说场桥是 CTLS 中的通用计算处理器并且由其来进行集装箱码头操作系统的控制模式转换,而不是由 CTLS 最昂贵的装卸设备——岸桥来确定,是因为岸桥主要负责到港船舶的装卸工作,而场桥既要参与到集装箱船舶的装卸工作中,又要应对港口集装箱集疏运的作业压力,甚至在集装箱货运站的拆拼箱事务中也会涉及,显然三种任务负载的作业要求不同,协同服务的接口也有所差异,故由场桥作业来决策集装箱码头操作系统的控制模式切换。

需要说明的是,上述两种模式里的集中和分散是一个相对的概念,前者是指对到港集装箱船舶的集中装卸作业阶段,后者是指对挂靠港船舶所载集装箱/货物的拆拼箱/集疏运阶段。显然前者的作业时段要远远短于后者,但对生产组织、调度决策、并发控制和独占资源的要求也远远高于后者。集装箱码头操作系统一旦进入集中装卸特权模式,场桥分配调度进程将结合堆场集装箱堆存状态和集装箱装船配载图,优先安排场桥服务于码头前沿装卸船作业,保证岸桥作业的连续性和稳定性;同时也会兼顾预翻箱、拆拼箱和集疏运作业,以免造成因外集卡滞留堆场影响水平运输作业和降低客户服务质量。

当集装箱码头操作系统处于集中装卸特权模式时,供应链管理中的上下游物流用户无权对其运作进行干预,也无需对其进行干涉。当供应链上下游的货代和船代客户提出物流服务要求时,集装箱码头操作系统在进行应答响应后,首先是进入集装箱码头操作系统的分散集疏运服务模式,进行各种资源的预分配和装卸船准备工作,而后根据动态生产事件发生的具体情况,陷入集装箱码头操作系统的集中装卸特权模式,而后再跳回分散集疏运模式,履行各种资源的释放和回收等后续工作。

事实上,前述的计算机操作系统的分层方法逻辑上可延伸为虚拟机(virtual machine,VM)概念。在前述的模型基础上,可将虚拟机的概念引入集装箱码头操作系统的体系框架中,进一步探讨集装箱码头操作系统的运作模式。在国际物流服务中,每个船代和货代都希望能够独占港口的装卸作业资源,至少是及时安排自己的物流任务,不耽搁其整体运作计划。因此对于集装箱码头操作系统,其本质可认为是将其实体装卸生产资源虚拟化,然后向各种类型的客户提供服务,使得各用户感觉独占港口的装卸资源,而这与供应链管理的根本思想是相同的,本质上也是供应链管理和操作系统的根本思想在集装箱码头操作系统的建模与设计中取得的一致。事实上,大型航运企业,如马士基等都在世界各地投资港口建设,一个很重要的原因就是期望能够在集装箱码头操作系统构建的虚拟机中获得挂靠港口较高的服务优先级,从而减少船舶的滞港时间,缩短航线周期,提高组织收益。

综上所述,面向计算机操作系统,可得出集装箱码头操作系统生产调度和控制决策的计算逻辑视图,其也是 CTLS 物理计算服务过程在信息空间中的直接映射和协同体现,故面向上述概念框架,基于多 Agent,建立集装箱码头操作系统的计算模型。

5.3　基于多 Agent 的集装箱码头操作系统计算模型

5.3.1　基于 Agent 的计算和集装箱码头操作系统

由集装箱码头操作系统的计算逻辑视图可知,当面向操作系统,从计算机集成制造系统的角度去看待集装箱码头的生产调度时,既可认为 CTLS 的控制决策是图 5-1 所示各种功能单元和作业队列绑定服务的实现,也可视作图 5-2 所示各种进程相互协同计算的结果。故可将图 5-1 和图 5-2 所示集装箱码头操作系统的调度控制理解为经抽象建模后多 Agent 系统（MAS）中基于 Agent 的计算相互协商后的动态过程。

另外，现代计算机操作系统因为功能复杂，规模越来越大，故往往采用层次化的模块设计。每个这样的模块都具有明确定义的输入、输出和功能。于是融合计算机操作系统中分层、微内核、外核、虚拟机以及模块化的设计思想，将集装箱码头操作系统根据结构组成和功能需要，解耦为多个 Agent（相当于操作系统中的模块）。系统中的每个 Agent 都拥有完整的输入输出通道和功能行为定义，且各自具备拥有一定随机性的智能调度决策模式（单个 Agent 智能性的一种体现机制）。集装箱码头操作系统的多 Agent 系统计算模型中各个 Agent 看似不高的智能，通过在计算机操作系统体系框架下的并行协同计算，以期涌现出敏捷、高效和鲁棒的 CTLS 规划管理、生产计划和调度控制模式。

从面向多 Agent 系统的建模的角度来看集装箱码头操作系统，基于作业实体控制和系统功能决策，一方面，图 5-2 中所示的各个实体控制进程将被抽象为相应的各个调度控制 Agent，每个 Agent 将会管理一类生产设施/设备资源或决策某种系统行为。而在集装箱码头上每一个参与装卸运输服务的物理实体/资源则被视为任务执行 Agent，其作为实体/资源的抽象对象，是由功能、规格、忙闲状况和正在作业的对象（集装箱）等数据组成的物理映像，本质上是各个调度控制 Agent 的传感器和执行器。另一方面，集装箱码头操作系统微内核则按照核心功能拆分为若干个 Agent，以作为上述各个实体控制 Agent 的仲裁管理和控制决策中心。于是将上述两类调度控制 Agent 组合在一起，在港口既定的任务分配和资源调度策略下，相互竞争、协作和博弈，由集装箱码头操作系统的微内核进行并发控制和决策仲裁（也具有一定的随机性），并在一定的约束条件和评测指标下，形成动态环境下面向 CTLS 的控制决策引擎，驱动各个任务执行 Agent 进行物流服务作业。

这里需要强调的是，虽然集装箱码头操作系统中的每个 Agent 都具有明确定义的输入、输出和行为功能，但相对于操作系统中的各个功能模块，又有很大的区别，即使两者都按照一定的体系框架和层次结构被组合起来，以发挥系统的最大服务能力。首先，集装箱码头操作系统中的每个 Agent 和微内核的调度、控制和决策都具有一定的随机性，这不但体现了 Agent 在决策时的智能性，以便于在多组仿真实验中获取较优解，将智能嵌入建模仿真中，而且也更好地反映了港口生产作业中的实际情况，更重要的是使集装箱码头操作系统具备了不断进行自组织、自学习和自适应的能力，能够根据港口的运营策略和经营目标，通过持续训练和实践，获取面向特定港口布局、基础设施、装卸工艺、设备配置和工作负载的调度决策知识，从而赢得较佳的系统作业性能。

此外，集装箱码头操作系统所采用的分层微内核体系结构也非常适合于利用面向对象的方法实现。在计算机微内核设计和操作系统模块化扩展的开发中都可以借助面向对象的原理,而 Agent 可以认为是一种主动的对象,故利用基于 Agent 的计算对集装箱码头操作系统进行建模,既便于理论研究,也适于进行最终实现。一旦完成集装箱码头操作系统的多 Agent 系统计算模型,并明确定义相应的控制结构、交互模式、处理机制和调度策略后,就可以根据港口的实际平面布局、装卸工艺、基础设施和设备配置为特定的 CTLS 量身定做相应的集装箱码头操作系统。

5.3.2　集装箱码头操作系统的多 Agent 系统计算模型

集装箱码头操作系统是 CTLS 中最重要的组成部分,也是其平面布局、基础设施、装卸工艺和配置设备能否充分发挥其理论设计通过能力的关键所在。由前述集装箱码头操作系统的逻辑视图出发,融合计算机操作系统中分层、微内核、外核及虚拟机的设计思想,可得出如图 5-3 所示集装箱码头操作系统的多 Agent 系统计算模型。集装箱码头操作系统的多 Agent 系统计算模型面向供应链管理的作业环境和基于计算机集成制造系统的基本思想:一方面,从宏观决策的角度来看,CTLS 是供应链网络中物流服务的核心枢纽,是全球供应链管理中的关键中转和增值节点;另一方面,从微观控制的视角出发,CTLS 可视为一个复杂的计算机集成制造系统,集装箱码头操作系统是 CTLS 这条集装箱物流服务流水线作业的组织中心,是信息流与集装箱流交汇和协同的计划调度控制核心,即集装箱码头的运作是由信息空间中的并行协同计算来驱动物理世界中的实体计算服务过程。因此集装箱码头操作系统的计算模型既需要协调 CTLS 与上下游货代和船代的关系,又需要管理好内部集装箱作业流水线的工作,即其既需要为 CTLS 的用户提供良好的应用接口,又是 CTLS 的任务调度和资源分配的管理者,是 CTLS 敏捷高效运转的核心控制引擎。

如前所述,将操作系统中分层、微内核和虚拟机的思想引入集装箱码头操作系统的建模与设计中,以便获取高效鲁棒的集装箱码头操作系统设计。但在实际运作中,在图 5-3 所示的集装箱码头众多服务进程群中,其实又有区别。集装箱码头前沿生产调度和港口堆场作业管理是最为重要和复杂的,它们是 CTLS 运作是否敏捷高效健壮的关键,构成了集装箱码头操作系统的外核;而 CTLS 的集疏运体系形式多样,难以统一管理,但又都需要调用集装箱码头操作系统的外核和微内核服务,则是运行在用户空间的外围服务。这里需要强调的是,集装箱码头操作系统的外核部分包括船舶配载等 8 个 Agent,是多道生产作业并行和协调的焦点所在,也是虚拟机资源分配与物理资源分配映射最为复杂的地方,更是集装箱码头操作系统计算模型协同计算并发控制和死锁预防/检测/恢复最困难的所在。因此操作系统微内核和外核在集装箱码头操作系统的核心态下运行,而操作系统外围服务则在集装箱码头操作系统的用户态下执行。

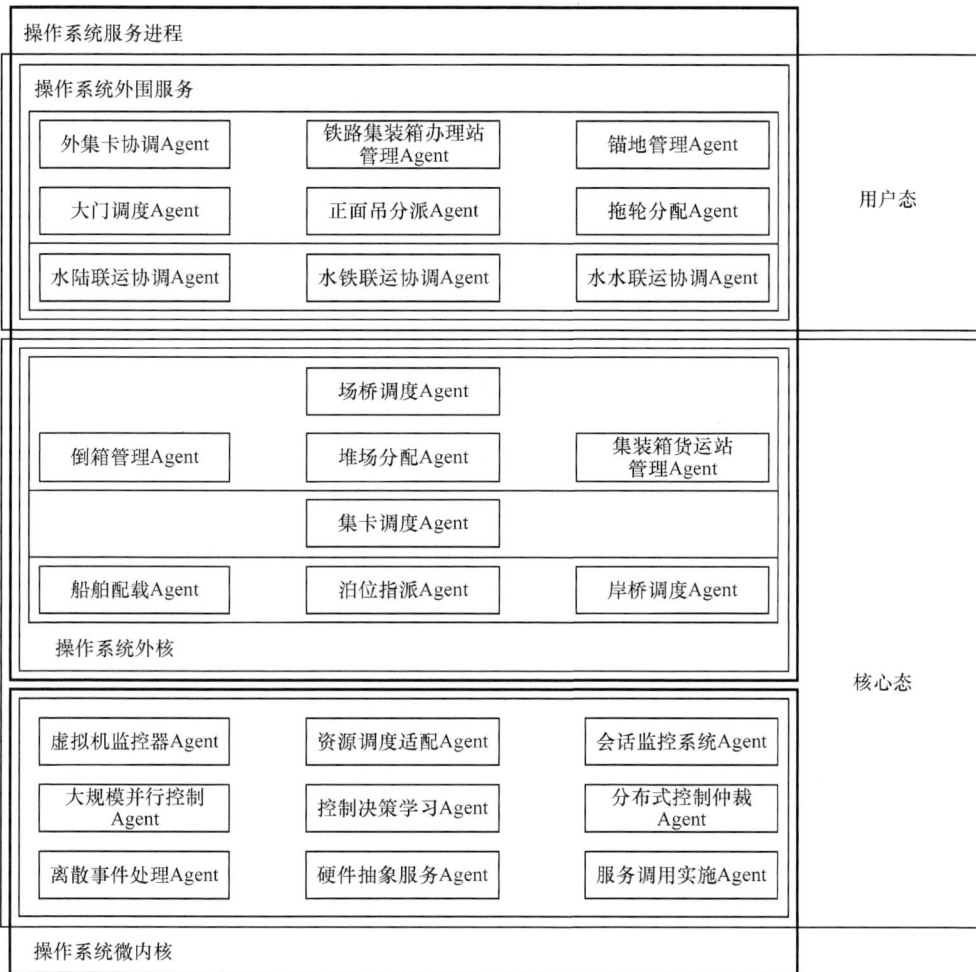

图 5-3　集装箱码头操作系统的多 Agent 系统计算模型

　　而融合计算机操作系统微内核以及虚拟机的思想,为协调以上外核和外围中的 17 个进程服务 Agent 之间的任务调度和资源分配需求,虚拟机监控器 Agent 和会话监控系统 Agent 相互配合,负责为供应链的上下游合作伙伴复制多个集装箱码头硬件映像,以满足其物流作业要求。而离散事件动态处理 Agent、服务调用处理程序 Agent、大规模并行控制 Agent 和分布式控制仲裁 Agent 则智能处理多个作业任务、多个生产资源和多目标需求之间的矛盾,并根据实际情况,由资源调度适配 Agent 进行最终的资源和任务绑定。CTLS 在运作过程中,控制决策学习 Agent 根据实际作业情况的反馈信息,进行知识收集和提取,实现集装箱码头操作系统的多 Agent 系统的自学习能力。而硬件抽象服务 Agent 则是 CTLS 中调度

控制 Agent 集合和任务执行 Agent 集合之间的桥梁,其一方面应向调度控制
Agent 集合提供任务执行 Agent 集合的抽象服务集合,但应屏蔽任务执行 Agent
集合的作业细节和规划/配置变化。另一方面,应将调度控制 Agent 集合的指令
向任务执行 Agent 集合进行转发,并及时收集生产反馈信息,从而形成集装箱码
头操作系统的控制计算运作回路。

具体来看,外围和外核中的 17 个 Agent,根据港口的常用装卸工艺和重要程
度,可分为 5 层,其实是一个集装箱流装卸生产的 5 级双向动态混合流水车间(du-
plex dynamic hybrid flow shop,DD-HFS),如图 5-4 所示,这也是一个集装箱处理
超标量计算混合流水线,其与计算机系统中的多核中央处理器的工作原理类似。
图 5-4 中所示的各类 Agent 相互调用和支撑,共同构成了集装箱码头操作系统的
对外服务进程。这里需要着重强调的有两点:①由于 CTLS 会同时处理进口箱和
出口箱(中转箱可以看做两者作业的组合),因此相对于传统的混合流水车间,集装
箱码头操作系统计算模型需要调度控制的是一个双向流水线作业。而且随着先卸
后装工艺逐渐向边装边卸工艺发展,集装箱码头操作系统协同计算的目标使得一
条全双工的集装箱服务流水线高效顺畅(传统先卸后装装卸工艺下可认为是半双
工的集装箱服务流水线),这使得集装箱码头操作系统计算模型的控制决策逻辑和
约束更为复杂,外围服务、外核和微内核中的各个 Agent 交互更为频繁。②与基
本混合流水车间相比,CTLS 中的各项生产资源是以到港集装箱船舶的装卸作业
为任务调度和资源分配中心的,图 5-4 所示的双向动态混合流水车间是一个粗粒
度的集装箱流作业流水线,其所示的混合流水车间中各个阶段的加工并行机资源
其实是在离散事件驱动下的动态集合。此外图 5-4 也将集装箱码头操作系统中传
统的纵向调用支撑关系,用双向动态混合流水车间的矩阵平面结构进行了建模,更
好地阐明了集装箱码头操作系统中各个功能群的相互支撑框架和行为耦合关系
(其本质上是第 4 章所提出模型的延伸)。

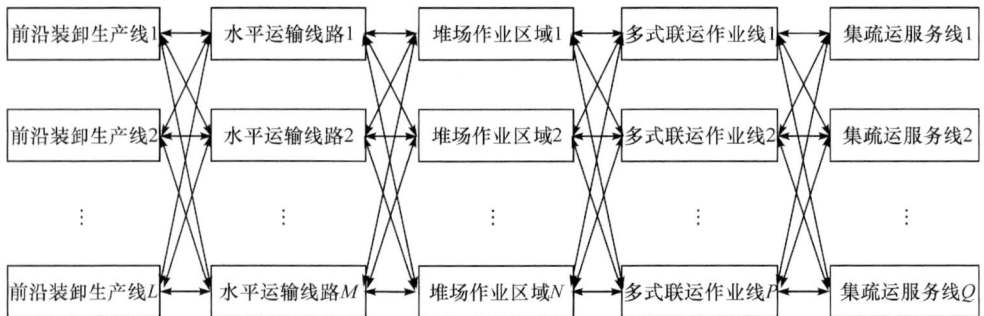

图 5-4 集装箱码头生产的混合流水车间抽象计算模型

5.3.3　集装箱码头操作系统的通用控制结构

　　计算机操作系统为了管理进程和资源,必须掌握关于每个进程和资源当前状态的信息。普遍使用的方法是:操作系统构造并维护它所管理的每个实体的信息表。操作系统维护着四种不同类型的表:内存、输入输出、文件和进程。类似地,集装箱码头操作系统计算模型为精确控制和调度生产资源,必须准确地跟踪和记录各种装卸生产资源的实时状况,从而为实施精确控制计算奠定基础。实际上,图 5-3 中集装箱码头操作系统的各项服务进程 Agent 都有相应的物理实体 Agent,其保证执行集装箱码头操作系统中调度控制 Agent 的指令,并向调度控制 Agent 及时反馈作业情况。在任务执行 Agent 中,设置一个前端事件过滤器,以减少 Agent 间无用的数据传递,当发现装卸作业实体中有明显的状态变化时,即 CTLS 中有事件发生,相当于在计算机系统中产生了一个中断,集装箱码头操作系统根据事件类型,分类进行处理,驱动系统向前发展,或引起更多事件的发生。但对于这些明显产生的事件,其在驱动后续事件和活动产生时,都需要准确掌握各种实体资源的状态,调度控制 Agent 才能有相互协调决策的依据。

　　具体来看,为满足集装箱码头操作系统计算模型的调度控制要求,共需要维护六种不同类型的表,即港口集疏运体系、集装箱货运站、港口作业集装箱集合、港口堆场、水平运输作业、码头前沿,其整体结构如图 5-5 所示。上述这些表格可以直接利用数据库中的表格实现,在建模时与前台的仿真模型或直接与操作系统实时调度引擎进行交互。这六类表格将实时记录 CTLS 中各资源实体和生产对象的作业状态和忙闲状况,以便供集装箱码头操作系统中的各个 Agent 在进行协作、竞争和博弈时参考,作为分配、释放和回收各类生产设施/设备的依据。同时其也对 CTLS 的任务调度和资源分配历史作业轨迹进行了详细记录,以便作为后期系统性能评估和瓶颈分析的依据。

　　综上所述,融合基于 Agent 的计算和计算机操作系统思想建立的集装箱码头操作系统的多 Agent 系统计算模型将为 CTLS 的生成调度和控制决策提供敏捷高效鲁棒的并行协同计算解决方案。同时计算模型中内含的调度控制计算体系、通信交互模式和消息/事件处理机制(详见第 6 章的展开讨论)将为集装箱码头操作系统的具体设计和实现提供总体概念性框架和参考模式。

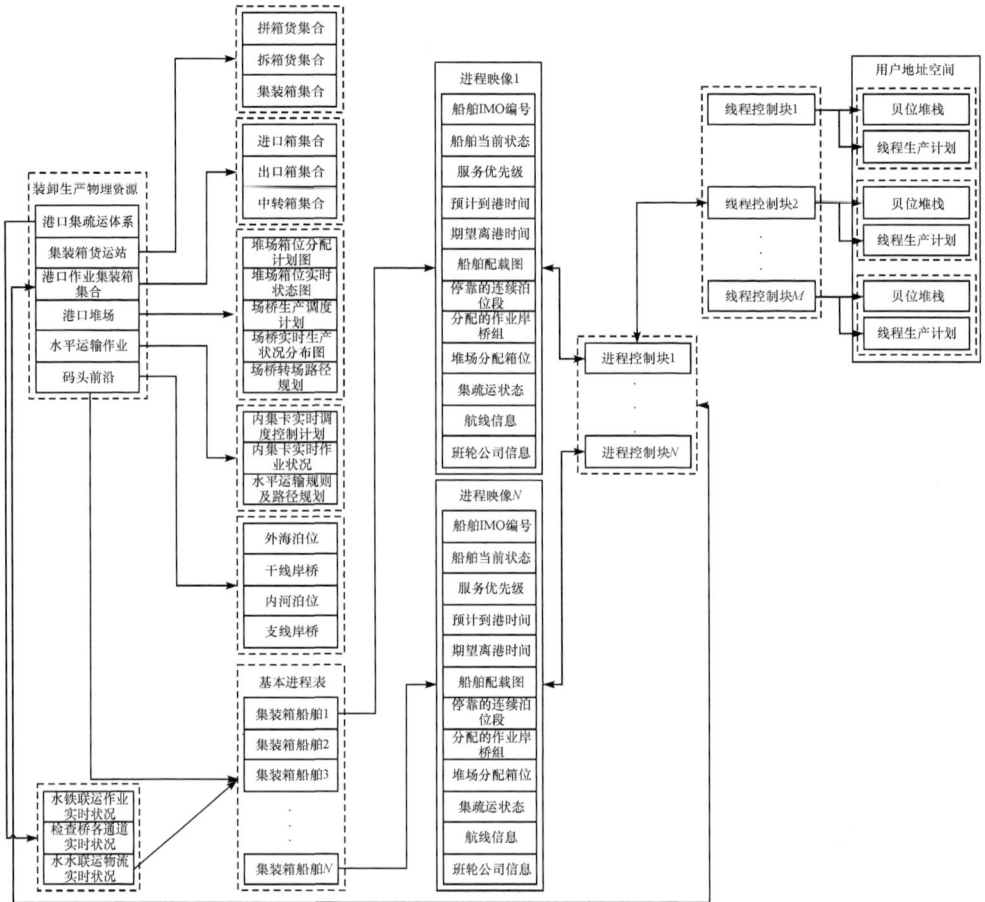

图 5-5 集装箱码头操作系统的通用控制结构

5.4 模型评估与仿真分析

5.4.1 仿真模型设计

由于 CTLS 是一个复杂的离散事件动态系统和分布式控制系统,且所处环境中具有诸多的不确定性和随机性因素,故采用传统的确定模型法对集装箱码头操作系统的结构和行为进行分析和评估,往往不能全面评估集装箱码头操作系统的结构优劣和调度效果。从运筹学的角度来看,计算机系统可描述为一个服务器网络,故对其作业性能进行全面评估可采用排队网络分析(queuing network analysis,QNA)。由于面向计算机体系结构和操作系统对 CTLS 进行建模讨论,为所得结论更具普适性,故拟用排队网络分析方法对集装箱码头操作系统计算模型进行评估和分析,因为计算机操作系统的任务调度与资源分配在很大程度上正是基于排队网络分析方法的。

事实上,无论是图 5-3 所提出的集装箱码头操作系统计算模型,还是图 5-4 所示集装箱码头生产的混合流水车间抽象计算模型,都可以抽象为一个港口作业资源服务网络,故面向排队网络分析建立集装箱码头操作系统的计算实验模型(即计算进程群协同作业仿真实验平台),对其结构行为和系统性能进行讨论,以判断其可行性与可信性。同时,图 5-5 所示的集装箱码头操作系统通用控制结构也可抽象为一个数据资源网络(data resource network,DRN),将前述面向排队网络分析建立的仿真模型中的各个进程/线程群映射/绑定到集装箱码头操作系统的数据资源网络中,用于记录和更新仿真实验中各进程/线程以及各作业资源的实时状态。于是,集装箱码头操作系统的实体排队网络与数据资源网络(即仿真模型与数据模型)间相互协同,从而形成集装箱码头智能决策支持系统(intelligence decision supporting system,IDSS)的核心引擎。这里需要说明的是,面向 CTLS 的作业资源服务网络中的每个节点(即前述的进程群)在模型设计时,既可以用实体,也可以用对象,甚至主动对象/智能体(Agent)来具体实现,这为前述集装箱码头操作系统计算模型的实践应用提供了广泛的适用空间,也为其发展提供了可行的演化路径。

此外,驱动仿真模型的数据可由多种方法产生,最为普通的方法是使用随机数生成器,以根据概率分布生成作业负载和服务时间等。由于每个 CTLS 的经济腹地、辐射范围、平面布局、基础设施、装卸工艺、设备配置和集疏运体系都不一样,故没有通用的任务加载和作业参数概率分布来评估 CTLS 生产性能。故在仿真建模中,将面向典型的港口实例,根据其长期作业数据,定义真实系统事件的客观分布,并用以驱动仿真模型。

5.4.2　应用实例背景

根据国内港口的当前发展趋势和典型装卸工艺,以我国当前刚刚建成投产的某大型集装箱码头的平面布局、基础设施和设备配置作为建模背景,进行仿真分析。该码头拥有 5 个 15 万吨级顺岸式集装箱专用泊位,其水深和泊位前沿水域宽度分别为－17.8m 和 120m,岸线总长度为 2200m,水工设计可挂靠 30 万吨级大型集装箱船舶,能够挂靠目前在役的世界最大 1.8 万标准集装箱船舶,为港口满足未来船舶大型化的发展需求提供了硬件保证。码头前方作业区和集装箱堆场区陆域纵深约为 900m,配置有 20 台双 40 英尺箱岸边集装箱装卸桥(简称岸桥)、60 台轮胎式场桥和 120 台集装箱牵引车,设计年通过能力 360 万 TEU。该港口为天然良港,风小浪低,不冻不淤,全年 365 天能够全天候地接纳各类大型集装箱船舶并提供全方位码头服务,可以昼夜连续 24 小时不间断作业。码头采用离散泊位指派＋岸桥动态调度＋面向作业面的集卡调度以及先卸后装的生产工艺。

由于港口采用先卸后装的生产工艺,为便于探讨,现对仿真模型进行以下假设:①将船舶到港作业的集装箱全部认为是进口箱,即进口箱和出口箱的作业时间比是 1∶1;②由于码头为顺岸式泊位,因此暂不考虑航道资源对港口前沿的作业影响;③认为港口中拥有足够多的锚地,在锚地等待阶段将到港船舶抽象为单一的排队队列;④到港船舶停靠各泊位进行作业的概率相同。在上述的假设情况下,面向 AnyLogic 6.7.0 和 SQL Server 2008 对集装箱码头操作系统调度控制计算模型进行仿真,其仿真界面如图 5-6 所示。

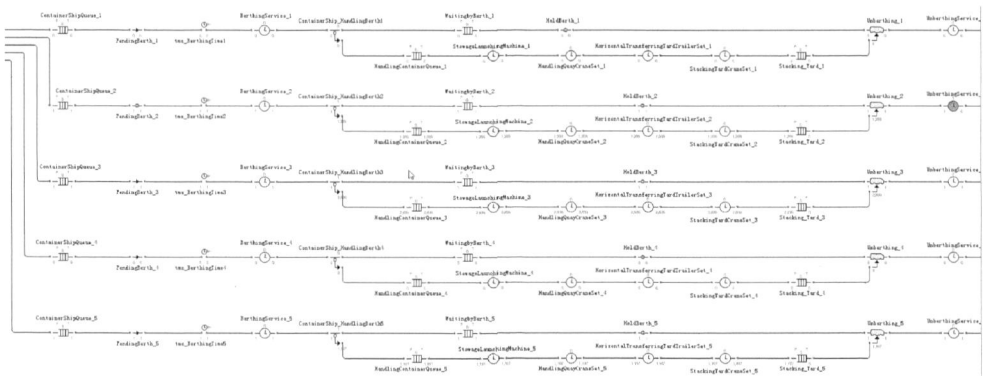

图 5-6　仿真实验界面

集装箱码头操作系统的仿真模型中待加工服务的工件如下:①作为大型干线集装箱港口,该码头服务的都是超巴拿马船型的集装箱船舶。根据当前航运市场的情况,将现役的超巴拿马型集装箱船分为 4 个船型,考虑 2014 年巴拿马运河扩建以及当前在建的集装箱船舶,增加第 5 种船型,并考虑港口运营发展趋势和当前国际航运市场动态,设置其比例如表 5-1 所示。②集装箱则可分为两种:20 英尺标准集装箱(TEU)和 40 英尺集装箱(2TEU),暂不考虑 45 英尺集装箱和其他不规则尺寸集装箱。到港自然箱中 40 英尺/20 英尺自然箱比例为 60/40。

表 5-1　到港船舶型号及所占比例

船型	载箱量	装卸箱量	所占比例
超巴拿马Ⅰ型	5500～5999	300～700	10%
超巴拿马Ⅱ型	6000～7399	500～1000	10%
超巴拿马Ⅲ型	7400～10999	700～1200	40%
超巴拿马Ⅳ型	11000～13999	1000～2000	30%
超巴拿马Ⅴ型	14000～18000	1500～3000	10%

令 V_i 为目标时间段内第 i 艘到港集装箱船舶,其共装载 N_i 个集装箱,其停靠泊位 B_i 进行装卸作业,其中 $B_i \in \{1,2,3,4,5\}$;为其进行装卸服务的是岸桥集合 QC_i,$QC_i \subset \{1,2,3,4,\cdots,19,20\}$,根据当前集装箱船舶高速化和大型化的发展趋势,$QC_i$ 是集合大小为 2～10 的由相邻数字所组成的整数集合。泊位和岸桥是集装箱港口中最宝贵的生产设施和设备,必须保证通畅的集卡水平运输作业,才能发挥出泊位和岸桥的设计生产能力。事实上,在面向计算机体系结构对 CTLS 进行建模时,码头前沿正是集装箱码头中央处理器集群所在,其也是计算机操作系统调度控制的中心所在。

将集装箱船舶待装卸的集装箱集合,根据配载需要,将宏观作业的并行化(因为会有多路作业线同时装卸生产)进行串行化,在各个集装箱船舶中设置一个配载发射机(stowage launching machine,SLM),其负责将待作业的集装箱进行排队,并根据岸桥作业实时数量调整排队顺序,并引导岸桥在不同的贝位中移动进行作业。

挂靠港船舶均为载箱量为 5500 箱以上的大型集装箱船舶,其中载箱量 8000TEU 以上的船舶是服务的主要对象,也是当前干线航运的主力船型。这些船舶能够安排 6～8 条甚至 11 条作业线同时工作,岸桥台时平均效率为 32moves/h,作业高峰期能达到 45moves/h,船舶作业效率平均 300 自然箱/h,最高可达 450 自然箱/h,该集装箱码头作为某国际航运枢纽港的一个重要组成部分,拥有多条国际国内集装箱航线,集装箱船舶航班密度达到 260 班/月,其中国内和国外航班各半;船舶的装卸辅助作业及船舶靠离泊时间 2h 左右(即拖轮作业和靠离泊准备时间)。

生产实践环境中的集装箱码头操作系统计算模型调度控制复杂,本节在实地调研的基础上,设置各个作业环节加工服务的耗时取值范围:①超巴拿马集装箱船载箱量高,都希望能够按照船期表及时靠离泊码头,避免甩港,提高收益和服务水平。故往往会有多条作业线同时进行装卸生产,因此必须制定严谨的船舶作业配载计划,以配置岸桥和拖车资源。根据船型和装卸箱量的大小,设定船舶的配载作业时间(包括岸桥在泊位和贝位中间的移动),并分摊到每个待作业的集装箱上。②根据调研的船型大小、装卸箱量的多少和码头船时的作业效率,设置单个自然箱的岸桥作业时间。③根据堆场大小、集卡调度策略、集卡重/空载速度和水平运输距离设置单个自然箱的拖车水平运输时间,并考虑港口作业中的不确定性,将岸桥和集卡作业时间设置在一个波动的时间范围内。④港口堆场场桥一方面要喂给码头前沿岸桥的装卸船作业,另一方面又要服务于港口的集疏运和拆拼箱业务,因此其完成前沿的装卸船作业时会受到诸多影响,故不能认为场桥作业效率就是其服务于装卸船的生产能力。

5.4.3　仿真验证实验

大中型集装箱港口作为国际供应链网络中的核心物流枢纽,地位举足轻重,其通过能力对于多条供应链的良性运转至关重要。集装箱运输作为国际物流中的主要方式,主要采取的是定期班轮运输,即船舶按照与港口约定的船期表有规律地在固定航线和固定港口间运行的一种运输组织方式。定期、定时服务是集装箱运输的基本特点,这显然与传统的船舶随机到港规律不同。但实际中,尽管航班是确定的,但在台风等自然灾害以及不可预见事件的干扰下,集装箱班轮不可能准时到达预定港口,对于具体的航班,仍存在不确定因素。根据港口实地调研情况和参考国内外相关文献,假设集装箱班轮的间隔到达时间接近服从五阶埃尔朗分布。同时根据港口各环节平均作业效率、到港集装箱船舶的船型和装卸箱量的多少,设置流水线各计算阶段的耗时,并给定相应的波动范围。面向 AnyLogic 6.7.0 和 SQL Server 2008 分别选取以月(720h)、季度(2160h)、半年(4320h)和全年(8640h)为实验周期进行四组仿真实验,实验结果如表 5-2 所示,装卸箱量已经转化为标准箱(TEU)。

表 5-2　校核仿真实验结果

仿真组别	仿真周期	实验次数	最大装卸船舶数量/集装箱吞吐量	最小装卸船舶数量/集装箱吞吐量	平均服务船舶数量	平均装卸集装箱量	平均未服务船舶量	平均未服务箱量
1	月	100	276/331101	238/283611	258.03	304101.65	0.72	885.46
2	季度	100	810/958694	744/861780	777.5	918180.87	0.83	1004.22
3	半年	100	1587/1876545	1509/1792954	1551.05	1832539.47	0.82	897.48
4	全年	100	3169/3694870	3073/3612568	3115.05	3678183.16	0.77	948.35

由表 5-2 的仿真数据可知,在港口实地调研的数据基础上,对到港船舶作业任务进行统计抽象,面向港口设备作业的基本情况,进行四组仿真实验,表明该码头能够顺利完成其设计能力。需要说明的事项如下:①平均到港船舶数量略低于常规班轮数,例如,月到港船舶数量为 258.75(258.03+0.72)艘,这是因为在实际港口作业中,在较长的时间内,偶尔会出现班轮甩港的情况;另一方面,当前航运公司为了降低单箱运输成本,普遍都在提高单港的装卸箱量,因此平均装卸集装箱量会较设计能力略有提升,这也符合当前港航业的总体运营趋势。②在四组实验中,都出现了未服务完毕的到港船舶,这是因为在仿真即将结束时,出现了到港船舶,未及时作业,但这并不是说明码头的通过能力不足。事实上,港口往往采用滚动作业的形式,上一阶段未完成的作业将遗留到下一个阶段。在仿真实验中,借用了计算机领域中事务(transaction)的概念,如果到港船舶未及时离港,则其已经装卸的集装箱也回滚,即一艘到港船舶要么作业,要么遗留到下一个工作时段。这样统计的目的是希望能够更好地反映港口作业特点,较好地反映了集装箱码头操作系统的调度控制效果。

通过表 5-2 的四组实验,既对港口设计能力的实现情况,进行了评估,也对仿真模型的行为进行了校核与验证(verification & validation)分析,即对模型的可信性进行了论证,这为随后对计算模型进行各项深入仿真实验奠定了坚实的基础。

5.4.4　系统性能评估

我国港口在实际运作中往往会超负荷运营,其实际装卸箱量往往会超出设计能力 20%、30%、50%乃至 100%。为了全面评估该 CTLS 的作业能力,加大该码头的装卸作业量,分析实际通过能力、有效负载和单个作业的延迟状况。其中港口作业负载增加方式具体定义如下:①加大挂靠该码头的班轮航线密度;②调整每艘到港船舶的装卸箱量;③同时增大到港航班密度和单船装卸箱量。以月为实验周期,以 20%、50%、100%、150%、200%和 300%为负载增加幅度,按照上述三种方式进行负载压力测试,其实验结果如表 5-3～表 5-5 所示。

表 5-3　性能测试仿真结果 1

仿真组别	航班密度增加比例	实验次数	最大装卸船舶数量/集装箱吞吐量	最小装卸船舶数量/集装箱吞吐量	平均服务船舶数量/装卸箱量	平均未服务船舶数量/随船箱量
1	20%	100	326/378478	293/341304	309.32/364403.61	0.98/1189.15
2	50%	100	406/500293	366/436505	387.25/458049.52	1.19/1448.6
3	100%	100	548/626352	500/573951	521.47/614117.25	1.75/2083.92
4	150%	100	677/805874	624/755684	645.64/761824.13	2.41/2944.32
5	200%	100	802/ 959197	750/ 906379	775.14/914614.68	3.18/3949.63
6	300%	100	1085/1284323	994/1166170	1035.91/1223781.24	5.16/6047.95

表 5-4　性能测试仿真结果 2

仿真组别	装卸箱量增加比例	实验次数	最大装卸船舶数量/集装箱吞吐量	最小装卸船舶数量/集装箱吞吐量	平均服务船舶数量/装卸箱量	平均未服务船舶数量/随船箱量
1	20%	100	281/398486	239/339136	259.21/367127.52	0.85/1352.55
2	50%	100	276/495305	241/428495	257.91/457091.2	0.84/1560.82
3	100%	100	279/674146	242/590912	259.41/612239	0.75/1944.32
4	150%	100	275/799942	240/706116	257.24/760631.54	0.84/2609.02
5	200%	100	275/986349	240/894354	257.72/912042.33	0.83/3176.16
6	300%	100	280/1293392	242/1125692	257.69/1206883.24	0.95/5077.44

表 5-5　性能测试仿真结果 3

仿真组别	装卸箱量/航班密度增加比例	实验次数	最大装卸船舶数量/集装箱吞吐量	最小装卸船舶数量/集装箱吞吐量	平均服务船舶数量/装卸箱量	平均未服务船舶数量/随船箱量
1	20%/20%	100	333/477071	290/418480	310.67/440873.03	1.13/1713.49
2	50%/50%	100	406/725234	367/645288	387.12/685225.71	1.23/2193.27
3	100%/100%	100	541/1284586	501/1197156	522.56/1233078.26	2.09/5379.34
4	150%/150%	100	674/1991289	618/1853910	644.82/1906905.83	3.03/9440.78
5	200%/200%	100	796/2769576	743/2603118	769.39/2718797.88	6.84/24082.83
6	300%/300%	100	1015/4889792	941/4441416	974.86/4594150.64	67.04/315335.48

在上述的三组实验中,在不增加航班密度的前提下,如果只是增加单船的作业箱量,即使将装卸作业量翻番(月吞吐量达到设计能力的 400%),现有的码头布局、基础设施和设备配置都可以很好地应付相应的物流作业负载,说明现有港口配置可以很好地满足当前港航业船舶大型化的发展趋势。然而如果增加挂靠港船舶航班密度,即使只是增加 1 倍的到港船舶数量(月吞吐量为设计能力的 200%),也会引起到港船舶服务质量的下降,造成船舶及其作业集装箱的滞港现象。如果同时增大航班密度和单船载箱量,在同样的吞吐量下,CTLS 也能获得较单独增大航班密度更佳的服务性能。故据此分析,当码头所在港口继续拓展业务时,应加大收集货源的力度,重点成为航运公司大型干线船舶的挂靠港口,在小幅增加停靠航班密度的同时,着重争取成为大中型航运公司主力船舶的挂靠码头。

前面对 CTLS 的通过能力和吞吐量进行了探讨和分析,而事实上,航运公司可能更关心的是船舶的在港时间,可认为其是任务延迟时间(task latency)。既然前述建模中将整个集装箱码头操作系统的生产调度视为协同计算流水线,为准确反映港口作业情况,从实验数据中去除进流水和出流水的到港船舶数据,重点选择系统全并行阶段的到港作业船舶来分析任务延迟时间。另外,由于到港船舶船型的不同,其装卸箱量也有较大的区别,但如果按照船型对任务延迟时间进行讨论,各组实验中 CTLS 的整体动态负载不同,导致集装箱码头操作系统调度控制的上下文环境不一样,仅仅横向比较同类船型到港船舶的任务延迟时间意义不大。此外,挂靠港口集装箱船舶的航班密度也有较大差异。

综上所述,以表 5-2 中的数据为比较基准,对上述的三组实验,各选取一次最接近平均值的仿真实验数据,并在其中连续选择 250 艘到港船舶作为讨论对象,即选取每组计算实验中最具有典型性的情况进行任务延迟时间的分析和讨论。限于篇幅,以吞吐量表现最差的第一组实验(即增大挂靠港口船舶密度模式)为例,其到港船舶任务延迟时间分布情况如图 5-7 所示。从其中可以发现,虽然将航班密度增大到 300％时,才会在一个工作周期结束后,平均一个泊位会有 1 艘船舶等待作业,但是其实航班密度增加 200％时,到港船舶集合中就会出现严重的滞留港口现象,其峰值甚至会比前者更高,这是一个非常反常的现象,也是航运公司所不能接受的;而当航班密度增大到 300％时,到港船舶的任务延迟时间普遍加大,这将会造成紧张的客户服务关系,也十分不利于港口的未来发展。综合考虑表 5-3～表 5-5 的各项数据,如果随机均匀分配泊位,在当前航运市场情况下,港口进一步拓展的航班密度不应超过 100％,因为此时已经开始出现不少船舶任务延迟时间大幅增长的情况。

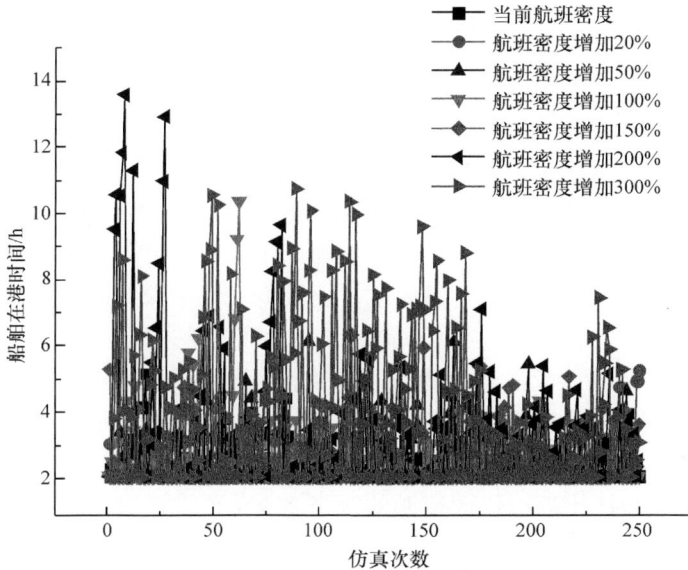

图 5-7　随机分配情况下到港船舶的任务延迟时间

5.4.5　负载均衡分析

集装箱码头操作系统计算模型将 CTLS 的集成生产调度和协同控制决策视为多服务进程间的协同计算,其本质上也是一个并行计算的过程。既然是并行计算,而 CTLS 又可被抽象为如图 5-4 所示的混合流水车间作业,故使港口以泊位为中心的各条装卸物流服务线负载均衡十分重要。这不仅会使码头前沿各岸桥的作业任务相对平衡,也会使后方堆场场桥作业和箱区空间应用更为合理。

前述中对到港船舶的泊位指派均采用随机指派策略,且各泊位停靠船舶作业的概率相同。这种调度策略虽然简单,但是泊位作为组织到港船舶作业的中心资源,此种指派方法显然未能充分考虑码头前沿设施和设备的负载均衡情况,直接导致不利于 CTLS 中生产服务资源的充分利用。面向集装箱码头操作系统计算模型将单个泊位视为并行作业中单个任务的核心资源所在,其余装卸运输设备围绕其进行装卸船作业。基于仿真实例中的生产场景,将 5 个泊位视为 5 条集装箱船舶物流服务流水线,设计以下 5 种调度策略形成的泊位作业进行负载均衡分析,以判断各种调度策略的优劣和港口作业性能。

(1) 调度策略 1:不考虑泊位当前作业情况,主要参考等待该泊位停靠船舶队列的长度,进入第 1 个相对空闲的泊位船舶等待队列(可能有多个泊位船舶负载相同,选取泊位序号最小的队列进入,下同)。

(2) 调度策略 2:综合考虑每条集装箱船舶物流服务流水线中船舶等待队列、拖轮靠泊作业船舶、泊位当前作业船舶和拖轮离泊作业船舶的任务数量,选择其中第一个相对负载最小的泊位船舶等待队列进入。

(3) 调度策略 3:由于每艘到港船舶装卸的集装箱量都不同,仅仅只考虑物流服务流水线中的船舶数量显得调度粒度太大,于是主要参考等待服务队列中待装卸集装箱的数量情况,进入第 1 个相对空闲的泊位船舶等待队列。

(4) 调度策略 4:综合考虑泊位相应船舶等待队列中待作业集装箱数量、拖轮正在靠泊作业的船舶上待作业的集装箱数量、泊位上正在作业船舶未装卸完成的集装箱数量和拖轮正在离泊作业的船舶上已装卸完成的集装箱数量。其中前三项是表明泊位的当前负载,而第四项的加入则是为了能在指定泊位时考虑其历史作业情况,从而进一步平衡各个物流服务生产线的负载。

(5) 调度策略 5:从船舶及其装卸集装箱的两个粒度全面考虑各泊位作业负载,即既考虑集装箱船舶物流服务流水线中船舶等待队列、拖轮靠泊作业船舶、泊位当前作业船舶和拖轮离泊作业船舶的任务数量,又估算泊位相应船舶等待队列中待作业集装箱数量、拖轮正在靠泊作业的船舶上待作业的集装箱数量、泊位上正在作业船舶未装卸完成的集装箱数量和拖轮正在离泊作业的船舶上已装卸完成的集装箱数量。

在前述 5.5.4 节的仿真实验中,从统计数据来看,无论是单独增加航班密度/单船装卸箱量,还是同时增加航班密度和单船装卸箱量,各泊位平均服务的船舶数量和装卸箱量都基本相同。然而这种负载均衡只是一种静态平衡,CTLS 在吞吐量和响应性方面的表现都一般,尤其是在提高港口作业负载的情况下,更是如此。上述的 5 种调度策略,目的是寻求集装箱码头动态作业中的负载均衡,在提高系统并行性和敏捷性的基础上提升 CTLS 的通过能力和有效响应性。采用前述 5.5.4 节中所述的同时增加单船装卸箱量和挂靠航班密度的负载增添模式,基于上述 5 种调度策略,各进行 5 组仿真实验,其仿真结果如表 5-6～表 5-10 所示。

表 5-6　调度策略 1 负载均衡仿真结果

仿真组别	单船装卸箱量/航班密度增加比例	实验次数	1 号泊位月平均服务船舶数/月平均装卸箱量	2 号泊位月平均服务船舶数/月平均装卸箱量	3 号泊位月平均服务船舶数/月平均装卸箱量	4 号泊位月平均服务船舶数/月平均装卸箱量	5 号泊位月平均服务船舶数/月平均装卸箱量	码头月平均总服务船舶数/月平均装卸箱量	码头月平均未服务船舶数/月平均未装卸箱量
1	100%/100%	100	207.77/486448.78	276.62/652120.4	34.75/82550.86	0.09/244.14	0.0/0.0	519.23/1221364.18	2.72/6389.1
2	200%/200%	100	171.78/605686.38	344.59/1218974.85	231.48/819648.81	26.79/92892.15	0.17/550.44	774.81/2737752.63	4.39/16803.63
3	300%/300%	100	146.84/688253.64	350.15/1653885.44	333.57/1574318.24	188.79/891030.96	20.0/93953.76	1039.35/4901442.04	5.99/29392.52
4	400%/400%	100	128.42/749330.85	350.58/2074690.05	348.13/2057303.6	313.16/1848541.5	151.42/895023.35	1291.71/7624889.35	7.81/47723.65
5	500%/500%	100	113.59/797051.4	350.69/2493845.04	350/2487037.8	348.97/2474634.54	344.88/2437602.96	1508.13/10690171.74	47.64/340164.96

表 5-7　调度策略 2 负载均衡仿真结果

仿真组别	单船装卸箱量/航班密度增加比例	实验次数	1 号泊位月平均服务船舶数/月平均装卸箱量	2 号泊位月平均服务船舶数/月平均装卸箱量	3 号泊位月平均服务船舶数/月平均装卸箱量	4 号泊位月平均服务船舶数/月平均装卸箱量	5 号泊位月平均服务船舶数/月平均装卸箱量	码头月平均总服务船舶数/月平均装卸箱量	码头月平均未服务船舶数/月平均未装卸箱量
1	100%/100%	100	166.64/394692.52	203.14/482020.62	123.92/292901.74	26.43/61626.74	1.26/2947.72	521.39/1234189.34	1.82/4637.32
2	200%/200%	100	151.92/535626	252.4/890216.16	211.47/753685.98	128.19/454373.7	31.82/113373.4	775.8/2747275.26	2.65/9889.35
3	300%/300%	100	137.34/650550	284.91/1341658.12	263.14/1240006.72	220/1038574.96	135.18/639656.72	1040.57/4910446.52	3.87/19469.24
4	400%/400%	100	127.2/742993.25	324.07/1918471.55	305.18/1793080.95	284.77/1678643.65	251.37/1483860.65	1292.59/7617050.05	5.52/34125
5	500%/500%	100	113.83/795857.22	350.56/2487603.96	349.8/2475032.82	348.87/2462934.42	347.3/2467343.52	1510.36/10688771.94	46.53/332215.44

表 5-8　调度策略 3 负载均衡仿真结果

仿真组别	单船装卸箱量/航班密度增加比例	实验次数	1 号泊位月平均服务船舶数/月平均装卸箱量	2 号泊位月平均服务船舶数/月平均装卸箱量	3 号泊位月平均服务船舶数/月平均装卸箱量	4 号泊位月平均服务船舶数/月平均装卸箱量	5 号泊位月平均服务船舶数/月平均装卸箱量	码头月平均总服务船舶数/月平均装卸箱量	码头月平均未服务船舶数/月平均未装卸箱量
1	100%/100%	100	207.66/485818.38	275.76/653413.9	33.18/78019.2	0.07/130.38	0.00/0.00	516.67/1217381.86	2.78/6748.08

仿真组别	单船装卸箱量/航班密度增加比例	实验次数	1号泊位月平均服务船舶数/月平均装卸箱量	2号泊位月平均服务船舶数/月平均装卸箱量	3号泊位月平均服务船舶数/月平均装卸箱量	4号泊位月平均服务船舶数/月平均装卸箱量	5号泊位月平均服务船舶数/月平均装卸箱量	码头月平均总服务船舶数/月平均装卸箱量	码头月平均未服务船舶数/月平均未装卸箱量
2	200%/200%	100	172.01/605742.54	344.37/1217515.98	230.27/809314.56	27/94643.58	0.2/747.12	773.85/2727963.78	4.36/15648.18
3	300%/300%	100	148.2/687960.96	350.04/1642681.6	332.56/1567790.56	185.08/872797.76	17.68/87948	1033.56/4859178.88	5.96/28657.76
4	400%/400%	100	129.92/751359.4	350.68/2065168.8	348.6/2040071.6	314.4/1847949.2	147.8/866241.2	1291.4/7570790.2	7.24/45633.8
5	500%/500%	100	113.84/796110.72	350.6/2490932.4	350.08/2469397.44	349.44/2461361.28	345.36/2441366.4	1509.32/10659168.24	51.04/356301.84

表 5-9　调度策略 4 负载均衡仿真结果

仿真组别	单船装卸箱量/航班密度增加比例	实验次数	1号泊位月平均服务船舶数/月平均装卸箱量	2号泊位月平均服务船舶数/月平均装卸箱量	3号泊位月平均服务船舶数/月平均装卸箱量	4号泊位月平均服务船舶数/月平均装卸箱量	5号泊位月平均服务船舶数/月平均装卸箱量	码头月平均总服务船舶数/月平均装卸箱量	码头月平均未服务船舶数/月平均未装卸箱量
1	100%/100%	100	167.5/393393.6	202.72/480215.34	123.13/291654.74	26.05/61896.04	1.1/2716.44	520.5/1229876.16	1.73/4314.44
2	200%/200%	100	152.5/534181.89	250.96/888937.17	210.17/741421.23	127.67/452363.1	32.66/116803.74	773.96/2733707.13	2.57/9722.13
3	300%/300%	100	137.44/642887.16	282.78/1334883.92	261.14/1228166.4	219.28/1030184.84	137.48/648684.32	1038.12/4884806.64	3.44/16943.72
4	400%/400%	100	126.59/738743.05	310.85/1828163.9	302.11/1780960.1	288.91/1707246.35	264/1555911.9	1292.46/7611025.3	5.4/33373.15
5	500%/500%	100	113.56/796550.28	349.29/2477379.3	346.86/2470775.52	348.56/2468317.5	348.18/2462474.7	1508.45/10675497.3	45.59/325308.9

表 5-10　调度策略 5 负载均衡仿真结果

仿真组别	单船装卸箱量/航班密度增加比例	实验次数	1号泊位月平均服务船舶数/月平均装卸箱量	2号泊位月平均服务船舶数/月平均装卸箱量	3号泊位月平均服务船舶数/月平均装卸箱量	4号泊位月平均服务船舶数/月平均装卸箱量	5号泊位月平均服务船舶数/月平均装卸箱量	码头月平均总服务船舶数/月平均装卸箱量	码头月平均未服务船舶数/月平均未装卸箱量
1	100%/100%	100	166.72/393502.36	202.27/478905.94	120.96/287187.44	25.29/60122.64	1.08/2649	516.32/1222367.38	1.82/4420.52
2	200%/200%	100	151.24/534669	251.3/882585.6	210.5/737842.38	129.02/460900.74	33.28/118580.58	775.34/2734578.3	2.76/10627.56

续表

仿真组别	单船装卸箱量/航班密度增加比例	实验次数	1号泊位月平均服务船舶数/月平均装卸箱量	2号泊位月平均服务船舶数/月平均装卸箱量	3号泊位月平均服务船舶数/月平均装卸箱量	4号泊位月平均服务船舶数/月平均装卸箱量	5号泊位月平均服务船舶数/月平均装卸箱量	码头月平均总服务船舶数/月平均装卸箱量	码头月平均未服务船舶数/月平均未装卸箱量
3	300%/300%	100	136.04/635887.2	283.84/1341057.44	260.64/1234602.4	218.52/1031991.2	144.04/683222.08	1043.08/4926760.32	3.88/18734.4
4	400%/400%	100	122.56/721422.2	310.8/1830659.8	301.8/1784736.6	284/1675914	265.6/1564624.8	1284.76/7577357.4	5.12/29490.6
5	500%/500%	100	113.68/799059.12	350.16/2470416.72	349.68/2477113.44	348.92/2455744.80	347.08/2445800.64	1509.52/10648134.72	44.96/313849.44

由上述 5×5 组的实验数据可知,无论采用上述 5 种策略中的哪一种,都能大幅度提高港口吞吐量,同时也能更加有效地利用资源。具体来看,当基于调度策略 1 时,在第 1 组 100 次实验中,只有 8 次实验中,出现占用过 4 号泊位的情况,且数值均为 1 或 2,5 号泊位从未在仿真中被占用过;甚至在第 2 组 100 次实验中,4 号泊位服务的集装箱船舶仍远远少于其他泊位,同时只有 14 次实验中,出现占用过 5 号泊位的情况,且数值也均为 1 或 2。当基于调度策略 2 时,第 1 组实验中,4 号泊位被频繁占用,而在 100 次实验中,也有 71 次 5 号泊位被占用,且最高数值达到 5;而在第 2 组实验中,5 号泊位已经被频繁占用。当基于调度策略 3 时,在第 1 组的 100 次实验中,只有 7 次实验中出现占用过 4 号泊位的情况,且数值均为 1,5 号泊位从未在仿真中被占用过;在第 2 组的 100 次实验中,4 号泊位被占用的情况与其他策略相比仍较为有限,仅 15 次出现过占用过 5 号泊位的情况,且数值均为 1、2 和 3。当基于调度策略 4 时,第 1 组实验中,4 号泊位被频繁占用,而在 100 次实验中,共有 68 次 5 号泊位被占用,且最高数值达到 4;而在第 2 组实验中,5 号泊位已经被频繁占用。当基于调度策略 5 时,第 1 组实验中,4 号泊位同样被频繁占用,而在 100 次实验中,共有 69 次出现 5 号泊位被占用的情况,且最高数值也达到 4;而在第二组实验中,5 号泊位已经被频繁占用(后三组实验中,各种调度策略下,4、5 号泊位均被频繁使用,故未分析)。

由上述数据可知,显然第 2、4 和 5 种策略在动态均衡负载方面更为高效,在大负荷工作量的情况能够使各泊位作业迅速平衡,尤其是策略 5 如果设置合理的算法参数,能够在同时增加单船装卸箱量和航班密度增加 500% 的情况下,使一个仿真周期内仅有平均 30 艘船未被服务,大大优于策略 2 和 4 大约 45 艘船舶的水平,较之减少 1/3,这也体现了如果配置高效的智能引擎,集装箱码头操作系统计算模型将具有很强的自学习性。同时如果码头希望在挂靠船舶和装卸量翻倍的情况,仍然期待能够开拓重点客户,为重点客户留出专用资源,那么调度算法 1 就更适合港口运营,其尤其适用于航运企业参与的共建码头。此外,在上述的 5 种调度策略中,都有一个很明显的趋势,就是 1 号泊位服务的船舶数随着系统总体任务的增加反而下降,其装卸箱量虽有增长,但也小于整体任务的增长速度。与此相反的是,2、3、4、5 号泊位服务的船舶数和装卸箱量都持续上升,且作业负载逐渐均衡,这是一个典型的效益背反现象,需要在调度计划的后期进行修正,这也从另一个侧面说明集装箱码头操作系统计算模型需要经过长期运行,不断进行自组织与自学习。而在所有的调度策略中,2、3 号泊位都是 CTLS 的主力作业泊位,其次是 4、5 号泊位,因此在组织到港船舶的装卸生产与后续生产设备的分配中尤其应该注意这个特点。

在上述的 5 种调度策略下,CTLS 不仅能大幅提高系统通过能力和吞吐量,而且在负载动态均衡的前提下,能够大幅提高系统的响应性,降低船舶在港时间(任务延迟时间远远小于装卸箱量增加的比例)。以调度策略 2 为代表,在同时提高挂靠港口航班密度和装卸箱量的情况下,提高 300% 乃至 400% 的比例,CTLS 仍然能够组织合理鲁棒的装卸生产,为到港船舶提高高效的服务(图 5-8)。这显然比前述的随机分配策略的作业效果好很多,虽然在实际的 CTLS 中,会产生大量的不确定性动态事件,会降低 CTLS 的作业能力,但是集装箱码头操作系统计算模型仍为不同运营重点下应该采取何种控制决策算法,以及相应的生产作业效果提

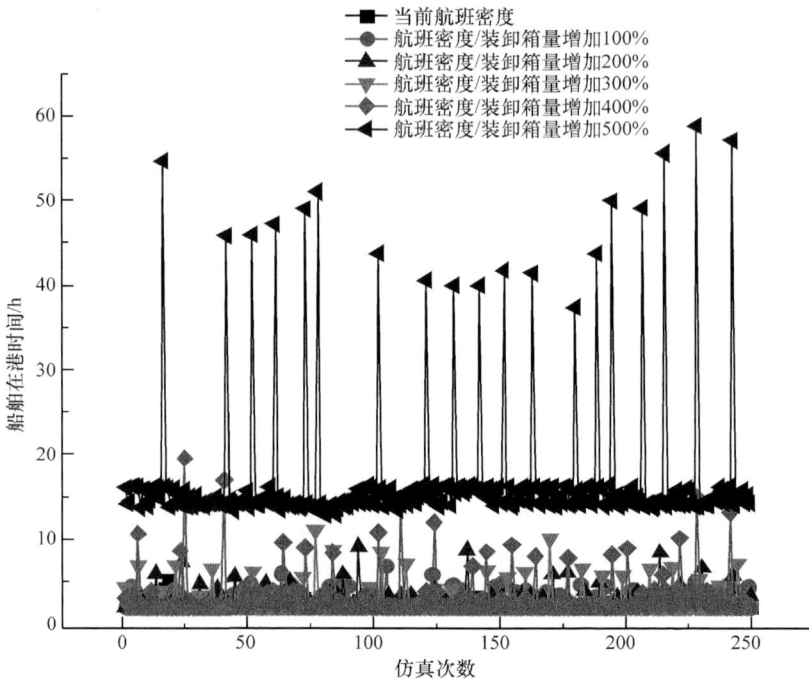

图 5-8　负载均衡情况下到港船舶的任务延迟时间

供了良好的参考,从而在满足集装箱码头操作系统基本调度管理的基础上,提高其决策支持的智能性。

5.5　本 章 小 结

生产调度和控制决策是集装箱码头装卸作业的灵魂。而集装箱码头操作系统的核心任务恰恰就是高效合理地组织港口作业,进行敏捷鲁棒的任务调度和资源分配。本章深化前述的计算思维,从计算机操作系统的概念视图、逻辑特征、分层微内核/外核体系结构、客户/服务器计算环境和执行模式等视角出发,给出了集装箱码头操作系统的计算逻辑视图,建立了集装箱码头操作系统计算模型和资源分配基本思想,提出了相应的参考设计实现范式,并面向负载均衡从系统吞吐量和任务延迟的角度对集装箱码头操作系统计算模型的性能进行了较为充分的应用基础探讨,以期为我国集装箱码头操作系统建设提出新的解决方案,从而为提高供应链管理环境下我国大中型集装箱港口的计算机集成制造系统服务水平做出有益的尝试和探索。

第6章　集装箱码头物流调度决策计算体系

6.1　引　　言

目前国际物流业和港航业的发展对集装箱码头的生产调度又提出了较以往更高的要求。一方面,集装箱运输船舶日益大型化,大型集装箱远洋货运公司热衷于发展大型集装箱船队,通过规模化运输来降低运营成本和减少碳排放,设计装载能力达到18000TEU的新型"3E"级集装箱船舶已经投入运营,20000TEU的超大型集装箱船舶已经在建。另一方面,主干线上集装箱年度平均运价持续增高,为充分发挥集装箱船舶运能,降低成本和碳排放,绿色经营,提高收益,就必须缩短船舶在港时间。针对上述港口物流作业需求,依靠传统的装卸工艺和生产管理手段,CTLS已很难在客户需求的时间内完成到港船舶的装卸和集疏运作业,这不但极大影响了远洋班轮公司的运营成本和整体收益,也降低了CTLS的通过能力和服务水平。

然而,CTLS作为一个大型的人造复杂系统,各单一作业环节的调度已经具有NP-Hard难度,多环节或整体控制决策的数学模型更是难以建立和求解。故本章在计算思维的体系框架下,紧接第5章的集装箱码头操作系统(CTOS)的研究内容,在认为CTLS与计算机系统的系统本质相似的前提下,基于计算机体系结构和操作系统的计算模型、计算属性、决策框架和调度算法,提出敏捷、完备、高效、鲁棒的集装箱码头物流调度决策计算体系(container terminal logistics scheduling and decision computing architecture,CTLSDCA)。

6.2　面向进程和线程的集装箱码头生产调度

6.2.1　集装箱码头物流服务的进程与线程定义

集装箱码头作为一个公用的大型物流枢纽和全球供应链网络的骨干网,其显然是一个多用户多任务系统(multi-user and multi-task system,MUMTS)。计算机的多道程序操作系统(multi-programming operating system,MPOS)能够同时支持成千上万个用户和程序同时运行,其作业组织和资源分配皆围绕着进程和线程的概念进行展开,其中进程的概念是多道程序操作系统设计的核心,线程则是充分利用计算机硬件进行并行计算的基础。CTLS 与计算机系统的运作机制在很大程度上具有相似性,同时基于面向 CTLS 的广义计算理念,利用进程和线程的概念和视图来建模、分析和优化集装箱码头的物流服务过程,这也是第 5 章思想的延续。参照计算机多道程序操作系统的任务调度与资源分配框架、机制和模式,根据 CTLS 的作业组织和生产调度过程,可给出集装箱码头物流调度决策计算体系中进程和线程的相关定义如下:

(1) 集装箱码头物流调度决策计算体系中的进程:计算机操作系统中进程的概念是能分配给处理器并由处理器执行的实体、一组指令序列的执行、一个当前状态和相关的系统资源集,其两个基本元素是程序代码和代码相关联的数据集。从面向多道程序操作系统的视角来看,挂靠港口预计到港的集装箱船舶及其所运送的集装箱/货物集合是 CTLS 的作业,其一旦进入集装箱港口中进入预备装卸作业阶段(从在锚地等待停靠开始),就将被映射成为集装箱码头操作系统(CTOS)中的软件实体,其实际是 CTLS 中的用户进程(container terminal consumer process,CTCP)。类似地,用户进程也有两个基本元素,一个是装卸及配载计划(handling and stowage plan),一个是本港待装卸集装箱集合及其在舱位和堆场中的立体分布状况。

(2) 集装箱码头物流调度决策计算体系中的线程:多道程序操作系统中拥有资源所有权的单位通常是进程。多线程是指操作系统在单个进程内支持多个并发执行路径的能力。线程是一个可被操作系统调度和分派的实体。当前计算机系统正在向多核并行处理发展,CTLS 也表现出了类似的演化发展趋势。如果面向离散泊位分配模式,将每艘停靠泊位作业的船舶视为一个用户进程,其占有一个泊位(用户进程的中心资源),那么每条装卸运输作业线路,是用户进程中的一个活动线程,其围绕码头前沿和港口堆场的核心作业设备岸桥、场桥、正面吊和集卡(线程的中心资源)展开装卸作业的广义计算。

在上述集装箱码头物流调度决策计算体系的进程和线程定义下,重新观控 CTLS 的业务过程和作业组织。计算机系统中的进程是活动实体,其用操作系统内核中的一种数据结构——进程控制块(process control block,PCB)来表示。同计算机操作系统中的进程抽象类似,集装箱码头操作系统中的进程也是由进程控制块进行表示,以便于在船舶在港期间进行管理。集装箱码头操作系统自身则可认为是前述第 5 章中所提出的计算模型,其本质是一组系统进程(system process)。用户进程和系统进程并行执行,通过一定的软硬件资源来实现它们的实体和逻辑计算任务。同样,集装箱码头操作系统中的每个线程由一个线程控制块(thread control block,TCB)表示。显然集装箱码头操作系统中,一个进程中线程的数量是可以变化的。根据船舶的离港时间要求、前沿负载情况和堆场作业状况,一个用户进程开始执行时往往具有若干个线程,其数量是由岸桥分配(quay crane assignment,QCA)、场桥分配(yard crane assignment,YCA)和正面吊分配(reach stacker assignment,RSA)计划所决定。在实际的装卸生产过程中,由于各种动态和随机因素的影响,还会进行岸桥调度(quay crane scheduling,QCS)、场桥调度(yard crane dispatching,YCD)和正面吊调度(reach stacker scheduling,RSS),根据岸桥、场桥和正面吊的迁入和迁出情况,用户进程创建和终止相应的线程。

6.2.2　面向进程与线程的集装箱码头物流调度计算框架

对CTLS的基础服务设施和装卸运输设备在计算思维模式下进行抽象,可将整个集装箱码头的物理实体群视为一个广义计算的虚拟机(generalized computing virtual machine,GCVM),于是集装箱码头操作系统与操作系统类似,通过系统调用来进行业务过程组织、作业计划调度和核心资源分配。

在上述抽象理念下,用户进程和系统进程间通过系统调用(system call)来获取集装箱码头操作系统计算模型提供的有效服务界面和功能接口,进行交互,驱动CTLS向前生产运作,使CTLS完成加载的各项作业任务。多道程序操作系统的系统调用大致可分成五大类:进程控制、文件管理、设备管理、信息维护和通信。信息维护和通信与CTLS的任务调度与资源分配关系较小,限于篇幅,这里主要来论述集装箱码头操作系统中的进程控制、文件管理和设备管理。

(1) 计算机系统中的进程是活动实体,其用MOS内核中的一种数据结构——进程控制块来表示。CTLS生产作业过程中,一旦确定某艘挂靠港口船舶的预计到港时间,将在集装箱码头操作系统中新建相应的用户进程(也用进程控制块表示),预分配部分资源,新建集箱线程,并随后新建各类线程以履行实现对进程的作业计算,而该进程的终止是以疏箱线程作业完毕为标志的。线程是CTLS各类装卸运输处理机真正应用的基本单元,进程中的每个线程利用线程控制块描述,其围绕进程中的作业路和相关功能创建。但相应作业路或功能结束后,线程将会被终止。当一艘到港船舶装卸完毕且搭载集装箱集疏运完成后,该进程也将会被从集装箱码头操作系统中删除。概括来看,集装箱码头操作系统的多线程进程计算模型如图6-1所示,可以明确地看出进程中的线程是异构并行的。

(2) 计算机体系中的文件系统提供了在线存储和访问多道程序操作系统及所有用户的程序和数据的机制,其主要由两个不同的部分组成:一组文件和目录结构。如果将港口堆场中的每个贝位认为是一个文件,那么整个港口堆场也可以根

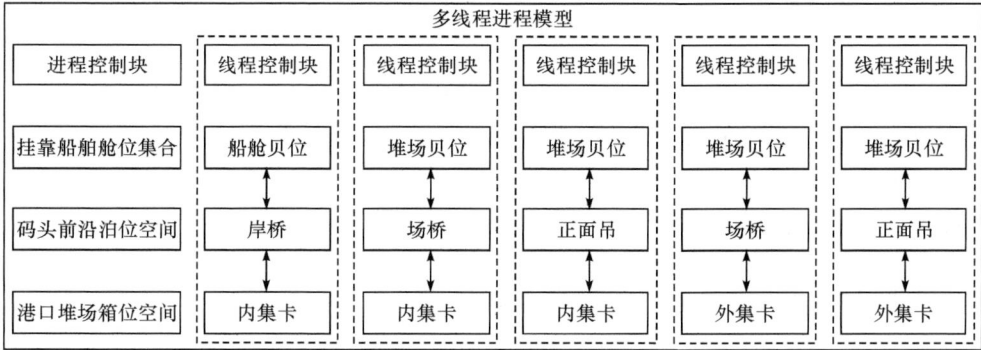

图 6-1 集装箱码头操作系统的多线程进程计算模型

据箱区用途被组织成为一个树形目录结构。与计算机中文件系统不同的是,集装箱码头操作系统中的每个文件的最大容量是有限的,且每个空置的箱位中存在一个"虚拟集装箱"。整个堆场的树形目录结构是根据港口堆场平面布局和基础设施布置形成的静态树形目录结构,只是文件的内容和状态在不断地更新。在目录结构中每个箱区(block)是 1 级子节点,每个贝位(bay)是 2 级子节点,而每个箱位(slot)则是最终的叶子节点。由于集装箱堆场是整个 CTLS 中调度控制最为复杂的部分,因此对于上述的堆场树形目录结构,必须合理组织到港进出口集装箱,以减少对此树形结构的检索(遍历)和无效的插入/删除计算。即堆场计划调度人员应将到港船舶在同一个港口卸下或同一个客户的集装箱归并到一个叶簇下,以便于在随后的装船和拆拼箱/集疏运作业过程中减少无谓的倒箱,同时也减少了计划调度和控制决策的难度。类似地,集装箱货运站(container freight station,CFS)中围绕装拆箱月台、拆箱货集合、装箱货集合和待作业集装箱等服务设施和作业对象也形成了一个树形目录结构。但与前述的港口堆场所生成的树形目录结构不同,面向集装箱货运站作业形成的是一个动态树形结构,这主要是因为由集装箱运输的货物没有形成统一的规格,这也为集装箱货运站的调度控制带来了很大的难度。上述特点也从另一个侧面证明了集装箱运输与集装箱港口在现代供应链中多式联运和物流枢纽的地位和作用。故集装箱码头操作系统面向港口堆场及集装箱货运站,建立两个树形文件结构,在相应的类型、空间、时间、类型和重量约束下,对集装箱码头的堆场及货运站进行管理。

(3) 设备管理是指计算机系统对除中央处理器和内存的所有输入输出设备的管理。在 CTLS 中,主要是指对多式联运和集疏运作业进行管理,本质上就是负责协调 CTLS 的输入输出操作。集装箱码头操作系统中设备管理的目标:①提高多式联运作业系统和集疏运服务系统的运作效率;②为供应链上下游用户提供方便、统一的集装箱运输/拆拼服务接口和界面。其中前者是在保证码头前沿作业顺畅的前提下,尽量提高多式联运和集疏运设施/设备的计算利用率,即尽量提高集装箱码头操作系统中外核和外围设备之间的计算并行度,从而提升 CTLS 的整体通过能力和吞吐量。后者则是向港口直接用户屏蔽集装箱运输的底层细节,使 CTLS 向一体化综合物流和增值物流方向发展,衔接多种物流运输方式,从而为用户提供门到门乃至定制的物流服务,丰富和扩展集装箱码头物流枢纽的内涵。

6.2.3 集装箱码头生产调度体系结构

计算机多道程序操作系统控制系统内部的事件,它为处理器执行进程而进行调度和分派,给进程分配资源,并响应用户程序的基本服务请求,是管理系统资源的实体。类似地,集装箱码头操作系统作为 CTLS 的调度控制中枢,基于港口生产实践中的各类事件,将到港船舶及其装卸的集装箱/货物集合视为任务进程,面向作业进程和服务线程展开任务调度并行协同计算,并将各类物流服务处理器实时分配、动态绑定到各个进程/线程。在整个调度控制过程中,集装箱码头物流系统通过提供系统调用机制,为作业进程和服务进程提供交互计算环境,以积极响应用户的物流服务请求,从而驱动 CTLS 进行实体计算服务,于是其调度控制计算体系如图 6-2 所示,这也是集装箱码头物流系统计算模型的并行协同计算框架。根据供应链管理和计算机抽象自动化处理的思想,集装箱码头物流系统调用接口(system call interface,SCI)被提供给集装箱港航联盟综合物流成员和多式联运物流服务提供商,以实现集装箱干支线运输和供应链网络的协同作业。

在图 6-2 所示的集装箱物流调度决策计算体系中,集装箱码头物流系统紧紧围绕进程和线程概念展开集装箱码头装卸作业的任务调度与资源分配,其计划控制的要点如下:

(1)从计算的过程本质出发,集装箱码头内的靠离泊、装卸、运输、堆码、倒箱、拆拼箱和集疏运等作业均可认为是一种广义的"计算",从计算机运作控制的视角,集装箱码头的装卸作业可被视为一个不确定环境下的物理的"计算+存储"过程,于是融合计算机系统中并行计算、协同计算和异构计算的思想,建立面向多层次、多任务、多环节、多资源和多目标的集装箱码头装卸作业调度模型,以便详细描述动态环境下 CTLS 的计划调度处理逻辑与控制决策计算框架。

(2)如前所述,到港作业船舶作为 CTLS 的用户进程,其"存储"需求由堆场和集装箱货运站组成的两级树形文件结构完成,而其最终的"计算"实现是由一系列的线程来完成的,这些线程是集装箱码头广义计算的具体执行实体,它们依靠 CTLS 的各类核心作业资源,完成到港船舶的装卸、集疏运和多式联运作业,同时

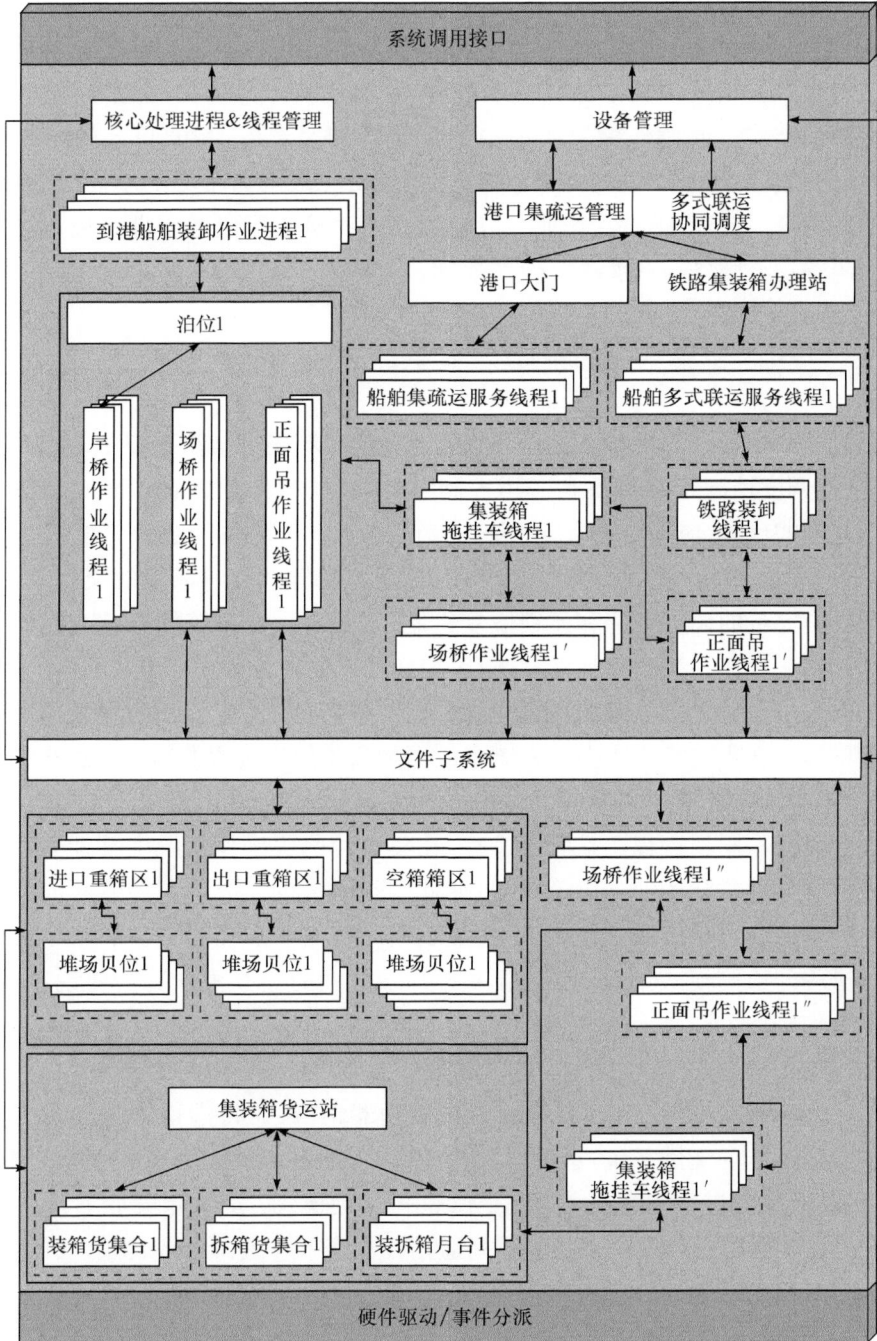

图 6-2　集装箱码头物流调度决策计算体系

也形成了集装箱码头多进程多线程异构并行协同计算体系和模式。

（3）CTLS 的广义计算主要由港口的各类装卸运输设备完成，岸桥、场桥和正面吊使得 CTLS 构成了类似计算机系统中"主处理器＋异构协处理器"的并行协同计算体系结构。岸桥作为码头前沿的主要装卸船设备，是 CTLS 的中央处理器，而场桥和正面吊是岸桥的协处理器，主要负责完成港口堆场的堆码、倒箱作业以及协助实现集疏运、拆拼箱作业。以它们三者为核心形成的硬件线程池是实现集装箱码头物流服务的调度决策硬件基础。

6.3　集装箱码头操作系统的通信交互模式

要设计和实现第 5 章和本章 6.2 节所述的集装箱码头操作系统多 Agent 系统计算模型、调度控制计算体系和通用控制结构，必须定义各 Agent 间敏捷健壮的通信交互模式（communication interaction mode，CIM）。由于在计算机操作系统中，各个进程是采用的并行异步处理模式，任务与资源间具有频繁的交互，且对各类资源具有完备的调度分配和死锁恢复机制，于是将操作系统的通信交互机制引入集装箱码头操作系统中。如前所述，客户作业可以抽象为用户进程组，而集装箱码头操作系统自身可视为服务进程集合，那么到港船舶及其装卸的集装箱集合物流作业本质上在集装箱码头操作系统中就可抽象为用户进程群与服务进程群之间的并行协同计算，即进程间通信（inter-process communication，IPC）。

由于无论是用户进程还是服务进程，在集装箱码头操作系统中都拥有独立的资源或握有某种功能的独立决策权力，彼此间是隔离的。故为了能使不同的进程互相访问资源并进行协调工作，可定义集装箱码头操作系统的多 Agent 系统计算模型的进程间通信模式如下，其也是多 Agent 之间的交互模式。需要说明的是，这里的通信是一个广义上的概念，不仅指大批量数据（集装箱）的运输传递，还包括控制信息的传送，但交互模式是基本相同的。在面向计算机体系结构的 CTLS 建模体系中，将码头前沿视为 CTLS 的中央处理器集群，而将港口堆场构筑为集装箱码头操作系统的文件系统，于是将操作系统的进程间通信机制引入集装箱码头操作系统中，作为进程间通信和多 Agent 间的交互模式。具体定义如下：

（1）在计算机操作系统中的进程间通信往往有 8 种基本形式：匿名管道、命名管道、信号、消息队列、共享内存、内存映射文件、信号量和套接字。上述的 8 种通信机制中，匿名管道限制较多、功能较弱，而套接字主要是用于网络中不同计算机不同进程间的通信，现将整个 CTLS 视为单个计算机系统，故匿名管道和套接字机制不适用于构建集装箱码头操作系统的通信模式。参考现阶段集装箱码头的装卸工艺及其发展趋势,融合上述其余的 6 种机制来构建集装箱码头操作系统的进程交互与多 Agent 系统通信计算体系。

(2) 在 5.3.2 节中所示的集装箱码头操作系统的多 Agent 系统计算模型中,共有集装箱服务进程 17 种 Agent,根据装卸工艺和作业流程,其可分为三个控制决策 Agent 群:①码头前沿装卸生产群(船舶配载 Agent、泊位指派 Agent、岸桥调度 Agent 和集卡调度 Agent);②港口堆场服务作业群(堆场分配 Agent、倒箱管理 Agent 和场桥调度 Agent);③港口集疏运服务作业群(大门调度 Agent、拖轮分配 Agent、锚地管理 Agent、外集卡协调 Agent、正面吊分派 Agent、铁路集装箱办理站 Agent、集装箱货运站管理 Agent、水陆联运协调 Agent、水铁联运协调 Agent 和水水联运协调 Agent)。这里根据作业环节间的耦合性,为便于讨论,将 5.3.2 节中所示的 5 级粗粒度流水线进一步压缩处理为上述 3 个作业集群,以便获取更为自然和敏捷的通信交互模式。

(3) 集装箱码头操作系统微内核是整个 CTLS 具有自组织、自学习和自适应行为的智能决策核心,其所包含的 9 个 Agent,根据功能和耦合程度可分为 3 个管理决策群:①资源管理群(虚拟机监控器 Agent、资源调度适配 Agent 和会话监控系统 Agent);②控制决策群(大规模并行控制 Agent、控制决策学习 Agent 和分布式控制仲裁 Agent);③事件服务实施群(离散事件处理 Agent、服务调用实施 Agent 和硬件抽象服务 Agent)。

对于上述的 6 个 Agent 群,根据港口的生产作业特点,形成如图 6-3 所示集装箱码头操作系统的通信交互模式。作业实体计算集群内集成信号、共享内存、消息队列、命名管道、内存映射文件和信号量等 6 种机制形成多 Agent 间的交互模式;控制决策计算群内融合共享内存、消息队列和命名管道形成集装箱码头操作系统微内核的通信机制;在作业实体集群和集装箱码头操作系统微内核之间,则采用消息队列、内存映射文件和命名管道的形式交换实时数据和控制信息。由上述可知,CTLS 随着生产作业的要求不断提高,装卸工艺日益复杂,必须为其制定合理的交互衔接机制,才能充分发挥港口基础设施和配套设备的设计能力,在作业实体计算集群内使用了全部 6 种通信机制才较为准确地描述了港口的装卸工艺和作业流程,这也从另一个侧面反映了集装箱码头调度控制的高复杂性。

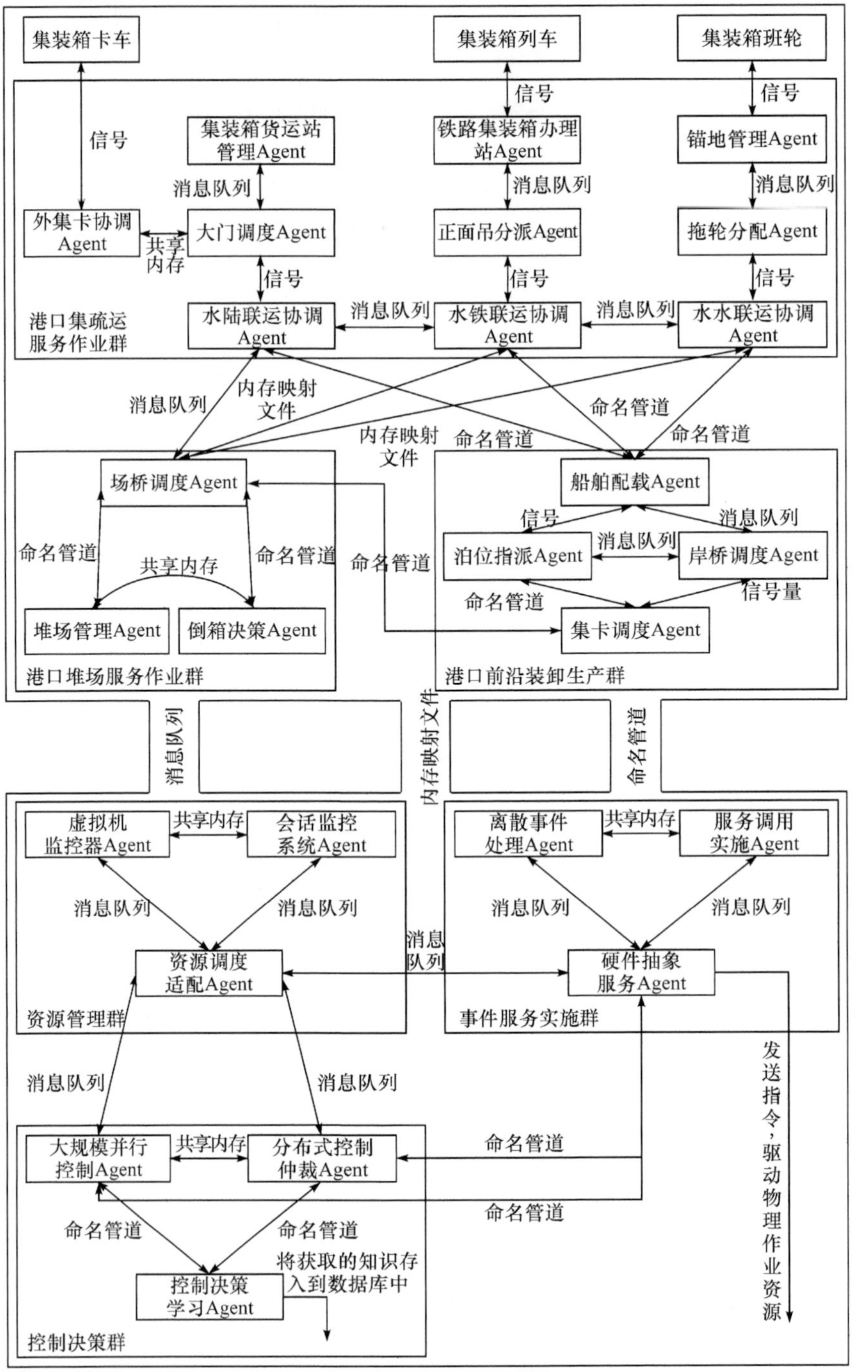

图 6-3　集装箱码头操作系统的通信交互计算模式

6.4　集装箱码头操作系统的消息和事件处理机制

集装箱码头操作系统计算模型中的 Agent 内部处理及相互交互时处理的中心内容是消息和事件,故亟须对集装箱码头操作系统中的消息和事件处理机制(message and event processing mechanism,MEPM)进行定义,以驱动前述计算模型和调度体系的运行。

计算机微内核操作系统中进程之间或线程之间进行通信的基本形式是消息。同样,在集装箱码头操作系统的多个任务、多个服务进程、多个线程间以及服务进程/线程与微内核之间进行通信的基本形式也是消息(当然还有共享内存等其余 5 种形式,但是都可统一抽象为通过消息进行交互,只是消息交换的数量和机制的差异)。同计算机领域的数据包类似,集装箱码头操作系统中的消息主要也是由消息头和消息体两个部分组成的。消息头描述了发送消息的源 Agent 和接收消息的目标 Agent。消息体中则是具体的数据指令,其通常包含以下内容:①新建作业进程/线程指令,其为已到港即将进入港口作业的船舶/列车/卡车建立进程控制块/线程控制块,并预分配基本资源;②任务加载和资源分配指令,根据作业属性查询先前制定的生产计划,通常是指向数据库中表格的一条记录;③因并行作业和死锁检测/恢复等情况,相关 Agent 间的交互协商信息;④关于作业实体的控制/执行信息,通报作业进度及完成情况,或者是根据任务状态,修正作业指令,或者是通知Agent 实体状态的改变;⑤任务完成后,删除相应的进程控制块/线程控制块,并回收相关资源;⑥由于装卸生产过程中的不确定性和动态性,发生的异常事件;⑦系统工作环境中的随机事件。

多 Agent 系统中 Agent 间的通信实际上是基于与 Agent 相关联的端口。与端口相关联的是一组功能,用于表明哪些进程可以与这个进程进行通信,并维护发往某个特定 Agent 的相应端口的消息队列,这也是集装箱码头操作系统的多Agent系统计算模型的重要功能之一。实际上,集装箱码头操作系统中的每个Agent都有若干个端口,端口的标识和功能由微内核维护,当系统的平面布局、装卸工艺和设备配置有变化时,由微内核中的硬件抽象服务 Agent 在既有的体系结构下,重新定义通信交互拓扑,向相关的 Agent 发送增加/删除端口,并/或指明新端口功能的消息,相应的 Agent 便可以被授权新的访问和交互路径,同时禁止通过原有已删除的路径进行通信。

微内核中的离散事件动态处理 Agent 识别系统中发生的各类事件和信号(软事件),但其并不主动处理事件,而是产生一条消息给与该事件相关联的 Agent,消息中包含处理该事件的必备信息。微内核维护事件与 Agent 间进行激发的映射表。把事件转换成消息的工作必须由微内核完成,但是微内核并不管理装卸设备的具体控制工作。对于某个具体的作业路,当集装箱码头操作系统中各 Agent 协商计算完毕后,将向资源调度适配/服务调用处理 Agent 发出请求指令,从而将任务和资源进行匹配和绑定,并直接驱动硬件抽象服务 Agent,进而将指令下发到相应的任务执行 Agent,从而开始具体的生产运作。在随后的进程执行过程中,将根据进展情况,产生相应的各类事件和信号,由离散事件动态处理 Agent 进行实时计算处理,生成相应的控制信息,并将相关 Agent 经过协同计算后的结果信息返回给源进程/线程。最后当进程完成后,产生任务结束事件,由离散事件动态处理 Agent 生成回收资源信息,并广播给相应的被占用资源,释放重新加入相应的资源池中。

6.5　本 章 小 结

综上所述,融合基于 Agent 的计算和计算机操作系统思想建立的集装箱码头操作系统的多 Agent 系统计算模型将为 CTLS 的生成调度和控制决策提供敏捷、高效、鲁棒的并行协同计算解决方案。同时计算模型中定义的调度控制计算体系、通用控制结构、通信交互模式和消息/事件处理机制为集装箱码头操作系统的具体设计和实现提供了总体概念性框架和参考设计模式。

本章围绕和借鉴计算机操作系统中的进程和线程概念,提出了集装箱码头物流调度决策计算体系,并融合操作系统中的多种机制和策略,设计了集装箱码头操作系统的通信交互模式和消息/事件处理机制。本章和第 5 章基于计算思维所提出的集装箱码头操作系统核心体系和概念框架是一条有别于传统思路的较新探讨思路,可为集装箱码头操作系统的本土化开发提供借鉴。

第7章 基于哈佛体系结构和 Agent 计算的 CTLS 前沿生产调度

7.1 引　言

随着集装箱船舶大型化、高速化、班轮化的发展,船舶载箱量越来越大,运作周期越来越短,对挂靠港也提出了更高的要求。而集装箱码头的岸线恰恰又是集装箱码头最宝贵的不可再生资源,它是由一定的地理、水深、潮汐和航道等因素唯一确定的,不仅建设投资巨大,而且资源不可再生和具有唯一性,因此泊位资源的合理利用,不仅可以减少挂港船舶的等待时间,提高船舶的服务水平,还可以保证企业的经济效益。而第 4 章所述的基于哈佛体系结构和 Agent 计算的 CTLS 建模体系结构中,码头前沿是 CTLS 的中央处理器集群,是整个 CTLS 运作的核心,因此无论从哪个角度来看,前沿作业都对 CTLS 具有至关重要的作用,即岸线资源的合理利用——泊位指派问题的研究具有重要的理论价值和现实意义。故本章利用第 4 章提出的基于哈佛体系结构和 Agent 计算的 CTLS 建模体系、第 5 章提出的集装箱码头操作系统的计算模型和第 6 章阐述的集装箱码头物流调度决策计算体系,对集装箱码头前沿生产调度(泊位指派及其相关联的岸桥调度)进行探讨。

泊位分配问题(berth allocation problem,BAP)是指船舶到达后或之前根据各个泊位的空闲情况和物理条件的约束为船舶安排停泊泊位和靠泊顺序,实际上就是要确定到港船舶何时靠泊和何处靠泊的问题,以减少船舶的在港时间,提高港口的运作效率。在船舶的作业量和岸桥配置数量都已知的情况下船舶的作业时间可以求出。于是,泊位分配问题可以用一个二维空间来描述,其中每一艘到港船舶可以用一个长和宽都已知的矩形表示(图 7-1),该矩形也被称为时间窗(time window)。矩形在 Y 轴的长度($y_2 - y_1$)为含船舶间安全间距的船长,在 X 轴的长度($x_2 - x_1$)为船舶在泊位的装卸作业时间,x_1 对应船舶的靠泊时刻,x_2 对应船舶的离泊时刻,其不能大于该船最晚离港时刻的约束,x_1 与船舶到港时刻 x_0 的差值($x_1 - x_0$)应满足不大于最大等待时间的约束(船舶的最大等待时间是由港口与船舶公司所签署的服务协议所确定的),而($x_2 - x_0$)为船舶的在港时间。因此泊位指派问题可以抽象为一个二维的装箱问题,即在空间和时间的二维空间内,找出各矩形的摆放方案,使得在一个计划或调度时间周期内所有船舶的在港时间最短。计算机科学和工业领域中,装箱问题有着广泛的应用背景,包括多处理器任务调度、内存管理和资源分配等,而装箱问题的各种算法如首次适应、最佳适应等策略在这些领域也已经得到广泛的应用[251]。显然,从数学抽象的本质上,可以发现泊位指派与多处理器任务调度是一致的,这也从另一个侧面印证了第 4 章建模思想的正确性与可信性。

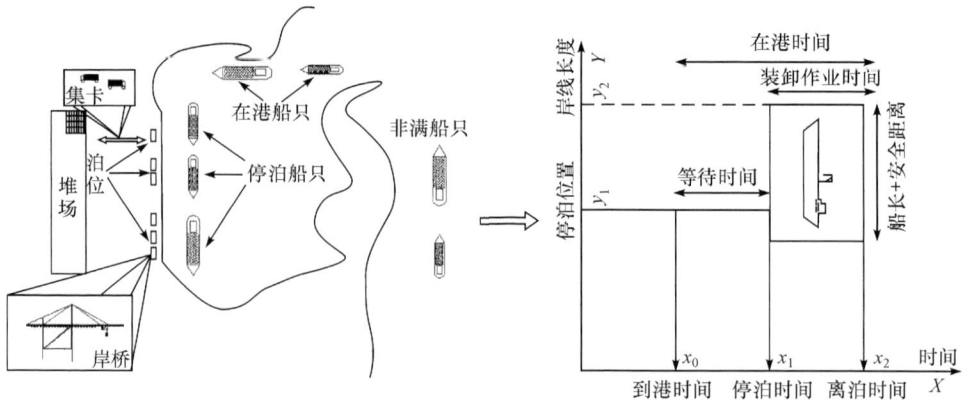

图 7-1　泊位指派问题的概述[117]

7.2　CTLS 中资源分配的基本思想

在第 4 章中已经基于哈佛体系结构和 Agent 计算对 CTLS 进行了建模,哈佛体系结构是经典的计算机体系结构,因此基于哈佛体系结构和 Agent 计算的 CTLS 的生产调度框架将基于计算机系统中操作系统的作业组织框架,而基于哈佛体系结构和 Agent 计算的 CTLS 中生产调度策略的一个主要来源就是计算机系统中操作系统的作业调度和资源分配策略,而与 Agent 有着密切联系的计算智能将是资源分配策略的有益补充。从本章开始,以及随后的各章中所涉及的资源分配讨论都将基于本节所述的基本思想。

计算机操作系统执行的主要任务之一是将准备就绪的进程或者线程分配给可用的处理器。这个任务可分成两部分:第一部分称为进程调度,包括用于确定活动进程竞争使用处理器的次序的裁决策略;第二部分称为进程分派,它执行将被选中的进程与处理器绑定在一起的实际工作,其中包括将进程从就绪队列中移出、改变其状态和加载处理器状态。除非明确加以区分,下面将两种任务共同称为调度[242]。在集装箱码头的生产调度中,其每部分的生产调度同样存在着以上的问题,即每个生产调度任务可以分为两部分,第一是资源的调度分配,第二是具体的装卸运输,即首先由资源(/设备)控制决策 Agent 之间相互协商,得出集装箱码头资源(/设备)的分配方案,然后将具体的被服务对象 Agent 加载到资源(/设备)作业执行 Agent 上,进行装卸运输作业的具体执行。例如,在泊位分配中,首先是进行泊位调度,用于确定到港船舶竞争使用码头前沿泊位时停靠次序的裁决策略;其次是该到港船舶的具体停靠过程,包括泊位准备、拖轮顶曳船舶到指定泊位、船舶抛锚固定在泊位等具体工作。同计算机系统一样,集装箱码头的不同生产作业部分都有各自的调度器,其调度分布在整个系统中,当然这也是融合基于 Agent 的计算到 CTLS 建模与仿真的主要原因之一,这一点不仅在集装箱码头的系统组成和系统体系结构中得到反映,在集装箱码头的生产调度层次中也得到了进一步的印证和体现(见 3.4.6 节)。下面使用的计算机操作系统中的通用调度框架说明调度器,它主要提出了两个基本问题:

(1) 什么时候调度,也就是说,什么时候应该调用调度器,这由裁决模式(decision mode)来做出决定;

(2) 来调度谁,即如何在当前活动进程中选择一个进程(或者线程),这由优先级函数(priority function)和仲裁规则(arbitration rule)共同控制。

在裁决模式指定的特定时刻,调度器计算出系统中所有活动进程的优先级函数值。对于每个进程,优先级函数输出一个称为当前优先级(current priority)的值。高优先级的进程被指派给现有的中央处理器。当多个进程在相同的优先级级别上时,会使用仲裁规则。根据特定的裁决模式、优先级函数和仲裁规则,便可以定义不同的调度规则。显然 7.1 节所述的泊位指派问题就可以用该通用调度框架进行定义。以此类推,在基于哈佛体系结构和 Agent 计算的 CTLS 建模体系结构下,对于集装箱码头生产调度系统也可定义类似的通用调度框架。

(1) 裁决模式。在集装箱码头的生产调度中,有的部分采用非抢占式裁决模式,而有的采用抢占式裁决模式。例如,码头的岸桥和场桥就会采用抢占式裁决模式,而拖轮调度和泊位分配时多采用非抢占式裁决模式。在计算机系统中,常采用面向时间片的调度方式,而在码头上的周期性的生产计划调度则与此有异曲同工之妙。

(2) 优先级函数。任何在基于哈佛体系结构和 Agent 计算的 CTLS 建模体系结构下的被服务对象,如集装箱船舶、内集卡、外集卡和集装箱等,都可以根据设计的调度策略,确定相应的优先级函数,从而最终确定被服务对象的优先级,然后根据该优先级对被服务对象进行服务和分配相应的设备和服务资源。这里针对不同的服务对象,优先级函数会考虑不同的对象属性,并根据码头上的实际运作需求的不同目标,根据这些属性和目标来综合生成被服务对象的优先级。这其实也是一个根据众多属性将多目标决策问题转化为单目标决策问题的过程。

(3) 仲裁规则。在集装箱码头由于需要重点照顾大客户,使其有独享专用码头的感觉,所以当用优先级函数得出相等或相似的优先级时,优先考虑大客户的到港船舶,而在同为大客户的情况下,优先考虑班轮以及装卸量大的船舶。这一点显然与计算机系统的仲裁规则不同,因为其基本的仲裁规则是随机选取或先来先服务的规则。

在上述通用调度框架下,计算机操作系统的调度算法和资源分配策略都可以通过指定裁决模式、具有各种不同参数的优先级函数,以及仲裁规则来表示。例如,对于集装箱码头前沿作业就可以将中央处理器作业组织的调度策略引入其中:①先进先出(first in first out);②最短作业优先(shortest job first);③最短剩余时间优先(shortest remaining time);④多级优先级(multilevel priority);⑤多级反馈(multilevel feedback);⑥频率单调调度(rate monotonic);⑦最早截止期优先(earliest deadline first)等。而计算智能中的各种算法也可以通过类似的方式引入基于哈佛体系结构和多 Agent 计算的 CTLS 的生产调度中。

7.3 动态泊位-岸桥调度模型

如 7.1 节所述,泊位-岸桥调度对于 CTLS 的生产运作具有十分重要的意义。鉴于此,根据 4.7 节所述的基于属性的有阻塞的混合流水车间的集装箱码头生产调度建模思想,下面开始对泊位-岸桥调度进行数学建模。该模型同时适用于单独的泊位分配。为便于建模特引入以下符号:

N,单位统计周期内的到港船舶总数,此统计周期有可能是一周、一月、一季度、一年或其他时间长度;

w_i,到港船舶 i 装卸集装箱的总量;

l_i,到港船舶 i 的长度;

g_i,到港船舶 i 的吃水深度;

r_i,到港船舶 i 停靠泊位时与其他船舶的安全距离;

t_{ai},船舶 i 的到港时间;

t_{di},船舶 i 的离港时间;

t_{pi},在靠泊区域内对船舶 i 的靠泊和离泊的总的准备时间;

t_{bsi},船舶 i 的靠泊时间;

t_{bei},船舶 i 的离泊时间;

t_{hsi},船舶 i 的作业开始时间;

t_{hei},船舶 i 的作业完成时间;

p_i,根据到港船舶 i 所属船公司与码头所签订的协议,来确定到港船舶的调度倾向程度;

m_i,根据船长和装卸箱量能够分配给船舶 i 的最大桥吊数,即船舶 i 的最大作业路数;

a_i,分配给到港船舶 i 的实际岸桥数;

B,集装箱码头的总泊位数;

s_j，集装箱码头泊位 j 的长度；

d_j，集装箱码头泊位 j 的水深；

C，集装箱码头的总岸桥数；

e_{qk}，码头前沿岸桥 k 的平均装卸作业效率。

动态泊位-岸桥调度模型的决策变量：

$$D_{ib} = \begin{cases} 0, & \text{尚未给到港船舶 } i \text{ 分配泊位} \\ 1, & \text{已经给到港船舶 } i \text{ 分配泊位} \end{cases};$$

$$D_{iq} = \begin{cases} 0, & \text{尚未给到港船舶 } i \text{ 分配岸桥进行装卸作业} \\ 1, & \text{已经给到港船舶 } i \text{ 分配岸桥进行装卸作业} \end{cases};$$

$$X_{ijt} = \begin{cases} 0, & \text{到港船舶 } i \text{ 在 } t \text{ 时刻未在泊位 } j \text{ 停靠} \\ 1, & \text{到港船舶 } i \text{ 在 } t \text{ 时刻已在泊位 } j \text{ 停靠} \end{cases};$$

$$Y_{jkt} = \begin{cases} 0, & \text{岸桥 } k \text{ 在 } t \text{ 时刻未位于泊位 } j \\ 1, & \text{岸桥 } k \text{ 在 } t \text{ 时刻位于泊位 } j \end{cases};$$

$$Z_{ijkt} = \begin{cases} 0, & \text{到港船舶 } i \text{ 在泊位 } j \text{ 停靠在 } t \text{ 时刻未由岸桥 } k \text{ 进行装卸作业} \\ 1, & \text{到港船舶 } i \text{ 在泊位 } j \text{ 停靠在 } t \text{ 时刻正由岸桥 } k \text{ 进行装卸作业} \end{cases};$$

Q_{it}，在 t 时刻给分配给到港船舶 i 的岸桥数；

T_i，集装箱码头发出允许到港船舶 i 停靠泊位的时间。

那么集装箱码头泊位-岸桥调度模型，可以描述如下：

动态泊位-岸桥调度模型的目标函数为

$$\min f_1 = \sum_{i=1}^{N} (t_{bei} - t_{bsi}) \tag{7-1}$$

$$\min f_2 = \sum_{i=1}^{N} (t_{hei} - t_{hsi}) \tag{7-2}$$

动态泊位-岸桥调度模型的约束条件为

$$d_j > g_i \tag{7-3}$$

$$s_j \geqslant l_i + r_i \tag{7-4}$$

$$T_i \geqslant t_{ai} \tag{7-5}$$

$$t_{bei} = t_{bsi} + t_{pi} + (t_{hei} - t_{hsi}) \tag{7-6}$$

$$t_{hsi} > t_{bsi} \tag{7-7}$$

$$t_{bei} > t_{hei} \tag{7-8}$$

$$t_{di} \geqslant t_{bei} \tag{7-9}$$

$$\sum_{i=1}^{N} \sum_{j=1}^{B} X_{ijt} \leqslant 1 \tag{7-10}$$

$$Q_{it} = \sum_{k=1}^{C} Z_{ijkt} \tag{7-11}$$

$$Q_{it} \leqslant \sum_{k=1}^{C} Y_{jkt} \tag{7-12}$$

$$Q_{it} \leqslant m_i \tag{7-13}$$

$$\sum_{k=1}^{C} Z_{ijkt} > 0, \quad t_{hsi} \leqslant t \leqslant t_{hei} \tag{7-14}$$

$$X_{ijt} = 1, \quad t_{bsi} \leqslant t \leqslant t_{bei} \tag{7-15}$$

上述的数学模型描述中,式(7-1)和式(7-2)分别表示在泊位-岸桥配置模型中应追求使得在单位工作周期时间内,到港船舶的总体在泊时间和作业时间最小;式(7-3)表示分配给到港船舶的泊位的水深应大于其吃水深度;式(7-4)表示到港船舶停泊后,其前后应留有安全装卸的生产距离;式(7-5)~式(7-9)表示向到港船舶发出靠泊指令的时间、到港时间、靠泊时间、作业开始时间、作业结束时间、离泊时间、离港时间之间的关系;式(7-10)表示在任意时刻,每艘到港船舶至多占据一个泊位,且任意两条船不能在同一时刻占据同一泊位;式(7-11)表示在任意时刻分配给到港船舶的岸桥作业数;式(7-12)表示在任意时刻分配给到港船舶的岸桥数应小于等于在该泊位上停留的岸桥数;式(7-13)表示在任一时刻分配给到港船舶的岸桥数应小于等于其最大作业路数;式(7-14)表示船舶作业时间上的连续性,即该船舶一旦开始作业,在其完成之前,就会持续作业,不会出现装卸作业中途停滞的情况;式(7-15)表示每条船只能靠泊作业一次,即不能出现中途移泊的情况。

7.4　多泊位指派问题

由于CTLS是一个复杂开放系统,其各个环节的生产调度多属于NP-Hard问题,所以本书以基于Agent的仿真以及基于仿真的优化为手段来研究CTLS的建模及其调度问题。在正式讨论泊位-岸桥调度问题之前,首先简单介绍本书所用的仿真平台——AnyLogic。AnyLogic是一种创新的建模工具,它是根据过去十年内建模科学和信息技术中出现的最新进展而创建的,具有交互性、可视性、规模性等特点和功能,使建模者能够把精力集中在建模的过程中,具有卓越的分析与优化能力。AnyLogic支持离散事件建模、连续事件建模、Agent建模以及以上方法的混合,即混合建模。AnyLogic自身是基于Eclipse和Java进行开发的,且其建模脚本语言就是Java,因此具有良好的体系结构和开放性。构建AnyLogic模型的主要组件是活动对象。活动对象有其内部结构和行为,可以任意向下封装其他对象。设计AnyLogic模型,实际上就是设计活动对象的类并定义它们之间的关系。运行时模型可看做活动对象瞬间展开的层次。而AnyLogic中Agent类是活动对象类的子类,所以在AnyLogic中基于Agent的建模与仿真也是以活动对象来作为基础的。

7.4.1　基于计算机操作系统调度策略的泊位指派

本节首先以多泊位指派问题来初步验证第 4 章所述的基于哈佛体系结构和 Agent 计算的 CTLS 建模思想和体系结构的可行性与可信性。利用第 4 章中图 4-1 所示的基于哈佛体系结构和 Agent 计算的 CTLS 建模体系结构和 7.2 节所建立的泊位分配模型,以上海外高桥某集装箱码头为例,来讨论集装箱码头的多泊位指派问题。仿真实例中码头岸线的长度为 1250m,设计泊位为 4,岸桥数为 12,每个岸桥的作业效率为 27moves/h。在实际船舶作业调度数据中,随机选取连续 20 艘到港船舶的作业调度数据作为输入数据[76,88],为了满足 AnyLogic 规定的时间格式(时间以实数的形式表示和计算)和方便仿真计算,到港时间以第一艘船到港当天的 0 点为基准,例如,第一艘船到港时间 17.5 表示距离基准 17h 30min 到达港口,第二艘船到港时间 31.0 表示距离基准 31h 到达港口,其他依此类推,数据如表 7-1 所示。

表 7-1　实际到港船舶数据

集装箱船	船长/m	装卸箱量/箱	到港时间/h
1	222	315	17.5
2	260	983	31.0
3	242	337	39.0
4	243	1735	44.0
5	318	1778	46.5
6	188	867	47.0
7	240	495	47.5
8	282	1180	49.0
9	207	436	54.0
10	260	938	54.0
11	232	431	68.0
12	152	300	76.75
13	277	1255	84.0
14	185	534	89.0
15	146	91	90.5
16	286	921	104
17	157	269	110
18	202	214	113.27
19	183	571	115
20	196	571	116.5

　　针对表 7-1 所述的实际生产数据,利用 CTLS 的建模框架和前述的数学模型,在 AnyLogic 中实现泊位调度的仿真模型。首先只考虑集装箱码头自身的利益,即以码头前沿的吞吐量为主要考虑目标,进行生产调度,得到如表 7-2 所示的仿真结果 1;而如果同时考虑码头和客户的利益,对每条船给定一个动态优先级(这个优先级是根据这条船所属公司对码头的效益贡献和码头与该公司所签订的服务协议而获取的),然后根据这个优先级水平安排泊位和相应设备,则得到如表 7-3 所示的仿真结果 2。

表 7-2　仿真结果 1

集装箱船	装卸岸桥数/台	停靠泊位	靠泊时间/h	作业开始时间/h	作业结束时间/h	离泊时间/h	离港时间/h
1	3	1	18.0	18.5	22.43	22.93	23.43
2	3	1	31.5	32.0	44.15	44.65	45.15
3	3	2	39.5	40.0	44.19	44.69	45.19
4	3	1	44.5	45.0	66.45	66.95	67.45
5	3	2	47.0	47.5	69.46	69.96	70.46
6	3	3	47.5	48.0	58.74	59.24	59.74
7	3	4	48.0	48.5	54.65	55.15	55.65
8	3	4	54.15	54.65	69.24	69.74	70.24
9	3	3	58.24	58.74	64.15	64.65	65.15
10	3	3	63.65	64.15	75.74	76.24	76.74
11	3	1	68.5	69.0	74.33	74.83	75.33
12	3	1	77.25	77.75	81.49	81.99	82.49
13	3	1	84.5	85.0	100.52	101.02	101.52
14	3	2	89.5	90	96.63	97.13	97.63
15	3	3	91.0	91.5	92.65	93.15	93.65
16	3	1	104.5	105.0	116.41	116.91	117.41
17	3	2	110.5	111.0	114.33	114.83	115.33
18	3	3	113.77	114.27	116.94	117.44	117.94
19	3	2	115.5	116.0	123.07	123.57	124.07
20	3	1	117	117.5	124.57	125.07	125.57
共计	20 艘船				14221 个集装箱		

表 7-3　仿真结果 2

集装箱船	装卸岸桥数/台	停靠泊位	靠泊时间/h	作业开始时间/h	作业结束时间/h	离泊时间/h	离港时间/h
1	3	1	18.0	18.5	22.43	22.93	23.43
2	3	1	31.5	32.0	44.15	44.65	45.15
3	3	2	39.5	40.0	44.19	44.69	45.19
4	3	1	44.5	45.0	66.45	66.95	67.45
5	3	2	47.0	47.5	69.46	69.96	70.46
6	3	3	47.5	48.0	58.74	59.24	59.74
7	3	4	48.0	48.5	54.65	55.15	55.65
8	3	4	54.15	54.65	69.24	69.74	70.24
9	3	1	65.95	66.45	71.85	72.35	72.85
10	3	3	58.24	58.74	70.33	70.83	71.33
11	3	4	68.74	69.24	74.58	75.08	75.58
12	3	1	77.25	77.75	81.49	81.99	82.49
13	3	1	84.5	85.0	100.52	101.02	101.52
14	3	2	89.5	90.0	96.63	97.13	97.63
15	3	3	91	91.5	92.65	93.15	93.65
16	3	1	104.5	105.0	116.41	116.91	117.41
17	3	2	110.5	111.0	114.33	114.83	115.33
18	3	3	113.77	114.27	116.94	117.44	117.94
19	3	2	115.5	116.0	123.07	123.57	124.07
20	3	1	117.0	117.5	124.57	125.07	125.57
共计	20 艘船			14221 个集装箱			

通过现场调研和数据收集,人工分配泊位时,20 艘船的实际在港总时间为 304.4h(含泊位准备时间),则不含泊位准备时间的实际总在港时间约为 264.4h。文献[88]对该实例进行了泊位离散化动态调度研究,并将靠泊区域对船舶的靠泊和离泊的总准备时间计入在港和作业时间内(约为 2h),其仿真得船舶总体在港时间为 243h 58min,总作业时间 203h 58min,总等待时间为 34h 18min,则不含准备时间的总在港时间为 203h 58min,总作业时间为 169h 40min,总等待时间为 34h 18min。由表 5-2 和表 5-3 的仿真结果可知,20 艘到港集装箱船舶,共需装卸 14221 个集装箱。在第一种情况下,不含靠泊和离泊的准备时间,船舶的整体在港时间共计 193h 37min,总作业时间为 176h 04min,总等待时间为 17h 32min;而在第二种情况下,不含泊位准备时间,船舶在港时间共计 196h 09min,总作业时间为

176h 04min,总等待时间为 20h 04min。由上述的实验结果与以往的研究对比可知,利用基于哈佛体系结构和 Agent 计算的 CTLS 建模体系结构能够得到较以往研究更好的生产调度结果,即到港船舶的整体在港时间小于文献[88]所得出的结果,且该方法能根据集装箱码头营运的重点,调整生产计划,辅助码头的生产调度决策。由于各个码头中靠泊和离泊的时间不同,且随机性较大,所以随后的仿真实验中将忽略泊位准备时间来进行仿真实验,以将建模优化的重点放在码头的各个核心作业环节上。

7.4.2　基于群集智能的泊位指派

在第 4 章中所提到的基于哈佛体系结构和 Agent 计算的 CTLS 建模体系结构下,不仅可以将计算机操作系统中成功的各类调度算法和资源分配策略引入 CTLS 的生产组织中,也可以将群集智能算法引入其中,以全面提高码头的生产效率和收益。由于所述的集装箱码头布局拥有较多的泊位,而表 7-1 所示的到港船舶的时间间距较大,所以在不同的泊位指派策略下,船舶的总体在港时间相差并不是很大。下面虽仍以表 7-1 所示的生产数据为例,但改用上海港的另一个集装箱码头的前沿参数:码头的岸线长度为 1130m,设计泊位为 3,配备有 12 座岸桥,每个岸桥的作业效率同样为 27moves/h。岸桥分配采用静态分配方式,即每个泊位上均有 4 座岸桥。事实上,在港口中,如果一个码头的作业繁忙,也往往会将本来在此码头作业的船舶调至相邻的码头作业。当泊位使用先来先服务(FCFS)的分配策略时,得到如表 7-4 所示的仿真结果。船舶的整体在港时间共计 165h 07min,总作业时间为 131h 56min,总等待时间为 33h 11min;当采用最短作业时间先服务时,船舶的整体在港时间共计 164h 33min,总作业时间为 131h 56min,总等待时间为 32h 38min;当采用最长作业时间先服务时,船舶的整体在港时间共计 171h 27min,总作业时间为 131h 56min,总等待时间为 39h 31min;当采用剩余松弛时间最短先服务时,船舶的整体在港时间共计 170h 09min,总作业时间 131h 56min,总等待时间为 38h 13min。下面尝试将群集智能引入上述的生产调度框架中,以期获得较其他策略更优的结果。

表 7-4　仿真结果(先来先服务)

集装箱船	装卸岸桥数/台	停靠泊位	离港时间/h
1	4	1	20.43
2	4	1	40.11
3	4	2	42.15
4	4	1	60.04
5	4	2	62.98

续表

集装箱船	装卸岸桥数/台	停靠泊位	离港时间/h
6	4	3	55.04
7	4	3	59.63
8	4	3	70.56
9	4	1	64.11
10	4	2	71.69
11	4	1	72
12	4	1	79.53
13	4	1	95.63
14	4	2	93.96
15	4	3	91.35
16	4	1	112.56
17	4	2	112.52
18	4	1	115.27
19	4	2	120.3
20	4	1	121.8

1. 粒子表示及解码

本节利用粒子群算法来解决前述的泊位分配问题。粒子群算法本身是一种属于连续空间域的优化算法，以基本粒子群算法为例，粒子初始位置和速度以及更新后的位置和速度都属于实数空间域。但 CTLS 是一种典型的离散事件动态系统，其生产调度所需要解决的是任务或者作业的排序以及码头资源的分配问题等，属于离散空间的非数值优化问题。例如，本节力图解决的泊位分配问题就是解决到港船舶的停泊的排序以及泊位的分配问题。

对于泊位分配，通常采用非抢占式裁决模式和先来先服务的仲裁规则，那么粒子群算法则可以作为优先级函数，确定到港船舶的优先级，并依此优先级来确定船舶的靠泊顺序和泊位资源。由于只有 3 个泊位，为提高算法的效率和鲁棒性，直接采用整数编码。如果某个粒子可以表示为

船舶	1	2	3	4	5	6	7	8	9	10	11	12	13	14	15	16	17	18	19	20
泊位	1	3	2	2	3	2	3	2	1	3	1	3	1	3	3	2	1	2	2	3

那么，就可以得到每个泊位上的船舶作业顺序，即

泊位	船舶
1	1,9,11,13,17
2	3,4,6,8,16,18,19
3	2,5,7,10,12,14,15,20

在得到表现最佳的粒子后,即得到了到港船舶的靠泊位置和顺序,从而根据该靠泊顺序为在同一泊位靠泊的船舶制定优先级,从而最终确定在仿真中的船舶靠泊顺序。

2. 仿真结果

同样以表 7-1 所示的生产数据为例,由于采用岸桥的静态分配模式,因此到港船舶的作业时间可以通过前述的仿真得到。那么表 7-1 所示的生产数据可以转化为船舶到港时间间隔和装卸作业时间,其如表 7-5 所示。

表 7-5　船舶到港时间间隔和装卸作业时间　　　　　　(单位:h)

船舶	1	2	3	4	5	6	7	8	9	10
到港时间间隔	0	13.5	8	5	2.5	0.5	0.5	1.5	5	0
装卸作业时间	2.926	9.111	3.148	16.037	16.481	8.037	4.593	10.926	4.074	8.704

船舶	11	12	13	14	15	16	17	18	19	20
到港时间间隔	14	8.75	7.25	5	1.5	13.5	6	3.27	1.73	1.5
装卸作业时间	4	2.778	11.63	4.963	0.852	8.556	2.519	2	5.296	5.296

利用粒子群优化算法在上述的集装箱码头前沿布局下,可得到如表 7-6 所示的仿真结果。船舶的整体在港时间共计 158h 20min,总作业时间 131h 56min,总等待时间为 26h 24min。显然利用粒子群优化算法得到了较以往策略更好的生产调度效果,这也证明了在基于哈佛体系结构和 Agent 计算的 CTLS 建模体系结构下,无论是源于计算机操作系统的资源分配策略还是来自于计算智能的各种算法都可以合理高效地融入其中,并根据集装箱码头的作业负载和营运重点选择适当的调度策略,以最大化 CTLS 的运作效率。

表 7-6　仿真结果(粒子群优化算法)

集装箱船	装卸岸桥数/台	停靠泊位	离港时间/h
1	4	3	20.43
2	4	3	40.11
3	4	1	42.15
4	4	3	60.04

续表

集装箱船	装卸岸桥数/台	停靠泊位	离港时间/h
5	4	3	76.56
6	4	2	55.04
7	4	1	52.09
8	4	2	65.96
9	4	1	58.04
10	4	1	66.74
11	4	2	72
12	4	2	79.53
13	4	2	95.63
14	4	3	93.96
15	4	1	91.35
16	4	2	112.56
17	4	2	115.07
18	4	1	115.23
19	4	1	120.57
20	4	3	121.8

　　但上述的实验也发现了一个问题，就是上述仿真的整体作业时间较以往的研究长，且无论采用何种泊位指派策略，到港船舶的总体作业时间都一样，这是因为在上述仿真中岸桥调度采取的是静态调度，即 12 座岸桥平均分配给 4 个泊位，每个泊位 3 个岸桥（码头布局 1）；或者 12 座岸桥平均分配给 3 个泊位，每个泊位 4 个岸桥（码头布局 2）。因此无论泊位分配的顺序如何，作业的时间都一样。这种岸桥分配方式与计算机系统中计算核心的处理方式类似，因为中央处理器中的计算核是不可能从一个中央处理器转到另一个中央处理器的，这种岸桥分配方式显然有利于岸桥处理作业的均衡分布，但显然这种分配方式也有弊病，现实中较小的船舶因为作业安全距离和船舶配载图等可能不能一次 3 或 4 个岸桥同时作业，而较大的船舶如果只放置 3 或 4 个岸桥，则可能满足其离港时间的要求，所以下面将用一个泊位-岸桥调度的实例来从另一个角度来诠释基于哈佛体系结构和 Agent 计算的 CTLS 建模体系结构下的码头前沿装卸生产。

7.5　泊位-岸桥联合调度问题

在上述的仿真实例中,主要关注的是泊位分配,对于岸桥采取的是静态分配模式,即无论到港船舶和装卸箱量的大小,都在该泊位上工作的岸桥数固定为一个稳定的数目,在前述的仿真实例中,这个数字是 3 或者是 4。上述的静态岸桥分配方式如果仅从岸桥作业的均衡分布上看,显然是有利的,但是由于船舶的大小、船舶离港时间以及动态提高岸桥利用率的需要,在码头前沿进行泊位——岸桥联合调度,更为合理。在本仿真实例中仍采用 7.3.2 节的集装箱码头的布局如下:码头的岸线长度为 1130m,设计泊位为 3,配备有 12 座岸桥,每个岸桥的作业效率同样为 27moves/h。根据港口调研资料和查阅相关文献,确定岸桥调度策略如下:

（1）当船舶装卸量≤150 箱时,安排 1 台岸桥为其服务;

（2）当船舶装卸量为 151～500 箱时,安排 2 台岸桥;

（3）当船舶装卸量为 501～700 箱时,安排 3 台岸桥;

（4）当船舶装卸量为 701～1000 箱时,安排 4 台岸桥;

（5）当船舶装卸量为 1001～2000 箱时,安排 5 台岸桥;

（6）当船舶装卸量＞2000 箱时,安排 6 台岸桥为船舶服务。

以上岸桥分配策略,是到港船舶所能获得的最大岸桥数,如果相邻的泊位无岸桥可以借调,或者本泊位有岸桥被借调到其他泊位,那么就将本泊位上现有的岸桥分配到到港船舶,但岸桥数 a_i 的最小值应大于等于 1。根据上述的岸桥分配策略,如果采用先来先服务的泊位分配策略,那么可得到如表 7-7 所示的仿真结果。

表 7-7　泊位-岸桥联合调度仿真结果

集装箱船	装卸岸桥数/台	停靠泊位	离港时间(基于先来先服务)
1	2	1	23.35
2	4	1	40.11
3	2	2	45.26
4	4	1	60.04
5	5	2	59.65
6	3	3	57.7
7	2	3	66.85
8	4	2	70.61
9	2	1	68.15
10	4	3	75.59
11	2	1	76.15

续表

集装箱船	装卸岸桥数/台	停靠泊位	离港时间(基于先来先服务)
12	2	1	82.31
13	5	1	93.3
14	3	2	95.59
15	1	3	93.87
16	4	1	112.56
17	2	2	115
18	2	1	117.23
19	3	2	122.07
20	3	3	123.57

类似地,施加不同的调度策略,包括计算机操作系统中的资源分配算法和计算智能到上述的仿真实验中可以得到如表 7-8 所示的仿真结果。其中需要说明的是,这里的计算智能采用的是 AnyLogic 自带的 OptQuest 优化引擎。

表 7-8　不同调度策略下的泊位-岸桥联合调度仿真结果

调度策略	总体在港时间	总作业时间	总等待时间
先来先服务	202h 27min	162h 33min	39h 54min
最短作业时间先服务	201h 58min	162h 31min	39h 27min
最长作业时间先服务	208h 41min	166h 13min	42h 28min
剩余松弛时间最短先服务	203h 04min	162h 33min	40h 31min
计算智能	187h 58min	159h 49min	28h 09min

7.6　码头前沿泊位-岸桥配置研究

7.6.1　计算机设计的量化原则

计算机设计和分析时的常用指导性原则有:①采用并行性;②局部性原理;③关注经常性事件。而通过改进计算机的某一部分,所得到的性能提升则可以用 Amdahl 定律定量地反映出来。Amdahl 定律可以阐述为:通过使用某种较快的执行方式所获得的性能提高,受限于可使用这种较快执行方式的时间所占的比例。Amdahl 定律定义了采用某种增强措施所取得的加速比。假定如果采用了某种增强措施,可以使计算机的性能提高,那么加速比就是式(7-16)所定义的比率:

$$加速比 = \frac{不使用增强措施时完成整个任务的时间}{使用增强措施时完成整个任务的时间} \tag{7-16}$$

Amdahl 定律反映的是收益减少的效果：在只改进一部分的计算性能时，其加速比增量随着改进的增多而减少。Amdahl 定律的一个重要推论是，如果某一增强措施仅对任务的一定比例的部分有作用，那么该任务的总加速比不会大于 1 减去此比例之后求得的倒数。Amdahl 定律提供了一种判断增强措施可以提高多少的性能指标，以及如何分配资源才能够改进性价比的途径[242]。

7.6.2　CTLS 生产调度中的指导原则

由于可以认为集装箱码头的装卸运输是一种广义的"计算"，于是利用计算机的体系结构来描述和建模 CTLS，并借鉴操作系统的调度框架和资源分配策略来进行 CTLS 的生产调度，那么自然就会引入计算机系统设计的相关定性和量化规则，并根据 CTLS 的自身特点，来评估 CTLS 的生产调度和帮助港口制定合理的作业资源配置，本节主要研究 CTLS 装卸作业控制调度中的定性原则。

（1）采用并行性。对于一个视大吞吐量和高通过能力为核心竞争力的系统，显然希望在自己的系统运作中大量的操作能够并行，以提高自身的运作效率和收益。CTLS 的并行性表现在多个方面：①在系统级的运作层面上，4.7 节已经利用基于属性的有阻塞的混合流水车间对整个集装箱码头生产调度系统进行了描述和建模，即利用超标量体系结构和流水线作业的思想对集装箱码头生产调度进行了建模，充分体现和挖掘了 CTLS 的系统并行性。②在单一的装卸运输设备上，港口的装卸工艺也越来越重视并行性。例如，在码头前沿的核心装卸设备——岸桥，其最新的技术发展趋势是采用双小车双 40 英尺的装卸工艺，显然是希望在岸桥这个单一的装卸设备上，再度充分利用流水线作业的思想，以提高港口的装卸效率和吞吐量。③在装卸设备的吊具和运输工具上。现在在岸桥和场桥上每个吊具已经一次不只抓起一个标准集装箱，而是一次可以抓起两个标准集装箱。为配合岸桥装卸工艺的改进，如双小车、双 40 英尺箱、双 40 英尺箱双小车以及可起吊 3 只 40 英尺箱的吊具，水平运输工艺也在积极进行改进，如现在的集卡的拖挂车一次已经可以拖拉 2TEU 甚至 4TEU 的集装箱（阿联酋迪拜港已率先采用类似的集卡在实际装卸生产中）。

（2）局部性原理。在计算机系统中有两种局部性原理：时间局部性原理和空间局部性原理。其实在 CTLS 中，也有类似的局部性原理。例如，在随后的 7.6.3 节的仿真实例中，各个集卡的水平运输量就有很大的区别，当信号量为 3（或 4，5）时，单辆集卡的最大传输数量是 18 辆，而最小是 3 辆。即可以认为在水平运输就具有很大的局部性。这种局部性甚至不会因为刻意将负载均衡地放在场桥和岸桥上而改变。同样，在外集卡集箱和疏箱时，外集卡同样不是均匀地到达堆场，而是在集中的时间范围内在某一时间段，这种到港的分布规律，必然导致大门、场桥忙闲作业的时间上的局部性。而与此同时，由于同一艘船的进口箱、出口箱往往又放在一起(当然分布在若干块中),而这同样也导致了码头堆场作业的空间局部性,对于中转箱更是尤为如此。

(3)关注经常性事件。这更是在码头的实际生产调度中随处可见。例如,现在集装箱码头前沿、水平运输和码头堆场的生产装卸都是以普通箱作为主要的作业对象,而没有以特种箱(如冷藏箱)为主要的考虑对象,因此主要的装卸工艺的改进和应用都是在普通箱上(如前所述),因为港口的进出口箱有 99% 是普通箱(即以经常性事件为主)。而对于特种箱,往往采用一些特殊的处理方式,如集箱和提箱的外集卡(特种箱的)可以直接开上码头前沿进行装卸,这对于普通箱是肯定不允许的。另外,由于在港口装船时,经常倒箱,所以现在港口上往往根据船舶配载图和装卸计划进行预倒箱,以改善这种经常性事件的执行效率。又如,在港口的装卸设备资源调度上,如果将岸桥:内集卡:场桥按照 1:1:1 来装卸生产,那么将经常出现岸桥和场桥等待集卡作业的情况,于是在购买港口设备和在实际生产中调配装卸运输资源时,必将考虑多购买和分配集卡到相应的装卸生产中,那么分配集卡导致场桥不用再等待集卡作业,那么通常此时又会出现岸桥等待集卡作业现象,因为场桥的作业效率远远低于岸桥,所以必将追加装卸作业船时的场桥数量,同时自然也会追加相应的内集卡数量。于是在装卸船时,设备资源往往采用如下的配置:内集卡>场桥>岸桥。

上述参照计算机体系结构的设计理念而得出的生产调度指导原则将被应用到 CTLS 各个环节的生产调度中,以评估生产调度策略和设备配置的合理性与有效性。其不仅在码头前沿如此,在随后的集卡调度和堆场作业也是如此。

7.6.3　仿真实例

如前所述,集装箱码头的前沿是整个 CTLS 的中央处理器集群,其重要性对于集装箱码头的生产调度可见一斑。本节在 7.4 节的基础上,对同样的生产数据,在不同的码头布局、设备配置和调度策略下,得到的不同生产调度结果,来评估集装箱码头的投入和改进比,以此来指导集装箱码头前沿的泊位与岸桥配置。

同样基于表 7-1 的实际到港生产数据,在 5.4.1 节的码头布局下,如果在泊位 1、2、3 和 4 逐个增加 1 台岸桥,即码头前沿总体的岸桥数是 13,14,15 和 16,如以集装箱码头的吞吐量为调度重点,则通过仿真可以得到船舶的在港时间分别为 168.13h,156.02h,148.02h 和 141.28h。类似地,如果同时考虑集装箱码头和船舶公司的利益,那么船舶的在港时间分别为 168.35h,157.57h,148.98h 和 142.24h。如果认为集装箱码头前沿单位时间(在这里是每小时)的装卸作业量是集装箱码头前沿作业系统的性能,那么根据上述的仿真实验结果,参照计算机体系结构中的 Amdahl 定律,可以得到在两种调度策略下,增加 1 台岸桥的集装箱码头前沿作业加速比分别为

集装箱码头前沿作业加速比 1A＝(1/168.13)/(1/193.61)＝1.15155

集装箱码头前沿作业加速比 1B＝(1/168.35)/(1/196.15)＝1.16513

而增加 2 台的集装箱码头前沿作业加速比分别为

集装箱码头前沿作业加速比 2A＝(1/156.02)/(1/193.61)＝1.24093

集装箱码头前沿作业加速比 2B＝(1/157.57)/(1/196.15)＝1.24484

增加 3 台的集装箱码头前沿作业加速比分别为

集装箱码头前沿作业加速比 3A＝(1/148.02)/(1/193.61)＝1.308

集装箱码头前沿作业加速比 3B＝(1/148.98)/(1/196.15)＝1.31662

而增加 4 台的集装箱码头前沿作业加速比分别为

集装箱码头前沿作业加速比 4A＝(1/141.28)/(1/193.61)＝1.3704

集装箱码头前沿作业加速比 4B＝(1/142.24)/(1/196.15)＝1.37901

即对于第一种调度策略,增加 1 台岸桥可以提高集装箱码头前沿作业效率 15.155％,增加 2 台岸桥可以提高前沿作业效率 24.093％,增加 3 台岸桥可以提高前沿作业效率 30.8％,增加 4 台岸桥可以提高 37.04％。而对于第二种调度策略,增加 1 台岸桥可以提高集装箱码头前沿作业效率 16.513％,增加 2 台岸桥可以提高前沿作业效率 24.484％,增加 3 台岸桥可以提高前沿作业效率 31.662％,增加 4 台岸桥可以提高 37.901％。显然增加 1 台岸桥时对码头前沿的作业效率提升最大,增加 2 台岸桥次之,增加 3 台岸桥和 4 台岸桥的效果相对就不那么明显了。由于现实的码头实际生产中,泊位的实际占用率几乎不可能达到 100％,所以从仿真的加速比情况考虑,为该码头前沿增加 1～2 座岸桥是比较合适的选择。

下面在上述的建模、仿真和调度理念下,加载另一组码头生产数据,如表 7-9所示。该组数据相对于第一组生产数据,船舶的到港密度更大,装卸箱量也更多,这样更能反映出岸桥的增加对于码头前沿装卸作业的影响。由于船舶的到港密度很大,于是以码头的吞吐量和通过能力为调度时的考虑重点,那么在码头岸线长度为 1250m,设计泊位为 4,每个岸桥的作业效率为 27moves/h,岸桥数为 12,13,14,15 和 16。那么上述集装箱船舶的在港时间分别为 226.37h,200.96h,184.59h,174.11h 和 166.11h。如果以岸桥数为 12 作为码头前沿作业系统的性能参照,那么岸桥数为 13、14、15 和 16 时,系统的加速比分别为 1.12644,1.22634,1.30016 和 1.36277。从上述的实验数据可知,增加 1 台岸桥可以提高集装箱码头前沿作业效率 12.644％,增加 2 台岸桥可以提高前沿作业效率 22.634％,增加 3 台岸桥可以提高前沿作业效率 30.016％,增加 4 台岸桥可以提高 36.277％。显然,同上一组加载的作业数据类似,从仿真的加速比情况考虑,为该码头前沿增加 1～2 座岸桥是比较合适的选择。

表 7-9　实际到港船舶数据

集装箱船	船长/m	装卸箱量/箱	到港时间/h
1	260	960	1.667
2	310	1790	5.333
3	205	980	8.5
4	345	1825	13
5	305	1060	22
6	270	980	23
7	335	1525	29
8	350	1035	30
9	275	1080	44
10	322	890	45
11	150	950	52.667
12	330	1670	66
13	340	1580	68
14	265	504	70
15	285	1065	71

7.7　本 章 小 结

本章主要针对 CTLS 的运作核心——码头前沿的生产调度进行研究。在第 4 章所述的基于哈佛体系结构和 Agent 计算的 CTLS 建模体系结构和基于属性的有阻塞的混合流水车间的集装箱码头生产调度模型下,建立泊位-岸桥的数学模型。随后将计算机操作系统的资源分配策略和计算智能分别引入泊位分配和泊位-岸桥联合调度中,以帮助港口制定合适的生产计划。与此同时,也将计算机体系结构中的量化原则引入 CTLS 中,以帮助港口进行规划设计和设备配置的决策。总体而言,本章从 CTLS 运作的核心——码头前沿生产调度为切入点,初步阐明和论述了基于哈佛体系结构和 Agent 计算的 CTLS 复合建模方法的正确性与合理性。

第8章 基于哈佛体系结构和 Agent 计算的集装箱码头核心设备调度

8.1 引　言

在集装箱码头的整体运营成本中,岸桥的成本相当昂贵,这一是因为它是码头前沿最重要的装卸设备,采购与维护成本较高;二是每增配一台岸桥,就必须配备相应一定数量的内集卡和场桥,以及其他设备和人员等。所以只有充分利用岸桥的产能,提高岸桥的工作效率,提高码头前沿的吞吐量,才可能降低港口的运营成本。通常情况下,采用岸桥和场桥的集装箱码头,都采用内集卡在码头前沿与堆场间进行集装箱的水平运输。每台岸桥按照一定的比例配备内集卡数量,一般为每台岸边起重机配备 4～7 辆集卡,一台岸桥和对应配备的集卡组成一条作业路。配备的集卡始终为该岸桥服务,即与该岸桥绑定,直至岸桥停止作业。这种面向作业路的作业调度模式称为集卡静态调度,也是我国目前各港口码头所普遍采用的传统作业模式。上述集卡调度模式有着管理方便、考核简单的优点,但不同作业路繁忙程度和水平运输距离不同,不利于集装箱码头整体作业效率的提高,其不足之处一是表现在缺乏对各"作业路"集卡数量的调控;二是集卡空驶现象严重;三是一味增加码头集卡期望提高集装箱码头的运作效率,很有可能造成码头内发生交通堵塞,给码头的生产组织带来进一步的困难,即在集装箱码头上集卡数量的配置存在着明显的效益背反(trade-off)现象。基于上述集卡静态调度等存在的自身无法克服的弊端,本章采用集卡动态调度模式来进行 CTLS 中的水平运输,其与集卡静态调度模式的运作如图 8-1 所示。

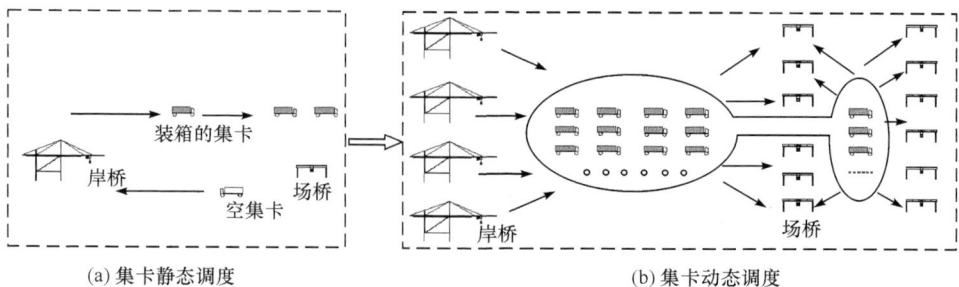

(a) 集卡静态调度　　　　　　　　　　　　(b) 集卡动态调度

图 8-1　集卡的静态调度与动态调度

集卡动态调度模式的整体思路是打破原有的固定作业路模式,建立 CTLS 的内集卡池(inner yard trailer pool),各泊位、各岸桥、各场桥共享 CTLS 的内集卡资源,集卡不为固定岸桥服务,所有作业路可以共享所有的集卡,每辆集卡同时对应多条作业路,保证集卡处于空闲状态后就近投入其他需要集卡的作业路中,更有甚者,每辆集卡可以服务于多条作业线,包括内场转堆作业、驳船、大船装卸作业等,从而缩短集卡的空载行驶时间和距离。总体上看,集卡动态调度模式具有以下优点:①突破"作业路"限制;②实现"重来重去"循环作业;③实行集卡"就近作业";④易实现优先满足"重点作业"的原则[107]。但是集卡动态调度也较以往的静态调度模式提出了对集装箱码头调度更高的要求:在集卡调度过程中必然会出现单辆集卡被多个设备(岸桥或场桥)同时需求,或者单个设备(岸桥或场桥)有多个集卡可供选择的情况。因此 CTLS 中集卡动态调度研究意义重大。

8.2　水平运输集卡调度模型

集装箱码头的水平运输作为衔接码头前沿作业和堆场作业的重要纽带,其集卡调度对于 CTLS 的整体运作具有重要影响。在基于 4.5 节所述的 CTLS 建模体系结构中,集卡动态调度的多 Agent 模型所涉及的核心 Agent 是岸桥 Agent、场桥 Agent、集卡 Agent 和集卡调度 Agent。如果集装箱被视为数据,并且集装箱流看做数据流,存在体系结构和操作过程之间的类比:码头前沿可以看做 CTLS 的中央处理器;岸桥 Agent 看做 CTLS 的一个核心处理器或有着双吊具的双核处理器。堆场区是 CTLS 的主要内部存储部分。集装箱堆场和计算机操作系统中的分页存储系统的组织与管理机制相似。场桥 Agent 可能被看做地址转换设备,堆场中每一个箱位可映射为一个物理地址,到港集装箱船上每一个箱位映射为逻辑地址。集卡 Agent 负责调度和形成 CTLS 的集装箱物流总线,而集卡调度是总线分配器。另一个总线单元是信息/指令总线,该总线用来传递来自控制中心的调度命令和来自实际生产现场收集的信息(这些都需要稳定健壮的信息技术基础设施的支撑)。因此可以利用计算机体系结构的操作与调度原理,来指导 CTLS,建立集卡动态调度模型。整个模型用实际的生产数据驱动,而数据库服务器则是 CTLS 的一个辅存设备。另外,集卡调度显然是 4.7 节所述的基于属性的有阻塞的混合流水车间的集装箱码头生产调度的一个部分,以出口箱为例,其如图 8-2 所示。另外,为便于对集卡调度建模特引入以下符号:

V_l,集装箱码头内集卡的重载速度。

V_e,集装箱码头内集卡的空载速度。

E_q,集装箱码头前沿的岸桥装卸作业效率。

E_y,集装箱码头堆场的场桥装卸作业效率。

针对出口箱的集卡调度

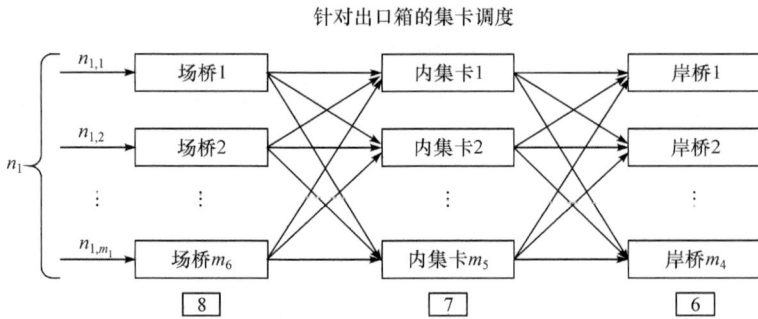

图 8-2　基于属性的有阻塞的混合流水车间的集卡调度

$C_{q,m}$，岸桥 m 在集装箱码头中的位置坐标。

$C_{y,n}$，场桥 n 在集装箱码头中的位置坐标。

$D_{m,n}$，根据集装箱码头布局和交通规则，内集卡在岸桥 m 和场桥 n 之间进行水平传输的距离。

M_k，在集装箱码头生产调度系统的基于属性的有阻塞的混合流水车间的描述中，k 级流水线处服务器的数量。

P_i，集装箱 i 的优先级，其对岸桥和场桥的装卸作业具有直接的影响。P_i 是由船舶的配载图和码头在集疏运时外集卡的到港的集箱和提箱顺序所决定的。

V_s，用于调度的信号量大小。

$F_{i,j,k}$，设备完工时间，是指集装箱 i 离开在 k 级流水线完成对其服务的设备 j 的时刻。

$T_{i,j,k}$，设备处理时间，是指在 k 级流水线上的设备 j 对集装箱 i 的处理加工时间。在本仿真实例中（即针对出口箱），在第 8 级和第 6 级处的 $T_{i,j,k}$ 受港口集箱和船舶配载图的影响较大。对于每个自然箱的装卸时间会有一定的波动。但由于现在很多港口都采取预翻箱的装卸工艺，所以在随后的仿真中，对第 8 级和第 6 级的 $T_{i,j,k}$ 进行简单化处理，即取场桥和岸桥对每一个自然箱的平均装卸时间，这也是集装箱码头的传统的处理模式。但第 7 级的 $T_{i,j,k}$ 不是固定的，它由集装箱码头布局、港口交通规则和内集卡重载速度（针对出口箱）共同决定，因为此三者直接决定了内集卡在一次作业中的水平运输距离。在随后的仿真中，将通过定义每一座岸桥到每一个堆区的平均移动距离，并将此距离填充到 OD（origin-destination）矩阵中（存储在数据库中）来实现集卡的水平运输距离。

$B_{i,j,k}$，设备阻塞时间，是指当集装箱 i 已经完成在 k 级设备 j 上的加工处理，因为 $k+1$ 级无相应设备可用，所以不得不继续占用 k 级设备 j。在当前的以出口箱为加工对象的仿真实例中，针对流水线的第 8 级和第 7 级，$B_{i,j,k}$ 是不确定的，但对于第 6 级，无须考虑 $B_{i,j,k}$，因为它已经是本实例中的最后一道加工工序。在第 8 级的 $B_{i,j,k}$ 主要受集卡水平运输时间、集卡空载速度等的影响；而第 7 级的 $B_{i,j,k}$ 则主要由集卡重载速度、岸桥下集卡等待队列的长度以及岸桥的作业效率所决定。

$P_{i,j,k}$，设备预备时间，是指在 k 级的设备 j 在收到装卸或运输集装箱 i 的指令后，仍然需要准备某个时间才能具体去执行该指令去装卸或运输集装箱 i。在当前的仿真实例中，在第 8 级，$P_{i,j,k}$ 与场桥的大车移动速度、出口箱在码头的集箱过程相关；在第 7 级，$P_{i,j,k}$ 其实就是内集卡在接收指令后的空驶时间，这由场桥和岸桥之间的距离、集装箱码头布局、港口交通规则以及集卡空载和重载的速度决定。上述的前 3 项决定了接到指令后内集卡的空驶距离，在随后的仿真中也是通过 OD 矩阵来实现的；而在第 6 级，$P_{i,j,k}$ 同第 8 级情况相似，与岸桥的大车移动速度、船舶配载图等密切相关。

集卡动态调度模型决策变量：

$x_{i,b}$，集装箱 i 是否已经由外集卡集箱到码头的堆场箱区 b 中；

$y_{i,j,k}$，集装箱 i 是否分配给位于流水线 k 级的设备 j 服务作业；

$z_{i,j,k,s}$，集装箱 i 是否安排在流水线 k 级的设备 j 的第 s 个服务作业。

在上述的符号和变量定义下，提出集卡调度的下列数学模型：

$$S_{i,j,k}=\max\{(F_{i-1,j,k}+P_{i,j,k}),(S_{i,j,k-1}+T_{i,j,k-1})\} \tag{8-1}$$

$$P_{i,j,k}=\begin{cases}0, & k=8\\ D_{m.n}/V_e, & k=7\\ 0, & k=6\end{cases} \tag{8-2}$$

$$T_{i,j,k}=\begin{cases}60/E_y, & k=8\\ D_{m.n}/V_l, & k=7\\ 60/E_q, & k=6\end{cases} \tag{8-3}$$

$$B_{i,j,k}=$$
$$\begin{cases}\begin{rcases}(F_{i-1,j,k}+P_{i,j,k})-(S_{i,j,k-1}+T_{i,j,k-1}), & (F_{i-1,j,k}+P_{i,j,k})>(S_{i,j,k-1}+T_{i,j,k-1})\\ 0, & (F_{i-1,j,k}+P_{i,j,k})\leqslant(S_{i,j,k-1}+T_{i,j,k-1})\end{rcases}k=8\\ \begin{rcases}(F_{i-1,j,k}+P_{i,j,k})-(S_{i,j,k-1}+T_{i,j,k-1}), & (F_{i-1,j,k}+P_{i,j,k})>(S_{i,j,k-1}+T_{i,j,k-1})\\ 0, & (F_{i-1,j,k}+P_{i,j,k})\leqslant(S_{i,j,k-1}+T_{i,j,k-1})\end{rcases}k=7\\ 0, & k=6\end{cases}$$
$$\tag{8-4}$$

$$F_{i,j,k}=S_{i,j,k}+T_{i,j,k}+B_{i,j,k} \tag{8-5}$$
$$i\in A\in\{1,2,\cdots,300\};$$
$$\text{s.t.}\quad j\in B=\begin{cases}\{1,2,\cdots,m_6\}k=8\\ \{1,2,\cdots,m_5\}k=7;\\ \{1,2,\cdots,m_4\}k=6\end{cases}$$

$$k \in C = \{6, 7, 8\}$$

$$f = \min \left\{ \max_{i \in A, j \in B, k \in C} \{ F_{i,j,k} \} \right\} \tag{8-6}$$

s. t.

$$x_{i,b} = \begin{cases} 0, & \text{集装箱 } i \text{ 未由外集卡集箱到码头的堆场箱区 } b \text{ 中} \\ 1, & \text{集装箱 } i \text{ 已由外集卡集箱到码头的堆场箱区 } b \text{ 中} \end{cases} \tag{8-7}$$

$$y_{i,j,k} = \begin{cases} 0, & \text{集装箱 } i \text{ 未分配给流水线 } k \text{ 级的设备 } j \text{ 服务作业} \\ 1, & \text{集装箱 } i \text{ 已分配给流水线 } k \text{ 级的设备 } j \text{ 服务作业} \end{cases} \tag{8-8}$$

$$Z_{i,j,k,s} = \begin{cases} 0, & \text{集装箱 } i \text{ 未安排在流水线 } k \text{ 级的设备 } j \text{ 的第 } s \text{ 个服务作业} \\ 1, & \text{集装箱 } i \text{ 已安排在流水线 } k \text{ 级的设备 } j \text{ 的第 } s \text{ 个服务作业} \end{cases}$$

$$\tag{8-9}$$

$$\sum_{i \in A} x_{i,b} = 1 \tag{8-10}$$

$$\sum_{b \in A} x_{i,b} = 1 \tag{8-11}$$

$$\sum_{j \in B} y_{i,j,k} = 1 \tag{8-12}$$

$$\sum_{j \in B} \sum_{i \in A} z_{i,j,k,s} = 1 \tag{8-13}$$

$$S_{i,j,k} \geqslant F_{i-1,j,k} \tag{8-14}$$

$$\sum_{i \in A} x_{i,b} S_{i,j,k} \leqslant \sum_{i \in A} x_{i,b+1} S_{i,j,k} \tag{8-15}$$

$$S_{i,j,k+1} \geqslant F_{i,j,k} \tag{8-16}$$

$$\sum_{j \in B} \sum_{i \in A} z_{i,j,k,s} F_{i,j,k} \leqslant \sum_{j \in B} \sum_{i \in A} z_{i,j,k,s+1} S_{i,j,k} \tag{8-17}$$

上述的式(8-1)～式(8-5)是模型变量的取值定义;而式(8-6)是系统的目标函数,旨在使得内集卡的整体水平运输时间最短;而式(8-7)～式(8-17)是模型的约束条件;式(8-10)和式(8-11)是指每个优先级只对应一个集装箱,同时每个集装箱也只对应一个优先级;式(8-12)和式(8-13)意味着每个集装箱在每个工序中仅被一个设备作业;式(8-14)和式(8-15)则意指下一个集装箱只有在当前集装箱被装卸作业完毕后,才能开始作业;式(8-16)意味着对于同一个集装箱,只有完成当前工序的作业,才能开始下一个工序作业;式(8-17)则意味着优先级高的集装箱能优先获取被服务作业的机会。

8.3　集卡动态调度仿真研究

8.3.1　仿真场景

本节根据文献[76]提供的案例进行实例仿真研究,码头布局如图 8-3 所示,该码头拥有一个泊位,几何尺寸为 1633ft×1875ft,堆场能力为 22464TEU,分为进口箱区和出口箱区,岸边起重机作业效率为 42moves/h,堆场起重机作业效率为 37moves/h,每个箱区有一台堆场起重机,前沿泊位配置 6 台岸桥起重机,共有 42 辆集卡用于水平运输。假设需要集卡运输的集装箱属性皆为出口箱,集装箱数为 300,被分配在堆场不同的出口箱区,出口箱区共 18 个,根据调研,集卡空载和重载速度分别设置为 16km/h 和 8km/h,该过程是一个基于属性的有阻塞的混合流水车间过程。

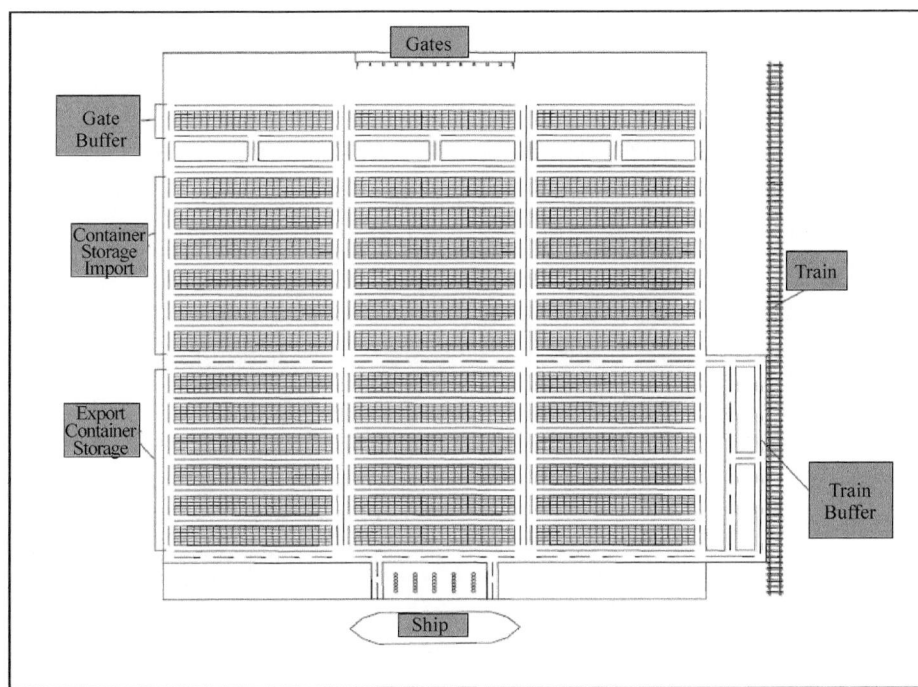

图 8-3　集装箱码头布局

8.3.2　集卡动态调度机制

本书利用哈佛体系结构建模 CTLS,在该建模思想中,集卡在本质上是一种装卸运输资源和独占型设备,既然基于计算机体系结构来建模 CTLS,那么自然而然就将引入计算机操作系统中的资源分配策略来进行其生产调度。对于集卡调度,这里选用的是操作系统中的信号量(semaphore)机制。信号量是 Dijkstra 在 1965年提出的一种方法,它使用一个整型变量来累计唤醒次数,供以后使用。在他的建议中引入了一个新的变量类型,称为信号量。一个信号量的取值可以为 0(表示没有保存下来的唤醒操作)或者为正值(表示有一个或多个唤醒操作)。Dijkstra 建议设立两种操作:Sleep 和 Wakeup。对一信号量执行 Sleep 操作,则是检查其值是否大于 0。若该值大于 0,则将其值减 1(即用掉一个保存的唤醒信号)并继续;若该值为 0,则进程将休眠,而且此时 Sleep 操作并未结束。Wakeup 操作对信号量的值增 1。如果一个或多个进程在该信号量上休眠,无法完成一个先前的 Sleep 操作,则由系统选择其中的一个并允许该进程完成其 Sleep 操作。于是,对一个有进程在其上休眠的信号量执行一次 Wakeup 操作之后,该信号量仍旧是 0,但在其上休眠的进程却少了一个。检查数值、修改变量值以及可能发生的休眠操作均作为单一的、不可分割的原子操作完成。保证一旦一个信号量操作开始,则在该操作完成或阻塞之前,其他进程均不允许访问该信号量。这种原子性对于解决同步问题和避免竞争条件是绝对必要的。

将上述机制经过扩展引入 CTLS 的集卡调度中,将是解决集装箱码头集卡动态调度过程中集卡分配以及进行岸桥、场桥集卡请求同步和互斥的一种非常高效鲁棒的机制。下面具体论述信号量机制在集卡调度中的扩展和应用。在原始的信号量定义中,信号量的大小是不能小于 0 的。由于集卡调度的重要目标之一就是保证岸桥和场桥的持续不间断工作,如果等到岸桥或场桥阻塞等待,显然是不符合港口的实际生产需要的,因此原版照搬计算机中的信号量显然不合适。鉴于此,首先在后台数据库中建立内集卡资源记录表,并根据 CTLS 的运作状况实时标识和修改内集卡的闲置和繁忙状态;然后把集卡资源看做整数变量类型的扩展信号量(extended semaphore,ES),其值可为正或负值,具体物理意义是当扩展信号量大于等于 0 时,其表示当前正在相应的岸桥或场桥下等待作业的内集卡数目,而当扩展信号量小于 0 时,扩展信号量绝对值的大小意指岸桥或场桥被阻塞的集卡请求数目。在港口的实际装卸作业中,应尽量避免岸桥和场桥等待集卡而悬挂等待,尤其是岸桥。为达到此生产调度目的,可以根据码头前沿和堆场的实际交通状况为扩展信号量设置一个大于 0 的阈值(threshold),当扩展信号量大于 0 且大于此阈值时,岸桥 Agent 或场桥 Agent 不向内集卡调度 Agent 发送要求集卡的请求指令,但一旦在岸桥或场桥下正在等待作业的集卡队列长度小于某一值时,其立即向内集卡调度 Agent 发出请求集卡的指令,内集卡调度 Agent 随即检查当前的空闲集卡池,如不为空,马上根据地理就近原则,分拨相应的内集卡,如当前无空闲集卡,则将该请求放入集卡请求池中阻塞等待。事实上,在此种调度方式下,岸桥或场桥几乎没有可能会发生集卡断档的情况。当某一时刻集卡请求池中有多个岸桥/场桥请求指令时,内集卡调度 Agent 并不是按照先来先服务的仲裁规则将当前空闲的集卡给予分配给相应的岸桥或场桥。内集卡调度 Agent 将当前正在参与装卸作业的所有岸桥和场桥按照正在其下等待作业的内集卡队列的长度和其发出请求集卡指令数目之差按照降序排列,然后逐一将空闲集卡指派给相应的岸桥或者场桥。在本实例中,由于都是出口箱,因此主要是将场桥按照此规则进行排序,然后给予集卡分配。对于单纯的进口箱,则主要将岸桥按照此规则进行排序,然后给予集卡分配。如果同时有进口箱和出口箱,那么就要将所有参与的岸桥和场桥进行排序,从而得出优先给予分配的设备。显然在对集卡动态调度的建模仿真中,不论是前台 AnyLogic 仿真和后台数据库服务器之间还是 AnyLogic 仿真中的各类 Agent 之间的通信交互,都存在大量的并发通信和数据库的读写,而 AnyLogic 自身所提供的良好通信机制(包括广播和点对点通信)和数据库服务器所具有的 ACID 特性为上述的两种并发情况提供了良好的支撑。(ACID 是数据库事务正确执行的四个基本要素的编写。其中,A:Atomicity,原子性;C:Consistency,一致性;I:Isolation,隔离性;D:Durability,持久性。)

8.3.3　仿真结果

　　下面对实际码头装卸生产中的一个实例进行仿真。根据船舶配载图和港口的实际集箱情况,六台岸桥分别装卸 52,49,52,43,52 和 52 个集装箱,18 个堆区各有 18,18,17,14,18,18,18,9,18,18,16,16,18,18,18,17,16 和 15。在初始情况下,将 42 辆集卡随机散布在 18 个堆区中,每个堆区拥有 0~4 辆集卡不等,集卡在 18 个出口箱区的初始分布为 1,4,4,1,4,4,2,2,1,3,1,2,4,0,0,4,3 和 2。设置信号量的值为 2,整个的水平传输的时间是 1h 50min 00s。相比于文献[53]的仿真结果,比较如表 8-1 所示。而每辆集卡的有效传输集装箱数和水平运输时间则如表 8-2 所示。

表 8-1　仿真结果比较 1

调度策略	最后完工时间 (h:min:s)	岸桥下集卡 平均等待数量 /辆	场桥下集卡 平均等待数 量/辆	岸桥下集卡 最大等待数量 /辆	场桥下集卡 最大等待数 量/辆
基于扩展信号量	1:50:00	2.37	1.31	8	3
遗传算法[53]	1:56:31	—	—	7	3
集卡静态调度[53]	2:11:27	—	—	4	3

表 8-2　集卡动态调度仿真结果

内集卡编号	初始位置	水平运输箱数	水平运输时间/h	最终位置
1	18	4	32.6	13
2	18	5	34.1	7
3	5	7	43.94	4
4	17	6	39.48	8
5	13	7	45.56	1
6	7	7	34.79	7
7	11	4	25.31	2
8	17	7	38.93	18
9	5	3	36.81	17
10	8	9	50.42	11
11	16	4	24.7	3
12	10	16	56.59	15
13	9	4	35.16	10
14	10	9	47.02	3
15	16	15	60.66	15
16	13	5	34.81	2
17	16	14	66.98	16
18	5	5	35.59	6
19	2	11	48.73	6
20	1	8	42.05	4
21	3	6	35.23	12
22	3	15	57.66	14
23	6	11	41.42	5
24	5	10	43.72	10
25	16	5	30.75	3
26	12	5	31.29	10
27	2	6	34.41	13
28	4	5	31.75	16
29	17	8	40.93	1
30	7	5	29.48	17
31	6	3	29.1	6
32	2	9	46.74	9

内集卡编号	初始位置	水平运输箱数	水平运输时间/h	最终位置
33	6	3	23.44	5
34	13	8	48.71	2
35	2	5	28.33	16
36	10	4	26.69	8
37	8	6	39.79	18
38	12	9	55	13
39	13	9	49.01	11
40	3	4	38.02	5
41	6	6	32.63	12
42	3	8	47.74	9

　　保持岸桥和场桥的作业任务分配不变,即六台岸桥分别装卸 52,49,52,43,52 和 52 个集装箱,18 个堆区仍各有 18,18,17,14,18,18,19,9,18,18,16,16,18,18, 18,17,16 和 15。在初始情况下,将 42 辆集卡随机散布在 18 个堆区中,每个堆区拥有 0~4 辆集卡不等,集卡在 18 个出口箱区的初始分布也为 1,4,4,1,4,4,2,2, 1,3,1,2,4,0,0,4,3 和 2。调整信号量的值从 1 到 5,得到如表 8-3 所示的相关仿真结果。

表 8-3　仿真结果比较 2

信号量大小	最后完工时间（h:min:s）	岸桥下集卡平均等待数量/辆	场桥下集卡平均等待数量/辆	岸桥下集卡最大等待数量/辆	场桥下集卡最大等待数量/辆
1	01:43:51	2.804	1.154	8	3
2	01:50:00	2.37	1.31	8	3
3	02:05:00	1.979	1.463	8	3
4	02:05:00	1.979	1.463	8	3
5	02:05:00	1.979	1.463	8	3

　　在此工作负载和不同的信号量大小下,各个集卡水平运输的集装箱个数和有效水平运输时间如图 8-4 和图 8-5 所示:整个内集卡集合的有效水平传输时间(从场桥发箱开始计时直至岸桥收箱截止)在信号量为 1,2 和 3(4,5)时分别是 30h 55min 32s,27h 56min 04s 和 26h 40min 27s。显然整体水平运输时间最短的其有效水平运输时间是最长的,即最充分有效地利用了码头上的现有内集卡设备资源。单辆内集卡最大的水平传输箱数为在信号量为 1,2 和 3(4,5)时分别是 14,16 和

18,最小的水平传输箱数则都为 3,水平运输箱量的标准偏差依次为 2.543,3.354
和 3.68。因为都是水平运输同样的整体箱量,集卡数目又相同,所以通过标准偏
差可以看出水平运输时间最短的情况,也是各辆内集卡负载最均衡的情况。这一
点同样可以从有效水平传输时间看出,单辆内集卡最大的有效水平传输时间在信
号量为 1,2 和 3(4,5)时分别是 62.79min,66.98min 和 74.81min,最小的水平传
输时间则分别为 16.88min,23.44min 和 17.29min,水平运输箱量的标准偏差依次
为 9.492,10.285 和 12.806。显然又是水平传输时间最短的拥有最小的标准偏
差,即其负载最为均衡。

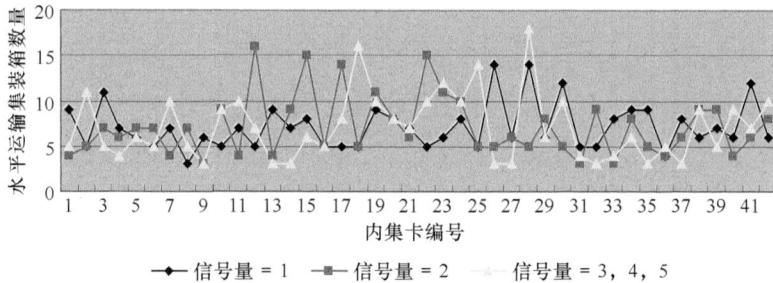

图 8-4　不同信号量下的集卡水平运输箱数

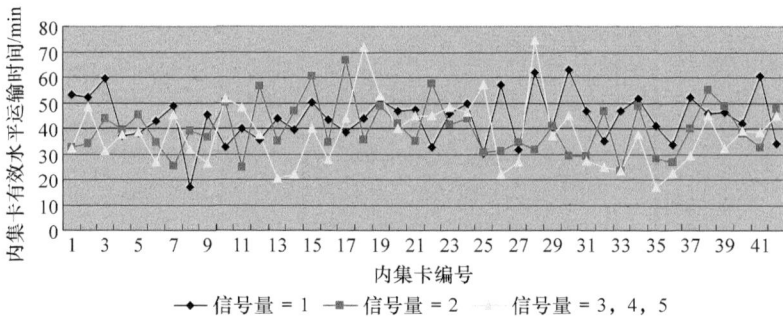

图 8-5　不同信号量下的集卡水平运输时间

8.3.4　仿真分析

在上面的论述中,根据码头的实际装卸生产情况,对其中的某一个生产实例进
行了仿真与分析,进一步验证了 4.5 节所述的基于哈佛体系结构和 Agent 计算的
CTLS 的建模体系结构和 4.7 节所述的基于属性的有阻塞的混合流水车间的集装
箱码头生产调度模型的正确性与可行性,但其只是一个生产实例,下面将水平运输
情况进行一般化,即同样需要进行水平运输 300 个集装箱,但根据集装箱是否均匀
地分配给岸桥、场桥以及集卡是否在初始情况下是均匀地分布在各个堆区中,设置

信号量的大小为 2,分 8 种情况详细讨论基于哈佛体系结构和 Agent 计算的集装箱码头集卡动态调度情况(这其实也是上述仿真实验的敏感度分析)。

(1) 装卸任务未均衡地分配给岸桥和场桥,集卡初始也未均匀地分布。这是最普适和原始的一种情况,其根据船舶配载图的需要和对集箱时的调度要求最低。与此同时,在初始情况下,将 42 辆集卡随机散布在 18 个堆区中,每个堆区拥有 0~4 辆集卡不等,仿真该实例 1000 遍,结果如图 8-6 所示。最短的水平传输时间是 1h 24min 51s,最长的则为 2h 26min 00s,平均耗时 1h 42min 16s,标准偏差为 11.096。该仿真的平均结果优于文献中对于同一仿真实例所使用的静态调度和使用遗传算法作为调度方法的结果。

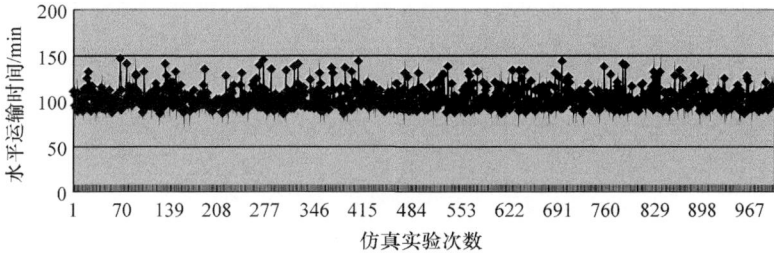

图 8-6　第 1 组仿真结果

(2) 装卸任务均衡地分配给岸桥,但在堆区中不均衡集箱,集卡初始也未均匀地分布。此种情况下,在初始情况下,将 42 辆集卡随机散布在 18 个堆区中,每个堆区拥有 0~4 辆集卡不等,仿真该实例 1000 遍,结果如图 8-7 所示。最短的水平传输时间是 1h 23min 00s,最长的则为 2h 28min 00s,平均耗时 1h 40min 46s,标准偏差为 10.528。该仿真的平均结果优于文献中对于同一仿真实例所使用的静态调度和使用遗传算法作为调度方法的结果。显然任务均衡分配给岸桥后,水平运输的效果要比上一种情况好。

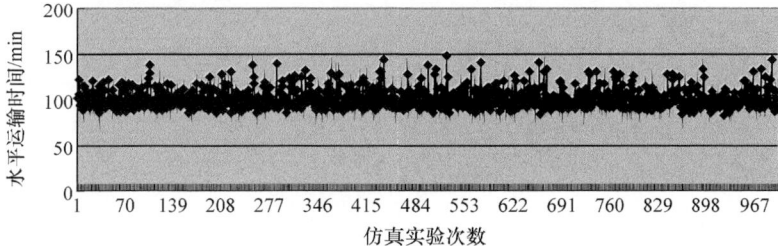

图 8-7　第 2 组仿真结果

(3) 装卸任务未均衡地分配给岸桥,但在堆区中均衡集箱,集卡初始也未均匀地分布。此种情况显然是一种与实际生产非常吻合的情况,由于船舶配载图,岸桥的工作负载不可能完全相同,但也不可能差异太大(设置为 45～55),但在集箱时则可以制定相应的堆区计划,使得出口箱在各个堆区中均匀分配。虽然在集箱时会因为外集卡到来的随机性而需要倒箱来配合船舶配载图,但这种事先的预倒箱和均衡分布出口箱的做法显然会大幅提高港口在装卸船舶的速度,从而缩短船舶的在港时间,以增大港口的集装箱吞吐量。同样在初始情况下,将 42 辆集卡随机散布在 18 个堆区中,每个堆区拥有 0～4 辆集卡不等,仿真该实例 1000 遍,结果如图 8-8 所示。最短的水平传输时间是 1h 24min 43s,最长的则为 2h 17min 00s,平均耗时 1h 40min 03s,标准偏差为 9.124。该仿真的平均结果优于文献中对于同一仿真实例所使用的静态调度和使用遗传算法作为调度方法的结果。

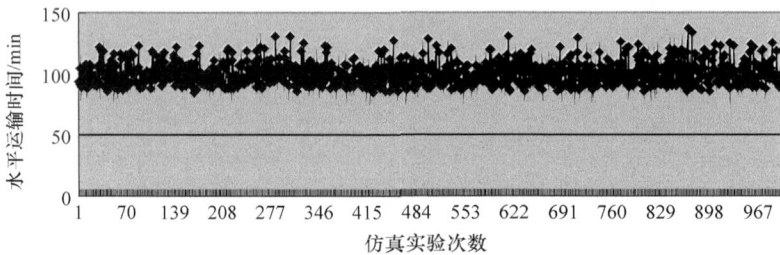

图 8-8　第 3 组仿真结果

(4) 装卸任务均衡地分配给各岸桥和各场桥,但集卡初始未均匀地分布。如果将装卸作业任务,平均分摊到六个岸桥,即每个岸桥装卸 50 个集装箱,同时在集箱时也注意将其尽可能平均地分摊到各个箱区中,即每个堆区中拥有 16～17 个集装箱,42 辆集卡随机散布在 18 个堆区中,每个堆区拥有 0～4 辆集卡不等,仿真该实例 1000 遍,结果如图 8-9 所示。最短的水平传输时间是 1h 28min 00s,最长的则为 2h 27min 00s,平均耗时 1h 52min 08s,标准偏差为 11.075。

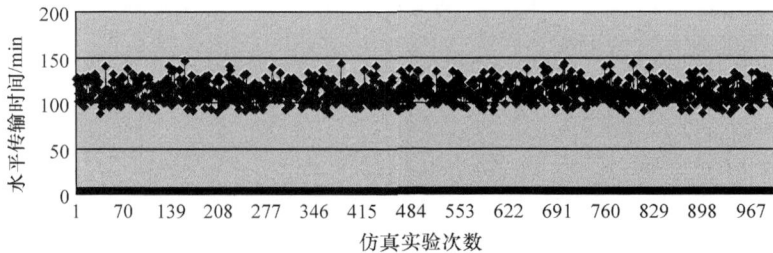

图 8-9　第 4 组仿真结果

(5) 装卸任务未均衡地分配给各岸桥和各场桥,但集卡初始均匀地分布在各场区中。根据船舶配载图的需要和在集箱时不过多地考虑负载均衡的问题,同时将 42 辆集卡较为均匀地散布在 18 个堆区中,即每个堆区在初始情况下拥有 2～3 辆集卡在场桥下等待,重复仿真该实例 1000 遍,结果如图 8-10 所示。最短的水平传输时间是 1h 21min 51s,最长的则为 1h 35min 00s,平均耗时 1h 26min 31s,标准偏差为 1.819。

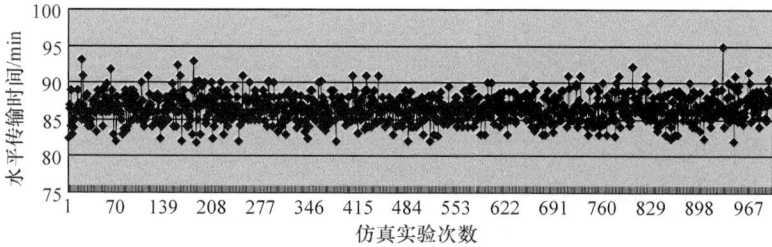

图 8-10　第 5 组仿真结果

（6）装卸任务均衡地分配给岸桥，但在堆区中不均衡集箱，集卡初始均匀地分布。重复仿真该实例 1000 遍，结果如图 8-11 所示。最短的水平传输时间是 1h 21min 00s，最长的则为 1h 31min 00s，平均耗时 1h 25min 49s，标准偏差为 1.637。

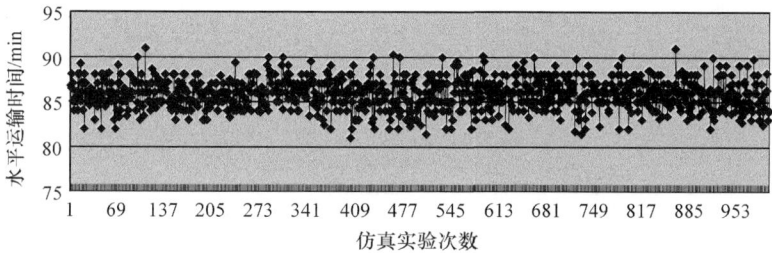

图 8-11　第 6 组仿真结果

（7）装卸任务未均衡地分配给岸桥，但在堆区中均衡集箱，集卡初始均匀地分布。重复仿真该实例 1000 遍，结果如图 8-12 所示。最短的水平传输时间是 1h 20min 09s，最长的则为 1h 33min 34s，平均耗时 1h 24min 36s，标准偏差为 1.851。

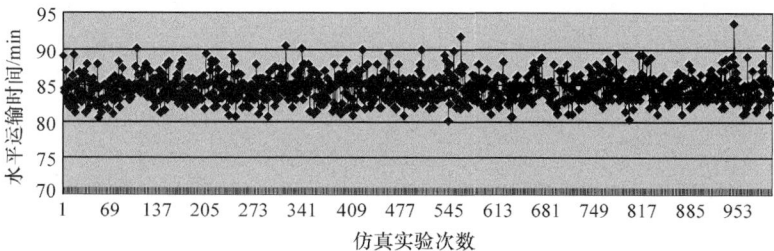

图 8-12　第 7 组仿真结果

（8）装卸任务均衡地分配给各岸桥和各场桥，而集卡也初始均匀地分布在各场区中。而如果调整岸桥和场桥的装卸作业分布，使装卸任务均衡地放置在各个岸桥和场桥上，即每个岸桥将 50 个出口箱装船，而每个场桥发箱 16 或 17 个，同时集卡均匀地散布在 18 个堆区中，即每个堆区初始情况下有 2 或 3 辆集卡，同样重复仿真该实例 1000 遍，竟然发现所有的水平传输时间仍然是一样的：1h 24min 26s。

上面的 8 组仿真结果如表 8-4 所示，可以看出集卡在堆场上的初始分布对于集卡动态调度本身具有重要的意义。如果集卡是被均匀地散布在堆场上，那么无论岸桥和场桥的作业分配情况如何，水平传输的时间都是较优的且变化不大，其至少远远短于平均水平。而且这个特点是稳定的，无论岸桥和场桥的作业任务是否均衡。如果将内集卡看做集装箱码头水平运输子系统的处理机，那么其实这也反映了和计算机系统中负载均衡同样的原理。完全可以将此作为一个重要有效的集卡动态调度规则应用到水平运输的调度中。基于此规则，调整信号量的值从 1～5，并且进行上述同样的仿真。按照任务是否均衡地分配给岸桥和场桥，各仿真该实例 1000 遍，相应的结果如表 8-5 所示，其中作业未均匀分配给岸桥和场桥时的最后完工时间为 1000 次实验的平均值，而第二组实验中 1000 次的实验结果均相同。可以看出，在本次实例中，信号量的大小从 1 调到 2 后，生产效果有所改善，但再增大信号量，系统性能未有改变，说明信号量与生产需求密切相关，应根据具体情况进行调整。

表 8-4　仿真结果比较 3

实验组别	最短水平运输 时间（h：min：s）	最长水平运输 时间（h：min：s）	平均水平运输 时间（h：min：s）	标准偏差
第 1 组	1：24：51	2：26：00	1：42：16	11.096
第 2 组	1：23：00	2：28：00	1：40：46	10.528
第 3 组	1：24：43	2：17：00	1：40：03	9.124
第 4 组	1：28：00	2：27：00	1：52：08	11.075
第 5 组	1：21：51	1：35：00	1：26：31	1.819
第 6 组	1：21：00	1：31：00	1：25：49	1.637
第 7 组	1：20：09	1：33：34	1：24：36	1.851
第 8 组	1：24：26	1：24：26	1：24：26	0

表 8-5　仿真结果比较 4

信号量大小	1	2	3	4	5
作业未均匀分配给岸桥和 场桥时最后完工时间 （h：min：s）	1：27：44	1：26：31	1：26：31	1：26：31	1：26：31
作业均匀分配给岸桥和 场桥时最后完工时间 （h：min：s）	1：19：26	1：24：26	1：24：26	1：24：26	1：24：26

8.4　水平运输集卡调度的量化评估

由于集装箱船舶的日益大型化和快速化,要求港口能够快速地完成装卸船的工作,仍以 8.3.1 节的码头布局和设备配置为仿真背景,即有 6 台岸桥、18 台场桥和 42 辆内集卡,且设置信号量的大小为 2,以出口箱为例,但出口箱的数量增加为 1500,依据 6.3.4 节中的仿真分析结果,采取较为先进的水平运输工艺,即在堆区中均衡集箱,集卡初始均匀地分布,由于船舶配载图的需要,装卸任务则未均衡地分配给岸桥,仿真实例 1000 遍,得到如图 8-13 所示的结果:仿真实例中最短的水平传输时间是 6h 52min 00s,最长的则为 7h 49min 26s,平均耗时 7h 14min 47s,标准偏差为 8.31。

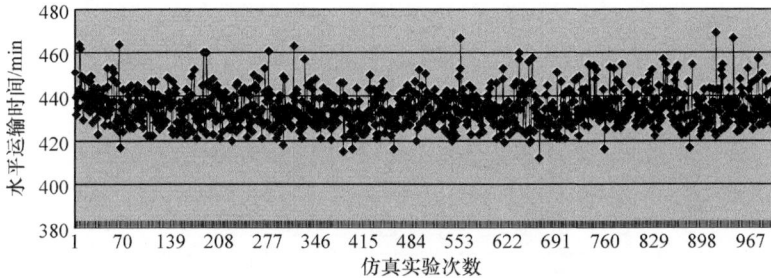

图 8-13　1500 出口箱仿真结果(42 辆内集卡)

下面保持参与装卸的岸桥和场桥数目不变,同样在堆区中均衡集箱,集卡初始均匀地分布,并依次调节集卡的数量为 20,25,30,35,40,42 和 45 时,各自仿真上述生产任务 1000 遍,得到如表 8-6 和图 8-14 所示的结果。

表 8-6　水平运输仿真结果

内集卡数量	最小水平运输时间 (h:min:s)	最大水平运输时间 (h:min:s)	平均水平运输时间 (h:min:s)	样本标准偏差
20	12:04:00	14:49:00	13:25:39	27.246
25	09:54:00	12:58:00	11:06:57	23.752
30	09:03:00	13:24:00	10:23:59	30.549
35	09:17:00	11:21:00	10:27:44	18.316
40	07:21:00	08:10:00	07:41:46	7.931
42	6:52:00	7:49:26	7:14:47	8.31
45	6:57:00	7:37:00	7:13:26	6.251

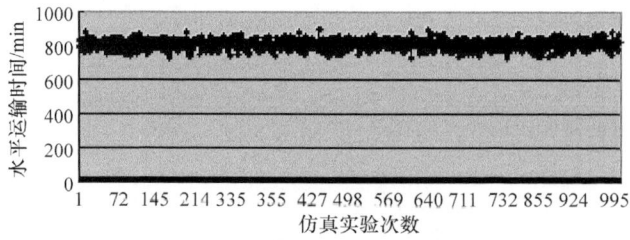

(a) 仿真结果1(20辆内集卡)

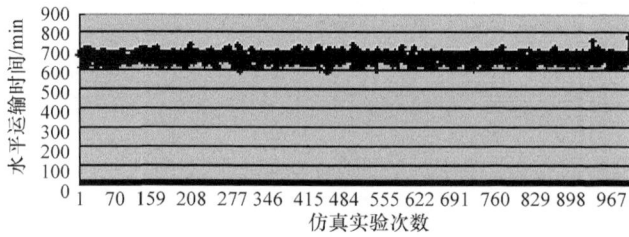

(b) 仿真结果2(25辆内集卡)

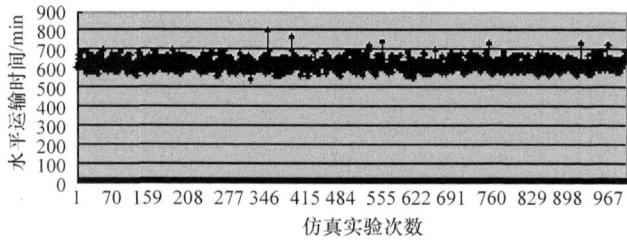

(c) 仿真结果3(30辆内集卡)

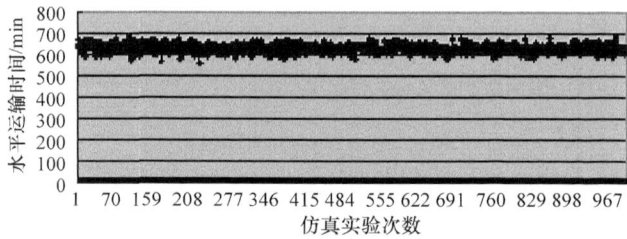

(d) 仿真结果4(35辆内集卡)

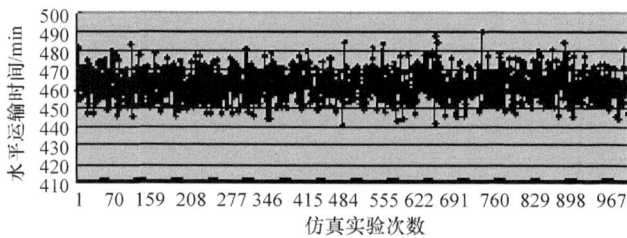

(e) 仿真结果5(40辆内集卡)

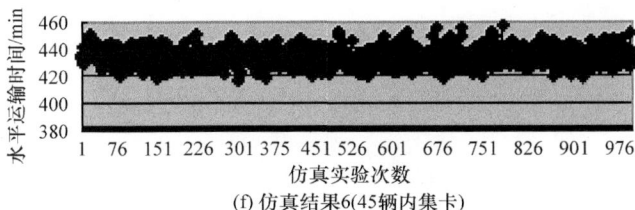

(f) 仿真结果6(45辆内集卡)

图 8-14　不同集卡配置下的水平运输比较

如果将集卡看做水平运输的处理机,以 20 辆集卡作为码头水平运输作业系统的性能参照,以平均水平运输时间作为评估标准,那么当集卡数为 25,30,35,40, 42 和 45 时,CTLS 水平运输子系统的加速比分别为

$$水平运输加速比\_25=(1/12.967)/(1/14.817)=1.14267$$
$$水平运输加速比\_30=(1/13.4)/(1/14.817)=1.10575$$
$$水平运输加速比\_35=(1/11.35)/(1/14.817)=1.30546$$
$$水平运输加速比\_40=(1/8.167)/(1/14.817)=1.81425$$
$$水平运输加速比\_42=(1/7.824)/(1/14.817)=1.89379$$
$$水平运输加速比\_45=(1/7.617)/(1/14.817)=1.94525$$

由上述的数据分析可知,当集卡数量从 35 辆增至 40 辆时,水平运输子系统的性能得到了一个较大的提高,但当集卡数量继续增加时,水平运输所获得的性能提升非常有限,所以建议对于 8.3.1 节所述的集装箱码头布局,根据码头实际情况,配备 40~45 辆集卡是一个较为合适的选择。

8.5　基于仿真的优化——集卡调度

前面详细探讨了集卡的动态调度以及集卡数量对 CTLS 水平运输作业的影响,本节以基于仿真的优化(simulation based optimization,SBO)为工具来进一步探讨在已有的码头布局和设备配置下,如何寻找最优的参数设置和设备配置。

基于仿真的优化的基本原理是利用仿真模型代替解析模型的目标函数和约束条件,由优化算法产生初始解(决策变量),然后将其输入仿真模型中,仿真运行结束输出一个或多个响应值(性能指标),将其反馈到优化算法中,作为优化算法确定新一轮搜索方向的依据,并将搜索结果重新输入仿真模型中。上述过程反复进行,直至满足预先设定的终止条件,如图 8-15 所示。利用基于仿真的优化方法研究 CTLS 将是一种极为有效的途径和方法。

如前所述,AnyLogic 具有开放的应用体系结构,在 AnyLogic 中无缝地集成了世界领先的 OptQuestTM 优化器。OptQuestTM 使用启发式方法、神经网络和数学优化方法,找到使目标函数最大或最小的离散和/或连续模型参数的值。

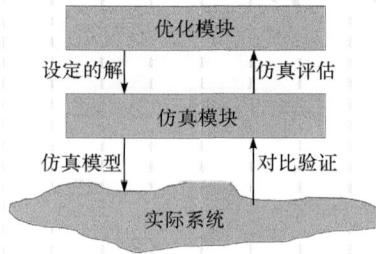

图 8-15　基于仿真的优化方法的基本思想[82]

OptQuestTM 已经表现出它是一种在处理最具挑战性的非线性模型方面极为有效的优化方法,能够根据约束条件和不确定性给出最优解。OptQuestTM 在模型开发环境中进行设置和运行。

　　设置参与装船的岸桥的数量、内集卡的数量、场桥的数量(此 3 项为混合流水线每个加工阶段的机器数目)、内集卡的重载速度、空载速度、岸桥的装卸效率、场桥的装卸效率和信号量的大小(此 5 项为调节混合流水线各阶段的机器的加工参数)为决策变量,数学模型仍采用 8.2 节所示的数学模型,但增加以下 7 个条件约束:

$$6 \leqslant V_l \leqslant 18 \tag{8-18}$$

$$12 \leqslant V_e \leqslant 36 \tag{8-19}$$

$$V_e = 2 \times V_l \tag{8-20}$$

$$30 \leqslant E_q \leqslant 45 \tag{8-21}$$

$$25 \leqslant E_y \leqslant 40 \tag{8-22}$$

$$5 \leqslant E_q - E_y \leqslant 10 \tag{8-23}$$

$$1 \leqslant V_s \leqslant 5 \tag{8-24}$$

　　在硬件配置为 Intel Core™ Duo CPU T5250 (1.50 GHz×2)和 3GB 内存,软件配置为 Windows Vista™ Home Basic 操作系统、AnyLogic Advanced 6.4.0 和 SQL Server 2005 Develop 的机器上仿真优化上述集卡调度模型。设置最大仿真次数为 1000,AnyLogic 的最大可用内存为 256MB,整体实验全部耗时 3710.5s 得到了上述仿真实例的最佳参数配置方案。如图 8-16 所示,AnyLogic 的 OptQuest 优化引擎在 662 代找到了最佳配置方案,其结果如下:参与装卸的岸桥、内集卡、场桥的数目分别为 6,42 和 11,内集卡重载速度、空载速度、岸桥的装卸效率、场桥的装卸效率和信号量的大小则分别为 18,36,45,40 和 2。整体的水平运输时间是 1h 11min 0s。在岸桥等待的内集卡最大数量是 8,而在场桥下等待的内集卡数量最多为 4。如果保持混合流水线各阶段的机器加工参数不变,即内集卡的重载速度和空载速度分别为 8 和 16,岸桥和场桥的装卸作业效率分别为 42 和 37,仅以参与装船的岸桥的数量、内集卡的数量、场桥的数量和信号量的大小为决策变量,在相同的软硬件配置上执行相似的仿真实验,整体实验全部耗时 4337.8s,AnyLogic 的 OptQuest 优化引擎在 284 代发现最佳配置:参与装船的岸桥的数量、内集卡的数量、场桥的数量和信号量的大小分别为 6,38,11 和 1。整体的水平运输时间是 1h 18min 0s。在岸桥和场桥等待的内集卡最大数量仍然是 8 和 4。

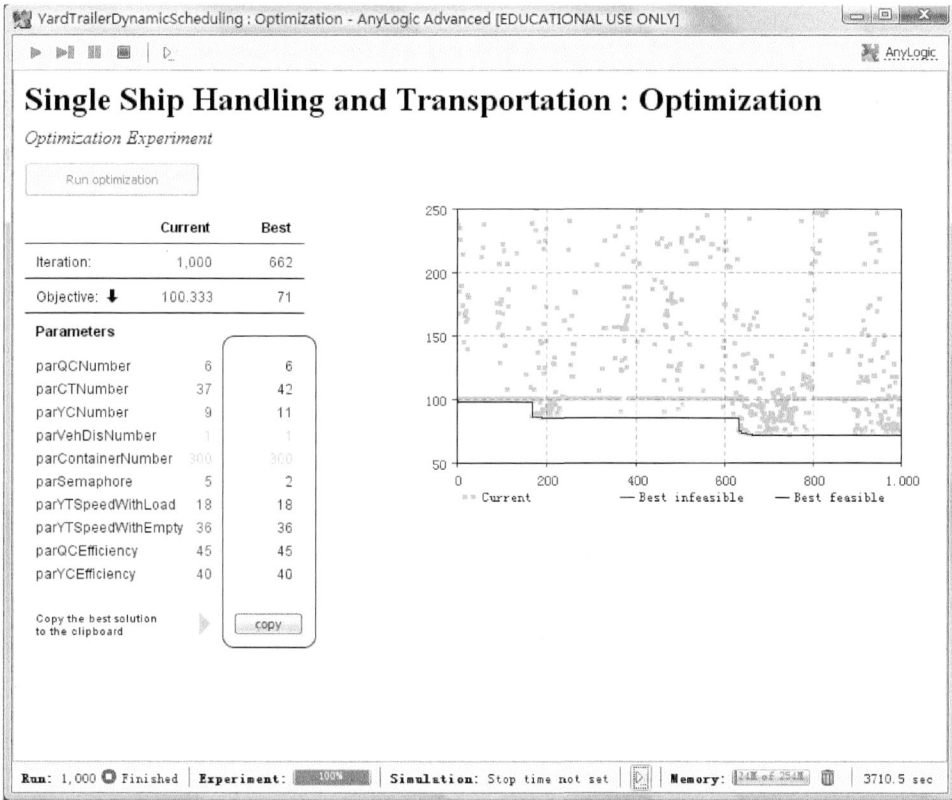

图 8-16 基于仿真的优化的集卡动态调度界面

在上述基于仿真的优化的背景下,将出口箱增加至 1500,同样利用 AnyLogic 的 OptQuest 优化引擎在 425 代找到了最佳配置方案,其结果如下:参与装卸的岸桥、内集卡、场桥的数目分别为 6,40 和 7,内集卡重载速度、空载速度、岸桥的装卸效率、场桥的装卸效率和信号量的大小则分别为 18,36,45,40 和 1。整体的水平运输时间是 6h 09min 0s。如果保持混合流水线各阶段的机器加工参数不变,即内集卡的重载速度和空载速度分别为 8 和 16,岸桥和场桥的装卸作业效率分别为 42

和 37,仅以参与装船的岸桥的数量、内集卡的数量、场桥的数量和信号量的大小为决策变量,在相同的软硬件配置上执行相似的仿真实验,整体实验全部耗时44388s,AnyLogic 的 OptQuest 优化引擎在 620 代发现最佳配置:参与装船的岸桥的数量、内集卡的数量、场桥的数量和信号量的大小分别为 6,41,8 和 2。整体的水平运输时间是 6h 33min 0s。

由上述的 300 和 1500 个出口箱可知,如果想加快单船的装卸速度,如果设备的工作效率可调,那么提高混合流水线各个处理器的加工参数总是较好的,但是现实中,这些参数要么是受装卸设备能力的限制,要么是安全生产的需要,不可能提高。那么在已有的装卸工艺和设备情况下,如果寻找它们的最优配置就成为最关键的问题。下面保持混合流水线各阶段的机器加工参数不变,即内集卡的重载速度和空载速度分别为 8 和 16,岸桥和场桥的装卸作业效率分别为 42 和 37,仅以参与装船的岸桥的数量、内集卡的数量、场桥的数量和信号量的大小为决策变量,得到如表 8-7 所示的仿真结果。

表 8-7　不同装卸箱量下的设备最优配置

装卸箱量	岸桥数目	集卡数目	场桥数目	信号量	寻优代数	仿真时间/s	最佳解/min
300	6	38	11	1	284	4337.8	78
500	6	41	11	1	124	9340.9	136.143
1000	6	41	8	2	252	22392.1	267.143
1500	6	41	8	2	620	44388	393

由表 8-7 可知,对于不同装卸箱量的到港船舶,其最优的设备配置是不同的,而且箱量与最优的装卸时间之间也不是简单的线性关系。随着箱量的逐步增大,1000,1500 个集装箱,上述的仿真慢慢倾向于稳态仿真,受初始情况的影响就越小。而码头也可以根据上述的最优解,根据到港船舶的大小和装卸箱量,来确定合适的设备配置,从另一个方面给出 CTLS 的定量作业指导。

8.6　集装箱码头场桥调度模型与算法

8.6.1　场桥作业概述

集装箱堆场由许多箱区组成,主要用于临时存放还未装船的出口箱和还未提箱的进口箱。集装箱龙门起重机简称场桥,是集装箱码头堆场车辆装卸及堆码箱作业的主要设备,场桥的装卸作业过程主要包括如下三部分:①堆取箱装卸作业,具有周期性;②为能够提取目标箱而进行的倒箱作业,具有较大的随机性;③为调整场桥作业位置而进行的大车移场作业,具有很大的随机性。按大车行走方式的不同,场桥可分为两种:轮胎式龙门起重机(rubber tired gantry crane,RTGC)与轨道式龙门起重机(rail mounted gantry crane,RMGC)。本章以中国港口内最常见的轮胎式场桥为例来说明堆场场桥的作业调度,其在码头上装卸作业情况如图 8-17所示。

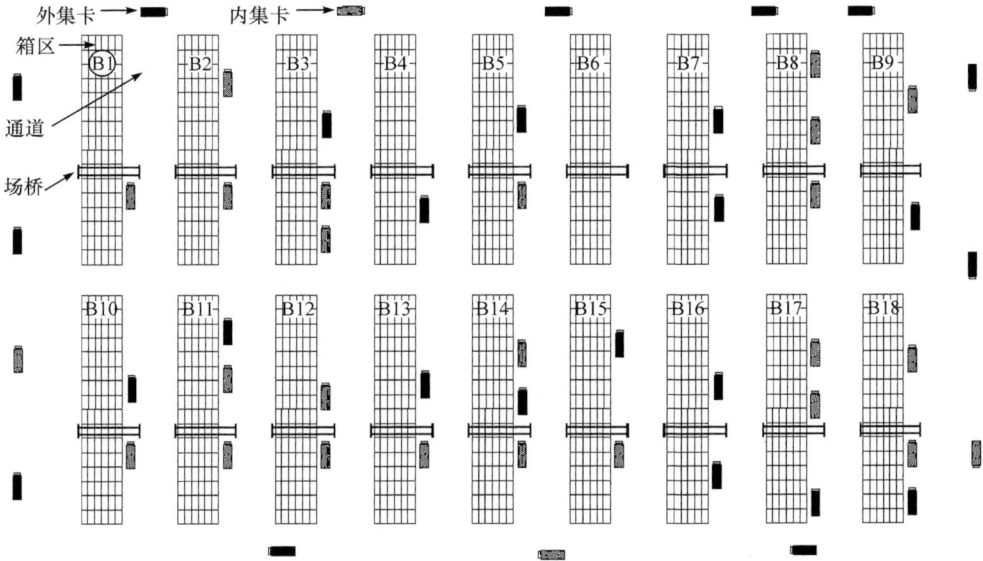

图 8-17　集装箱码头场桥作业概况

CTLS 中的场桥既服务于内集卡,也服务于外集卡,因此场桥往往是集装箱装卸过程中的瓶颈。如果没有合理高效的场桥调度策略,一方面可能导致码头内集卡等待场桥作业的时间加长,从而影响码头前沿的岸桥作业,降低 CTLS 的吞吐量,另一方面,可能会延长外集卡的提箱和集箱作业的时间,从而增加外集卡在码头内的时间,加大了 CTLS 的交通堵塞的可能性和港口大门作业的负担。上述的任何一个方面,都使得 CTLS 对用户服务质量的下降,而这是在现代激烈的港口竞争中所应极力避免的。但场桥调度相对于泊位-岸桥调度和集卡调度,又是研究得最少的,从某种程度上说,其至今尚未进行较好的研究。到目前为止,仅仅有学者采用过整数规划模型以及整数规划模型和整数规划模型和启发式算法相结合的场桥调度策略。原因在于很少将场桥调度和堆存空间分配作为整体进行研究,影响对场桥动态调度研究更加全面的考虑;由于集装箱码头堆场的运作过程非常复杂,并且场桥调度属于 NP-Hard 问题,目前还没有较好的策略来求解。

故本章在基于哈佛体系结构和 Agent 计算(HA-AC)的 CTLS 整体建模体系结构下,利用计算机系统中磁盘臂调度策略对场桥调度进行深入细致的分析和讨论。与已经存在的调度方式相比,该策略将场桥和堆存空间分配作为整体,既适用于场桥数大于箱区数的情况,也适用于场桥数小于箱区数的情况;既适合用于码头繁忙工作时段的场桥调度,也适合用于码头较为空闲时的场桥分配。

8.6.2　场桥调度限制条件与基本原则

在集装箱码头的堆场上场桥的转场作业可描述如下:当2个堆区块相邻,并且在同一通道时,场桥移动沿直线行进,无须转弯;当2个箱区不在同一通道时,场桥必须做2次90°转弯才能移动到目标箱区。由于场桥的尺寸较大,移动速度较慢,其转弯作业移动很可能会长时间占据大量的道路空间,从而导致堆场内交通堵塞并耽搁其他作业,即场桥做低效率箱区间移动时将导致场桥作业效率下降。因此,场桥在箱区之间的最优调度策略对提高堆场作业效率起着至关重要的作用。集装箱码头的场桥作业可分为航运作业(装卸船作业)与陆运作业(集港与提箱作业)。航运作业中提高场桥使用率的空间很有限,因为这时候的场桥作业已经相当集中并且使用率比较高。但在陆运作业时,很多集装箱码头场桥作业效率是远低于10自然箱/h的,也就是说,场桥空耗处于很高的水平。本节假设所有航运作业和陆运作业都由场桥完成(不考虑流动机械作业)。而场桥作业的限制条件通常有以下三个:

(1) 在一般情况下,无法预知陆运作业集卡车何时到达,但是可以通过分析经验数据对其有大致了解,掌握其到达时间段和大概的数量;

(2) 在一般情况下,不能让陆运集卡司机在场地内等候超过60min,过长的等待时间会招致投诉,需要在30min之内完成集卡陆运作业;

(3) 场桥不能任意分配,一方面是各场桥的司机有固定的工作班次,另一方面,场桥一旦被分配工作一般就处于开机状态,即使不进行作业也不能频繁关闭,否则会损伤发动机。

对场桥调度建模采用以下假设:

(1) 所有场桥在每个6h计划时段内具有相同的工作能力;

(2) 由于箱区大小的限制和潜在的场桥碰撞危险,任何时候1个箱区最多只能有2台场桥;

(3) 场桥作业的开始和结束时间都在同一时段内;

(4) 箱区内上个时段未完成的作业量,将会留到下个时段,所以该箱区各个时段的作业量为上个时段未完成的作业量与本时段预测的作业量之和;

(5) 忽略由于场桥转场而造成的道路堵塞对场桥调度策略的影响;

(6) 忽略由集卡堵塞等因素造成的对场桥调配策略的影响;

(7) 集卡在堆场和码头前沿之间的水平运输时间为集卡运输时间的平均值。

对集装箱码头堆场场桥调度基于以下基本规则:

(1) 在每个计划时段内,在某箱区中如果某时段的作业量与该箱区场桥的工作能力相等(无论该箱区中有 1 台还是 2 台场桥),则该箱区内的场桥在该时段内不能被调配到其他箱区,该箱区也不需要增加场桥;

(2) 在每个计划时段内,在某箱区中有一台场桥,如果某时段的作业量小于该箱区该场桥的工作能力,则该场桥可以在完成该箱区的作业后,移场到其他堆区进行作业;

(3) 在每个计划时段内,在某箱区中有 2 台场桥,如果某时段的作业量小于 2 台场桥的工作能力,但大于一台场桥的工作能力,则一台场桥在该时段内固定于该箱区工作,而另一台场桥在完成相应的剩余作业后,可以移场到其他堆区进行作业;

(4) 在每个计划时段内,在某箱区中有两台场桥,如果某时段的作业量小于 1 台场桥的工作能力,则一台场桥根据堆场作业状况,随时可移场到其他堆区进行作业,而另一台场桥在完成该箱区作业后,也可以移场到其他堆区进行作业;

(5) 如果某时段某箱区中的作业量超过该箱区场桥的工作能力,且该箱区的场桥数小于 2,则该箱区需要增加一台场桥;若该箱区的场桥数等于 2,则该箱区不能增加场桥,且该箱区内的场桥不能被调配到其他箱区,其未完成的作业量只能遗留到下个时段;

(6) 如果某时段内某箱区的作业量为 0,而箱区内拥有 1 台或 2 台场桥,则该箱区的场桥可随时被调往其他箱区作业。

8.6.3　场桥调度与磁盘臂调度

由于在基于哈佛体系结构和 Agent 计算的 CTLS 建模体系结构下,码头堆场是 CTLS 的存储子系统,于是可以认为场桥是磁盘驱动器中的磁头(读写头),其中"读"是将集装箱从堆场装至内集卡或外集卡上,与磁盘驱动器不同的是,当磁头从盘片上读取数据后,相应的数据仍然在上面,但当场桥"读"完相应的集装箱后,该集装箱就从堆场移至了内集卡或外集卡上,原有的箱位将被空闲出来。而其中的"写"是将集装箱从内集卡或外集卡上卸至堆场箱区中的指定箱位,同样其与磁盘驱动器存在着一定的差异,磁头可以重复将不同的数据写入磁盘的同一区域,而对于 CTLS,箱位一旦被某一集装箱占据,如果想再次向该箱位放入新的集装箱,就必须首先将原来的集装箱移至别处,是不可反复进行"写"操作的。而集装箱码头堆场上的统一疏箱,则对应于磁盘驱动器中的磁盘整理,因为两者的首要功能都是通过对存储区域的整理,获取整片的空闲存储区域。

8.6.4　数学模型

在基于哈佛体系结构和 Agent 计算的 CTLS 建模体系结构和基于属性的有阻塞的混合流水车间的生产调度模型下,场桥调度可简化为混合流水车间中的多

处理器调度问题。那么据此建立场桥调度的数学模型,其中所用符号定义如下:

W_s,每个常规的工作时段长度;

N,堆场中箱区的总数;

M,堆场中场桥的总数;

A_{li},箱区 i 中某时段的上一时段的未完成的装卸作业量;

A_{ci},箱区 i 中某时段的装卸作业量;

A_{ti},箱区 i 中某时段的总体装卸作业量;

A_{si},箱区 i 中某时段作业完成后的剩余作业量;

Z_n,某时段参与装卸的箱区总数;

G_{si},箱区 i 中某时段所拥有的场桥数量;

G_{maxi},任意单个箱区中允许的最多场桥数量;

G_{di},箱区 i 在某时段可以调配的场桥数量;

G_{ti},某时段箱区 i 中全部场桥多余的工作时间;

G_j,某时段场桥 j 完成指定作业后的剩余时间;

G_{ei},任意一台场桥的工作效率;

G_{hv},场桥水平移动的平均速度;

G_{rt},场桥做 90°转弯的平均时间;

G_m,某时段码头可供装卸生产的场桥数;

D_{pq},场桥从所在箱区 p 到箱区 q 的移动距离(按照港口的运作规则指定的路径,利用 OD 矩阵实现);

T_{pq},场桥从所在箱区 p 到箱区 q 所花的时间。

场桥调度模型的决策变量:

$$\gamma_j = \begin{cases} 0, & \text{场桥 } j \text{ 当前不可用} \\ 1, & \text{场桥 } j \text{ 当前可用} \end{cases} \tag{8-25}$$

$$\lambda_i = \begin{cases} 0, & \text{如果箱区 } i \text{ 有 0 台场桥} \\ 1, & \text{如果箱区 } i \text{ 有 1 台场桥} \\ 2, & \text{如果箱区 } i \text{ 有 2 台场桥} \end{cases} \tag{8-26}$$

$$S_i = \begin{cases} 0, & \text{如果箱区 } i \text{ 不需要增加场桥} \\ 1, & \text{如果箱区 } i \text{ 需要增加 1 台场桥} \\ 2, & \text{如果箱区 } i \text{ 需要增加 2 台场桥} \end{cases} \tag{8-27}$$

$$R_i = \begin{cases} 0, & \text{如果箱区 } i \text{ 没有可调度的场桥} \\ 1, & \text{如果箱区 } i \text{ 有 1 台可调配的场桥} \\ 2, & \text{如果箱区 } i \text{ 有 2 台可调配的场桥} \end{cases} \tag{8-28}$$

$$\alpha_{ijk} = \begin{cases} 0, & \text{如果场桥 } k \text{ 没有从箱区 } i \text{ 调度到箱区 } j \\ 1, & \text{如果场桥 } k \text{ 被从箱区 } i \text{ 调度到箱区 } j \end{cases} \tag{8-29}$$

$$\gamma_{ij} = \begin{cases} 0, & \text{如果场桥 } j \text{ 在箱区 } i \text{ 的指定作业任务未完成} \\ 1, & \text{如果场桥 } j \text{ 在箱区 } i \text{ 的指定作业任务已完成} \end{cases} \tag{8-30}$$

β_{ijk}，如果场桥 k 从箱区 i 调度到箱区 j，那么在此时刻发出调度指令。

场桥调度模型的目标函数为

$$F_1 = \min \sum_{i=1}^{N} A_{si} \tag{8-31}$$

$$F_2 = \min \sum_{i=1}^{N} \sum_{j=1}^{M} \alpha_{ijk} \tag{8-32}$$

$$F_3 = \min \sum_{i=1}^{N} \sum_{j=1}^{M} (\alpha_{ijk} \times T_{ik}) \tag{8-33}$$

$$F_4 = \min \sum_{i=1}^{N} \sum_{j=1}^{M} (\alpha_{ijk} \times D_{ik}) \tag{8-34}$$

场桥调度模型约束条件：

$$A_{ti} = A_{li} + A_{ci} \tag{8-35}$$

$$\sum_{j=1}^{M} \chi_j = G_m \tag{8-36}$$

$$R_i \leqslant \lambda_i \tag{8-37}$$

$$\sum_{j=1}^{M} \chi_j \gamma_{ij} = R_i \tag{8-38}$$

$$\sum_{i=1}^{Z_n} \alpha_{ijk} \leqslant 1, \quad j \in G_m \tag{8-39}$$

$$T_{pq} = \begin{cases} D_{pq}/G_{hv} + 2 \times G_{rt}, & \text{场桥所在箱区 } p \text{ 与目标箱区 } q \text{ 不在同一通道} \\ D_{pq}/G_{hv}, & \text{场桥所在箱区 } p \text{ 与目标箱区 } q \text{ 在同一通道} \end{cases} \tag{8-40}$$

$$\sum_{j=1}^{M} \alpha_{ijk} \leqslant S_k \tag{8-41}$$

$$A_{si} = A_{ti} - \lambda_{ii} \times W_s - \sum_{j=1}^{M} \alpha_{ijk} \times (W_s - \beta_{lji} - T_{ik} - \beta_{ijk}) \tag{8-42}$$

$$A_{li} \geqslant 0, \quad A_{ci} \geqslant 0, \quad A_{si} \geqslant 0, \quad i \in Z_n \tag{8-43}$$

上述的式（8-25）～式（8-30）是模型决策变量的取值定义。式（8-31）～式（8-34）是场桥生产调度的目标函数，式（8-31）表示经场桥调度作业后，每个工作时段后集装箱码头堆场剩余的作业量最小;式(8-32)表示在某个工作时段中尽量少地发布场桥转场指令,因为场桥频繁转场一是容易使码头交通堵塞,影响 CTLS的整体运作效率,二是使场桥的有效时间减少;式(8-33)表示在制定场桥转场的调度指令时,应尽量使整个工作时段内场桥的总体转场时间最短;式(8-34)表示在发布场桥转场的调度指令时,应尽量使整个工作时段内场桥的总体转场距离最短。而式(8-35)~式(8-43)是场桥调度模型的约束条件。式(8-35)表示箱区 i 中某时段的总体装卸作业量为上一时段的剩余装卸作业量与本时段的装卸作业量之和;式(8-36)表示当前工作时段可用的场桥集合;式(8-37)表示某箱区可被调度的场桥数目小于等于其拥有场桥的数目;式(8-38)表示某箱区中可被调度的场桥数目;式(8-39)表示在任意时刻,场桥只能从一个箱区调到另一个箱区,而不能同时接收多条转场指令;式(8-40)表示场桥转场时的时间;式(8-41)表示调入某箱区的场桥数不能超过其需求的场桥数;式(8-42)和式(8-43)表示如何确定某工作时段后的剩余装卸作业量。

8.6.5　调度算法

既然将场桥类比为计算机系统中磁盘驱动器上的磁头,那么磁盘臂调度的相应算法自然就会被借鉴到场桥调度中。磁盘通常作为共享设备,面临多个进程同时向磁盘提出磁盘访问操作的要求。但是从微观上讲,系统在任何时刻只允许一个对磁盘的输入输出操作,其余操作只能等待。这些输入输出操作将针对磁盘上不同的位置(柱面、磁道和扇区),这就需要进行输入输出操作进行调度,使花费在磁头定位上的开销最小。首先,考虑读或写一个磁盘块需要多长时间。这个时间由以下三个因素决定:

(1) 寻道时间(将磁盘臂移动到适当的柱面上所需的时间);

(2) 旋转延迟时间(等待适当扇区旋转到磁头下所需的时间);

(3) 实际数据传输时间。

对于大多数磁盘,寻道时间与另外时间相比占主导地位,所以减少平均寻道时间可以充分地改善系统性能。类似地,集装箱码头上的场桥在装卸作业集装箱时装或卸一个集装箱时,其不可能总是待在一个贝位中作业,其大车需要来回移动,而吊具也需要经常横向移动来完成指定的装卸作业。因此场桥在一个箱区中的装卸作业时间从微观的角度来看,也是由三个部分组成的,分别是大车运行的时间(相当于寻道时间)、吊具横向移动的时间(相当于旋转延迟时间)和实际装卸集装箱的时间(相当于实际数据传输时间)。所以在制定每个箱区的装卸任务时,不应只仅仅考虑场桥的理论装卸效率,所以在随后的仿真场景中给场桥指定相应的生产任务时,不以该堆区中有多少集装箱需要装卸来定作业量,而是根据集装箱码头堆场的作业方式,以时间的方式给出每个堆区中的计划作业量。其中磁盘中的寻道时间相当于场桥的大车移动时间,只不过每个磁头不能移动到其他盘片中,而场桥可以移动到其他箱区中,但无论是否移动到其他箱区中,都可以认为场桥的大车移动时间是磁盘驱动器中的寻道时间。而对于移动磁盘臂,旋转延迟时间只有一个,而对于场桥,其吊具横向需要两次。至于实际的数据传输和实际的集装箱装卸,只不过一个基于电磁机制,另一个基于机械原理,都可以看做一种广义的计算,没有本质的区别。于是将同一通道的箱区看做磁盘驱动器中同一柱面的磁道,而磁道中的扇区对应于箱区中的贝位,每一个箱位则是对应一个字节。在上述的参照映射关系下,将下列磁盘臂的调度算法引入场桥调度中:

(1)最短寻道时间优先(shortest seek time first,SSTF)算法,最短寻道时间优先算法选择磁道与当前磁头所在磁道距离最近的下一个输入输出操作进行,使每次的寻道时间最短,但却不能保证平均寻道时间最短;

(2)扫描(SCAN)算法,扫描算法不但要考虑欲访问的磁道与当前访问磁道的距离,而且更优先考虑磁头当前的移动方向,这样,相对最短寻道时间优先算法,将不存在迟迟得不到相应的输入输出操作。扫描算法中的磁头调度方式与电梯上下运动的调度方式相同,故又称电梯调度算法(elevator algorithm);

(3)循环扫描(CSCAN)算法,循环扫描算法既能获得较好的寻道性能,又可以防止进程的"饥饿"现象,因此在大、中、小型机和网络的硬盘调度中被广泛应用。但扫描算法还是存在一些缺陷,即当磁头刚从外向里移动过某一磁道,正好又有一个进程请求此磁道时,该进程必须等待,待磁头从外向里、然后再从里向外扫描完所有要访问的磁道后,才去处理该进程的请求,使得该进程的请求被严重推迟。为了减少这种推迟,循环扫描算法规定磁头只做单向移动。

8.7 仿 真 实 验

8.7.1 仿真实例

通过对上海某集装箱码头的案例分析说明上述的场桥调度模型和算法,其同样是基于 AnyLogic 仿真平台和 SQL Server 2005 数据库服务器。该案例中的集装箱堆场共有 38 个箱区和 22 台场桥(本实例中投入生产 18 台)可利用,场桥水平移动的平均速度是 5m/s,场桥作业 1 个集装箱的平均时间为 123s。基于 4.3 节所述的 CTLS 建模体系结构和 8.6.4 节所述的数学模型,首先利用最短寻道时间优先算法,可得到如表 8-8 所示的仿真结果。

表 8-8　场桥调度作业仿真结果

箱区号	通道号	上时段未完成的作业量/min	当前作业量/min	总作业量/min	初始场桥/台	源箱区	目标箱区	结束时场桥/台	作业量溢出/min
11	1	0	160.44	160.44	0	21	—	1	0.00
21	1	0	383.04	383.04	2	—	11	1	0.00
31	1	0	197.26	197.26	0	14	—	1	0.00
41	1	0	409.42	409.42	0	24,43	—	2	1.05
13	3	0	248.90	248.90	0	33	—	1	0.00
23	3	98	346.15	444.15	2	—	35	1	0.00
33	3	56	377.64	433.64	2	—	13	1	0.00
43	3	0	163.56	163.56	1	—	41	0	0.00
14	4	0	132.84	132.84	0	—	—	0	0.00
24	4	0	142.50	142.50	1	—	41	0	0.00
34	4	0	338.61	338.61	2	—	14	1	0.00
44	4	0	248.01	248.01	1	—	—	1	0.00
15	5	0	361.10	361.10	1	—	—	1	0.00
25	5	0	275.91	275.91	0	15	—	1	0.00
35	5	0	364.39	364.39	1	—	—	1	0.00
45	5	0	240.43	240.43	0	35	—	1	0.00
17	7	0	180.96	180.96	0	37	—	1	0.00
27	7	0	221.60	221.60	1	—	—	1	0.00
37	7	0	335.71	335.71	2	—	17	1	0.00
47	7	0	406.64	406.64	2	—	15	1	0.00

　　在上述的仿真结果中,存在着场桥的二次调度,所以箱区号 14,其有工作量,但仿真前后均无场桥,这就是因为有场桥被分配到该箱区后,又由于作业需要,而调到了其他箱区,为更清楚地了解上述场桥作业过程,现将上述场桥作业过程中场桥调度的相关调度指令显示如表 8-9 所示。

表 8-9　场桥作业调度计划

场桥编号	源箱区编号	目的箱区编号	转场时刻	分配作业量
9	34	14	0.4	132.84
15	37	17	0.41	180.96
1	21	11	23.25	160.44
17	47	15	47.85	1.1
17	15	25	49.16	275.91
5	33	13	74.05	248.9
3	23	35	84.95	4.39
3	35	45	89.55	240.43
9	14	31	134.3	197.26
8	24	41	143.55	217.5
7	43	41	164.17	191.92

上述的仿真实例中,码头堆场中堆区的总装卸作业量是 5689.11min,在基于最短寻道时间优先调度策略的仿真实验中,最终在 41 箱区溢出 1.05min 的剩余工作量,共产生了 11 条场桥调度指令。类似地,施加扫描调度策略到上述仿真实例时,其结果是在 41 箱区和 45 箱区各有 1.25min 和 0.2min 剩余工作量(共计 1.45min),共产生了 12 条场桥调度指令;当使用循环扫描调度策略时,则会在 25 箱区、41 箱区和 45 箱区各有 0.2min,1min 和 1.3min 的剩余工作量(共计 1.6min),将会产生 13 条场桥调度指令。文献[252]利用爬山算法和文献[253]基于最佳优先搜索算法对上述实例进行了仿真,前者在 41 箱区溢出 49min 的工作量,而后者在 41 箱区溢出 23.52min 的工作量。显然将计算机磁盘臂调度算法引入 CTLS 的场桥调度中取得了较好的生产结果,其中任何一种调度策略都较以往的研究为佳。更重要的是对集装箱码头的场桥调度给出了简便可行且可以根据堆场作业状况进行调度的方法体系。

8.7.2　仿真分析

在上述的仿真实例中,虽然有较少的剩余装卸作业量,但有很大一部分场桥在工作时段的中间就已经空闲,随着港口的发展和船舶的日益大型化,下面增加码头堆场中箱区的作业负荷,来看上述调度策略下场桥的作业状况。分别将各个箱区的作业量增加 5%,10% 和 15%,即将总体的作业量分别增加 284.46min,568.91min 和 853.37min,整体的装卸作业量达到 5973.57min,6258.02min 和 6542.48min,而 18 台场桥即使完全不移场,其理论上能达到的最大任务量是 $60 \times 6 \times 18 = 6480$min,因此在增加 10% 的装卸作业量时,就已经接近当前投入场桥的装卸作业极限值,而增加 15% 的装卸作业量时,在理论上就有 62.48min 的装卸剩余量。增加装卸作业量后,各调度策略的表现如表 8-10 所示。

表 8-10　不同装卸作业量下不同场桥调度策略的表现

装卸作业量	最短寻道时间优先	扫描	循环扫描
原始作业量	1.05	1.45	1.6
增加 5% 的作业量	63.65	3.11	2.5
增加 10% 的作业量	199.14	95.18	78.41
增加 15% 的作业量	274.94	234.4	228.23

8.7.3　场桥作业配置研究

当前集装箱码头在注重提高港口的吞吐量的同时也非常关注节能环保的绿色经营理念。在码头的实际运作中,由于陆运拖车到达堆场具有明显的不均衡性,这种不均衡性常常导致在集卡集中到达时,场桥数量不足,因而使司机等候时间超过 60min,招致服务投诉;而在集卡分散到达的作业低谷时段,堆场里只有零星收提箱作业,可能每个场桥平均每小时只做几个自然箱,由于场桥一旦被分配工作一般就处于开机状态,即使不进行作业也不能频繁关闭启动,否则会损伤发动机,所以大量时间处于待机空耗状态。而这些显然不符合码头的高效节能的服务理念。对于表 8-8 中的堆场箱区作业任务,18 台场桥投入生产,虽然采用各种生产调度策略都有一定的装卸作业剩余量,但这种装卸作业剩余量的形成很大程度上是因为在一个箱区中至多只能摆放两台场桥进行作业,下面减少在箱区中的投入生产的场桥数目,看其对剩余作业量的影响。

利用 8.5 节所述的基于仿真的优化的思想,选择停下一台场桥,即投入 17 台场桥到码头的箱区进行装卸作业生产,经过实验发现,通过基于仿真的优化选择合适的调度策略和停止合适的场桥,方案之一是选择将箱区 34 作业的场桥停止一台,然后选择循环扫描算法作为场桥调度策略,那么堆场上的箱区 25、箱区 41 和箱区 45 各有 0.2min,1.0min 和 0.2min 共计 1.4min 的剩余装卸作业量。如果再减少一台场桥,即投入 16 台场桥,同样通过基于仿真的优化选择合适的调度策略和停止合适的场桥,箱区的剩余作业量有 129.4min。由于上述的仿真实例中,码头堆场中堆区的总装卸作业量是 5689.11min,因此理论上完成所有的装卸作业量至少需要 16 台场桥。如果再减少一台场桥,即有 15 台场桥投入堆场箱区的装卸作业中,那么在理论上就有 289.11min 的装卸作业剩余量。利用基于仿真的优化来选择合适的调度策略和停止合适的场桥,可以发现箱区的最少装卸剩余作业量为 318.18min。如果继续减少一台场桥,即有 14 台场桥投入堆场箱区的装卸作业中,那么在理论上就有 649.11min 的装卸作业剩余量。利用基于仿真的优化来选

择合适的调度策略和停止合适的场桥,可以发现箱区的最少装卸剩余作业量为
654.73min。那么由上述的仿真数据可知,减少 1 台场桥,如果选择适当的场桥调
度策略,对于集装箱码头堆场箱区作业几乎毫无影响;减少 2 台场桥,堆场场桥作
业的性能下降 2.56%;减少 3 台场桥,堆场场桥作业的性能下降 5.58%;而减少 4
台场桥,堆场场桥作业的性能也只下降 11.49%。而从另一个角度来看,当在堆场
箱区中分别投入 18,17,16,15 和 14 台场桥时,作业场桥的利用率分别为
87.78%,92.94%,96.52%,99.46% 和 99.89%。因为在实际的港口作业中,基本
可以预计下一个工作时段装卸作业量的情况,所以完全可以综合上述的场桥配置
剩余作业量和利用率信息与下一个工作时段的装卸作业量信息而决定在堆场箱区
投入场桥的具体配置,从而高效节能环保地完成集装箱码头堆场的装卸作业任务。

表 8-11　不同装卸作业量下不同场桥调度策略的表现

作业场桥数	理论剩余作业量/min	实际剩余作业量/min	场桥作业性能	场桥利用率/%
18	0	1.05	作为评估标准	87.78
17	0	1.4	下降 0.01%	92.94
16	0	129.4	下降 2.56%	96.52
15	289.11	318.18	下降 5.58%	99.46
14	649.11	654.73	下降 11.49%	99.89

由上述的表 8-10 和表 8-11 的仿真数据可知,三种调度策略均较以往的研究
更佳,但又各有特色,当投入作业的场桥数量充足时,最短寻道时间优先调度策略
稍优,但当场桥数量一般或不足时,扫描算法和循环扫描算法则明显优于最短寻道
时间优先算法,而又以扫描算法的改进算法,即循环扫描算法为最佳。这也显示了
在计算机领域中的算法改进对 CTLS 同样有效,这也从另一个侧面表明了 CTLS
与计算机系统之间在体系结构以及资源分配上的相通性。

8.8　综合仿真实例

8.8.1　仿真平台

本节利用复杂系统建模仿真工具 AnyLogic 6.6.0 和商业智能平台 SQL
Server 2008 对 CTLS 中的泊位分配+岸桥调度+集卡调度生产实例进行仿真,以
全面验证上述面向集装箱码头的计算物流思想。仿真实验的硬件平台为 HP
Z200 SSF 工作站,其具体配置为 Intel Xeon X3430(四核四线程,2.27GHz)和
4GB 主存,软件平台为 Windows 7 64 位旗舰版、SQL Server 2008 企业版和 Any-
Logic 6.6.0 教育版,设置 AnyLogic 的最大可用内存为 512MB。

8.8.2　仿真实例

以国内某集装箱码头的平面布局及其生产作业数据为实例进行仿真论述。该码头的泊位岸线长度为1170m,设计泊位为3,前沿配置12座岸桥,每个岸桥的作业效率为27moves/h,配备84辆内集卡用于水平运输,其重载速度和空载速度分别为20km/h和30km/h,堆场上共分为18个箱区,每个箱区配备一台场桥作业。根据当前物联网技术在港口中的应用情况及其发展趋势,在对上述情景的码头进行仿真前,做以下假设:各集装箱上均已安放射频识别(RFID)标签,港口上也已部署了大量的物联网设备,能够随时获取岸桥的工作状态,并通过无线传感器网络(wireless sensor network,WSN)收集的数据,判断岸桥的工作状况,吊具上安装射频识别阅读器来识别和确认具体的集装箱,定位装卸集装箱,全球定位系统(GPS)定位内集卡的位置,集卡通过射频识别阅读器知道所载集装箱的目的岸桥/场桥,和集装箱内的无线传感器网络通信,确认集装箱内的货物的完整性。在实际船舶作业调度数据中,随机选取连续20艘到港船舶的作业调度数据作为输入数据,为了满足AnyLogic规定的时间格式(时间以实数的形式表示和计算)和方便仿真计算,到港时间以第一艘船到港当天的0点为基准,例如,第一艘船到港时间17.5表示距离基准17h 30min到达港口,第二艘船到港时间31.0表示距离基准31h到达港口,其他依此类推,数据如表8-12所示。

表8-12　实际到港船舶数据

集装箱船	船长/m	装卸箱量/箱	到港时间/h
1	222	315	17.5
2	260	983	31.0
3	242	337	39.0
4	243	1735	44.0
5	318	1778	46.5
6	188	867	47.0
7	240	495	47.5
8	282	1180	49.0
9	207	436	54.0
10	260	938	54.0
11	232	431	68.0
12	152	300	76.75
13	277	1255	84.0
14	185	534	89.0

集装箱船	船长/m	装卸箱量/箱	到港时间/h
15	146	91	90.5
16	286	921	104
17	157	269	110
18	202	214	113.27
19	183	571	115
20	196	571	116.5

在上述的码头平面布局、设备配置和生产任务下,同时考虑码头和客户的利益,对每条船给定一个动态优先级,这个优先级根据这条船所属公司对码头的效益贡献(采集港口一年的到港船舶数据确定)和码头与该公司所签订的服务协议而定,然后根据这个优先级水平安排泊位和相应的装卸设备。采用静态岸桥调度模式,即每个泊位安排 4 座岸桥进行装卸作业。由于面向计算机体系结构对 CTLS 进行建模描述,那么自然而然就会引入计算机操作系统中的资源分配策略对集卡调度进行探讨。由于集卡在本质上是一种装卸运输资源和独占型设备,于是将操作系统中的信号量(semaphore)机制经过扩展后引入集卡调度中,作为解决集装箱码头集卡动态调度过程中集卡分配以及进行岸桥、场桥集卡请求同步和互斥的一种敏捷、高效和鲁棒的机制。

在实际的港口生产中可以利用在岸桥、场桥和集卡上安装全球定位系统装置来实时获取岸桥、场桥和集卡在港口中的位置;通过在设备中安装射频识别读卡器获取所装卸运输集装箱的相关信息,从而得知应输送到哪个岸桥和场桥下进行作业;通过在设备上安装传感器设备,获取集装箱的重量等信息,确保其完整性。在仿真中实时计算岸桥、场桥和集卡的位置,然后将信号量协同机制作为相关 Agent 间的协商模式,采用面向"作业面"的集卡水平运输工艺,力求使得目标箱的集卡水平运输和空驶距离最小且整体的水平运输时间最短。仿真界面如图 8-18 所示。

8.8.3　实验结果及分析

通过现场调研和数据收集,人工分配泊位时,20 艘船的实际在港总时间为304.4h(含泊位准备时间),而不含泊位准备时间的实际总在港时间约为 264.4h。采取本研究所定义的泊位、岸桥和集卡分配策略,CTLS 的整体作业效率大幅提高。装卸 20 艘到港集装箱船和 14221 个集装箱,仅需 138.022h(不含泊位准备时间),而水平运输 14221 个集装箱累计花费 351.222 个集卡时,岸桥和场桥下的最大集卡等待队列长度分别为 7 和 3,也较港口的实际生产更佳(实际情况分别为 8

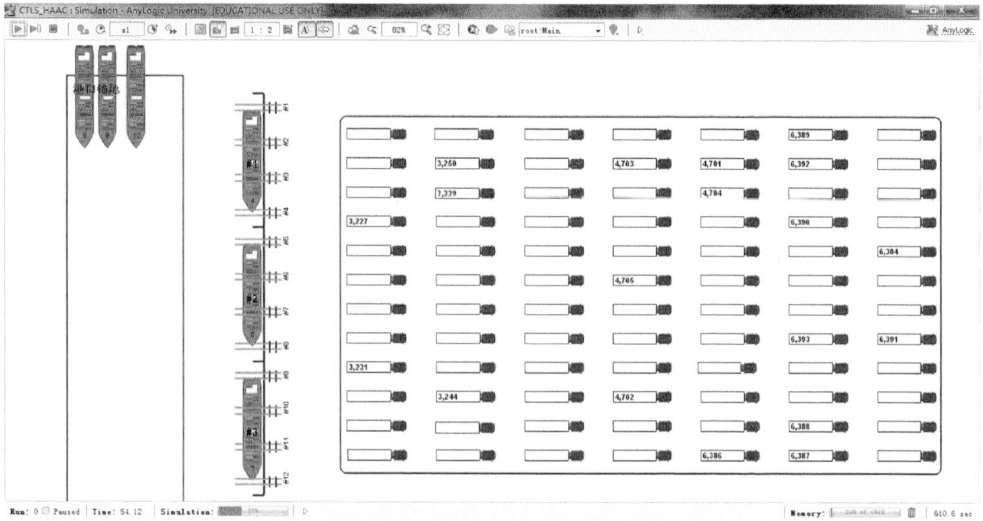

图 8-18　CTLS 协同作业仿真实现界面

和 4），减少了港口的交通阻塞，为进一步提高 CTLS 的集疏运作业效率提供了可能。

　　由上述的实验结果与实际生产数据对比可知，利用基于计算机体系结构的 CTLS 建模体系方法能够得到较好的协同生产组织和集成生产调度结果，且该方法能根据集装箱码头营运的重点，调整生产计划，辅助码头的生产调度决策。尤其是计算机操作系统作业组织和资源分配策略的引入，更能大幅提高 CTLS 的协调生产调度水平。例如，当前港口多采用集卡静态调度策略，即固定作业路运输方式，故可以确保各作业路中岸桥和场桥下等待的集卡数较为均衡，表面上看这也有利于港口前沿和堆场中的交通状况改善，但由于在现实中船舶配载的需要，会使各岸桥的作业负载不同，而港口在集箱时，由于外集卡到达的随机性，堆场的集箱过程必然会导致各场桥的生产负荷也不相同，所以静态调度策略会使得空闲作业路的闲置集卡不能得到充分利用，所以不得不增加集卡数量以满足岸桥的装卸需要，因此往往会导致港口前沿和堆场的交通状况更为恶劣，而这种情况又使港口检查桥不得不进一步限制进场作业的外集卡的数量，从而影响 CTLS 的集疏运，降低客户服务水平。采用基于计算机体系结构的 CTLS 建模调度方法，将集装箱码头的所有集卡看做一个"集卡池"，视岸桥和场桥的需要，以及集卡自身的位置和空闲状态，利用计算机操作系统的资源分配策略进行调度，不仅可以充分利用集卡资源，而且在物联网技术的支撑下，能使集卡的空驶距离最短，到港作业船舶的整体传输时间最短，也有效地改善了港口前沿和堆场的交通状况。

　　由以上分析可知，基于计算机体系结构的 CTLS 建模调度方法较易形成系统化的敏捷、高效、鲁棒的多 Agent 协同作业机制和多资源分配配置模式,从而为 CTLS 的协同生产调度提供了新的智能决策支持体系和策略,且该模型易于实现,易于根据大中型港口的实际情况,形成系统鲁棒的管理控制软件平台,从而提高其竞争力。

8.9　本 章 小 结

本章主要针对 CTLS 的运作核心设备的计划调度——集卡动态调度和场桥动态调度进行了研究。在第 4 章所述的基于哈佛体系结构和 Agent 计算的 CTLS 的建模体系结构和基于属性的有阻塞的混合流水车间的集装箱码头生产调度模型下,建立了集卡动态调度和场桥动态调度的数学模型。随后将计算机操作系统的资源分配策略分别引入集卡动态调度和场桥动态调度中,以帮助港口制定合适的生产计划。与此同时,也将计算机体系结构中的量化原则引入 CTLS 中,以帮助港口进行规划设计和设备配置的决策。总体而言,本章从 CTLS 运作的核心设备服务作业为切入点,进一步阐明和论述了基于哈佛体系结构和 Agent 计算的 CTLS 复合建模方法的正确性、合理性和可行性。

第 9 章　基于多处理器片上系统的集装箱码头作业体系

9.1　引　　言

随着港口业和航运业的竞争日趋激烈,对 CTLS 的装卸生产要求也不断提高,为此港口装卸运输机械设备不断升级其作业能力,以应对集装箱船舶大型化和高速化带来的压力。当前仅从单纯的机械作业角度来看,设备作业参数已经能够满足未来 5~10 年内超大型集装箱船舶的装卸服务要求,但这只是理想情况下的理论值。如何规划合理的码头平面布局、装卸工艺和设备配置,全面协调港口各环节的并发生产作业,进行敏捷鲁棒的多任务调度和多资源匹配,以充分发挥出港口各作业设备的生产潜能,是摆在交通运输工程、物流工程和工业工程等学科面前的一个重要论题。

由于集装箱码头生产调度问题的 NP-Hard 特性,现有研究多集中于港口单环节的资源分配,缺乏从系统整体视角对 CTLS 的多任务调度进行建模和分析。在以往的研究中,已经基于计算机体系结构、面向多 Agent 对 CTLS 进行了建模和分析,但其所采用的多 Agent 系统结构是面向哈佛体系结构的,本质上仍是单处理器体系结构,这与港口模型运作的本质仍有差异,距离生产实践更是有相当的距离。在计算机科学与技术领域中,并行、异构、可重构、协同计算的最佳实现平台是异构多处理器片上系统(multi-processor system-on-chip,MPSoC)。故本章从计算思维出发,将 CTLS 视为一个片上异构多处理器众核系统,力图从异构多处理器片上系统的视角来描述和建模 CTLS 的任务调度和资源分配,从而为港口的生产调度和控制决策提供新的研究路径和分析方法,同时也为激烈港航竞争背景下的 CTLS 能够拥有敏捷高效的工程应用解决方案奠定基础。

9.2　集装箱码头装卸作业发展趋势

随着国际贸易和集装箱运输的高速发展,要求航运公司在主干航线上持续降低运营成本,不断提高营运利润,以应对激烈的行业竞争和世界经济的频繁波动,建造和使用大型及超大型集装箱船舶是航运公司的首选策略。

1956 年 4 月 26 日,美国美森航运公司(Matson,海陆公司 Sea-Land 的前身)

的"理想 X 号"(Ideal X)载着 58 个 33 英尺集装箱从纽约港出发,前往得克萨斯州的休斯敦港,世界海运由此进入了集装箱运输时代。这种运输方式的发明者——马尔康·麦克莱恩(Malcom McLean)也因此被称为"世界集装箱之父"。

随后的三十年,集装箱运输和集装箱船一直平稳地发展。船舶设计上的一个意义深远的突破发生在 1986 年末,当时美国总统轮船公司(APL)决定为其跨太平洋航线订造超巴拿马型船(ultra-panamax tonnage)——C-10 型集装箱船。C-10 型载箱量 3800TEU,拉开了超巴拿马型集装箱船在主干航线上服役运营的序幕。

集装箱船舶大型化的进化周期越来越短。十年后,总部位于哥本哈根的马士基航运公司掀起了又一轮的行业竞争,"马士基女王号"(Regina Maersk)投入运营,这是被冠以超级后巴拿马级(super post-panamax)称号船舶系列的第一艘。该船是第一艘长度超过 300m、宽度超过 43m、载箱量超过 6000TEU、在露天甲板放置 17 排和舱内 14 排集装箱的集装箱船,自此集装箱船舶大型化成为了一种必然趋势。

又一个十年后,马士基再次突破上限,投入了 15000 TEU 的 E 级集装箱船。2011 年,马士基分两批订造了 20 艘 18000TEU 的 3E 级船舶(每艘造价 1.9 亿美元),其船长达到 400m,船宽 59m,吃水 14.5m,巡航航速 19 节,最大航速 23 节,同时也是"马六甲极限型"集装箱船。2013 年 7 月 2 日,首艘 3E 级集装箱船——"美杰马士基"从韩国大宇造船的玉浦造船厂起航,开启了引人注目的集装箱运输新时代。

"美杰马士基"号是国际航运"大船时代"的一大力作,满载排水量 19.5 万 t,满载吃水达 16m,2013 年 8 月 3 日加盟马士基航运。2013 年 8 月 16 日,美杰马士基号即停泊在宁波远东码头的 10 号-11 号泊位,成功首航宁波港,开始了亚欧航线之"旅"。3E 级即具备更大的规模经济(economy of scale)、能源效率(energy efficient)和环保绩效(environmentally improved)。

新船的设计集中体现了推动集装箱航运行业向前发展的两个非常重要且又相互关联的问题,就是船舶航速和大家担心航运对环境所造成的影响。超大型集装箱船舶为物流服务业带来了巨大的规模经济,同时也将航运业的绿色经济带到了一个新的高度。巨型集装箱船的出现,对整个集装箱运输网络、港口和班轮公司的发展战略产生了重要而深远的影响。

然而,超大型集装箱船舶也对挂靠集装箱码头的集疏运和承接能力提出了近乎苛刻的要求。集装箱码头必须对其水深状况、基础设施、集疏运条件、装卸设备、装卸工艺和调度控制进行全面改造,以高效完成船舶装卸作业,从而使航运企业降低单箱营运成本,缩短在港时间,加快船舶周转和实现规模效益的初衷得以实现。

为达到上述目标,满足船期表的挂靠计划,尽量避免班轮甩港情况,超大型集装箱船要求港区码头至少每小时吊运 350 只甚至 400 只集装箱,这是目前大多集装箱码头装卸吊运集装箱速度的 2 倍以上。例如,"美杰马士基"轮首航宁波港,就要求能够快速装卸 4500 多只标准箱,这对港口的装卸效率、集疏运能力提出了较以往更高的要求。马士基航运公司最新系列的集装箱船之所以能够成功投入运营,主要是因为 AP 穆勒——马士基集团旗下的 AP 穆勒码头公司在自己投资经营的集装箱码头上投资新建了专门的集装箱装卸设备,这使得船舶能在甲板上并排放置 23 排集装箱。

集装箱巨轮对港口平面布局和装卸工艺的科学性以及岸边起重机和堆场起重机的协同作业能力提出了极高的要求,但更为重要的是 CTLS 必须具备高效、敏捷、鲁棒的生产调度和控制决策体系、框架、模式和算法,才能充分发挥既有布局、工艺和设备的生产效能。即 CTLS 必须充分挖掘和实现系统内部各级的并行性和协同性,使得多条作业线路能够在不同层次和阶段中都能够高效持续不间断地运行,这对 CTLS 的并行控制、集成调度、协同决策和资源分配提出了前所未有的挑战。

CTLS 本质上是一个机械自动化服务系统,在第 4 章的探讨中,已经指出其与计算机系统在层次结构、系统组成、运作机制和调度控制等方面均具有极强的相似性。于是面向计算思维,从较容易建模的计算机系统出发,探讨 CTLS 的并行生产调度和协同控制决策,其基本出发点如下:①由相似理论可知,一般如果动力学系统、电子系统与机械系统相似,通常电子系统更容易建模,且其模型具有较强的普适性,三者模型之间只是参数取值的差异;②计算机系统是用于精确计算的确定系统,CTLS 是典型的复杂适应系统(complex adaptive system,CAS),利用面向精确功能定义计算机系统的体系结构、运作机制和调度策略对复杂适应系统进行调度控制,使得 CTLS 能够在保持非线性和适应性特点的同时,拥有一个敏捷鲁棒的结构行为框架;③计算机系统是以 GHz 运行的高速设备,而 CTLS 则是以一个相对频率很低运行的离散事件动态系统和分布式控制系统,那么在计算机系统中应用成功的调度框架和策略在 CTLS 也期望能够表现出类似的特性和品质;④由于电子元器件物理加工的极限和系统任务延迟、通过能力的需要,计算机系统正在向多核甚至众核和可重构计算的方向发展,这与 CTLS 强调并行处理和动态资源组织的特点是一致的,故计算机系统中成熟的多路众核并行可重构的设计思想和理念有望应用和移植到 CTLS 中。

9.3 面向计算机体系结构的 CTLS 建模思想

针对上述集装箱船舶的作业需求和港口间的竞争需要,从计算机并行计算、可重构计算和协同计算的角度去描述、建模、分析和优化 CTLS 的生产调度和控制决策就显得十分必要。事实上,信息化网络和集装箱运输是当前国际供应链与全球物流体系的两大基础。毫无疑问,全球供应链和物流网络是一个超大规模的分布式并行处理系统,信息流和集装箱流是其运转的两大动脉,而集装箱港口就是这个体系中集装箱流的骨干路由器和中转处理器,即集装箱港口是国际物流网络中的核心集装箱流服务器,基于计算思维和相似理论,自然会考虑从计算机体系结构的视角对 CTLS 进行建模分析和计算实验。

在前面的几章中,已经将经典的精确计算和分布式控制架构——哈佛体系结构和基于 Agent 的计算的设计思想和方法体系相融合,以描述和建模 CTLS,得出一种新的基于哈佛体系结构和 Agent 计算(HA-AC)的 CTLS 整体建模和调度决策框架。虽然面向基于哈佛体系结构和 Agent 计算的 CTLS 建模调度思想在 Agent 划分、映射关系、运作体系、调度框架和算法移植等方面存在着一系列有待商榷的问题,但其充分适应了 CTLS 作为离散事件动态系统和分布式控制系统的本质,为 CTLS 的生产调度提供了一套较为系统完整和敏捷鲁棒的建模分析方法。该方法的根本思想是将计算机科学与技术领域的数据处理工艺、自动控制、作业组织、资源分配和性能评估思想和策略,在复杂系统工程的思想体系下,集成应用到 CTLS 的复合建模(形式化/非形式化)、运筹管理和控制决策中,从而全面提高港口的作业服务能力。这种方法其实与计算思维和信息物理系统(cyber-physical system,CPS)的基本思想在本质上是一致的。

信息物理系统是多维异构的计算单元和物理对象在网络环境中高度集成交互的新型智能复杂系统,具有实时、鲁棒、自治、高效和高性能等特点。信息物理系统关注资源的合理整合利用与调度优化,以同时保证"实时性"和系统的"高性能"为主要目标,实现对信息空间与物理世界大规模动态异构资源的监控管理。信息物理系统在结构和性能上强调信息与物理组件的高度集成以及资源的高效动态组织与协调分配,强调利用通过射频识别和无线传感器网络等技术将物理世界运作和信息空间处理融为一体进行控制管理[222-224]。基于哈佛体系结构和 Agent 计算的 CTLS 建模方法明确提出在当前高速发展的物联网(Internet of things,IoT)技术支撑下,其中运作的集装箱流和信息流高度同步,整个 CTLS 将被构建为一个智能交通系统(intelligent transportation system,ITS),即信息物理系统理念在集装箱码头这个典型物流枢纽中的综合体现。事实上,也只有在信息物理系统环境中,才有可能和基础去提高 CTLS 中各个生产环节和作业资源间的并行性和协调性,并在随机动态情况下改进集装箱港口装卸生产的持续性和稳定性。

相对于信息物理系统和智能交通系统,面向基于哈佛体系结构和 Agent 计算的 CTLS 建模方法不仅强调在技术实现上,更期望能够在模型抽象、体系结构、运作模式、调度算法、系统优化和性能评估等方面统一信息空间和物理世界中实体对象和复杂系统的研究方法和实验手段,从一个更为广义和综合的角度去探讨 CTLS 及其他复杂生产/服务系统。从这个角度来看,基于计算机科学与技术的角度对 CTLS 进行探讨,又是一个对计算机科学理论和信息物理系统本质思想的升华探索、重新诠释和普适应用。

　　然而,哈佛体系结构只是传统的冯·诺依曼结构的一个改良,没有从根本上摆脱系统中只有一个中央处理器,宏观并行、微观串行的局面。当前港口已经是一个多层次、多阶段的并行可重构分布式协同作业系统,继续基于哈佛体系结构对 CTLS 进行建模和分析有所欠缺,理应结合计算机多核、并行、可重构、协同/分布式处理的大趋势,面向超大型集装箱船舶,基于新布局、新工艺和新设备提出 CTLS 高效合理的生产调度及控制决策系统方法和解决方案。

9.4　异构多处理器片上系统与集装箱码头物流系统

9.4.1　多处理器片上系统视角下的集装箱码头平面布局

　　在以往的研究中,已经利用哈佛体系结构对 CTLS 进行了建模与分析,但是哈佛体系结构只是传统普林斯顿体系结构的改良,更适用于描述"宏观并行、微观串行"的单处理器系统。CTLS 在各个生产服务阶段中都是一个多处理器的并行作业系统,因此面向多处理器体系结构对 CTLS 进行描述和建模更为恰当,也更能体现港口生产作业的本质内涵。另外,在 CTLS 的各个服务阶段中,由于规划设计、工艺调整和设备引进先后等,各阶段加工处理器在类型以及服务能力等方面都不同(即使在同一个服务阶段,机器服务能力也可能会有较大差异),故应参照异构多处理器体系对 CTLS 建立模型。

　　异构多处理器片上系统在提供强大计算能力的同时保留了服务平台的可编程性,为 CTLS 的结构组成和功能行为描述提供了良好的建模视角。一般典型的多处理器片上系统由三种类型的部件组成:处理单元,包括处理器、数字信号处理器(digital signal processor,DSP)或者专用集成电路(application specific integrated circuit,ASIC)等用于执行计算任务;存储模块用于保存数据;互连网络用于各个部件间通信[254]。从异构多处理器片上系统的角度去看待 CTLS,集装箱码头的平面布局是整个 CTLS 的主机板,其提供了标准的开放式结构,为 CTLS 的装卸工艺、设备配置、运作机制和调度策略提供了结构和功能上最基本的设施、框架和支持,也为各种作业设备和生产资源提供了相应的"安装扩展插槽"。在不考虑多式联运的前提下,码头前沿的岸桥集合是装卸处理器集群,集装箱拖挂车集合是水平运输处理器集群,港口堆场的场桥/正面吊集合是堆码/倒箱处理器集群,拖轮、检查桥和集装箱货运站是港口的集疏运处理器集群,以上四个处理器集群正是CTLS的核心异构并行处理单元集合。锚地、港池、泊位、前沿、堆场、检查桥停车场和集装箱货运站带装货月台的仓库、堆箱场地构成了CTLS的存储模块集合,用于存储作业对象(集装箱船舶、集装箱卡车和集装箱),而航道、栈桥和道路则是连接处理器集群和存储器集合的混合互连网络。

在计算机与通信领域中,异构多处理器片上系统一个很重要的应用就是作为大中型路由器的处理引擎。在计算机网络中,计算机与计算机之间的通信,本质上是应用进程同应用进程间的交互,其最终体现是端口到端口(port to port)间的数据通信。多处理器片上系统作为路由器的核心处理引擎,对数据包进行了接收、排序、拆组和发送等操作,从而使计算机网络实现端口到端口的通信。

类似地,如果将供应链网络中的物流等同于计算机网络中的数据流,那么集装箱就是标准化的数据包,集装箱码头通过对其进行标准化的装卸、运输、堆码、拆拼箱和集疏运操作,形成高效鲁棒的集装箱流集散枢纽中心,也进而形成供应链物流网络中货物门到门(door to door)的服务。综上所述,CTLS通过高效健壮地完成到港船舶的装卸和集装箱的拆拼箱/集疏运工作,正是国际物流体系中的集装箱流处理"路由器",其整体作业效率和通过能力对于整个供应链和物流网络的运作至关重要。

9.4.2　异构多处理器协同计算与集装箱码头装卸工艺

由于电子元器件的物理加工工艺极限,计算机系统中的中央处理器正向并行多核、众核方向发展。此外,异构性和可重构性也是多处理器片上系统的显著特点,其有助于将计算能力赋予迫切需要它的地方来满足复杂约束条件下的应用系统对计算平台的性能需求。事实上,并行性、异构性和可重构性正是CTLS在体系结构和功能行为上的最大特点,也是其生产调度具有高度复杂性的根源,其所带来的强耦合性和高协调性是CTLS集成控制一直未有良好解决方案的核心难点所在。

码头前沿的岸桥组和港口堆场的场桥/正面吊集合是CTLS物流服务的中心设备集群,它们正是面向集装箱集疏运作业异构协同计算平台中的异构中央处理器(CPU)集群和图形处理器(graphic processing unit,GPU)集合。在计算机科学领域中,中央处理器和图形处理器在设计思路上存在很大的差异:其中前者为优化串行代码而设计,将大量的晶体管作为控制和缓存等非计算功能,注重低延迟地快速实现某个操作;后者则将大量的晶体管用作算术逻辑单元,适合高计算强度(计算/访存比)的应用。在协同并行计算时,中央处理器和图形处理器各取所长,快速、高效、协同地完成高性能计算任务[255]。

码头前沿岸线是集装箱码头最宝贵的不可再生资源,它是由一定的地理、水深、潮汐和航道等因素唯一确定的,不仅建设投资巨大,而且资源不可再生和具有唯一性。岸桥正是为快速装卸大中型集装箱船舶而设计的,力求使到港船舶尽可能低延迟地完成装卸船任务离港,从而减少挂港船舶的等待时间,提高船舶的服务水平,同时也使码头岸线的作业能力得到充分利用,增加港口运营收益。岸桥作为码头前沿最重要的作业设备,可被视为整个 CTLS 的中央处理器,它们是 CTLS 面向水域作业的中心设备。在广义计算的概念体系下,港口堆场是 CTLS 的存储器,在集装箱港口中起到临时存储集装箱的作用,实际上是船舶装卸作业与内陆提交箱作业间的一个缓冲区。场桥和正面吊作为堆场的中心服务设备,在 CTLS 的装卸船、预翻箱、倒箱、拆拼箱和集疏运作业中都会涉及,其生产服务既要保障码头前沿作业的顺畅,又要兼顾集装箱货运站和港口集疏运服务的需要,故可被视为集装箱码头的通用计算图形处理器(general purpose computing on graphics processing units,GPGPU)。

由于船舶配载等需要,同计算机系统中的中央处理器一样,岸桥负责的是逻辑性较强的事务计算,其作业目标是使执行单元(吊具)能够快速、准确、低延迟地完成船舶的集装箱装卸任务,其调度决策采用了复杂的控制逻辑和分支预测,以及大量的缓存来提高执行效率。这里岸桥的缓存一是指作业时船舶舱位中应具有倒箱的空间,以便严格按照船舶配载图进行生产,二是指岸桥下应有充足的等待装卸作业的集卡队列,以保证岸桥的连续作业。由于集装箱船舶的日益大型化,往往有 6~8 条,甚至 11 条作业线路同时面向一艘到港集装箱船舶进行作业,这时所分配的岸桥动态集合对船舶的装卸作业中,融入了现代中央处理器中的多种运作机制:超标量(superscalar)、同时多线程(simultaneous multi-threading,SMT)、乱序执行(out-of-order execute)、动态分支预测(dynamic branch prediction)和超长指令字(very long instruction word,VLIW)以加快对船舶的装卸作业进程。例如,现代大中型集装箱码头所普遍采用的双 40 英尺岸桥甚至三 40 英尺岸桥以及双 40 英尺双小车岸桥就体现了中央处理器中超标量、同时多线程和超长指令字等思想。而面向同一到港船舶作业的岸桥集群相互协同,以消除"数据相关"和"控制相关",以进行装卸船作业时的乱序执行和动态分支预测。

堆场在集装箱港口中起到临时存储集装箱的作用,实际上是船舶装卸作业与内陆提交箱作业间的一个缓冲区,其组织管理是整个码头最复杂的部分,因为进口和出口集装箱需要同时处理。场桥和正面吊(由于场桥作业更具有通用性,这里以场桥为主进行说明)是堆场的中心服务设备,箱区边场桥下留给集卡等待作业的区域是场桥的服务缓存,其作业效率在很大程度上决定了码头堆场的服务效能,因此可认为是 CTLS 的图形处理器,而且是集装箱码头的通用计算图形处理器,因为场桥几乎参与 CTLS 中的所有陆域生产作业,装卸船、预翻箱、倒箱、拆拼箱和集疏运中都会涉及场桥服务,多种作业任务交织,故在 CTLS 中,岸桥/场桥的配置往往是 1∶3,甚至是 1∶4。

　　具体来看,场桥既要处理码头前沿集装箱船舶的装卸工作,又要应付港口堆场中外集卡所带来的集疏运压力,甚至还要参与集装箱货运站的拆拼箱作业,因此是港口中除岸桥最应受到重视的设备资源,也极易成为 CTLS 生产作业体系中的瓶颈所在。故应充分安排各场桥的生产负载,否则首先是难以保证对前沿岸桥生产的喂给作业,造成其作业中断,从而造成船舶滞港;其次是容易使到港进行集疏运作业的外集卡滞留堆场,既降低了对外集卡的服务质量,又容易引发堆场堵塞,进而同样影响码头前沿作业;再次,场桥作业计划调度不合理,就容易引起场桥的频繁转场,易造成港口交通堵塞,造成港口生产的全局瘫痪,极有可能降低码头前沿和堆场内/外集卡的作业效率;再次,如果场桥疲于应付前沿生产和堆场集疏运压力,就很难有效配合集装箱货运站作业,从而影响 CTLS 的增值服务;最后,场桥资源未合理分配,就难以调配出有效的场桥资源进行预翻箱等优化作业和应对部分场桥故障等意外事件,使得 CTLS 缺乏敏捷性和鲁棒性。

　　拖轮组和检查桥组是输入输出处理器集群,锚地和港口大门前的空地是其缓存。而集装箱拖挂车集合则组成了 CTLS 的主板芯片组(mainboard chipset),其构成了联系岸桥和场桥、检查桥运作的桥梁。上述各种类型的处理器赋予了CTLS 完备强大的并行、并发、异步计算能力,尤其是 CTLS 中中央处理器与通用计算图形处理器之间的并行协同计算为集装箱码头提供了强劲的装卸和堆码作业引擎组。但异构多处理器间的协同计算也对多生产资源与多作业任务之间的适配、绑定、协同与死锁排除提出了十分苛刻的要求。

9.4.3　集装箱码头的并行硬件体系结构

　　计算机领域中的协同计算本质上是一种面向分布式存储的并行计算模式,CTLS 的生产作业具有类似的物理计算形式。集装箱码头的水、陆域各组成部分构成了 CTLS 的四大作业系统:船舶航行作业系统、装卸作业系统、存储作业系统和集疏运作业系统。在暂不考虑多式联运的前提下,拖轮可认为是船舶航行作业系统的处理器,锚地、回转水域和港池是其存储器;岸桥和内集卡是装卸作业系统的处理器,集装箱船舶舱位和码头泊位是其存储器;场桥和集装箱货运站是存储作业系统的处理器,仓库和堆场是存储器;检查桥和外集卡是集疏运作业系统的处理器,堆场是存储器。由上可知,四个作业系统均有各自的处理器和存储单元,并利用航道和道路形成处理单元间的互连网络。故从整体来看,CTLS 是一个典型的大规模并行处理(massively parallel processing,MPP)系统。但是如果从局部来看,各个作业系统又是一个典型的对称多处理(symmetric multi-processing,SMP)系统,因为无论每个作业系统内的处理器是否同构,它们都会共享存储单元。

由图 9-1 可知,CTLS 的硬件体系结构是一个大规模并行处理和对称多处理的混合组成模式,其表明 CTLS 不仅是一个典型的离散事件动态系统和分布式控制系统,也是一个复杂的并行处理系统。CTLS 主要完成到港集装箱船舶的装卸作业和到港集装箱的拆拼箱/集疏运服务。显然两者都是典型的并行作业过程,只是并行的粒度有所不同,前者的并行控制要求要远远高于后者,也是 CTLS 生产服务的核心所在。事实上,并行计算的思想不仅在计算机体系结构应用日渐深入,在计算机核心部件中央处理器和通用计算图形处理器的设计中也有普遍应用——超线程、多核和计算流水线。与此相类似的是,在 CTLS 的装卸工艺和作业设备

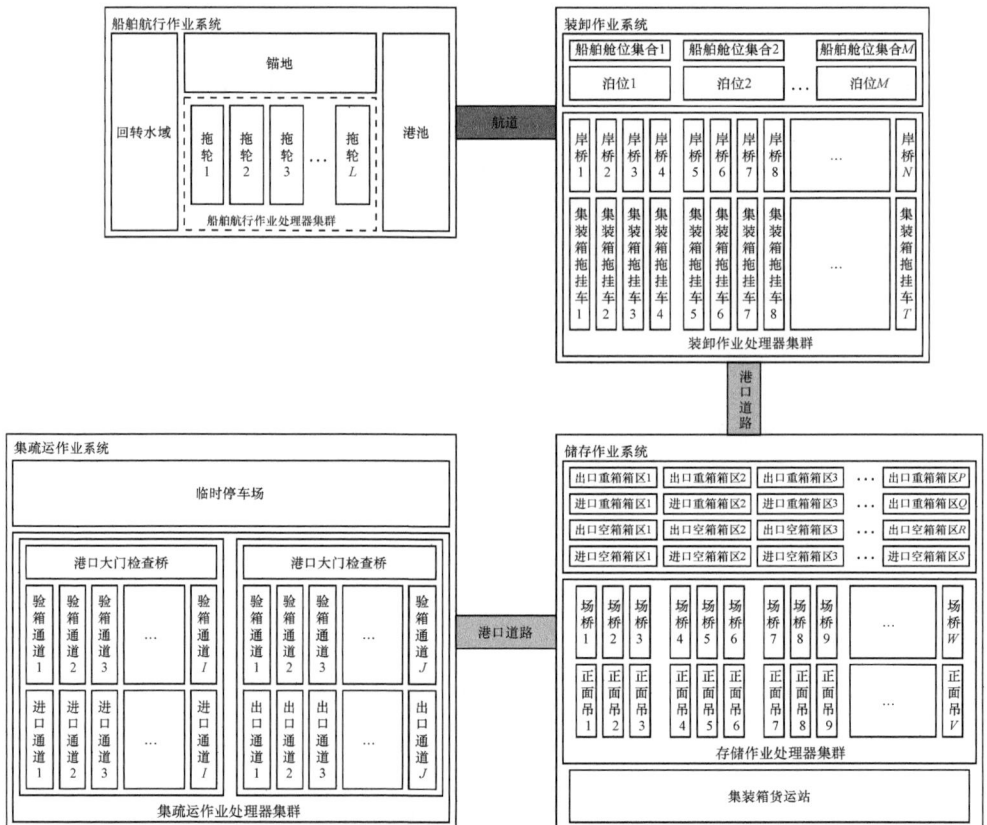

图 9-1　集装箱码头物流系统的硬件并行体系结构

中也体现出了类似的趋势,例如,当前大中型集装箱码头的主力岸桥正在向双 40 英尺箱岸桥普及,其可以同时装卸两个 40 英尺集装箱或 4 个 20 英尺集装箱,较传统岸桥作业的并行度大大增加。

9.4.4　面向多处理器多线程的集装箱码头生产调度

CTLS 为到港船舶和集装箱提供了一个良好的异构多处理器物流并行作业硬件平台,但如果想充分发挥这个硬件平台的作业性能,就必须建立敏捷高效的生产计划和调度控制模型,以有效挖掘 CTLS 生产作业多阶段服务流水线中的各种并行性,提高作业设备的组合效率,充分释放 CTLS 的作业性能。

对于到港的船舶和集装箱,必须为其设计多条作业线路,以满足船舶的靠离泊和集装箱的装卸/集疏运需求。从多处理器片上系统的角度看,每艘挂靠港船舶及其装载的集装箱集合都可以被视为一个任务/作业,其一旦到港进入锚地就被认为是一个就绪进程,当有泊位和岸桥空闲时,船舶进入指定泊位开始作业(即进入运行态),而围绕船舶而制定的每条作业线路则是一个线程,岸桥则是其硬件线程和执行核心。由以上分析可知,CTLS 是一个多处理器多进程多线程的并行作业系统。只有为每艘挂靠港船舶制订合理的生产计划,规划合理的作业线路才能充分发挥 CTLS 异构众核多处理器的优势,即为每艘到港船舶设计合理的作业线路数,并在复杂的时空约束下有效地分配和绑定到各个生产阶段的处理器中,从而形成面向多处理器多进程的集装箱码头任务调度体系和控制决策模式。

9.5　面向多处理器的 CTLS 并行体系结构分析和异步并行计算模型

如前所述,CTLS 是一个多级复合并行作业系统,体系结构对其规划设计和调度管理具有极其重要的意义。Flynn 于 1972 年提出了计算平台的 Flynn 分类法。Flynn 首先提出了如下定义:①指令流,机器执行的指令序列;②数据流,由指令流调用的数据序列,包括输入数据和中间结果;③多倍性,在系统最受限制的元件上同时处于同一执行阶段的指令或数据的最大可能个数。在此基础上,Flynn 把所有的计算机归为四类:① 单指令流单数据流(SISD);② 单指令流多数据流(SIMD);③多指令流单数据流(MISD);④多指令流多数据流(MIMD)。

CTLS 在 Flynn 分类模型中所处的位置正是多指令流多数据流,因为 CTLS 是一个典型多指令流多集装箱流的大规模并行处理系统。CTLS 的作业计划是围绕每一艘到港集装箱船舶而展开的,由于集装箱船舶的日益大型化和高速化,为每一艘到港集装箱船舶需要安排多条生产线并行作业才能满足船舶的靠离泊和装卸生产要求。每条作业线均以岸桥作为装卸生产的中心设备,因为岸桥是港口中最昂贵的装卸设备。岸桥处理器的缓存——泊位是 CTLS 中最稀缺且不可再生的资源,按照 Flynn 在其分类模型中所提的多倍性概念,泊位也是决定 CTLS 并行度的关键资源所在。事实上,泊位既是集装箱码头服务船舶规格的标准所在(水深、长度),也是决定 CTLS 作业中并发数的核心所在。

具体来看,同一个船舶进行作业的岸桥集合共享同一个泊位(缓存),而所有的岸桥集合共享锚地、泊位和堆场等存储模块以及总线系统,且所有的泊位、岸桥均在一个集装箱码头操作系统下进行任务调度与资源绑定。故如果认为岸桥集合是集装箱码头的中央处理器集群,那么整个 CTLS 就是一个对称多处理器系统。其相对于计算机领域中的对称多处理器,既有相似又略有差异。在面向对称多处理器的计算机系统中,所有内存模块的地址单元统一编码,各个处理机之间的地位相同。任何处理机均可直接访问任何内存模块的存储单元和输入输出模块连接的输入输出设备,且访问的延迟、带宽和成功率是一致的。在 CTLS 中,所有的堆场贝位、箱位仍然统一编码,同样参数规格岸桥之间的地位相同,不同参数规格岸桥之间的作业地位略有差异(有的超大型船舶服务作业对外伸距有较高的要求,类似其对泊位的水深要求也有不同),但均可通过集装箱拖挂车间接访问堆场中的任意箱区贝位。由于是利用内集卡对堆场进行访问,故访问的延迟往往受水平运输距离、道路堵塞和作业负载状况影响,各岸桥对堆场各箱区的访问延迟往往不一样,这也为港口并行生产调度带来了更大的难度。

另外,在 CTLS 的多处理器片上系统运作视图中,CTLS 通常是一个多用户服务系统,班轮航线众多,作业高峰阶段每个泊位都要对一艘到港船舶进行服务,因此从宏观上来看,CTLS 是一个多任务多进程并行作业系统。从中观的角度来看,在每一个泊位上,根据船舶的靠离港和配载的要求,配置多条作业线路,每条作业线均以装卸处理器——岸桥为中心对船舶进行装卸(多处理器),即 CTLS 是一个多进程多线程的集装箱流处理系统。从微观的角度来看,当前岸桥正在向多吊具方向发展,即其也同中央处理器一样,向多核乃至众核方向发展,以提高处理效率。如果将每个吊具视为中央处理器中的一个处理核,随后的水平运输处理器和堆码处理器都要与之相配合,才能实现岸桥的持续并行工作,因此从微观的角度来看,CTLS 是一个多进程多线程多纤程的集装箱流并行处理系统。由于在装卸生产中涉及多种作业资源、多级生产流水线和多个作业对象,因此 CTLS 是一个纯粹的多指令流多数据流系统,任务调度和资源分配极其复杂,其多指令流多数据流异步并行计算模型如图 9-2 所示(取自作者在 IEEE TENCON 2013 发表的论文)。

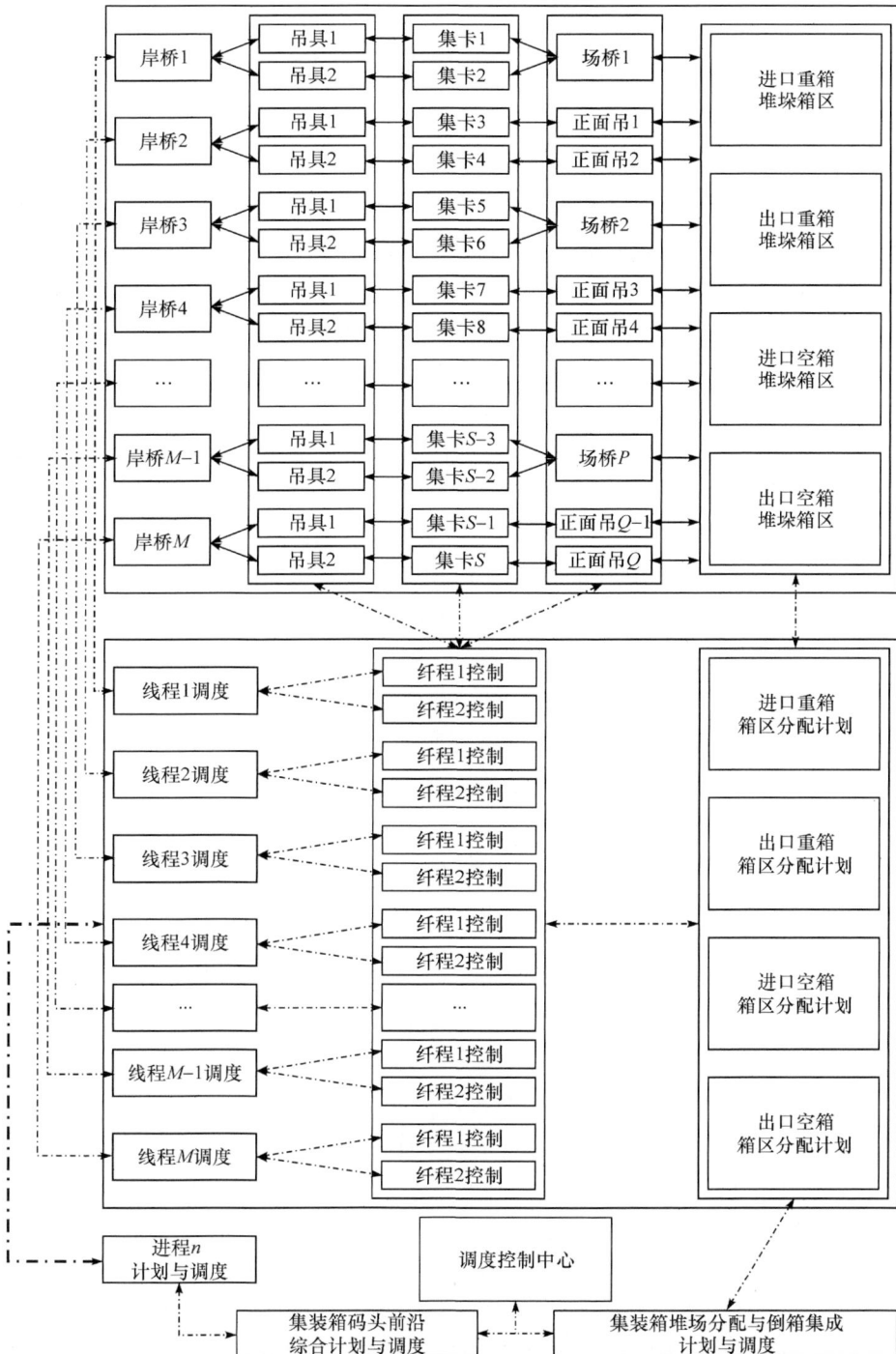

图 9-2　集装箱码头的多指令流多数据流异步并行计算模型

9.6　面向多线程编程模型的集装箱码头任务调度

9.6.1　冯·诺依曼计算机体系下的港口作业

虽然计算机正在向并行多核处理方向发展,但是从最根本的原理来看,其仍未跳出冯·诺依曼型计算机的体系结构和工作原理,即:①指令和数据都采用二进制;②存储程序。其中程序控制要求计算机完成的功能,必须事先编制好相应的程序,并输入存储器中,计算机的工作过程就是运行程序的过程。

对于大中型集装箱港口,良好的班轮服务是其竞争力的核心,也是不断拓展航线,进而向地区乃至国际枢纽港发展的关键。为此当前绝大多数 CTLS 都采用了本质与存储程序原理类似的工作机制,进行港口生产作业组织。

首先,CTLS 是一个典型的离散事件动态系统,无论是其中的信息流还是集装箱流都可以利用离散数据进行抽象表示。其次,当前的集装箱港口主要服务于集装箱班轮,其在到港作业之前的较长时间,港口就已经能够获取船舶的大概到港时间和基本配载情况;在到港的前三天,港口则能够获得船舶的准确到港时间和精确配载数据,从而可以事先制定相应的生产计划(相当于程序),并存储在港口的生产计划数据库中(相当于指令存储器);当船舶到港后,集装箱码头操作系统读取相应生产计划,驱动 CTLS 的硬件生产设备对特定的船舶和集装箱集合进行作业,组织生产服务。再次,如果有随机动态不确定性事件发生,再根据港口资源状况进行二次实时调度控制,而这又与计算机系统中根据作业情况和人机交互及时调整任务调度与资源分配模式类似。最后,通过协调先前的计划程序和实时调度控制,集装箱码头完成到港船舶的装卸作业和到港集装箱的拆拼箱/集疏运服务。故 CTLS 采用的是与冯·诺依曼计算机系统类似的作业组织模式与任务调度机制。

9.6.2　CTLS 的并行编程模型

编程模型是程序员所看到的机器概念模型。而集装箱码头生产调度人员在制订生产计划时,同样是忽略装卸设备的规格细节,根据港口平面布局、基础设施、装卸工艺和设备配置获取 CTLS 的概念模型,进行控制调度。在计算机科学与技术领域中,多核技术日趋成熟,欲发挥中央处理器的最大性能,就必须从传统的串行编程模型转变到并行处理的多线程编程模型。多线程编程的根本目的是“最大限度地利用中央处理器资源”,而 CTLS 装卸生产中同样期望能够充分利用拖轮、泊位、岸桥、集卡、场桥、检查桥和集装箱货运站等并行“计算”资源,从而减少作业延迟,提高系统吞吐量,因此也应面向多线程编程模型进行 CTLS 的任务调度。

由前述可知,当从异构多处理器片上系统的角度看待 CTLS,其可认为是一个异构对称多处理器系统。为充分发挥其作业性能,需要将传统的冯·诺依曼计算模型替换为全新的并行编程模型(parallel programming model,PPM)。在计算机领域中,为使用并行编程模型,必须将应用程序划分为多个线程,多个线程可以在多处理器片上系统中不同的处理器内核中并行执行,从而充分利用系统的处理能力。类似地,同样需要对进入 CTLS 的任务进程分解,以构造合适的多个"线程",从而使得能够充分利用 CTLS 中各异构众核处理器的作业能力。

并行编程模型通常需要解决两方面的问题:①任务如何划分,包括计算的划分和数据的划分;②各部分如何通信、协作和同步。共享存储和消息传递是两种典型的并行编程模型。事实上,多核中央处理器系统中的编程与多个中央处理器的对称多处理系统的编程模型是一致的,都属于共享存储的编程模型。共享存储编程模型本质上共享的是地址空间。如果将港口堆场认为是 CTLS 的物理存储器,那么所有到港船舶共享同一个物理地址空间,而每艘船舶上的集装箱舱位集合则可以认为是每个任务的逻辑地址空间,因此共享存储编程模型非常适合对面向多处理器多进程多线程生产的 CTLS 进行任务调度建模和作业性能分析。

在共享存储编程模型的基本框架下,共有三种基本的线程编程模型:流水线、工作组和客户/服务器模式。面向 CTLS 的并行编程模型正是上述三种多线程编程模型的综合应用。①如果将每艘到港正在作业的船舶视为 CTLS 中的一个进程,待装卸的集装箱集合是待处理的"数据元素",那么进程中的岸桥线程、集装箱拖挂车线程、场桥线程和贝位线程等接力作业构成一条装卸运输服务流水线;②为满足到港船舶进程快速作业的需求,在某一个阶段,需要多个线程构成工作组对其进行服务,对作业任务进行并行分解,每个线程针对"数据元素"中的不同贝位进行操作,这也是 CTLS 基于多指令流多数据流作业的又一诠释;③如果将到港船舶及其待集疏运的集装箱视为客户,那么上述流水线和工作组组成的混合流水车间就是供应链中的物流服务器端,于是形成了 CTLS 中公共物流服务资源同步管理的重要模式。图 9-3 所示是一个经过简单化处理后的 CTLS 中单进程多线程的服务视图,整个 CTLS 的生产运作由多个类似的进程组成。

9.6.3　集装箱码头任务调度模型

计算机系统中的进程(任务)是程序在一个数据集合上运行的过程,是系统进行资源分配和调度运行的一个独立单位;线程则是进程中的一个实体,是被系统调度和分配的基本单元。引入进程和线程概念后,可以大幅提高计算机系统运行的并行性。而提高 CTLS 作业的并行性和协同性正是集装箱码头生产调度的中心任务之一。

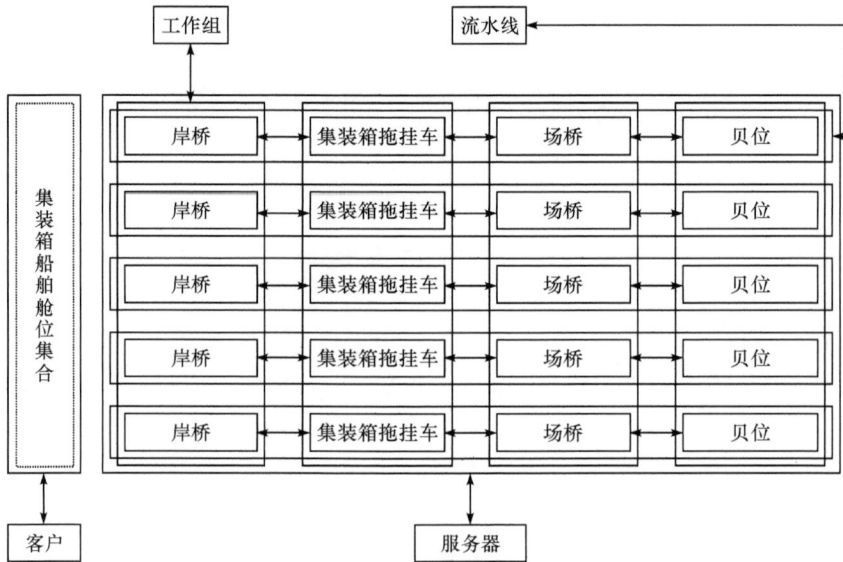

图 9-3　CTLS 单进程中的多线程编程模型

在多处理器片上系统的概念视图下,由图 9-2 可知,每一艘到港等待作业的集装箱船舶都可以被认为是一个进程,其正是既定平面布局和装卸工艺下面向指定船舶及其集装箱集合的生产计划的具体运行,其也是 CTLS 进行任务调度和资源分配的独立单位。CTLS 中的每一个进程中同样可以包含若干个线程。但与计算机系统不同的是,同一个进程中的线程既会与其他线程共享资源,也会拥有自己的独占资源。岸桥是每个线程的独占资源,而泊位、集装箱船舶舱位、港口堆场、集装箱拖挂车和场桥等则是进程内的共享资源,组成各个阶段的"作业资源池",共同为进程内甚至港口内的岸桥处理机集合服务。

以码头前沿配备双 40 英尺岸桥为例,对集装箱码头的任务调度进行建模和分析。双 40 英尺岸桥具有两套独立的起升系统以适应一次装卸两个 40 英尺箱,或是四只 20 英尺箱的作业需求,两套吊具上架通过油缸装置,使两个吊具改变相对位置即分离、合拢、呈八字形等,可满足岸桥进行双 40 英尺箱作业时的各种不同工况,其正在逐渐成为国际大中型集装箱码头的标准配置。双 40 英尺岸桥在港口的应用,虽然有利于帮助港口应对集装箱船舶日益大型化和满足码头作业快速化的趋势,但也对港口的装卸工艺和整体生产调度提出了较以往更高的要求。

从作业组织和资源分配的角度,面向集装箱码头物流操作系统,每艘到港停靠指定泊位的集装箱船舶均可视为一个进程。船舶中往往会有多个贝位涉及装卸生产,每个贝位中待装卸的集装箱集合可抽象为一个用户级线程,其拥有的资源一是船舶配载图及其待作业集装箱的尺寸及重量等属性信息(相当于作业时的指示寄存器),二是贝位中的集装箱二维矩阵根据船舶挂靠港次序、船舶舱位和箱子属性等属性可确定其作业顺序,从而可将二维贝位抽象为一个"用户栈",供实际装卸作业时参考。用户级线程最终需要调用 CTLS 的装卸服务来完成其生产任务。岸桥作为港口的核心作业资源,抽象为集装箱码头物流操作系统的核心级服务线程存在于 CTLS 的调度内核中,其根据事先制订的生产计划,将用户级线程的作业任务经核心级线程进行资源绑定后,最终下发到硬件线程——驱动岸桥吊具上完成物理装卸工作。整个作业过程如图 9-4 所示。

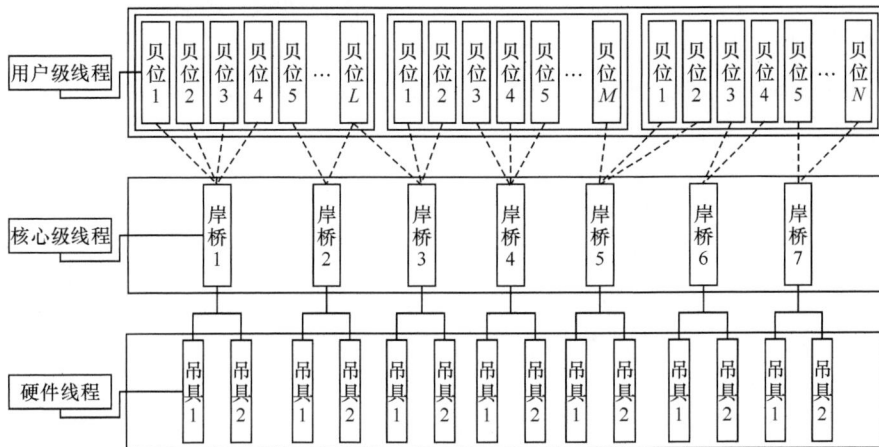

图 9-4　集装箱码头作业多线程的多级映射模型

在图 9-4 所示的集装箱码头作业多线程的多级映射模型中,核心级线程和硬件线程根据港口的具体设备配置情况,是固定的一对多模式(因为除了双 40 英尺岸桥,还有三 40 英尺岸桥已经成功实践应用于港口生产中),而用户级线程和核心级线程间是一个多对一和多对多模式的综合。通常情况下,根据岸桥规划和生产安全性考虑,用户级线程和核心级线程间是一个多对一关系,即一座岸桥应完成多个贝位的装卸生产任务。但在实际作业中往往会采用先卸后装的生产工艺,如果装卸进度滞后,往往调整岸桥分配计划,从而会使一个贝位先后由多个岸桥进行作业,因此,用户级线程和核心级线程间也会出现多对多的情况。而且如图 9-4 中的岸桥 3 和岸桥 5 在作业过程中,很有可能被调到邻近的泊位进行作业,但是核心线程资源要首先被系统回收,而后再分配给邻近的进程,这意味着当硬件线程资源在不同的进程间切换,需要付出较大的系统开销。事实上,当岸桥从一个泊位移向另一个泊位时,必须首先收起前大梁,移动大车,再放下前大梁才能进行装卸作业,因此对 CTLS,岸桥移泊对于充分发挥港口前沿通过能力具有十分不利的影响。

9.6.4　面向高性能的集装箱码头作业组织

在如图 9-3 和图 9-4 所示的集装箱码头多进程多线程作业模型中,各种并行处理单元群集、存储模块集合以及互连网络间的互操作高度复杂。欲有效提高港口的吞吐量和通过能力,就必须提高 CTLS 作业的并行性和并发性。另外,对于既定的 CTLS,在平面布局、基础设施、装卸工艺和设备配置已定的情况下,集装箱码头的生产控制作为 CTLS 的作业逻辑,其任务调度和资源分配越贴合 CTLS 体系结构的逻辑,港口生产作业性能越好。现代各种类型的计算机体系结构都体现出一个基本原理:局部性原理(principle of locality)。由此可见,并行性和局部性是提升 CTLS 生产性能的两个根基。事实上,前面的 CTLS 架构设计和编程模型中一直都在充分考虑、利用和挖掘系统的并行性。本节在异构多处理器片上系统体系下,重点探讨局部性原理在 CTLS 作业中的应用。

并行性、协调性和作业持续性是 CTLS 中任务调度和资源分配的关键所在。为保证这三个特性在 CTLS 生产运作中得以实现,必须保证港口各阶段作业处理器的存储单元中拥有足够的缓冲工件(主要是各种类型的集装箱)队列待服务,以平滑各个阶段由于处理器工作性能和客户特性导致的速度差异。

计算机系统的存储单元按照访问类型进行局部性分割,将能大幅提高程序性能。类似地,为充分保证港口装卸生产的连续性和并行性,必须考虑对各阶段处理器的存储单元按照访问类型进行局部性分割,从而保证港口混合流水车间中待加工集装箱流的持续性,继而充分提升系统的并行性。面向高性能生产组织的 CTLS,其存储单元组织可分为以下几种形式:①进程共享:锚地,堆场箱区;②进程私有:船舶舱位,码头泊位;③进程互斥访问:箱区贝位;④线程共享:集装箱船舶舱位,箱区贝位;⑤线程私有:岸桥下码头前沿区域;⑥线程互斥访问:船舱贝位。根据 CTLS 的作业特性,将港口内的存储单元分为上述 6 个子类,比较理想的情况是能够将船舶上待卸的集装箱放在相邻的贝位中,而为了能够集中对到港船舶作业,也希望将待装船的集装箱在堆场中放在箱区相邻的贝位中。这本质上正是希望通过空间局部性(spatial locality)来提高 CTLS 的作业效率。

需要着重强调的是:①对于 CTLS,仅仅将待装船的集装箱放到相邻的贝位中还不够,由于船舶配载和挂靠港口的需要,还应将到港集装箱按照相应的顺序进行堆码,即进行事先倒箱,以提高港口装卸效率,即在空间局部性中融入顺序局部性(order locality);②由于实际生产中,往往平均 2~4 台场桥服务于一台岸桥,所以装卸的集装箱在船舶和堆场上的贝位又不能过于集中,要分布在一定的箱区范围内,便于将生产负载分配到相应的多个场桥上;③为了提高岸桥装卸作业效率,就应当保证敏捷的水平运输,在安全生产的前提下,一般集装箱拖挂车重载和空载的速度不宜过高,因此就应缩短水平运输距离,在这种考虑下,应为班轮规划距离指定泊位较近的箱区,因此作业泊位与服务箱区之间也存在着一定的空间局部性。

另外,CTLS 在生产服务时表现出明显的时间局部性(temporal locality):①由于 CTLS 作业中的空间局部性以及船舶配载/挂靠港需要,一个贝位被岸桥或者场桥作业后,会马上又被其访问;②由于各个行业和地区生产的特点,港口班轮的到港数量,从每周甚至每月来看并不均匀,存在着明显的高峰期,即存在船舶到港而导致的生产强度时间局部性;③密集航线上的班轮密度往往是普通航线上的数倍,以及为其服务的喂给航线都会频繁靠港作业,相应为其服务的泊位、岸桥、场桥和箱区往往就会在短时间内频繁作业。

故在 CTLS 生产作业中,存在着明显的并行性和局部性,而这两个特性正是提升 CTLS 任务调度和资源分配的基础所在。欲对 CTLS 进行调度优化,从平面布局、装卸工艺和设备配置都要充分应用这两个系统特性,以消除作业瓶颈,充分提升系统整体性能,本章和第 10 章将针对这两个特性展开具体的讨论。

9.7　仿真实验与结果分析

9.7.1　集装箱码头生产实例

以国内某新建的大型集装箱码头为例阐述面向计算思维的集装箱码头物流调度决策计算体系及其相关控制模式。该集装箱码头前沿长 4400m,均匀划分为 10 个离散泊位,每个泊位长度达 440m,前沿泊位水深 17.8m,这些条件使得该码头的各个泊位可对在役的最大集装箱船舶进行停靠装卸作业。该集装箱码头共配备 40 座双 40 英尺岸桥,150 台场桥,120 台正面吊和 250 辆内集卡,码头陆地纵深达 2500m,每个泊位后有 10 个重箱堆场区和 2 个空箱堆场区,码头年设计集装箱吞吐量为 1000 万 TEU。

由于天气及航线上其他港口的作业延误,挂靠港口的集装箱船舶的具体到港时间虽有预先制定的船期表,但仍具有较大的不确定性和动态性。到港的集装箱船舶的核心属性如表 9-1 所示,它们主要分为两部分,第一部分为挂靠该码头的集装箱班轮,其班轮间隔时间符合三阶埃尔朗分布;第二部分为该港口其他两个集装箱码头临时调拨过来的集装箱船舶,其一个符合三角分布,另一个符合高斯分布。由表 9-1 可以看出,该集装箱码头主要服务于大型及超大型集装箱船舶,是一个典型的深水枢纽型码头,水水联运比例较高,CTLS 的计划调度控制较中小型码头更为重要。

表 9-1　到港集装箱船舶核心属性

船型类别	设计载箱量	装卸箱量比例	优先停靠泊位	贡献比例/%
小型支线喂给船舶 I	1000～2000	40%～50%	6,7	4
小型支线喂给船舶 II	2500～3000	40%～50%	6,7	5
巴拿马型船舶	3500～4499	30%～45%	6,7	6
巴拿马极限型船舶	4500～5499	30%～45%	6,7	10
超巴拿马型船舶 I	5500～5999	20%～40%	8,9,10	5
超巴拿马型船舶 II	6000～7399	20%～40%	8,9,10	10
超巴拿马型船舶 III	7400～10999	20%～35%	8,9,10	15
超巴拿马型船舶 IV	11000～13999	20%～35%	1,2,3,4,5	30
超巴拿马型船舶 V	14000～18000	25%～35%	1,2,3,4,5	15

9.7.2　基于计算思维的综合调度算法

在前述的 9.6 节中,利用计算思维,围绕进程和线程的概念,定义了集装箱码头物流调度决策计算体系。在集装箱码头物流调度决策计算体系的概念框架下,可以面向不同的集装箱码头平面布局、装卸工艺和设备配置,基于计算机体系结构和操作系统的任务调度和资源分配原理及算法定义一系列敏捷高效鲁棒的集装箱码头装卸作业调度策略。本节综合任务优先级(task priority)、处理器亲和性(processor affinity)、成组调度(gang scheduling)、负载均衡(load balancing)和批处理(batch processing)等思想定义一种基于计算思维的综合调度算法(comprehensive scheduling algorithm with computational thinking,CSACT)进行泊位指派和设备调度来阐述及应用集装箱码头物流调度决策计算体系。同时也是讨论如何利用计算思维来设计和实现 CTLS 计划调度算法。基于计算思维的综合调度算法集成和融合计算机科学中的多种经典调度模式和算法,其具体内涵如下:

(1) 由于每艘到港船舶在进入 CTLS 后,都会被抽象为一个进程,那么首先该进程在集装箱码头物流调度决策计算体系必定有一个任务优先级。综合港航企业之间签订的合同、船型的大小、装卸箱量的大小、船期的紧迫程度以及码头当前各泊位的排队负载状况等因素,在船舶进入计划调度窗口时,指定挂靠船舶的一个实时任务优先级(本质上是动态任务优先级),而不是在船舶到港时指定(此时指定为静态任务优先级)。

(2) 综合考虑当前单个泊位的等待船舶数量以及各泊位的等待船舶数量总和,不定期地打开计划调度窗口,将部分在锚地等待的到港船舶调度进入某个泊位的等待进程序列。

(3) 为了加快水平运输速度,缩短水平运输距离,优先保证超大型集装箱船舶的装卸作业,确定其船期的按时执行,可以引入处理器亲和性的思想,在泊位指派(berth allocation)中引入柔性处理器软亲和性(flexible processor affinity)理念,加快超大型船舶的周转,是一种兼顾吞吐量与响应时间的有效策略,在作者以往的研究中已经对此策略的有效性与可行性进行了论证。各种类型的集装箱船舶在本生产实例中优先停靠的泊位如表 9-1 所示,这也是各个进程的处理器亲和性的定义。

(4) 每个进程的具体执行是由岸桥、内集卡、场桥、正面吊等核心设备完成的,虽然在每个进程的整个生命周期中,上述四种设备群会因为动态负载和不确定事件有所变化,但是可以利用成组调度(gang scheduling)的思想来确定某进程在港期间的岸桥、内集卡、场桥和正面吊各自的平均并发数,从而评估其作业时间。

(5) 在打开计划调度窗口,对新进程集合中的某个进程分配泊位等待队列时,基于复合负载均衡(load balancing)的原则指派待装卸作业的泊位。

9.7.3　性能评估与行为分析

为了对集装箱码头物流调度决策计算体系的计划调度性能和系统行为进行评估,通过逐渐缩小到港船舶时间间隔(间隔时间的分布方式不变)的方式来增大 CTLS 的作业负载,对 CTLS 进行压力测试,并对集装箱码头装卸作业的核心指标进行评估。在集装箱码头物流调度决策计算体系下分别应用平均随机泊位指派策略(average random berth allocation policy,ARBAP)和基于计算思维的综合调度算法,逐步增加港口挂靠船舶密度,基于 AnyLogic 7.1.2 和 SQL Server 2012 进行仿真实验,仿真界面如图 9-5 所示。针对两种调度策略,基于随机种子 1~100,实验结果如表 9-2 和表 9-3 所示。

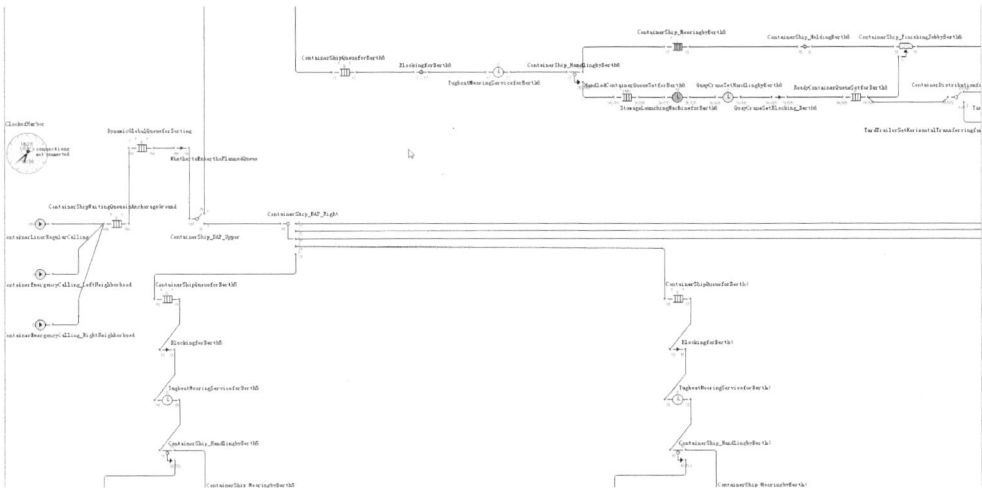

图 9-5　计算实验界面

表 9-2 基于平均随机泊位指派策略的压力测试结果

组别	到港船舶 时间间隔	船舶平均 通过能力	通过能力 标准偏差	平均集装箱 吞吐量	平均压 船数量	压船数量 标准偏差	平均压港 集装箱数量
1	1/1.5000	7691.80	64.190	21415187.90	19.40	4.551	57677.70
2	1/1.7500	8917.10	74.611	24786000.30	46.90	11.827	136456.10
3	1/1.8000	9178.90	46.739	25540655.80	100.0	31.266	281397.00
4	1/1.8500	9329.40	45.014	26014410.50	143.90	25.278	411131.60
5	1/1.8600	9366.10	40.408	26033896.00	172.40	27.019	489526.40
6	1/1.8700	9380.90	36.744	26112812.40	176.10	45.996	495519.90
7	1/1.8800	9417.80	37.703	26121084.10	228.50	49.476	633462.00
8	1/1.8900	9427.40	49.133	26295243.10	266.20	48.414	751813.80
9	1/1.9000	9463.30	35.997	26380962.80	309.60	37.704	859761.70
10	1/2.0000	9554.00	21.782	26557308.20	721.10	46.381	2002614.90

表 9-3 基于计算思维的综合调度算法的压力测试结果

组别	到港船舶 时间间隔	船舶平均 通过能力	通过能力 标准偏差	平均集装箱 吞吐量	平均压 船数量	压船数量 标准偏差	平均压港 集装箱数量
1	1/1.5000	7701.00	49.484	21421392.20	8.70	3.020	30614.60
2	1/1.7500	8973.80	53.626	24980716.70	11.60	2.951	37922.50
3	1/1.8000	9249.30	39.986	25726206.00	14.60	6.398	46926.50
4	1/1.8500	9446.20	36.841	26327608.70	19.60	7.749	64129.50
5	1/1.8600	9518.30	49.554	26526733.20	23.20	10.486	74541.10
6	1/1.8700	9548.70	40.415	26528401.80	46.00	27.467	142046.00
7	1/1.8800	9563.90	37.370	26550140.50	64.80	45.114	195122.90
8	1/1.8900	9584.40	26.437	26681082.0	113.90	42.639	303595.00
9	1/1.9000	9601.20	20.504	26633900.7	122.10	37.451	333056.90
10	1/2.0000	9613.50	30.152	26624132.1	655.10	48.448	1720879.00

通过表 9-2 和表 9-3 的数据可以看出,集装箱码头物流调度决策计算体系提供了一个敏捷、高效、鲁棒和较为通用的控制决策框架,可以在其上基于计算思维定义各类调度算法,从而良好地观控 CTLS 的内在性能和外在行为。在各种负载情况下,计算思维的综合调度算法的船舶通过能力和集装箱吞吐量均大幅优于平均随机泊位指派策略。

值得重点关注的是,计算思维的综合调度算法在通过能力的表现中,有一个明显的性能拐点,即在到港时间间隔从 1/1.8800 进一步缩小为 1/1.8900 时,港口压船数量有了一个突增,而当到港时间间隔从 1/1.8900 进一步缩小为 1/1.9000 时,CTLS 的集装箱吞吐量不升反而开始下降,并且随着时间间隔的进一步缩短,这个趋势会持续保持(见第 10 组实验可知)。相反,平均随机泊位指派策略在 10 组实验中,船舶通过能力和集装箱吞吐量一直在持续攀升。以上两个特征充分说明基于计算思维的综合调度算法已经将 CTLS 的吞吐性能发挥到了峰值,充分利用了各项装卸作业资源。

事实上,集装箱码头物流调度决策计算体系和基于计算思维的综合调度算法不仅可以提高系统的吞吐量,还可以减少船舶的在港时间,即作业的周转时间。分别取表 9-2 和表 9-3 中的第 6,7,8 和 9 组实验,也就是集装箱吞吐量发生急剧变化的四组实验,各取最接近平均值的一次实验,在超过 9000 艘船舶中,截取计算实验稳态的 1000 艘到港船舶,即到港船舶序号 4001~5000 的一段数据,记录其在港时间(单位:h),如图 9-6 和图 9-7 所示。从图中可以看出,面向基于计算思维的综合调度算法时,船舶的在港时间大幅优于平均随机泊位指派策略。尤其值得注意的是,基于计算思维的综合调度算法有良好的自我调节能力,能够自动在系统通过能力和作业周转时间间取得平衡。如图 9-7 所示,当基于计算思维的综合调度算法的通过能力在性能拐点附近时,船舶在港时间也突然有了较大的波动,而在此以往的区域,应用基于计算思维的综合调度算法,船舶的在港时间都处于一个较优的水平。

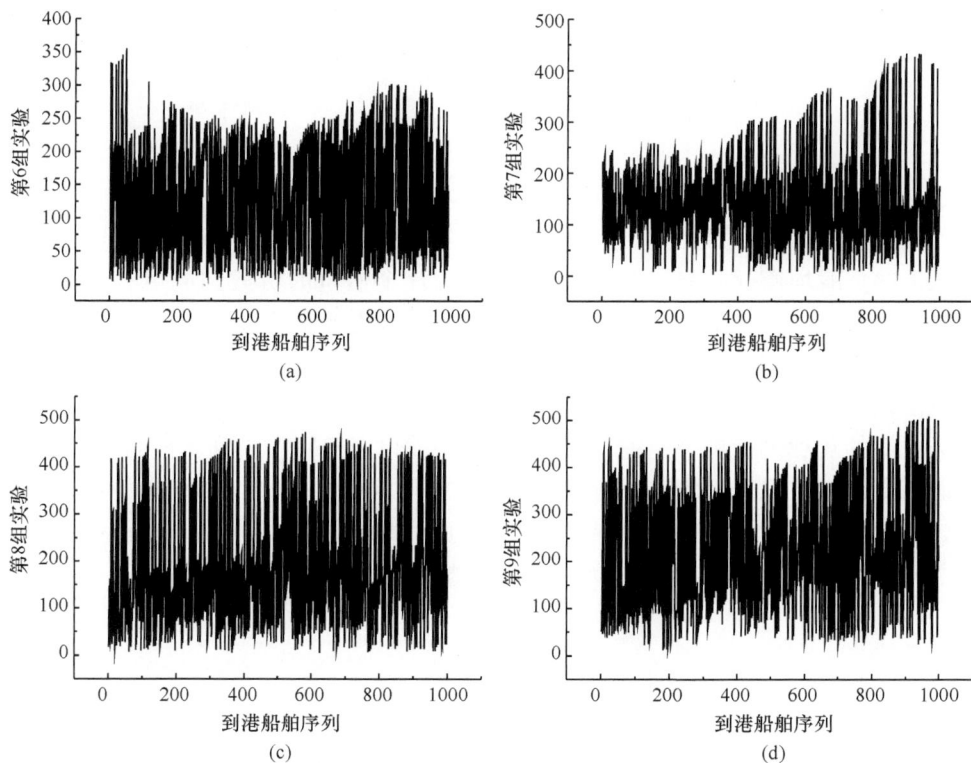

图 9-6　面向平均随机泊位指派策略的船舶在港时间

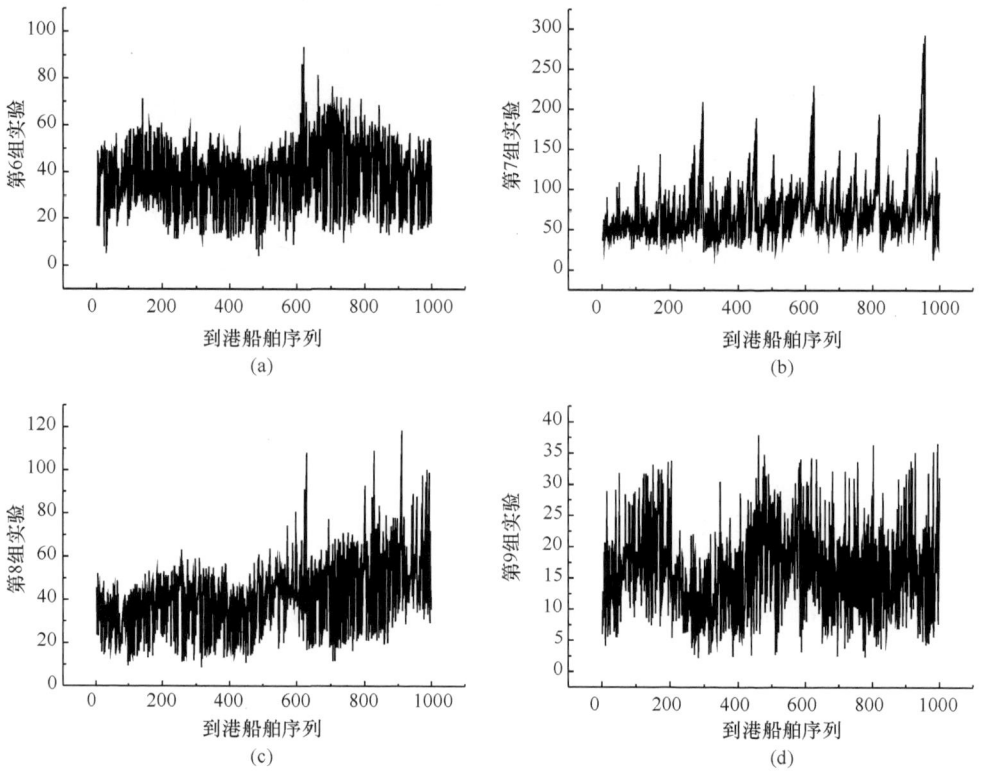

图 9-7　面向基于计算思维的综合调度算法的船舶在港时间

此外,基于计算思维的综合调度算法相对于平均随机泊位指派策略实现简单意义上的负载均衡(图 9-8～图 9-11),其对于各个泊位的负载调配更有意义。基于计算思维的综合调度算法实际上将 10 个泊位分为 3 个泊位群,每个泊位群针对不同的船型群。基于计算思维的综合调度算法首先使每个泊位群内部负载均衡,然后协调各个泊位群之间的负载,表 9-1 定义的处理器亲和性是软亲和性,各个泊位群之间的负载失衡到一定的程度,挂靠船舶就可以被重指向到其他的泊位群中。表面来看,3 个泊位群的负载有较大的差异,一是因为各船型到港船舶的数量不一样,二是对于各个泊位,船舶在靠离泊之前有大量的准备时间(如拖轮作业时间),这些时间也大大影响了各个泊位的船舶通过能力和集装箱吞吐量。

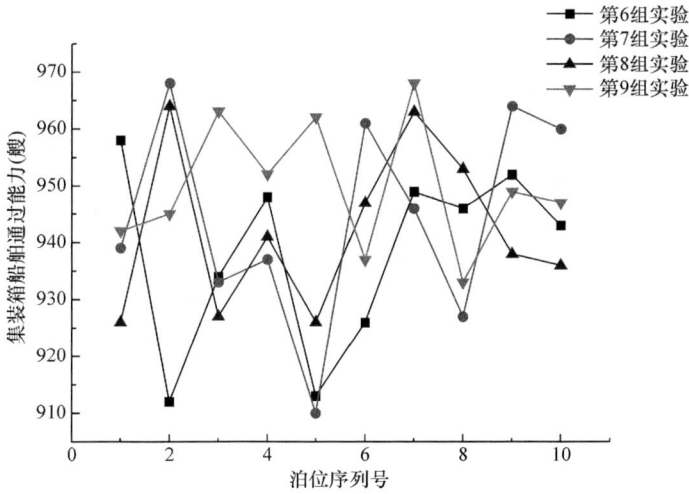

图 9-8 面向平均随机泊位指派策略的单一泊位集装箱船舶通过能力

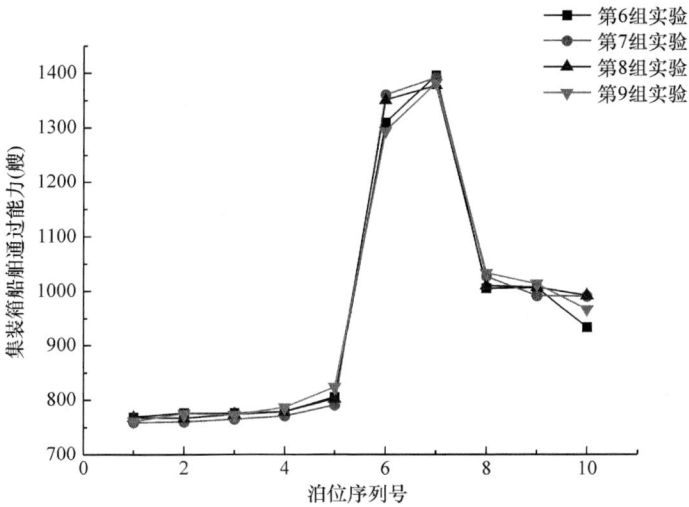

图 9-9 面向基于计算思维的综合调度策略的单一泊位集装箱船舶通过能力

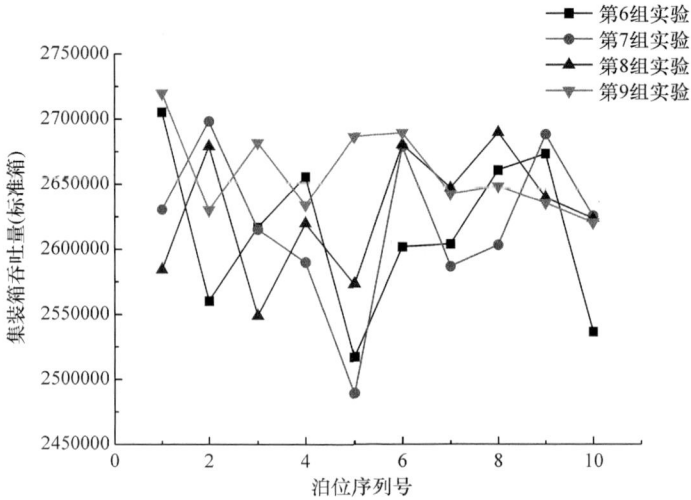

图 9-10　面向平均随机泊位指派调度策略的单一泊位集装箱吞吐量

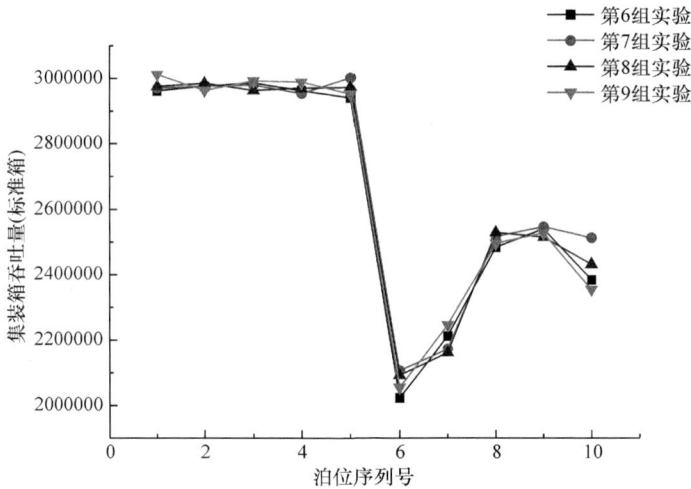

图 9-11　面向基于计算思维的综合调度策略的单一泊位集装箱吞吐量

9.8　本 章 小 结

　　本章在前述的集装箱码头物流服务的广义计算思维下,分析利用哈佛体系结构对 CTLS 进行建模和分析的不足,面向多处理器片上系统的体系结构,融合计算流水线、协同计算、并行计算和可重构计算等思想方法,建立了集装箱码头调度控制的广义计算框架，为 CTLS 的系统建模和行为分析提供了良好的逻辑视图，并进而得出面向多线程编程模型的集装箱码头任务调度模型，从而合理高效地支持港口的运筹决策。

第 10 章　面向并行可重构计算的集装箱码头生产调度

10.1　引　　言

鉴于港航的行业需求和集装箱码头自身的特点,CTLS 欲改善服务水平,必须提高装卸工艺和生产调度水平,向空间要时间,不断改良港口各个作业环节和系统整体的并行性和协同性。本章从 CTLS 生产的并行性和动态资源组织视角出发,将 CTLS 看做一个可重构的大规模并行处理(massively parallel processing,MPP)系统,融合并行计算(parallel computing)和可重构计算(reconfigurable computing,RC)的思想方法,重点探讨 CTLS 的生产调度和控制决策,以期对大规模复杂物流系统的作业组织、调度控制和资源分配提出新的建模和分析思路,也为我国大中型港口的规划管理和生产组织提供有益的参考。

10.2　港口生产与并行计算

作为大中型集装箱港口主要服务对象的集装箱船舶,为了追求更好的经济效益,其大型化的趋势十分明显,尤其是在国际远洋航线上。当前集装箱运输干线上的船舶载箱量基本都在 8000TEU 以上,这些巨型超巴拿马型集装箱燃油消耗巨大,日租金极其昂贵。无论是从船舶成本、载货价值,还是燃油消耗来看,运营成本都极高,为了获得效益甚至维持正常运营,都必须要求船舶在港停留时间最短,从而使船舶能够较好地执行船期表,提高船舶箱位周转率,以免出现甩港现象,减少船舶收益和服务水平,这使港口装卸作业必须高效快速。

当前港口行业中,对于载箱量 8000TEU 及以上的大船 10h 内应完成3000TEU 及以上的装卸量。而载箱量 10000TEU 的国际主干线的主流船型,平均每港会有 4000TEU 的装卸量,高峰时会达到单港 7000TEU,甚至 8000TEU,而船舶的有效作业面仅为 250~330m。为了满足船舶的离港时间要求,必须要求港口能够充分地利用作业面,展开多条作业线进行装卸服务,且多条作业线必须能够持续不间断运行。这种需求使得港口生产调度和运筹管理的问题维度、约束条件和问题目标等方面求解规模急剧增加,进一步加大了 CTLS 生产管理的复杂性和耦合性,同时也对 CTLS 各个环节作业和整体生产的并行性和协调性提出了更高的要求。

如果从一个统一的视角去看待 CTLS 中的装卸作业和信息处理,CTLS 就可被认为是一个大规模并行处理系统,其主要完成到港集装箱船舶的装卸作业和到港集装箱的集疏运。显然这是两个典型的并行作业过程,只是并行的粒度有所不同,前者的并行控制要求要远远高于后者,也是 CTLS 生产服务的核心所在。

当前航运业对港口服务提出了更为苛刻的作业要求,使得 CTLS 不得不提高自身各个阶段和层次的作业并行性和协调性以提高装卸效率。无独有偶,在计算机领域中,由于应用需求和物理极限,也越来越注重并行计算。单核中央处理器发展遇到了一系列瓶颈后,计算机正转向多核中央处理器,通过多核中央处理器进行并行计算来提高计算性能和响应速度。在多核计算平台上,程序并不会直接由串行变为并行执行,即程序不会像单核时代那样自动获取由于中央处理器的发展而获取的性能提升。在单核编程向多核编程转变时会遇到一系列问题:并发性、中央处理器饥饿、任务的分解与调度、加速比性能和扩展性等。计算机科学领域已经为上述问题提供了一系列的解决方案,指明了系统体系和调度控制的妥协和优化的方向,并在计算机系统以吉赫兹频率高速运行的情况下得到了正确性、可信性、可靠性和健壮性的有力验证。如将其中设计和实现的体系、策略、机制和算法引入 CTLS 并行控制和协同决策中,在机械自动化设备远低于计算机工作频率的情况下,除获取港口生产调度的可行性和高效性的同时,必将拥有极强的敏捷性和鲁棒性,以应对港口作业和生产环境中频繁出现的各种动态和随机性事件。

事实上,如果将集装箱码头前沿中的每座岸桥视为一个中央处理器,堆场看做存储器,水平运输集卡及港口交通基础设施等同于计算机系统总线,那么从并行计算的视角来看,CTLS 就是一个紧耦合多中央处理器系统和专门功能的处理器群相结合的异构并行处理系统,其如图 10-1 所示。

之所以说 CTLS 是一个紧耦合多处理器系统,是因为 CTLS 中的所有岸桥之间共享内存子系统以及总线结构,并运行同一个集装箱码头操作系统,准确地说,CTLS 是一个典型的对称多处理系统。与此同时,CTLS 也是一个主处理器和专门功能的处理器群相结合的并行协同处理系统,因为如果将港口前沿岸桥看做多个主处理器,那么集装箱拖挂车、场桥、正面吊、港口大门检查桥等都可以认为是具有专门功能的处理器,于是整个 CTLS 是一个多级并行作业系统。

这里需要强调的是,同一般的并行计算系统不同的是,在传统的离散泊位指派模式下,所有的广义处理器都是动态配置的,这一点与经典的并行计算系统又有很大的区别,于是下面融合并行计算和可重构计算对 CTLS 的生产作业进行进一步的探讨。

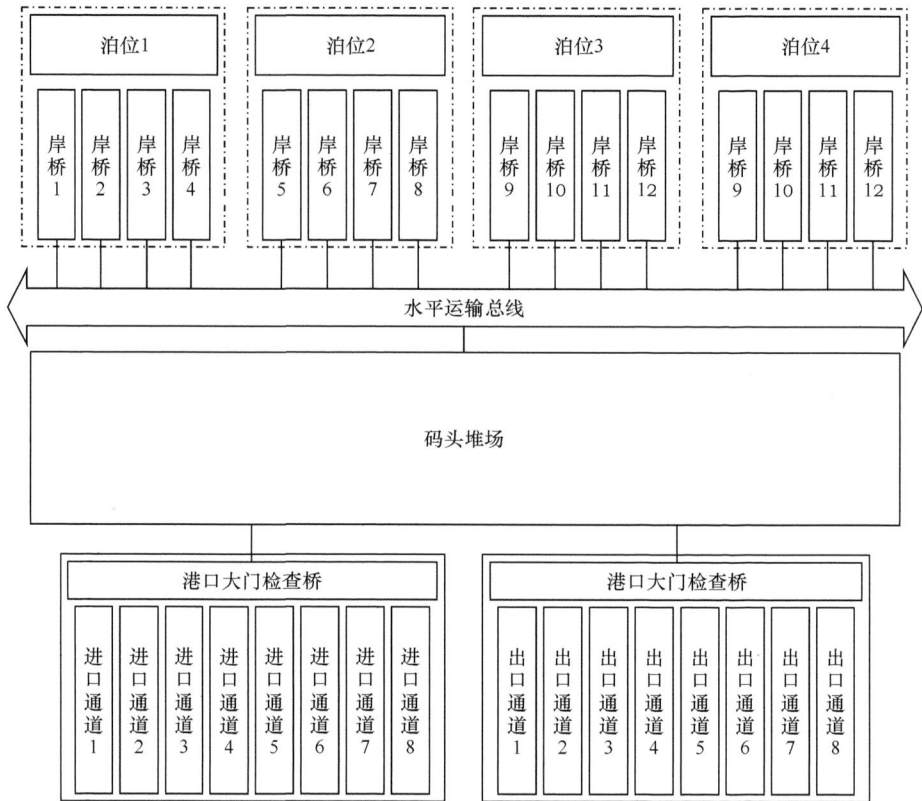

图 10-1　多处理器系统视角下的 CTLS 生产作业

10.3　并行可重构计算视角下的码头作业

传统的计算方式主要有两种:一种是专用集成电路(application specific integrated circuit,ASIC),以硬件方式执行特定的操作;另一种是通用微处理器(general purpose processor,GPP),执行一系列指令来完成特定的计算任务。如果计算任务发生变化,通过改写程序即可改变软件中所包含的指令序列,而硬件无需做出任何改动。因此通用微处理器非常具有灵活性,但是这种灵活性是以牺牲性能为代价换取的。可重构计算正是为了填补硬件实现和软件实现之间的空白而提出的,它试图在达到比软件实现更高性能的同时,还能提供一定的硬件实现灵活性。可重构计算本质上可以看做"在(微处理器的)灵活性和(专用集成电路的)性能之间的一个折中,时间计算和空间计算的一种结合"[256]。

由前述可知,CTLS 是一个并行计算系统,其实也可看做一个可重构计算平台,因为其根据不同的生产任务,在同一港口平面布局上,对生产资源进行动态配置,在系统运行过程中按照特定的装卸工艺完成资源分配和作业组织,从而敏捷高效地完成各项生产任务。可重构计算具有如下特征:①空间计算;②可配置的数据通路;③分布式控制;④分布的资源。这些特征与本质为离散事件动态系统和分布式控制系统的 CTLS 非常吻合,也从一个侧面证明了面向可重构计算对 CTLS 进行探讨的可行性与可能性。

计算机领域的重构方式主要可分为静态重构和动态重构两大类。根据 CTLS 的装卸工艺与运作机制,其采用的是典型的动态重构模式。动态可重构计算机系统通常是一个异构的并行计算环境,包括多种不同类型的处理单元。CTLS 拥有各种不同种类的装卸生产服务单元,其皆可看做可重构处理单元(reconfigurable processing unit,RPU),也是一个典型的异构并行处理环境。动态重构又可以进一步分为单上下文可重构、多上下文可重构、部分可重构,以及流水线可重构。其中流水线可重构体系结构可以看做部分可重构体系结构的一个特殊的例子,它可以实现流水线各段的部分重构。重构过程是逐段进行的,这意味着配置信息要先于数据信息到达流水线的各段。完成硬件配置的流水段可以进行相应的运算。在整个流水线部件中,配置和运算是在不同的流水段中交叉进行的。而这与 CTLS 的运作有异曲同工之妙,同时参考计算机中央处理器并行多核超线程计算和流水线的设计,抽象出其形式化数学模型,决定从混合流水车间调度的视角对 CTLS 生产调度进行建模和分析。

10.4　面向混合流水车间的港口并行协同作业

10.4.1　混合流水车间调度与 CTLS 控制决策

混合流水车间(hybrid flow shop,HFS),又称柔性流水线(flexible flow line,FFL),是两类经典调度问题 flow shop 和 parallel shop 的推广,也是传统流水线调度与并行机调度的综合[246]。

混合流水车间由一系列处理阶段组成,每个处理阶段有多个并行处理器,其中某些阶段可能只有一个处理器,但至少有一个阶段存在两个以上的并行处理器,工件可由并行处理器中的任一处理器处理,且工件在车间里单向流动。混合流水车间调度问题是一类具有很强工程背景的组合优化问题,既相当普遍地存在于化工、冶金、纺织、半导体等制造流程工业中,也广泛存在于交通和物流等服务行业中。混合流水车间是设备分配和工件排序问题的组合,比一般的 flow shop 调度问题要复杂得多,即使是小规模问题最优求解也比较困难,而较大规模问题最优求解几乎不可能,该调度问题已被证明是 NP-Hard 问题,Gupta 甚至已经证明了以最小化 makespan 为目标函数的两阶段混合流水车间问题就是 NP-Hard 问题。

从混合流水车间的视角来看,CTLS 可以被抽象为一个集装箱流的多级流水线加工处理器,而且为了提高装卸生产效率,在每级流水线上都会有多个同构/异构的处理机资源,因此利用混合流水车间对 CTLS 进行建模是一条非常可行的研究方法和途径。事实上,国内外的众多学者已经利用混合流水车间对集装箱码头作业的局部或整体进行了探讨。例如,张煜等研究并解决了一类从集装箱混合装卸作业环境中提取的多工件族无缓冲混合 flow shop 问题[247]。

集装箱码头的装卸工艺复杂,各生产子系统间耦合紧密,生产运作时动态性和不确定性因素众多,传统的混合流水车间模型很难对其进行良好的描述和建模,已提出的模型改进多缺乏整体性和普适性。CTLS 的装卸生产涉及一系列的串行作业组织和并行生产控制,且其生产资源随着任务加载情况不断进行动态回收、协调、再分配和绑定。故根据港口生产实践情况,融合计算机并行计算、可重构计算和协同计算的基本思想,修正传统混合流水车间对 CTLS 进行建模和分析。

10.4.2 基于属性的有阻塞的动态可重构混合流水车间的港口生产调度

基本混合流水车间是由 m 级流水车间构成的,第 j 级($j \in \{1, 2, \cdots, m\}$)由 M_j 个相同的设备组成,每台设备一次只能加工一个工件。调度的对象是一组待加工的工件$\{1, 2, \cdots, n\}$,所有工件的加工路线都是一致的,每个工件都要依次经过 m 个工序,所有工序中至少有一个工序中存在并行设备,即至少有一个 M_j 大于 1。工件可由并行处理器中的任一处理器处理,且工件在车间里单向流动。调度的环境假设备阶段之间存在无限缓冲区,工件允许在工序间等待,而工件在完成上一工序后,如果设备允许,可以无等待地进入下一工序。调度的任务是找到工件的加工排序和在并行设备上的分配情况,调度的目标则是使工件的最大完工时间最小,并且使同一阶段的并行设备的加工时间相对均衡。

由上述基本混合流水车间的定义,可以看出其虽然适合于对 CTLS 进行建模分析,但是基本混合流水车间又不足以对 CTLS 的生产调度进行良好的描述和建模。在此背景下,融合计算机领域的并行多核计算、超线程、指令流水线、可重构计算等思想方法,对传统的混合流水车间模型进行修正,面向 CTLS 的生产作业实际进行改进。新模型较传统的混合流水车间相比,主要应反映以下 CTLS 的生产特点:

(1) 从总体上看,CTLS 待服务的工件主要有到港集装箱船舶和集装箱两个大的种类,其中前者是后者的运输载体;

(2) 在 CTLS 中加工的工件尺寸和规模粒度具有很强的差异性,流水线结构不同,所涉及资源也有所不同,整个装卸生产是一个复杂的多层次动态复合嵌套流水线;

(3) 每个环节都拥有大量的并行设备,由于港口不可能一步建设到位,因此每个阶段的处理器都可能存在同构/异构情况;

　　（4）各个工序的并行设备间存在严格的空间约束以及规格要求,具有很强的不可替代性,待加工的工件其实只能在该阶段并行处理机的某个真子集中进行服务,而不是全部（横向约束）;

　　（5）不同环节间的处理器在装卸生产时会有很强的耦合性,会相互制约和影响,指定不同的处理器会对前一阶段、下一阶段甚至下下阶段的处理有较大的差异（纵向约束）;

　　（6）面向 CTLS 的混合流水车间的功能是固定的,但是其流水车间加工的结构却是在动态变化中,它根据不同的任务加载和作业完成情况,对流水车间各阶段的资源进行动态配置,从而形成一个敏捷鲁棒的集装箱流服务车间;

　　（7）对于不同类型的工件,加工路线不一致,对于同一种类型的工件,也非常依赖于其属性进行相应的作业组织和资源分配;

　　（8）根据当前航运业和港口业的发展趋势,在多个服务工序中,都可能存在一个处理器同时处理多个工件,以及多个处理器一起服务一个工件的情况,这依赖于待服务工件的属性和港口设备的作业规格;

　　（9）现代的集装箱港口普遍用地紧张,各服务工序之间的缓冲区有限,整个 CTLS 是一个有阻塞的混合流水车间生产调度,且其装卸运输作业中主动缓冲和被动阻塞两种情况并存;

　　（10）待服务的工件在面向 CTLS 的混合流水车间中双向流动（进口箱和出口箱服务流程恰好相反,中转箱作业则等于进口箱和出口箱加工的总和）,且同时存在,即 CTLS 是全双工作业的,传统的混合流水车间都是针对单向工件服务的。

　　面向 CTLS 的混合流水车间模型应切合上述的 10 项港口作业需求,以更好地反映港口的装卸生产情况。CTLS 的生产任务往往都有严格的时间和空间约束,要求 CTLS 具有很强的自组织和自适应能力,及时满足作业的各项需求。

　　面向 CTLS 的混合流水车间的调度任务仍是找到工件的加工排序和并行设备上的分配情况,但应注意其与传统混合流水车间的任务调度和资源分配又有区别:①如前所述,每个加工并行设备有可能同时加工多个工件,而在进行并行设备分配时,工件有可能在某个加工阶段中占据多个并行机处理设备,而工件在加工时在某个阶段对并行加工设备还具有一定的亲和性倾向,这个需要在调度策略中有所考虑;②待服务加工工件有可能在某个作业阶段中同时占据多类生产资源,需要进行预分配,以防出现死锁等不利情况。

　　面向 CTLS 的混合流水车间的调度目标也较传统混合流水车间有所区别:除了传统的使工件的最大完工时间最小以及使同一阶段的并行设备的加工任务相对均衡外,还期望:①提高关键生产资源的吞吐量,减少其空闲时间;②提升同阶段和相邻阶段各作业设备的并行性和协调作业能力;③减少装卸设备的无效移动时间,提高其有效工作时间;④减少各个作业环节间的堵塞;⑤根据待服务工件的属性,提供有差异性的响应性服务;⑥使 CTLS 的整体通过能力和吞吐量最大。

由上述分析可知,CTLS 的生产组织远较传统的混合流水车间复杂,且随着其行业发展和竞争需要,其混合流水车间的生产计划和控制调度还在日益复杂化。由于到港船舶的吨位大小、装卸箱量和离港时间需求不同,因此 CTLS 各作业环节的生产资源往往以到港船舶为组织中心,在生产过程中不断动态调配,形成一个个流水车间"映像",在某段时间内保持稳定。但随着新的任务加载和随机/不确定事件的发生,混合流水车间会进行实时重组,获得新的服务结构,因此面向 CTLS 的混合流水车间是动态可重构的(dynamic reconfigurable)。

另外,带有阻塞(blocking)限制的混合流水车间(HFS-B)调度问题,其各级设备之间不存在工件临时存储区,许多实际生产环境,如钢铁、石油化工等流程工业都是带有阻塞限制的混合流水车间环境。从 CTLS 的作业概述中,也可以看出 CTLS 也是一个带有阻塞限制的混合流水车间作业环境。此外,在 CTLS 中被处理的各个集装箱船和集装箱都有各自的属性,规格型号各不相同,这些属性对于 CTLS 中的装卸作业和生产调度至关重要,而传统混合流水车间加工的工件都是规格相同的。

综上所述,在传统混合流水车间调度的基础上进行修正,提出基于属性的有阻塞的动态可重构混合流水车间(dynamic reconfigurable hybrid flow shops with blocking based on attributes,DR-HFS-BA)调度模型以对 CTLS 的生产调度进行建模和分析。

从基于属性的有阻塞的动态可重构混合流水车间的加工服务的角度来看,CTLS 加工的工件主要有集装箱船舶和集装箱,工件粒度区别巨大,且可为包含关系,因此提出的基于属性的有阻塞的动态可重构混合流水车间必然为多层加工作业体系。下面就基于属性的有阻塞的动态可重构混合流水车间提出 CTLS 的多层生产调度体系。

10.4.3 面向基于属性的有阻塞的动态可重构混合流水车间的多层双向作业体系

从基于属性的有阻塞的动态可重构混合流水车间的角度来看,从加工工件的粒度以及作业周期来看,CTLS 的生产运作主要可分为三个混合流水车间作业阶段:①面向集装箱船舶的靠离港服务;②面向随船到离港集装箱的装卸、运输、堆码和拆拼箱作业;③到港集装箱的集疏运服务。

在这三个作业阶段中,面向集装箱船舶的靠离港服务和到港集装箱的集疏运服务均为单向的基于属性的有阻塞的动态可重构混合流水车间作业,而中间装卸、运输、堆码和拆拼箱服务阶段则为面向基于属性的有阻塞的动态可重构混合流水车间的双向作业。由此也可以看出其是 CTLS 中任务调度和资源分配最为复杂的部分,也是对生产并行性和流水线动态重组要求最高的生产阶段。

面向基于属性的有阻塞的动态可重构混合流水车间的 CTLS 三层作业体系是一个嵌套的集装箱流服务工艺。以进口箱为例,对于顶层作业线,当到港船舶停靠泊位完毕,将在很长一段时间占据该泊位,这时以集装箱为服务粒度的加工流水线开始运转。类似地,当到港集装箱装卸完毕,该集装箱同样可能在较长的一段时间内占据该箱位,直到被货代的外集卡拖走,这段时间内港口的集疏运体系将会展开。如果经过规定的疏箱时间仍然没有拖走的集装箱,将集体被拖运到堆场的指定位置,等待进一步的处理,这种情况同样可以归结到上述的生产调度体系中。需要重点说明的是,图 10-2 所示是一个在不考虑多式联运的情况下 CTLS 一个较为全面的生产服务计算视图。但事实上,并不是其中的每一个工序都一定会被每一个工件所经历。例如,在中间层的混合流水车间中,大部分集装箱并不会到集装箱货运站中进行拆拼箱服务。

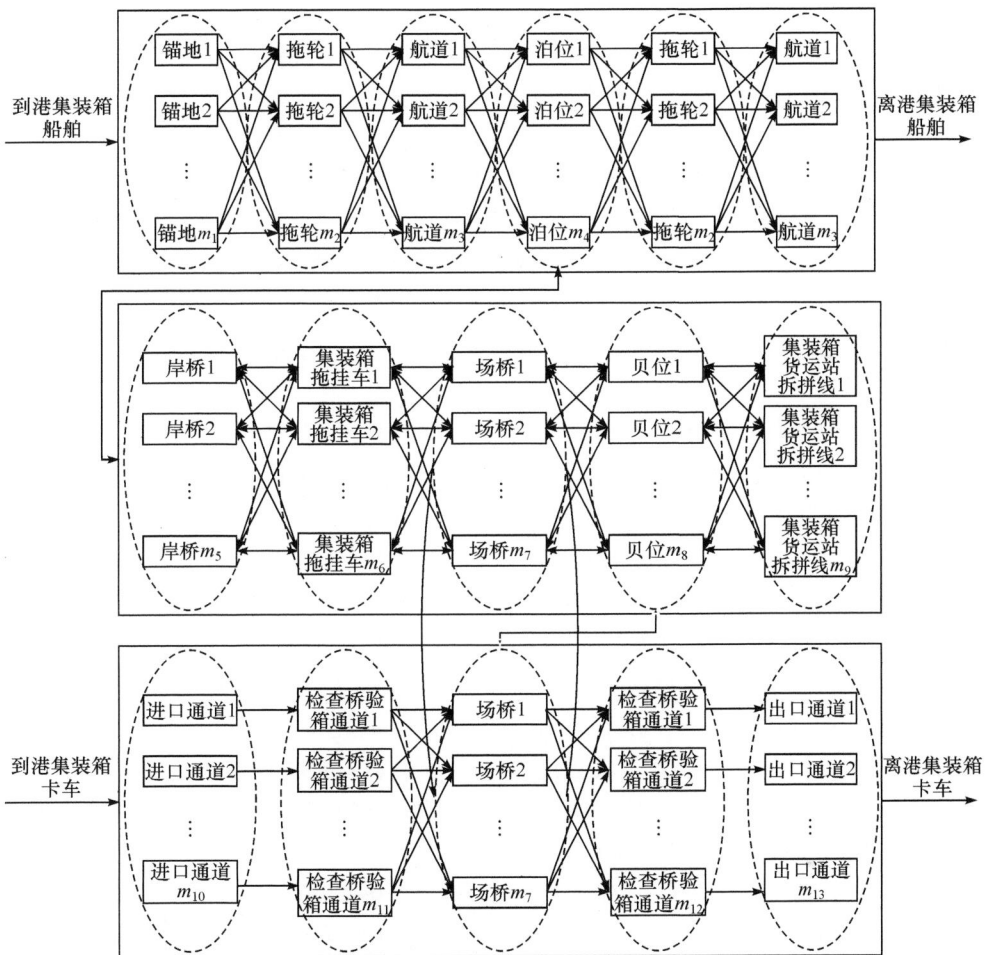

图 10-2　面向基于属性的有阻塞的动态可重构混合流水车间的 CTLS 作业服务体系

在图 10-2 所示的 CTLS 作业服务体系中,充分显示了集装箱码头作为当今供应链管理和国际物流网络中核心枢纽的地位和作用,也给出了 CTLS 的计算流水线的具体运作过程,从中可以看出各类装卸运输生产资源在系统整体运作中的功能和服务瓶颈所在,如下所述:

(1) 港口是集装箱运输的中转枢纽,其既是对集装箱船舶进行装卸的平台,也是对货物进行拆拼箱的枢纽,是船舶和货物之间的存储缓冲区和转换中心,是供应链物流中实施完成“门到门”物流服务的关键节点。如果将 CTLS 认为是国际物流网络中的大型路由器,它们必须清楚地知道自己所存储的“数据包(集装箱)”,为达到最终目的地,下一站的中转站(港口)在哪里,应由哪条线路(航线)进行传递,何时进行传送较为合适,而完成这些工作需要对多层基于属性的有阻塞的动态可重构混合流水车间服务线进行精确控制,进行敏捷的微观控制调度,进而准确完成到港集装箱及货物的集散工作。

(2) 泊位和贝位是 CTLS 中最宝贵的生产资源,不仅因为它们在港口中天然的稀缺性,更因为它们是港口三个作业阶段的中心资源,是下个生产阶段任务调度和资源分配的核心所在。这也造成泊位和贝位资源的分配和回收在很大程度上不仅仅取决于自身状况,而且也在很大程度上依赖于多个相关资源的作业情况,因此泊位指派和箱区管理是 CTLS 生产调度的重中之重。

(3) 场桥在两个混合流水车间生产阶段中都会涉及,其既要处理集装箱船舶的装卸工作,又要应付集装箱集疏运的压力,因此是港口中除岸桥最应受到重视的设备资源,应充分安排其生产负载,否则将会在堆场引起堵塞,造成港口生产的全局瘫痪。

(4) 为应付当前集装箱船舶日益大型化的趋势,以及港口各生产资源间的强耦合性和亲和性,在图 10-2 所示的混合流水车间中,如想取得较好的并行生产服务效果,消除资源分配死锁和排斥,就必须采取滚动的资源群集预分配和生产任务预处理策略,以获得较好的装卸生产效果,例如,生产前根据预计到港船舶配载进行的集箱和预倒箱作业。

(5) 面向 CTLS 的基于属性的有阻塞的动态可重构混合流水车间抽象模型为揭示港口作业的结构以及行为复杂性提供了有力的分析工具,也为从空间和时间两个维度对 CTLS 的任务调度和资源分配展开讨论提供了有利的思路:①从空间角度,为进行良好的并行控制,对到港装卸的各集装箱船舶应进行多阶段的资源集群分配,满足其作业要求;②从时间角度,可以将港口资源虚拟化,虚拟出多个类似的资源集合,从而形成滚动的生产计划。

(6) 多层双向基于属性的有阻塞的动态可重构混合流水车间作业体系既提供了从整体全局上对 CTLS 进行建模评估的工具,也为从局部微观对港口作业进行控制调度给予了方法支撑。例如,对于常见的泊位-岸桥分配调度问题,就可以从

图 10-2 所示的生产框架中由混合流水车间进行抽象,就可以退化为一个高维多目标的背包问题。

10.5　计算实验与结果分析

10.5.1　实验场景

如前所述,CTLS 是一个典型的大规模并行协同处理和深度流水线加工服务系统,且所处环境中具有诸多的不确定性和随机性因素,采用传统的确定模型对 CTLS 的结构和行为进行分析和评估,往往不能全面反映 CTLS 的通过能力和服务特性。本节从离散事件动态系统和大规模并行处理的角度对前述 10.4 节中基于属性的有阻塞的动态可重构混合流水车间双向多层作业体系中的顶层和中间层加工服务进行建模仿真,以对 CTLS 的作业性能分析,也验证此调度控制思想的可行性与可信性。

以我国当前刚刚建成投产的某大型集装箱码头平面布局和设备配置为实验背景,进行仿真分析。该码头拥有 5 个 10 万吨级顺岸式集装箱专用泊位,其水深和泊位前沿水域宽度分别为 −15m 和 100m,岸线总长度为 1800m,水工设计可挂靠 15 万吨级大型集装箱船舶,为满足未来船舶大型化的发展需求提供了硬件保证。码头前方作业区和集装箱堆场区陆域纵深约为 900m,配置有 20 台双 40 英尺箱岸边集装箱装卸桥(简称岸桥),60 台轨道式场桥和 120 台集装箱牵引车,设计年通过能力 360 万 TEU。

根据当前航运市场的情况,将现役的超巴拿马型集装箱船分为 4 个船型,考虑 2014 年巴拿马运河扩建以及当前在建的集装箱船舶,增加第 5 种船型,并考虑港口运营发展趋势和当前国际航运市场动态,设置其比例如表 10-1 所示。待服务的集装箱则可分为两类:20 英尺标准集装箱(1TEU)和 40 英尺标准集装箱(2TEU),暂不考虑 45 英尺集装箱和其他不规则尺寸集装箱。到港自然箱中 40 英尺/20 英尺自然箱的比例为 60/40。

表 10-1　到港船舶类型及各自所占比例

船型	载箱量	装卸箱量	所占比例/%
超巴拿马Ⅰ型	5500~5999	500~999	10
超巴拿马Ⅱ型	6000~7399	1000~1999	10
超巴拿马Ⅲ型	7400~10999	2000~2999	40
超巴拿马Ⅳ型	11000~13999	3000~3999	30
超巴拿马Ⅴ型	14000~18000	4000~6000	10

码头前沿岸桥台时平均效率为 32moves/h,作业高峰期能达到 45moves/h,船舶作业效率平均 300 自然箱/h,最高可达 450 自然箱/h,该集装箱码头作为某国际航运枢纽港的一个重要组成部分,拥有多条国际国内集装箱航线,集装箱船舶航班密度达到 260 班/月,其中国内和国外航班各半,船舶的装卸辅助作业及船舶靠离泊时间 2h(即拖轮作业时间)。

10.5.2　仿真结果

大中型集装箱港口作为国际供应链中的核心枢纽,地位举足轻重,其通过能力对于多条供应链的良性运转至关重要。集装箱运输作为国际物流中的主要方式,采取的是定期的班轮运输,定期、定时服务是其运作的基本特点,这显然与传统的船舶随机到港规律不同。但实际中,尽管航班是确定的,但在台风等自然灾害以及不可预见事件的干扰下,集装箱班轮不可能准时到达预定港口,对于具体的航班,仍存在不确定因素。根据港口实地调研情况和参考国内外相关文献,本书假设集装箱班轮的间隔到达时间接近服从三阶埃尔朗分布。同时根据港口各环节平均作业效率、到港集装箱船舶的船型和装卸箱量的多少,设置各流水线各阶段的耗时,并给定相应的波动范围。面向 AnyLogic 6.7.0 和 SQL Server 2008 分别选取以月(720h)、季度(2160h)、半年(4320h)和全年(8640h)为实验周期进行四组仿真实验,其仿真界面如图 10-3 所示,实验结果如表 10-2 所示,装卸箱量已经转化为标准箱(TEU)。

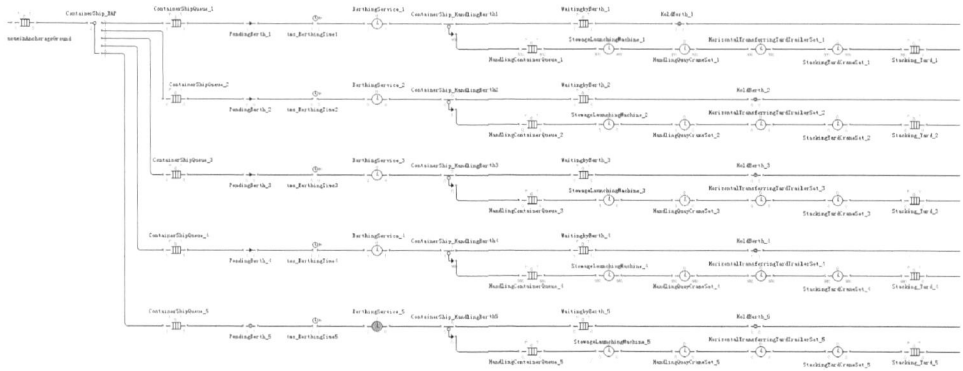

图 10-3　系统仿真界面

表 10-2　校验仿真实验结果

仿真组别	仿真周期	实验次数	最大装卸船舶数量/集装箱吞吐量	最小装卸船舶数量/集装箱吞吐量	平均服务船舶数量	平均装卸集装箱量	平均未服务船舶量
1	月	100	290/341184	243/294697	267	315212	0.81
2	季度	100	839/985930	764/899065	799	944197	0.75
3	半年	100	1653/1984507	1545/1816050	1595	1882693	0.77
4	全年	100	3272/3891338	3094/3609261	3193	3770004	0.72

由表 10-2 可知,根据港口调研数据,该码头能够顺利完成其设计能力。需要说明的是:①平均服务船舶数量和装卸集装箱总量略高于常规班轮数是因为大型集装箱港口往往有多个码头,而一旦一个码头任务过于繁重,资源分配,就会将到港船舶临时指派向港口内的其他码头,从而保证船舶的预计离港时间获得满足;②之所以有未服务的船舶数量(平均值都小于1),是因为在仿真即将结束时,出现了到港船舶,故未能及时安排作业,其并不能说明码头的通过能力不足。

通过表 10-2 的四组实验,既对港口设计能力的实现情况进行了评估,也对仿真模型的行为进行了校核与验证(verification & validation,V&V)分析,即对前述模型的可信性进行了论证,同时也对随后的进一步实验分析奠定了基础。

10.5.3　进一步分析

当前亚太地区是集装箱源生成最多的地区,我国港口在实际运作中,集装箱码头往往会超负荷运营,其实际装卸箱量往往会超出设计能力 20%,30%,50%乃至100%。为了全面评估该 CTLS 的作业服务能力,加大该码头的装卸作业量,分析其实际通过能力和有效吞吐量。由于集装箱班轮航线与港口发展休憩相关,首先加大挂靠该码头的班轮航线密度,利用面向基于属性的有阻塞的动态可重构混合流水车间的多层双向作业体系来分析和评估 CTLS 的作业性能,以月为实验周期的结果如表 10-3 所示。另外,船舶大型化是当前航运市场的重要特征,通过调整每艘到港船舶的装卸箱量,来分析 CTLS 的吞吐量,同样以月为周期,其实验结果如表 10-4 所示。

表 10-3　仿真实验结果（加大航班密度）

仿真组别	航班密度增加比例/%	实验次数	最大装卸船舶数量/集装箱吞吐量	最小装卸船舶数量/集装箱吞吐量	平均服务船舶数量	平均装卸集装箱总量	平均未服务船舶数量
1	20	100	340/395479	286/336045	319.15	376363.38	1.02
2	50	100	426/507956	363/426786	398.00	470069.93	1.28
3	80	100	507/617889	440/509862	469.31	553206.52	1.31
4	95	100	545/653041	484/576638	519.31	612922.79	1.79
5	100	100	565/666883	502/596599	535.96	631725.92	1.6
6	105	100	579/684154	509/581131	542.81	638706.43	1.74
7	150	100	705/836107	631/759197	666.92	795115.16	2.64
8	200	100	828/959014	778/906332	799.56	942740.60	3.08

表 10-4　仿真实验结果（增加单船作业箱量）

仿真组别	装卸箱量增加比例/%	实验次数	最大装卸船舶数量/集装箱吞吐量	最小装卸船舶数量/集装箱吞吐量	平均服务船舶数量	平均装卸集装箱总量	平均未服务船舶数量
1	20	100	290/421228	245/352420	262.28	371707.32	0.76
2	50	100	278/488097	246/422284	263.28	462681.24	0.88
3	80	100	276/601066	246/520677	262.12	561927.52	0.72
4	95	100	280/655126	253/575455	264.75	608900.45	0.75
5	100	100	281/686842	248/573538	267.56	635553.12	0.56
6	105	100	292/699607	241/594757	265.32	640000.00	0.76
7	150	100	288/825632	245/670031	267.72	783105.44	0.52
8	200	100	286/1036185	250/924525	267.28	940132.68	0.88

　　通过将表 10-2～表 10-4 的仿真数据进行对照分析可以看出，仿真实例中 CTLS 具有较好的作业提升潜力，而且如果到港船舶对于离港时间不是太过于严格，无论是增加挂靠船舶密度还是提高单船装卸箱量，CTLS 都能很好地胜任港口的生产需求。尤其对于当前国际航运业中普遍正在提高单船作业箱量的趋势，其具有很好的作业性能，甚至比增加挂靠港口的船舶密度性能更佳，为港口的下一步发展奠定了坚实的基础。对于上述三组实验，需要格外强调的主要有以下几点：

　　（1）为何提高船舶密度 95% 比加大 100%、甚至 105% 的未服务船舶更多，这主要是因为 CTLS 是一个随机动态系统，无论是在实际生产还是仿真模型中都具有很大的随机性，虽然总体上肯定是随着船舶密度的增加，待服务船舶数量有所增

加,但趋势很弱,较小的负载变化对最后的评估结果的影响有限;

（2）在增大单船作业量的相关实验中,未服务船舶数量一直都未大于 1 且数值并未随负载增加而增大,表明即使当前船舶在港口作业量增加到 300%,码头仍有能力及时完成装卸作业,说明当前港口的装卸工艺和设备配置保有较大的余地,同时其多个数据结果也从另一个侧面反映了 CTLS 是一个典型的离散事件动态系统,生产作业具有很强的随机性和动态性;

（3）国内码头经常在翻倍设计能力的作业负载下运行,故无论是增加挂靠港口船舶密度还是提升单船作业箱量,都在翻倍作业量附近进行了多组实验,表明在该负载附近并未出现明显的临界点效应,这有利于港口根据未来发展,及时调整装卸工艺和设备配置,进行前期规划和部署。

10.6　本 章 小 结

本章在前述的集装箱码头物流服务的广义计算思维下,引入计算机高性能计算领域中并行计算和可重构计算的思想,设计出基于属性的有阻塞的动态可重构混合流水车间的概念框架对 CTLS 控制决策进行建模,进而获得 CTLS 的多层双向作业体系,为集装箱港口的生产调度提供了新的研究视角,得出 CTLS 的计算流水线布置,同时也为集装箱码头操作系统设计提供了有力可行的理论支撑和实现途径,从而为提高我国集装箱港口的竞争力和软实力做出有益的尝试,也为其应用基础进行了新的探索。

第 11 章　集装箱码头通用决策框架及其典型调度算法

11.1　引　言

集装箱码头是集装箱运输的核心枢纽,其在物流网络中多式联运和拆拼存储的功能使得港口在行为和地位上极其类似于计算机网络中的骨干路由器,都是对到达"数据包"进行拆拼、存储和转发操作(协议转换可认为等同于多式联运)。两者之间的区别主要有两点:①前者是针对物理世界中的真实物流,后者则是面向信息空间中的数据流。对于数据流,可根据需要进入路由器的任何输入输出端口,比特流在骨干路由器内部处理时并没有大的区别;而对于集装箱流,20 英尺标箱、40英尺标箱、特种箱、轻箱、重箱和各级集装箱船舶在装卸工艺、设备配置和资源分配时均存在着较大的差异性。②路由器需要根据网络状况和路由表来实时判定数据包应转发向何处,数据包去向不是唯一的且很难确定当前转发路径是否是最优的(甚至是较优的),系统运作以增大数据吞吐量、减少数据包转发延迟和健壮容错为首要目标,而集装箱码头中的每个集装箱都有明确的集疏运路线和目标对象,需要在保证系统通过能力和任务延迟的既定目标前提下,能够将每个集装箱准确地发送到指定对象。故集装箱码头的生产作业的实时性要求虽然不如骨干路由器高,但其内部的任务调度和资源分配却更为苛刻。

CTLS 单个环节的生产调度往往就已经是 NP-Hard 问题,其集成生产调度和协同控制决策更是极难获取最优解,甚至是较优解[257]。更为严重的是,当前大多数研究即使能够利用启发式或智能优化算法获取质量较高的满意解,往往也具有以下的限制:①所提出的算法较为复杂,且往往是比较理想情况下面向某种装卸工艺港口局部环节的抽象模型,缺乏实用性和普适性[258];②较为贴近实际情况的算法,往往是面向单个作业环节,计算量大,需要较长的机时来获取较优解,难以在不确定环境下动态寻优,周期性调整[46,259];③主要考虑 CTLS 的通过能力和船舶在港时间,从港口多条作业线并行任务调度、资源动态重构和综合负载均衡的角度去探讨港口装卸生产的研究还较少,对港口作业中表现出的并行性、局部性和动态性特点重视不够[260]。

在上述的各章中,已经利用计算机和自动化科学领域中体系结构和操作系统的设计思想对 CTLS 进行了建模和分析,并取得了初步的阶段性结论,其在一定程度上表明利用相似理论,基于电子系统工程思想对 CTLS 这样一个机械自动化系统进行建模和优化是较为可行的一条研究路径[49,261],尤其是在集装箱船舶日益大型化和高速化,要求 CTLS 装卸作业并行度和协调性不断提升的行业背景下。事实上,国内外一些其他研究学者也已开始逐步将电子自动化领域的模型、算法和思想引入复杂系统的调度优化中[262]。

于是面向计算思维,CTLS 是一个面向集装箱流的并行计算系统。以往CTLS 的调度决策算法研究多局限于船舶在港时间的长短和/或系统吞吐量的高低,极少提出港口调度决策的通用模式,也少有从港口作业线负载均衡的角度去探讨 CTLS 的管理模式。本章在前述讨论的基础上,抽象计算机操作系统的调度机制,给出集装箱码头的通用决策框架。同时将计算机操作系统中处理器亲和性和自动化学科 PID 控制的思想随而引入 CTLS 的并行控制与协同调度中,将传统微观控制的机制纳入复杂物流系统的中观调度模式中,并设计了相应面向负载均衡的控制决策算法,以提高港口的作业效率和资源利用状况。

11.2　生产调度通用框架

前述的第 4 章和第 7 章已经利用计算思维,面向计算机组成和体系结构对CTLS 进行了建模,自然其作业组织、资源分配和生产调度也会参照计算机操作系统而定。事实上,目前大多数计算机操作系统的调度框架及策略主要解决了作业组织时的两个基本问题:①什么时候调度,这由裁决模式(decision mode)来做出决定;②来调度谁,即如何在当前活动进程中选择一个进程(或者线程),这由优先级函数(priority function)和仲裁规则(arbitration rule)共同控制。

在裁决模式指定的特定时刻,调度器计算出系统中所有活动进程的优先级函数值。对于每个进程,优先级函数输出一个称为当前优先级(current priority)的值。高优先级的进程被指派给现有的中央处理器。当多个进程在相同的优先级级别上时,会使用仲裁规则。根据特定的裁决模式、优先级函数和仲裁规则,便可以定义不同的调度规则。以此类推,在基于计算机体系结构的 CTLS 建模思想上,对于集装箱码头生产调度系统也可定义类似的通用调度框架,其如图 11-1 所示。

(1)裁决模式。在集装箱码头的生产调度中,有的部分采用非抢占式裁决模式,而有的采用抢占式裁决模式。例如,码头的岸桥和场桥就会采用抢占式裁决模式,而拖轮调度和泊位分配时多采用非抢占式裁决模式。在计算机系统中,常采用面向时间片的调度方式,而在码头上的周期性的生产计划调度则与此有异曲同工之妙。

(2)优先级函数。任何在基于计算思维的 CTLS 建模体系结构下的被服务对象,如集装箱船舶、内集卡、外集卡和集装箱等,都可以根据设计的调度策略,确定相应的优先级函数,从而最终确定被服务对象的优先级,然后根据该优先级对被服

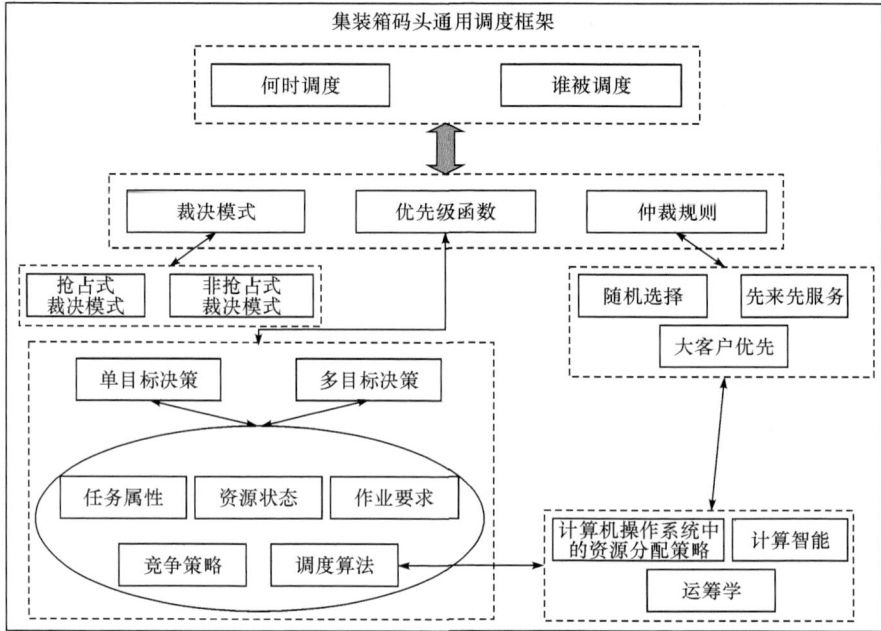

图 11-1　集装箱码头通用调度框架

务对象进行服务和分配相应的设备及服务资源。这里针对不同的服务对象,优先级函数会考虑不同的对象属性,并根据码头上的实际运作需求的不同目标,根据这些属性和目标来综合生成被服务对象的优先级。这其实也是一个根据众多属性将多目标决策问题转化为单目标决策问题的过程。

(3) 仲裁规则。在集装箱码头由于需要重点照顾大客户,使其有独享专用码头的感觉,所以当用优先级函数得出相等或相似的优先级时,优先考虑大客户的到港船舶,而在同为大客户的情况下,优先考虑班轮以及装卸量大的船舶。这一点显然与计算机系统的仲裁规则不同,因为其基本的仲裁规则是随机选取或先来先服务的规则。

在上述通用调度框架下,计算机操作系统的调度算法和资源分配策略都可以通过指定裁决模式、具有各种不同参数的优先级函数,以及仲裁规则来表示。例如,对于集装箱码头前沿作业就可以将中央处理器作业组织的调度策略引入其中:①先进先出(first in first out);②最短作业优先(shortest job first);③最短剩余时间优先(shortest remaining time);④多级优先级(multilevel priority);⑤多级反馈(multilevel feedback);⑥频率单调调度(rate monotonic);⑦最早截止期优先(earliest deadline first)等。而计算智能和运筹学中的各种算法也可以通过类似的方式引入 CTLS 的生产调度中。例如,可以在指定的作业周期内,选取相应的作业对象和生产资源,根据目前所采用的裁决模式和仲裁规则,利用智能优化算法得出作业对象的优先级函数,分配相应的生产资源,从而得出港口生产的作业序列。

11.3　基于处理器关联的调度决策模式

11.3.1　处理器亲和性

从计算物流的角度来看,CTLS 可视为一种广义多层次多阶段的并行协同计算系统,各个阶段的服务资源自然就是集装箱流服务混合流水车间(HFS)各级的处理器集群。并行性和局部性是计算机调度控制的重要特点,而这种特性在CTLS 的运作中表现得也极为突出。

随着多路众核处理器在计算机系统中使用得日益增多,多核并行操作系统中处理器亲和性(processor affinity)的功能在多任务调度和多资源适配的地位日益重要。处理器亲和性本是指进程/线程要在某个给定的中央处理器内核上尽量长时间地运行而不被迁移到其他处理器核的倾向性。事实上,亲和性又可分为软亲和性和硬亲和性,软亲和性意味着任务并不会在核之间频繁迁移,而硬亲和性则意味着任务只能在指定的核上运行。显然在集装箱码头的生产调度和资源分配中,其具有的是软亲和性。具体来看,集装箱码头前沿的核心处理器(泊位和岸桥)的亲和性更强,因为各个泊位长度配置、前沿水深、配置岸桥规格和堆场箱区水平运输距离的不同,故指定航运公司班轮在分配泊位时往往是码头现有泊位集合的一个真子集。岸桥由于装卸参数和空间交叉的限制,往往只能在相邻的泊位间进行移动和作业,也具有较强的软亲和性。另外,出于对各班轮集装箱集疏运的考虑,各个箱区在服务船舶时也有较强的软亲和性,甚至是硬亲和性。场桥和正面吊因为各自作业能力的不同,也不服务于不同的箱区集合,自然也具有相应的软亲和性。此外,当采用面向作业线的集卡调度模式时,内集卡服务于特定的岸桥,具有强亲和性;当基于作业面进行集卡调度时,内集卡则无明显的亲和性。

综上所述,在 CTLS 的各级处理机进行物流服务时具有较强的亲和性,其是港口物流服务时并行性和局部性的综合体现,对于港口的控制决策具有重要的影响,也是在制定 CTLS 生产计划和实时控制方案时应重点贴合的特性。

11.3.2　基于处理器关联的调度决策模式

鉴于前述面向 CTLS 的混合流水车间各级作业资源分配时的硬/软亲和性,以及港口作业实践时水水联运的发展需要,泊位指派问题(berth allocation problem,BAP)是 CTLS 作业组织的核心焦点所在。于是,面向离散泊位分配模式,基于处理器关联提出相应的泊位指派算法。

设码头前沿共有 N 个离散泊位,根据港口当前干、支线船舶挂靠的情况,将重点服务于干线和支线船舶的泊位分开(但假设所有泊位自身是具有能力接待干、支线船舶的),分别为 L 和 $M(L+M=N)$。在此基础上,定义各个泊位的作业负载系数 D_i。由于泊位是 CTLS 进行服务的中心资源,因此 D_i 是由等待该泊位服务的船舶队列长度、当前由拖轮正在拖曳靠离泊船舶和泊位当前是否有船舶正在作业的数量总和所确定的,并依照此定义,实时计算各泊位的 D_i,然后遵循如下原则指派泊位:①干线船舶只有在所有优先服务于干线船舶的泊位负载系数远远大于服务于支线泊位负载系数的前提下,才会到后者进行排队等待服务,反之亦然;②当干、支线船舶各自被分配到指定亲和性的泊位集合时,各泊位将实时计算其作业负载系数,并根据作业负载系数进行升序排列,新到的干/支线船舶将被指派到负载最轻者进行排队;③当干线泊位负载过重时,新到的干线船舶将被分配到亲和支线船舶的泊位服务,依据支线泊位中干线船舶的数量进行升序排列,新到的干线船舶将被指派到干线船舶数量较小者进行排队;④当支线泊位负载过重时,新到的支线船舶将被分配到亲和干线船舶的泊位进行服务,依据各个干线泊位作业负载的高低进行升序排列,新到的支线船舶将被指派到负载较轻者进行排队。

该调度策略期望能够同时兼顾处理器亲和性和负载均衡性,以帮助 CTLS 提高服务效率和计划调度健壮性,故将此种调度策略称为 loading balancing with processor affinity scheduling mode,以下简称 LB_PA_SM。

11.4　基于 PID 控制的调度决策体系与模式

11.4.1　面向相似理论的移植应用

CTLS 是一个人工的大型复杂物流系统,具有明显的非线性和涌现性的特点。港航业的不断发展和激烈竞争,使得 CTLS 的装卸工艺和作业组织愈发复杂,对生产控制的要求也不断精确化;同时集装箱码头的生产环境中具有很强的动态性、随机性和不确定性因素,这一切使得 CTLS 在系统形式化模型并不明确的前提下,必须具有敏捷、高效和鲁棒的调度决策体系和计划控制模式。

如前所述,传统 PID 控制对于 CTLS 这种复杂非线性动态随机系统是其应用较为薄弱的领域。然而,PID 控制仍然有望为 CTLS 的生产调度和控制决策提供一个敏捷鲁棒的框架和多种优化模式,首先是因为基于计算思维和相似理论,利用电子系统的思想对 CTLS 这样一个机械自动化系统进行研究和探讨是较为可行的一条研究路径;其次是 PID 在工业控制中已有多年的应用实践积累,具有成熟的理论体系和多种修正改良模式,且作者以往的研究已经证明微观电子领域的控制框架和模式能够有效地引入机械自动化系统的生产调度中,基于相似理论形成高效系统的解决方案；再次，CTLS 的生产调度是一个多 NP-Hard 问题叠加的巨型规模的组合优化问题，同时也是一个典型的大规模生产调度问题，故期望利用 PID 控制将 CTLS 内部调度决策复杂的层次性、非线性和动态性转化为较为简单的线性关系，从而在帮助 CTLS 能够实时获取调度决策中的较优解；最后，计算思维的本意是期望和利用计算机学科的基础概念和思想方法来解决其他学科中的棘手问题，而从更广义的角度来看，计算机也是一种自动化设备，且计算思维的本质之一就是自动化，故计算思维不仅可以从计算机科学中，也应当可以从自动化和电子/电气信息工程中汲取营养，为各类复杂问题提供解决思路。

综上所述，虽然集装箱码头在设计规模、平面布局、装卸工艺、设备配置和任务负载方面都有着很大的区别，但是面向 PID 控制有望为 CTLS 的生产调度建立具有一定普适性和实用性的决策体系和控制范式。

11.4.2 PID 控制

PID 控制因原理简单，易于实现，适用面广，控制参数相互独立，参数选定简单，且具有一定的理论基础，故在众多领域中皆有广泛的应用，大量的工业控制问题都是采用 PID 控制来解决的。PID 控制连续形式和离散形式的数学表达式分别如式(11-1)和式(11-2)所示，其控制作用是三项之和：误差积分代表过去，比例项代表当前，误差的线性插值（微分项）则代表未来。即 PID 控制的本质是综合过去、当前和未来的情况进行控制决策的。

$$u(t) = k_p e(t) + k_i \int_0^t e(\tau)\,\mathrm{d}\tau + k_d\, \frac{\mathrm{d}e(t)}{\mathrm{d}t} \tag{11-1}$$

$$u(k) = k_p e(k) + k_i \sum_{j=0}^{k} e(j) + k_d\, (e(k) - e(k-1)) \tag{11-2}$$

在以往的研究和实践中，PID 控制多应用于微观的自动控制，即对连续系统的动态品质进行校正。物流系统作为一种离散事件动态系统，其中的调度决策可视为一种中观层次的控制决策，而 PID 控制在资源分配方面的应用还较少[262,263]，在 CTLS 生产调度中的相关探讨更是极为少见。于是将 PID 控制，尤其是离散式 PID 控制的思想引入 CTLS 的生产调度中，以期为集装箱码头的控制决策提供敏捷鲁棒的优化模式。

11.4.3 面向 PID 控制的调度决策基本框架和实时作业负载系数

在将 PID 控制引入 CTLS 的调度决策的过程中，其根本思想基于以下考虑：①当前集装箱港口多超负荷运行，因此只有当负载均衡(load balancing)时，CTLS 才能在任务延迟(task latency)和通过能力(traffic capacity)方面取得较好的折中和性能表现；②从靠离泊船舶数量、装卸集装箱数量和挂靠港船型等三个维度进行调度策略的演化发展,其中靠离泊船舶情况是主要的线性控制部分,即比例控制(proportional control)部分,船舶的物流服务最终是由随船集装箱的装卸所体现的,故集装箱作业可认为是积分控制(integral control)。服务的船型从另一个侧面反映了泊位的接待服务状况,因此对未来的装卸生产具有一定的预见作用,故是微分控制(derivative control)。

这里需要着重说明的是,为何说船型服务情况能为泊位服务带来一定的预见能力,因为在港口的实际生产中,一是为满足超大型船舶集装箱集疏运的需求,服务固定班轮的箱区较为稳定,自然泊位分配时也尽量将船舶安排在与箱区距离较近的几个泊位中进行靠泊,以加快装卸船作业进度,即泊位指派时对于指定线路的班轮会表现出较强的亲和性;二是岸桥在移泊后重新作业需要较长的准备时间和易带来安全隐患,降低了有效作业时间和利用率,因此应尽量减少岸桥的移动次数,这使得各个泊位服务船舶的船型往往具有一定的稳定性,进而泊位接待船舶具有一定的规律性,从而提供了对该泊位未来服务情况的一定预见能力。

同样面向离散泊位指派模式,从 PID 控制的内涵出发,定义港口各泊位的作业负载系数如式(11-3)和式(11-4)所示,其中比例项代表泊位当前服务船舶的情况,其包括等待该泊位接待船舶队列的数量、当前服务船舶和拖轮牵引靠离该泊位的船舶数量;积分项则是从该泊位等待服务船舶、拖轮牵引靠泊船舶和当前服务船舶上待服务集装箱的总和,微分项是该泊位服务船舶的平均船型,以下将该策略称为离散经典式 PID 调度策略(discrete classical PID scheduling mode),简称为 DC_PID_SM。

CTLS 的服务对象主要是各类到港船舶及其载运的集装箱。此外,由于集装箱船舶的船型对港口的作业组织和调度控制影响极大,故也是生产调度时应重点考虑的因素。鉴于此,基于当前的主流装卸工艺,以港口生产的核心资源——泊位为讨论中心,面向离散泊位指派(discrete berth allocation mode,DBAM)模式,从 PID 控制的内涵出发,参照 PID 控制的形式定义,从各泊位靠离泊船舶数量、装卸集装箱数量和挂靠港船型等三个维度计算泊位 j 的实时作业负载系数(real-time berth coefficient of task load,RBC_TL)$D_j(k)$,其定义如式(11-3)和式(11-4)所示。

$$D_j(k) = k_p L_1(k) + k_i L_2(k) + k_d L_3(k) \qquad (11-3)$$

$$k_p + k_i + k_d = 1 \qquad (11-4)$$

式(11-3)在定义实时作业负载系数的同时,其实也给出了基于 PID 控制的 CTLS 调度决策的基本框架,式(11-4)则是对式(11-3)中的比例系数进行了归一化处理。式(11-3)中靠离泊船舶的情况可认为是主要的线性控制部分,即比例控制(proportional control)部分;船舶最终的物流服务是由集装箱的装卸所体现的,故集装箱作业可认为是积分控制(integral control);泊位服务的船型从另一个侧面反映了泊位的接待船舶状况,由于处理亲和性和存储局部性等,该指标对该泊位未来的服务船舶会具有一定的预见,故是微分控制(derivative control)。

集装箱码头物流服务调度是典型的随机、动态调度,也是基于代价和性能的综合调度,其需要一方面考虑 CTLS 对通过能力和任务延迟的性能要求,同时也要兼顾装卸生产时在并行控制和资源重构的服务代价,因此希望各泊位能够负载均衡,即实时作业负载系数达到动态平衡,以获得良好的系统表现。

11.4.4　基于 PID 控制的调度决策算法

在 11.4.3 节所述的面向 PID 控制的调度决策框架下,由于其比例控制、积分控制和微分控制部分分别是针对泊位服务船舶的不同属性而由离散动态事件的驱动,实时计算实时作业负载系数,这与传统 PID 控制针对单一属性进行计算控制还是有很大的区别。故在此基础上,对各个关键服务属性再次应用 PID 控制思想,即对比例控制、积分控制和微分控制部分分别应用 PID 控制形式定义,得到基于 PID 控制的调度决策算法如式(11-5)~式(11-9)所示,其具体思想如图 11-2 所示。该 PID 控制模式本质是传统的面向离散位置式的 PID 调度策略(discrete positional PID scheduling mode)在 CTLS 生产调度中的应用,故以下简称 DS_PID_SM。

$$L_1(k) = k_{p1}e_1(k) + k_{i1}\sum_{k=0}^{n} e_1(k) + k_{d1}(e_1(k) - e_1(k-1)) \tag{11-5}$$

$$e_1(k) = \begin{cases} 2, & \text{拖轮正在辅助船舶靠泊作业} \\ 1, & \text{船舶正在泊位进行装卸作业} \\ 0, & \text{泊位当前无船舶作业(含正在离泊)} \end{cases} \tag{11-6}$$

$$L_2(k) = k_{p2}e_2(k) + k_{i2}\sum_{k=0}^{n} e_2(k) + k_{d2}(e_2(k) - e_2(k-1)) \tag{11-7}$$

$$e_2(k) = \begin{cases} s_i, & \text{拖轮正在辅助船舶靠泊作业} \\ m_i, & \text{船舶正在泊位进行装卸作业} \\ 0, & \text{泊位当前无船舶作业(含正在离泊)} \end{cases} \tag{11-8}$$

$$L_3(k) = k_{p3}e_3(k) + k_{i3}\sum_{k=0}^{n} e_3(k) + k_{d3}(e_3(k) - e_3(k-1)) \tag{11-9}$$

$L_1(k)$ 是从码头泊位接待船舶数量的粒度去看待泊位服务情况,比例项指的是泊位当前是否有正在服务的船舶,其数值定义如式(11-6)所示;积分项代表控制周期内该泊位已服务的船舶数量;微分项则是控制周期内正在等待该泊位服务的船舶数量,代表未来该泊位的忙闲状况。

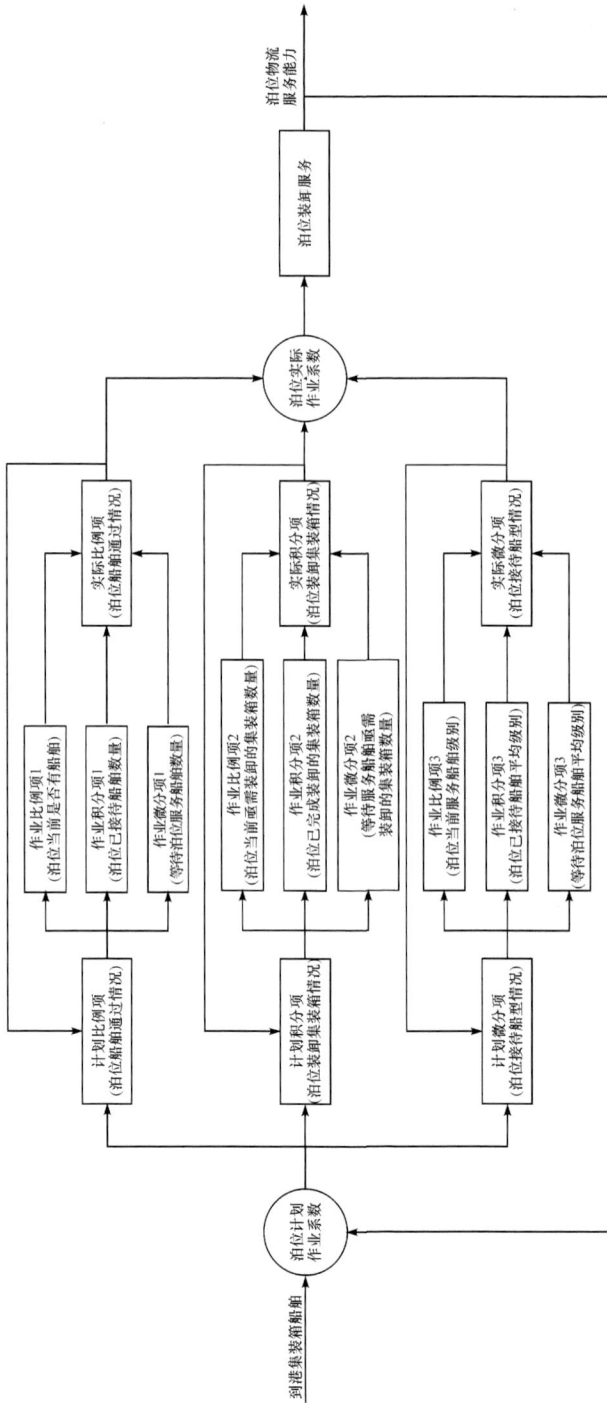

图 11-2 面向 PID 控制的集装箱码头调度决策模式

$L_2(k)$ 是从码头泊位装卸集装箱数量的粒度去看待泊位服务情况,比例项指的是泊位当前亟须装卸的集装箱负载,其数值定义如式(11-6)所示,s_i 表示正在靠泊船舶在本港作业的全部集装箱数量,m_i 代表当前作业船舶剩余等待服务的集装箱数量;积分项代表调度周期内该泊位已装卸服务完毕的集装箱数量;微分项则是调度周期内正在等待该泊位服务的船舶亟待装卸的集装箱数量,代表未来该泊位的集装箱作业情况。

$L_3(k)$ 是从码头泊位服务船型的粒度去评估泊位服务情况,比例项指的是泊位当前服务船舶的船型类别(包括由拖轮正在辅助靠泊,准备作业的船舶的船型类别),如果没有当前服务船舶则为零;积分项代表调度周期内该泊位已服务船舶的平均级别;微分项则是控制周期内等待该泊位服务船舶的平均级别,代表未来该泊位的大致服务船型类别。

对于上述的 DS_PID_SM,需要格外强调的有如下两点:①与经典 PID 控制不同的是,面向 CTLS 的 PID 调度决策算法是通过计算各泊位的作业负载系数,综合考虑各泊位和设备的负载均衡、任务延迟、通过能力、亲和性和局部性,以动态提高系统作业的并行性和资源利用率为主要目标,而不是简单地寻求系统输出的稳定性(当然也是算法的目的之一);②由于泊位靠离泊船舶数量、装卸集装箱数量以及服务船型间存在较大的数量差异(对于大型集装箱码头有 10^3 量级甚至更大的差别),因此对三个 PID 控制子计算的共有 9 个参数,不再进行归一化处理,而只是定义其值在 $[0,1]$。

11.4.5　基于 PID 控制的调度决策子模式

在 11.4.4 节所述的 DS_PID_SM 调度模式中,算法旨在利用码头服务过去、现在和未来的综合情况对港口生产作业进行调度。然而,应该考虑港口过去和未来多长时间段的作业情况来较好地执行面向 PID 的控制策略是一个必须考虑的问题,即控制周期的长短对于调度决策性能意义重大,因为其直接决定过去和未来的作业状况对控制决策影响的广度和深度。

鉴于此,可以将控制周期视为 CTLS 控制决策的一个主动时间窗(active time window,ATW),其与传统到港船舶的在港时间窗相对应,是集装箱码头为提高调度效率,主动而有目的地选取的一个周期,其可以是常数,也可以自适应变化。对于前述的 DS_PID_SM,当控制周期与计划周期相同时,将其定义为 DS_PID_SM_PP(计划周期),而当控制周期与计划周期不同时,将其定义为 DS_PID_SM_CP(自定义周期)。引进主动时间窗后,DS_PID_SM 的控制周期可以依据具体港口配置和作业负载的不同而选取,具有较高的时效性和柔性,更方便 CTLS 根据自身情况进行适当调整,以利于滚动周期计划和控制决策方案的生成,从而更好地应对系统作业过程中的动态性和不确定性。

11.5　仿真实验 I

11.5.1　实验场景

本节以 AnyLogic 6.9.0 和 SQL Server 2012 为计算实验和仿真分析平台。面向典型的集装箱枢纽港码头平面布局、基础设施、装卸工艺和设备配置对上述两种调度算法进行仿真与分析,以验证其可行性与可信性。

根据现代港口物流对空间的要求,集装箱码头必须具有长顺岸、大纵深的基本条件,从而使依托港口发展现代集装箱综合物流成为可能。另外,这也是激烈的港航业竞争对 CTLS 的必然要求。事实上,在长顺岸和大纵深的集装箱码头中,多任务调度更为复杂,并行性和局部性原则所带来的生产激励也更为明显。因此选择国内某新建集装箱码头,根据其基础资料和实际到港船舶数据设计算例。

该顺岸式码头岸线总长 3100m,顺岸布置 7 个 15 万吨级集装箱泊位,泊位间距达 440m,前沿水深超过 -17.8m,能够停靠当前在造的最大集装箱船舶——马士基集团订造的全球规模最大、最高效的"3E"级集装箱船舶。码头配备双 40 英尺岸桥 32 台,集装箱拖挂车 220 辆,轮胎式龙门吊(场桥)110 台。陆域纵深 1800m,每个泊位纵向均配备 10 个重箱区和 2 个空箱区,年设计吞吐能力为 700 万 TEU。由于码头的天然条件良好,长年不冻不淤,一年中可有 360 天保持正常运营。投产的第一个完整年度中集装箱班轮到港规律符合七阶埃尔朗分布[264],码头的月航班密度达到 190 艘,并达到了码头的年设计吞吐量和通过能力。挂靠港口服务的主要是较大的支线喂给船舶和国际干线主流航运船舶,船舶的关键属性分布如表 11-1 所示,其中的"装卸箱量"指的是占船舶整体载箱量的比例。

表 11-1　到港船舶级别及相关属性

船型	载箱量	装卸箱量	船型代号	亲和性	所占比例
支线船舶 I	1000~2000	55%~75%	1.0	6~7	3%
支线船舶 II	2500~3000	55%~75%	2.0	6~7	7%
巴拿马型	3500~4499	35%~55%	3.0	6~7	6%
巴拿马极限型	4500~5499	35%~55%	4.0	6~7	14%
超巴拿马 I 型	5500~5999	30%~50%	5.0	1~5	5%
超巴拿马 II 型	6000~7399	30%~50%	6.0	1~5	11%
超巴拿马 III 型	7400~10999	25%~45%	7.0	1~5	32%
超巴拿马 IV 型	11000~13999	25%~45%	8.0	1~5	18%
超巴拿马 V 型	14000~18000	25%~40%	9.0	1~5	4%

11.5.2　VV&A 实验

根据港口生产实践情况,将 CTLS 设计和实现为一个多层多级并行的嵌套作业计算实验模型,面向 AnyLogic 6.9.0 和 SQL Server 2012 进行仿真,其实验界面如图 11-3 所示。系统仿真建模的基本思想如下:随着集装箱运输多年的发展,其港航运作体系已经日趋成熟,主要采取的是定期班轮运输,即船舶按照与港口约定的船期表有规律地在固定航线和固定港口间运行的一种运输组织方式。定期、定时服务是集装箱运输的基本特点,这显然与传统的船舶随机到港规律不同。但实际中,尽管航班是确定的,但在台风等自然灾害以及不可预见事件的干扰下,集装箱班轮仍有可能未准时到达预定港口,对于具体的航班,仍存在一定的不确定因素。此外,由于一个集装箱枢纽港往往有多个码头,因此该码头还需要接待因各种情况临时调配到码头进行作业的船舶,在本节的实验中,假设因各种不确定事件而临时调配到该码头的船舶服从三角分布,月均 7 艘左右。

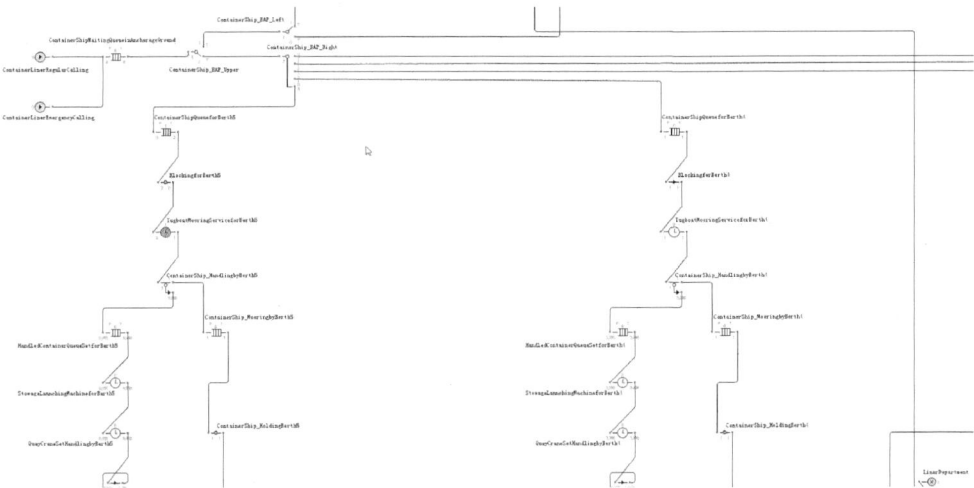

图 11-3　仿真实验界面

将每艘到港船舶视为一个生产任务,根据港口各泊位、岸桥、内集卡、箱区和场桥的生产负载情况进行任务调度和资源分配。一旦集装箱船舶被拖轮作业服务,其就拥有了对 CTLS 核心作业资源——泊位、岸桥和场桥的占有权,其中泊位采取非抢占式调度模式,而岸桥和场桥采用抢占式调度模式,即单个泊位中实际作业线路的数量是处于动态变化的,集装箱拖挂车则采取基于"作业面"的调度模式,面向全场进行水平运输服务。同时由于船型、作业面宽度、岸桥安全生产间距和装卸箱量等,对于不同的生产任务,并发作业线数量具有上限;类似地,出于船舶离港和配载等方面的考虑,泊位当前任务中正在并发的作业线路数量具有下限,且应大于1。此外,鉴于港口与航运公司所签署的服务协议,每种类别的集装箱船舶在泊期间的平均活跃作业线应该在一个确定的范围内,其具体数值根据码头前沿和港口堆场的作业繁忙程度而定。在此框架下,根据港口前沿和堆场的设备配置和物流服务上下文环境,设定岸桥、场桥和集卡等核心设备的动态调度规则。

此外,根据港口实地调研,设置 CTLS 面向不同船型时,各作业环节的耗时,例如,港口拖轮辅助作业时间根据不同的船型,其服务时间在(0.5,2.0);码头前沿配置的是双 40 英尺新型岸桥,平均 27～37moves/h 等。此外,根据港口作业的历史数据,设置到港船舶重空箱以及进出口箱比例,并随机设置各个作业箱的在堆场中的源/目标箱区。分别选取以月(720h)、季度(2160h)、半年(4320h)和全年(8640h)为实验周期进行四组仿真实验,仿真结果如表 11-2 所示,装卸箱量已由自然箱转化为标准箱。从表 9-2 的数据可以看出,该集装箱码头已达到其设计吞吐能力。需要强调的是,计算实验中采取的泊位指派策略如下:仿真时主要采用的是LB_PA_SM 调度算法,考虑到港口水路集疏运的需要,将 7 个泊位进行 5＋2 配备,其中表 11-1 中的前 4 种船型优先靠泊 6,7 号泊位,而超巴拿马的 5 种船型则重点停靠 1～5 号泊位。

表 11-2　VV&A 仿真实验结果

仿真组别	仿真周期	最大服务船舶数量/装卸箱量	最小装卸船舶数量/装卸箱量	平均服务船舶数量/装卸箱量	服务船舶标准偏差/装卸箱量标准偏差	平均未服务船舶量/未装卸箱量	未服务船舶标准偏差/未装卸箱量标准偏差
1	月	211/ 625675	182/ 559844	193.55/ 582161.23	5.3793/ 20013.9610	3.06/ 10332.28	1.0993/ 4562.6114
2	季度	608/ 1887502	568/ 1645175	588.52/ 1769463.03	8.2149/ 38151.1196	3.03/ 10091.64	0.9995/ 3974.7371
3	半年	1215/ 3629781	1157/ 3484962	1183.72/ 3564442.86	12.7929/ 52149.7427	2.95/ 10197.12	1.1492/ 4779.6114
4	全年	2407/ 7237120	2327/ 7054049	2369.62/ 7139371.41	18.0933/ 76590.3698	3.04/ 10194.94	1.0629/ 4204.4689

11.5.3　性能分析

在前述 11.5.2 节所述的仿真实验的基础上,从当前港航业发展的角度来看,码头欲进一步发展,就要积极拓展国内外航线,增加挂靠港口的航班密度。另外,为进一步降低单箱运输成本以及提升规模效应,船舶在大型化的同时,往往选择较少的核心枢纽港进行停靠,以缩短航线周期,提高运营收益。此外,国际航运市场上集装箱运输的船型一直在不断向前演化,主力运输船舶持续升级,故到港船舶的船型结构必然会逐渐改变。

鉴于此,本节拟从提升航班密度和加大单船装卸箱量等两个方面增加码头作业负载,以评估系统行为。在现有的港口挂靠船型结构下,设置负载增加模式如下:①分别提升单船装卸箱量或者航班密度 50%(或者各提升 22.5%),使码头年吞吐量达到 1050 万 TEU 左右,相应的负载调整模式各是 A1,A2 和 A3;②分别提升单船装卸箱量或者航班密度 100%(或者各提升 41.5%),使码头年吞吐量达到 1400 万 TEU 左右,相应的负载调整模式各是 B1,B2 和 B3;③分别提升单船装卸箱量或者航班密度 125%(或者各提升 50.0%),使码头年吞吐量达到 1575 万 TEU 左右,相应的负载调整模式各是 C1,C2 和 C3。依照上述的 3 组任务加载方式,以季度为实验单位,依照前述调度策略各进行 100×9 组计算实验,其仿真结果如表 9-3 和表 9-4 所示。

大型集装箱码头经常需要在超负荷的情况下进行运作,由表 11-3 和表 11-4 的数据可以看出,两种调度策略都能帮助 CTLS 轻松应对 50% 的超负荷工作,甚至在超 100% 的工作情况下,仍然能够较好地完成物流作业;但是当超设计能力 150% 时,滞港船舶急速增加,即超过双倍负载后,CTLS 的物流服务能力会马上遭遇临界点,出现临界点效应。此外,由表中数据可以发现,无论采用何种调度策略,当单纯增加单船作业负载时,CTLS 表现出了良好的适应能力,说明港口很好地迎合了船舶大型化的发展趋势,并为未来的进一步发展保留了足够的空间。

表 11-3　集装箱码头物流服务性能测试(基于 LB_PA_SM 算法)

仿真组别	负载调整模式	船舶通过能力	通过能力标准偏差	码头装卸箱量	吞吐量标准偏差	滞港船舶数量	滞港船数标准偏差	未作业箱量	未毕箱量标准偏差
1	A1	585.72	11.8305	2646880.60	66562.8736	4.56	1.2610	22492.92	7828.4952
2	A2	882.16	12.4421	2657111.56	50986.7861	4.68	0.9883	15932.68	3930.2848
3	A3	720.2	9.1606	2658194.44	53740.9226	4.56	1.5022	19285.28	6884.5388
4	B1	586.48	7.3037	3540949.6	65456.1600	6.44	1.8502	43381.28	14968.5799
5	B2	1154.44	12.4066	3460291.12	26164.7190	29.32	16.8566	94011.92	53839.2217
6	B3	830.44	7.2920	3542784.76	56698.9050	8.16	2.8089	38375.92	15195.5487
7	C1	578.20	7.6540	3925925.64	51587.2464	16.12	9.8206	119827.48	72933.4552
8	C2	1157.8	8.9954	3446588.12	13164.2326	176.32	18.1813	571726	59200.4704
9	C3	813.04	10.2326	3657245.28	22751.3707	73.32	11.3605	355665.64	63177.7369

表 11-4 集装箱码头物流服务性能测试(基于 DC_PID_SM 算法)

仿真组别	负载调整模式	船舶通过能力	通过能力标准偏差	码头装卸箱量	吞吐量标准偏差	滞港船舶数量	滞港船数标准偏差	未作业箱量	未毕箱量标准偏差
1	A1	590.52	7.3831	2662456.76	49416.4004	4.52	1.2949	23695.28	8234.6454
2	A2	886.08	11.6294	2664234.12	46691.6100	4.56	1.1930	15318.64	5200.1055
3	A3	724.68	8.6637	2676019.76	58100.547	4.16	1.3128	16955.68	7094.1524
4	B1	585.8	8.8456	3531960.36	77371.0302	6.48	1.9403	42719	14100.6033
5	B2	1156.08	12.9549	3476759.92	34116.4361	33.98	18.2248	110635.8	60852.4674
6	B3	833.04	9.6531	3540307.26	56935.2457	7.26	1.6637	33687.62	9404.2570
7	C1	579.68	11.1532	3924714.72	64269.8732	11.32	7.2037	85064.80	52518.0227
8	C2	1157.96	10.0767	3455911.44	13186.0814	179.76	16.6465	577108.04	53183.4494
9	C3	816.92	11.7471	3675484.64	27038.9851	74.36	13.9579	361301.24	71854.1341

　　上面的计算实验仅从系统吞吐量和通过能力的角度对 CTLS 的作业性能进行测试和分析,而航运公司更关心的是其挂靠港船舶能否正常完成其船期计划,在规定的时间内完成船舶靠离泊作业和集装箱装卸服务。事实上,只有港航双方的利益能够同时获得保证时,港口才能发展成为地区乃至全球的集装箱枢纽港,下面从船舶在港时间(任务延迟)的角度来分析上述负载情况下 CTLS 的作业表现。限于篇幅,选取 B2 和 C1 负载调整模式时较为接近平均值的一组实验中,中间 500 艘集装箱船舶的在港时间进行分析,其如图 11-4 和图 11-5 所示。

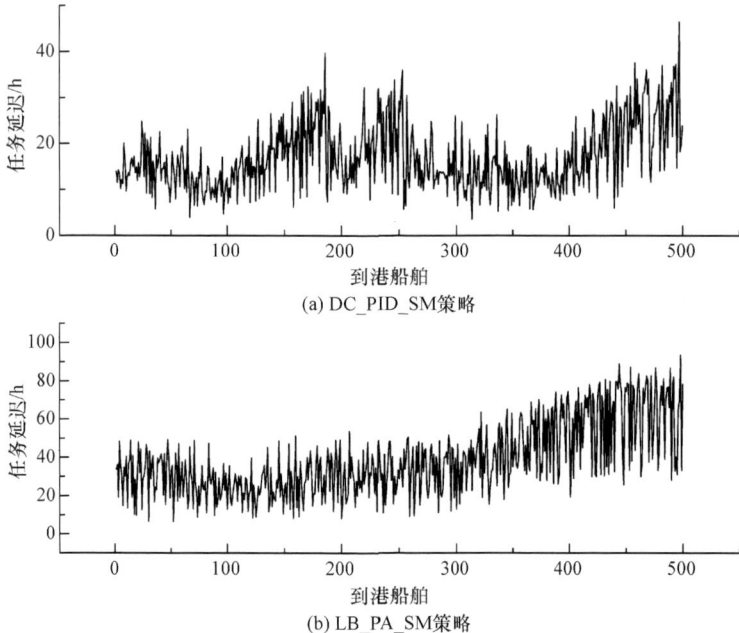

(a) DC_PID_SM策略

(b) LB_PA_SM策略

图 11-4 B2 负载调整模式下两种策略的任务延迟时间

(a) DC_PID_SM策略

(b) LB_PA_SM策略

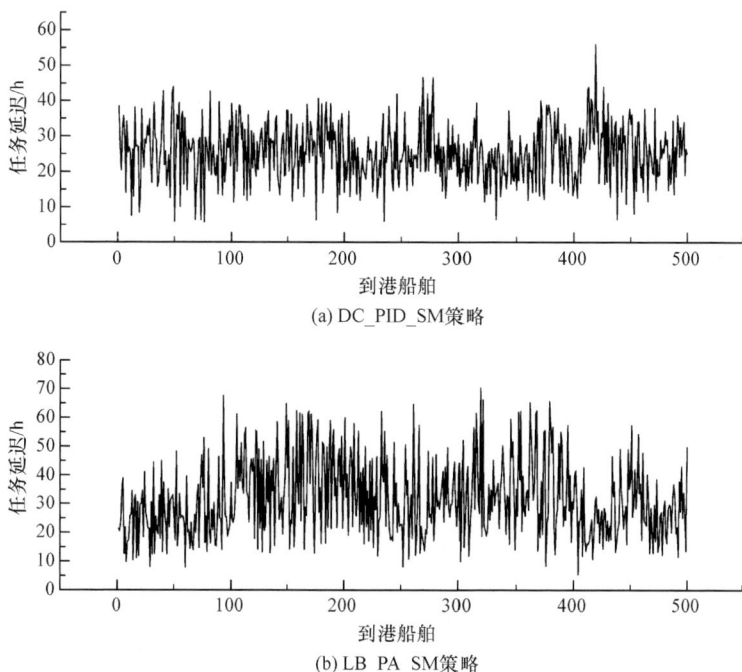

图 11-5　C1 负载调整模式下两种策略的任务延迟时间

当采用 LB_PA_SM、DC_PID_SM 的不同调度策略时，在 B2 负载调整模式下取仿真实验中间的 500 艘到港船舶，它们的平均任务延迟时间分别是 38.7565h 和16.9116h。而在 C1 负载调整模式下，面向上述两种调度策略，到港船舶的平均任务延迟时间分别是 31.6661h 和 25.4591h。由图 11-4 和图 11-5 以及上述数据可知，虽然两种策略使得 CTLS 的通过能力相近，但是在船舶在港时间方面，差异较大，基于 PID 机制的策略明显优于 LB_PA_SM 算法。因此当港口超负荷运行时，DC_PID_SM 算法更适合应用到港口生产调度中。

11.5.4　负载均衡

前面已经从系统吞吐量和任务延迟的角度对两种调度策略进行了分析。然而，其实两种调度策略都期望能够通过负载平衡来提高系统表现。下面以 B2 负载调整模式为例，对各泊位的静态负载均衡和动态负载均衡进行讨论。

在面向两种调度策略所进行的各 100 次实验中，各泊位的平均船舶通过能力和集装箱吞吐量如图 11-6 和图 11-7 所示。注意 1～5 号泊位，这是应用两种调度策略的主要泊位群，可以发现面向 PID 控制机制的调度算法在服务集装箱船舶和装卸集装箱数量粒度方面同样优于 LB_PA_SM 算法。值得提出的是，由于 6,7号泊位主要服务于相对较小的集装箱船舶，因此其相对服务的船舶数量较多，但装卸的集装箱数量却略小于 1~5 号泊位,尤其是 7 号泊位,这也表明港口现有的泊位与设备配置为水水转运保留了充分的发展余地。而面向 PID 控制的算法基本确保了前 6 个泊位的负载均衡,表现出了良好的任务平衡能力。

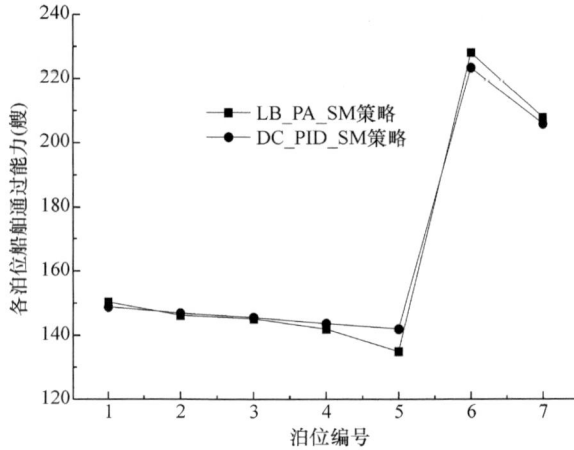

图 11-6　B2 负载调整模式下各泊位船舶通过能力

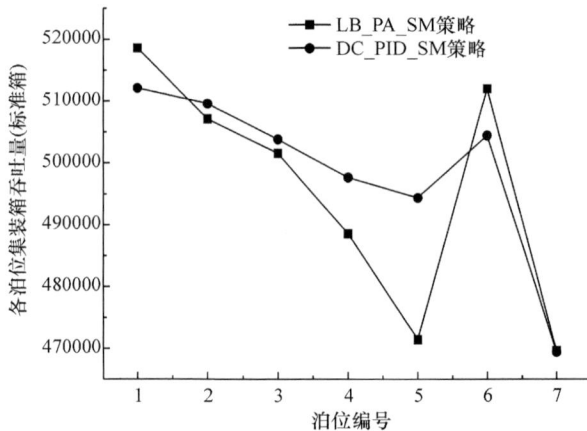

图 11-7　B2 负载调整模式下各泊位的集装箱吞吐量

由于仿真周期为 2160h(24×30×3),选取接近平均值的一组实验,截取中间的仿真时间段(701~1700)共 1000 个离散数据来评估各个泊位等待作业的船舶情况,其结果如图 11-8 所示。可以发现同样的负载情况下,基于 PID 控制的调度策略明显优于 LB_PA_SM 算法,其各个泊位的动态负载相对较轻,但由于船型和装卸箱量等因素,等待各个泊位服务的船舶数量并不完全一样,而这恰恰是各泊位负载综合平衡的体现。

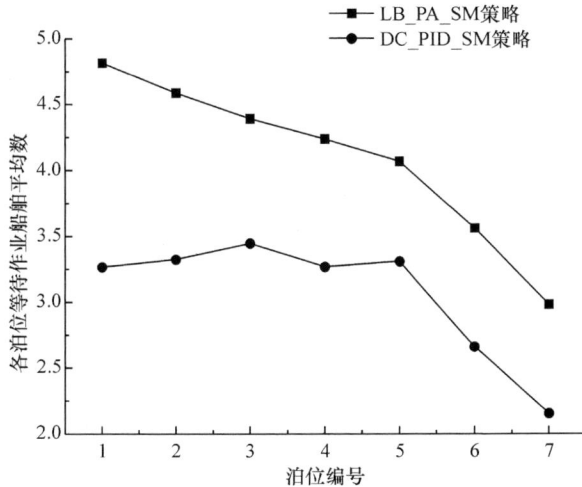

图 11-8　B2 负载调整模式下各泊位等待服务船舶的平均数

　　计算实验证明由于基于 PID 的调度控制策略兼顾历史、当前和未来的工作负载信息,因此能够在各泊位的静态和动态负载均衡中取得很好的折中。它较简单地处理器亲和性调度模式能够更好地将生产任务加载到各条物流服务线上。事实上,上述的两种调度策略所形成的各个泊位之间的负载均衡为码头前沿和港口堆场的作业组织和调度控制带来了极大的便利,同时也赋予了 CTLS 装卸生产极大的敏捷性与鲁棒性。

11.6　仿真实验Ⅱ

11.6.1　实验场景

　　本节同样以 AnyLogic 6.9.0 和 SQL Server 2012 为计算实验和仿真分析平台。面向 9.5.1 节所述的典型顺岸式国际集装箱枢纽港码头,对 DS_PID_SM 进行仿真与分析,以验证其可行性与可信性。

　　为使所提出的算法具有一定的普适性,调整集装箱班轮到港规律符合八阶埃尔朗分布,码头的月航班密度达到 166 艘,并达到了码头的年设计吞吐量和通过能力 620 万 TEU。此外,虽然当前集装箱码头主要服务于班轮,但是由于一个集装箱枢纽港往往有多个码头,因此该码头还需要接待因各种情况临时调配到码头进行作业的船舶,这里假设因各种不确定事件而临时调配到该码头的船舶服从正态分布,月均 5 艘左右。挂靠港口服务的主要是较大的支线喂给船舶和国际干线主流航运船舶,船舶的关键属性分布如表 8-1 所示。

11.6.2　VV&A 实验

根据港口实地调研,设置 CTLS 面向不同船型时,各作业环节的耗时,如港口拖轮辅助作业时间根据不同的船型,其服务时间在(0.5,2.0);码头前沿配置的是双 40 英尺新型岸桥,平均 27~37moves/h 等。此外,根据港口作业的历史数据,设置到港船舶重空箱以及进出口箱比例,并随机设置各个作业箱在堆场中的源/目标箱区。分别选取以月(720h)、季度(2160h)、半年(4320h)和全年(8640h)为实验周期进行四组仿真实验,其中装卸箱量已由自然箱转化为标准箱。对于 7 个泊位,采用纯粹平均随机泊位指派模式(average randomized berth allocation mode,ARBAM),其 VV&A 实验结果如表 11-5 所示。从其中的数据可以看出,该集装箱码头已达到其设计吞吐能力。如果继续采用平均随机泊位指派模式,增大港口作业负载,同样每组各进行 100 次实验,其仿真结果如表 11-6 所示。

表 11-5　VV&A 仿真实验结果

仿真组别	仿真周期	最大服务船舶数量/装卸箱量	最小装卸船舶数量/装卸箱量	平均服务船舶数量/装卸箱量	平均未服务船舶量/未装卸箱量
1	月	179/542247	157/469067	167.44/504049.83	3.24/10625.02
2	季度	531/1632568	495/1446638	512.45/1544555.48	3.53/11493.94
3	半年	1053/3230173	999/2977490	1027.68/3095364.84	3.31/11207.08
4	全年	2099/6376228	2027/6070245	2063.9/6217515.49	3.27/10912.71

表 11-6　性能测试仿真结果

仿真组别	航班密度增加比例/装卸箱量	最大装卸船舶数量/集装箱吞吐量	最小装卸船舶数量/集装箱吞吐量	平均服务船舶数量/装卸箱量	平均未服务船舶数量/随船箱量
1	50%/0%	795/2464639	745/2204327	768.37/2316645.74	6.76/21329.88
2	0%/50%	524/2466433	483/2165556	509.27/2297981.06	5.69/27204.81
3	30%/30%	689/2711114	645/2478132	662.8/2590494.47	7.68/32030.8
4	40%/40%	729/3157073	685/2853616	706.66/2981690.29	13.05/57580.54
5	100%/0%	1040/3147378	990/2952583	1012.29/3053288.5	19.15/60251.29
6	0%/100%	518/3204280	484/2857054	503.64/3029676.4	10.6/67507.86

由表 11-6 的实验数据可以看出,当使用简单的平均随机泊位指派模式时,无论是单独增加航班密度,还是仅提升单船装卸箱量,还是两者都进行适当调整,一旦作业负载接近翻番,集装箱码头就疲于应付,尤其是在挂靠班轮密度增加时。由于国际贸易间交易量的稳定性,大幅增加单船装卸箱量往往不太可能,加强与航运

公司的合作,才是当前各大港口重点努力的方向,因此这种负载调整模式也是随后仿真实验的重点。此外,当前集装箱枢纽港经常会面临 200% 的作业负载,因此平均随机泊位指派模式显然不符合现代港口物流的需求。于是,下面利用前述的DS_PID_SM 策略对港口生产进行调度决策。

11.6.3　通过能力分析

根据集装箱码头的生产作业实际需要和大型集装箱枢纽港水水联运的发展需求,结合多处理器计算机操作系统中处理亲和性的理念,融合前述的 PID 调度策略,对 CTLS 进行如下的调度定义:将 7 个泊位进行 5+2 配备,其中表 11-1 中的前 4 种船型优先靠泊 6,7 号泊位,而超巴拿马的 5 种船型则重点停靠 1~5 号泊位,同时依照各泊位服务及待服务的船舶数量对各泊位依据调度算法进行排序,将新到港的船舶分配到负载较轻的泊位中。各类船型进行泊位指派时具有一定的亲和性,但不是绝对的,一旦指定的泊位集合负载过重,其也会被指派到其他的泊位进行作业,但重点针对 1~5 号泊位应用 DS_PID_SM 调度策略。

依据上述的港口生产实例,基于处理亲和性和 DS_PID_SM,采用不同的负载调整模式,以季度为计算实验周期,各进行 100 次仿真实验。首先面向 DS_PID_SM_PP 模式,随意选取一组参数进行计算。其次,设置同样的算法参数,同时设置控制周期为 720.0,面向 DS_PID_SM_CP 模式(以下简称为全参数模式)进行计算。最后,由于工业控制中 PID 控制模式往往会蜕化为 PI 形式,于是将前述 DS_PID_SM_CP 模式简化为一种 DS_PID_SM_CP(PI 形式),同样随意设置一组参数(但与前两种模式参数不同),相关的仿真实验结果如表 11-7~表 11-9所示。

表 11-7　面向 DS_PID_SM_PP 的仿真实验

仿真组别	航班密度增加比例/装卸箱量	最大装卸船舶数量/集装箱吞吐量	最小装卸船舶数量/集装箱吞吐量	平均服务船舶数量/装卸箱量	平均未服务船舶数量/随船箱量
1	0%/100%	527/3247368	490/2859828	509.64/3064508.94	5.16/34733.44
2	100%/0%	1048/3193586	1000/2974499	1027.88/3093082.58	5.94/19460.14
3	41.5%/41.5%	752/3187137	709/2970960	724.46/3076143.02	5.26/25283.2
4	125%/0%	1174/3547169	1128/3395321	1151.84/3479345.28	10.24/34809.96
5	130%/0%	1184/3574854	1134/3429165	1161.98/3496780.48	24.8/80335.24
6	135%/0%	1192/3556677	1132/3422921	1159.27/3474896.50	56.28/183758.99
7	140%/0%	1209/3584032	1136/3423408	1161.20/3473405.36	75.96/246560.62

表 11-8　面向 DS_PID_SM_CP(全参数)的仿真实验

仿真组别	航班密度增加比例/装卸箱量	最大装卸船舶数量/集装箱吞吐量	最小装卸船舶数量/集装箱吞吐量	平均服务船舶数量/装卸箱量	平均未服务船舶数量/随船箱量
1	0%/100%	524/3226712	481/2917412	501.48/3030773.68	14.20/96134.72
2	100%/0%	1041/3171182	971/2915938	1006.6/3026332.	25.08/82644.96
3	41.5%/41.5%	737/3153457	689/2925526	716.28/3034381.08	14.12/66663.44
4	125%/0%	1162/3511089	1088/3317666	1135.52/3429238.12	26.32/86350.00
5	130%/0%	1179/3508391	1128/3377703	1149.72/3457639.08	37.00/120494.4
6	135%/0%	1181/3531147	1136/3415495	1154.80/3469878.92	59.84/191383.72
7	140%/0%	1185/3501534	1133/3420477	1158.32/3460280.68	80.28/262299.72

表 11-9　面向 DS_PID_SM_CP(PI 形式)的仿真实验

仿真组别	航班密度增加比例/装卸箱量	最大装卸船舶数量/集装箱吞吐量	最小装卸船舶数量/集装箱吞吐量	平均服务船舶数量/装卸箱量	平均未服务船舶数量/随船箱量
1	0%/100%	528/3238180	492/2940000	510.84/30754098.44	5.14/34644.44
2	100%/0%	1055/3209881	1008/2965105	1028.52/3099975.50	5.94/19379.74
3	41.5%/41.5%	752/3213452	701/2953822	724.96/3081326.88	4.72/21617.2
4	125%/0%	1167/3510854	1124/3394092	1145.52/3442295.64	9.68/31890.12
5	130%/0%	1188/3586086	1135/3431984	1162.36/3490238.08	26.88/85316.88
6	135%/0%	1191/3576697	1134/3428338	1162.38/3486359.26	47.02/154108.38
7	140%/0%	1177/3510590	1134/3435795	1154.76/3467279.92	85.72/277125.68

从表 11-7～表 11-9 的数据可以看出,DS_PID_SM_PP 和 DS_PID_SM_CP(PI 形式)的通过能力和吞吐量明显优于平均随机泊位指派模式,只有 DS_PID_SM_CP(全参数)的性能表现低于平均随机泊位指派模式,但是当航班密度增加 125% 及以上时,其性能也明显优于平均随机泊位指派模式。当面向 DS_PID_SM 的算法模式时,CTLS 的物流服务具有明显的临界点效应,当增加航班密度从 130% 到 135% 时,未服务的船舶和集装箱数量激增,系统堵塞现象突然变得十分严重。同时,对于 DS_PID_SM_PP 和 DS_PID_SM_CP(PI 形式)策略,当负载从 130% 继续增加时,平均服务的船舶数量和装卸箱量非但没有增加,而且有下降的趋势。DS_PID_SM_CP(全参数)策略之所以没有出现类似的情况,是因为其调度效果较差,系统能力没有充分发挥,但如果继续增加负载,也会出现类似的情况。

11.6.4　综合性能评估

前面对 DS_PID_SM 调度策略对集装箱码头通过能力和吞吐量的行为影响进

行了计算分析,表明其对集装箱码头的运营管理是颇为有效和有益的。但是,当前集装箱运输业十分强调港航联盟(这其实也是供应链管理的思想在物流业中的具体应用),一个调度策略不应仅仅只有利于港口物流企业,其也应改善航运企业的营运环境。另外,港口作业资源的负载均衡,在为 CTLS 提供良好并行性和协同性的同时往往也使其具有较好的敏捷性和鲁棒性。事实上,DS_PID_SM 的本质就是希望通过港口作业关键属性简单的线性组合来进行较为均衡的任务调度和资源分配。故随后面向 DS_PID_SM 调度算法,针对上述仿真实验在任务延迟和负载均衡方面的性能进行分析。

由于国内大中型港口经常会在翻倍的超负荷情况下进行运行作业,故首先在航班密度翻倍的情况下,对前述的平均随机泊位指派模式和 DS_PID_SM 共四种调度策略的任务延迟时间进行对比讨论。从表 11-6~表 11-9 的四张表格中选取最接近于平均值的一组数据(每组 1030~1050 艘船舶),选取计算实验中作业稳态的 500 艘船舶,其任务延迟时间如图 11-9 所示,可以看出通过能力表现最好的两组策略也是任务延迟状况最好的两组策略,即任意参数下 DS_PID_SM_PP 和 DS_PID_SM_CP(PI 形式)的表现较好,尤其是 DS_PID_SM_CP(PI 形式)。值得重点提出的还有这两种策略模式下,船舶在港时间被限制在一个较狭窄的区间内,使得船舶的任务延迟能够有较好的预估,这为港口的生产计划带来了很大的便利。此外,在较差的两种策略中,DS_PID_SM_CP(全参数)也好于平均随机泊位指派模式。

接着,由前述的多组实验可以看出,当航班密度增加 135% 左右时,CTLS 的船舶通过能力和集装箱吞吐量即将达到极限,于是对面向 PID 的三种调度模式,在 235% 的航班密度情况下,同样取平均值附近的一组实验值。由于每次实验的到港船舶在 1200 艘左右,故选取仿真实验中间的 600 艘船舶,其任务延迟状况如图 11-10 所示。三种调度模式 DS_PID_SM_PP、DS_PID_SM_CP(全参数)和 DS_PID_SM_CP(PI 形式)的平均任务延迟时间分别为 34.1381h,43.8352h 和 53.9308h。这里需要强调的是,似乎 DS_PID_SM_CP(PI 形式)的性能表现最差,然而从图 11-10 中可以看出,DS_PID_SM_CP(PI 形式)的任务延迟处于中等水平,这是因为三种调度模式的标准偏差分别为 15.2857,34.0578 和 21.5259,即 DS_PID_SM_PP 和 DS_PID_SM_CP(PI 形式)的调度性能较为稳定,这对于集装箱码头的生产作业至关重要。DS_PID_SM_CP(全参数)模式下虽然到港船舶的平均在港时间较短,但是其波动很大,不利于港航企业的有力协作和作业计划的生成。

当航班密度增加 125% 时,CTLS 的通过能力尚可以接受,面向表 11-7~表 11-9 中相关的三组实验,其各个泊位平均的靠离泊船舶数量、装卸集装箱数量和服务船型类别(即 PID 控制的三个维度)分别如图 11-11~图 11-13 所示。对应

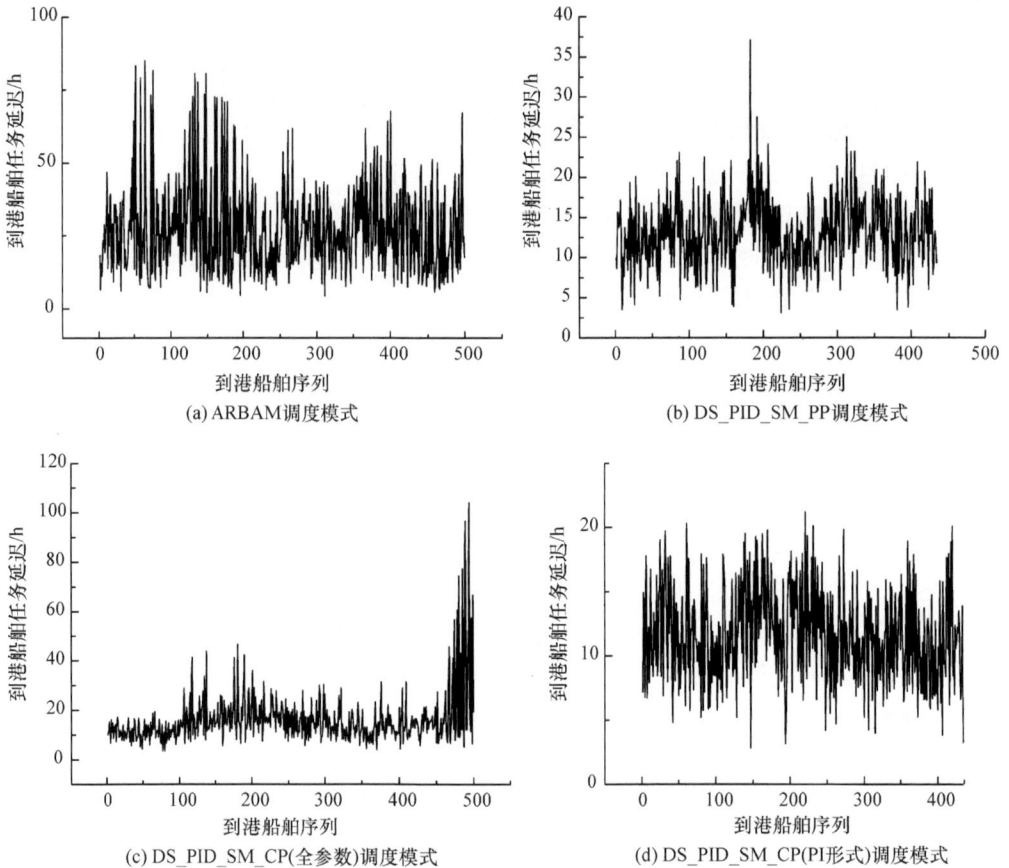

(a) ARBAM调度模式

(b) DS_PID_SM_PP调度模式

(c) DS_PID_SM_CP(全参数)调度模式

(d) DS_PID_SM_CP(PI形式)调度模式

图 11-9　航班密度翻倍情况下各种调度策略的任务延迟对比

用 DS_PID_SM 调度模式的 1~5 号泊位,三种调度模式 DS_PID_SM_PP、DS_PID_SM_CP(全参数)和 DS_PID_SM_CP(PI形式)中的前两种在 PID 控制的三个维度中均表现出了良好的均衡负载性;而 DS_PID_SM_CP(PI形式)仅在服务船型维度拥有较好的负载均衡性,而在接待船舶和装卸集装箱数量方面其负载均衡性均较差,这说明 CTLS 作业中的动态均衡性较静态均衡性更为重要(从仿真过程中也可以清楚地看出),但是其综合效果最好,且其服务的船型实现了较好的均衡性,这也从一个侧面证明了服务船型对港口作业的重要性,以及从这个维度去维护泊位负载平衡的必要性,这是一个面向 PID 控制调度算法值得重点关注的特性。

从上述的多组实验和多维分析可以看出,面向 PID 控制的 DS_PID_SM 调度策略有望在通过能力、任务延迟和负载均衡等方面全面改善 CTLS 的综合性能。然而,在实验过程中也可以看出 DS_PID_SM 的一些不足和弊端。

(1) 为贴近港口作业的实际情况,在设计与实现计算实验时,在各个调度和作

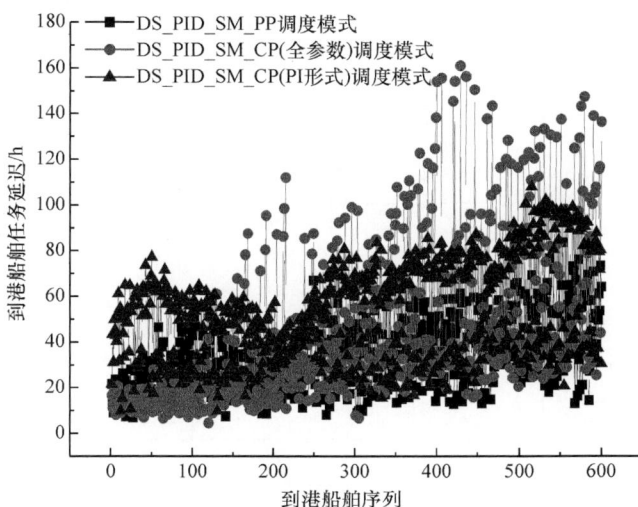

图 11-10　航班密度 235％情况下各种调度策略的任务延迟对比

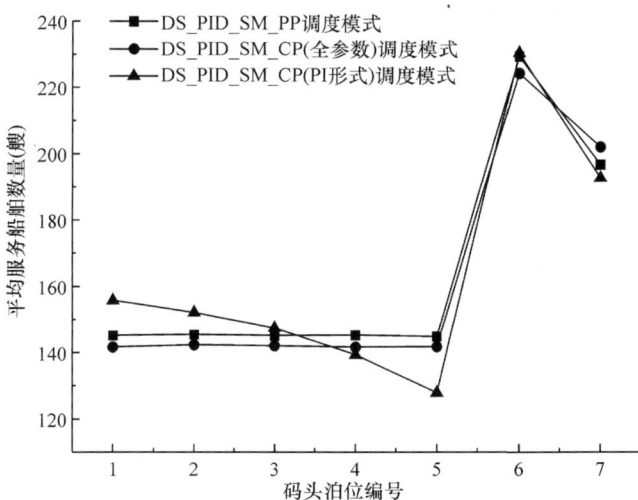

图 11-11　航班密度 225％情况下各泊位平均船舶通过能力

业环节中均包含了一定的随机性处理,同时由于到港船舶的不确定性,在向仿真模型应用调度算法时,系统性能具有一定的波动性,即未服务的船舶和集装箱数量的标准偏差较大,这使得 DS_PID_SM 调度算法在应用到港口实践中时会欠缺鲁棒性。

（2）自动化科学中 PID 控制的参数整定就是其应用的核心问题之一,从仿真实验中就可以看出 DS_PID_SM 的参数设置（13 个参数）及算法的具体模型（如是否可以简化为 PI 形式）对于 CTLS 的性能表现至关重要,如何寻找 DS_PID_SM

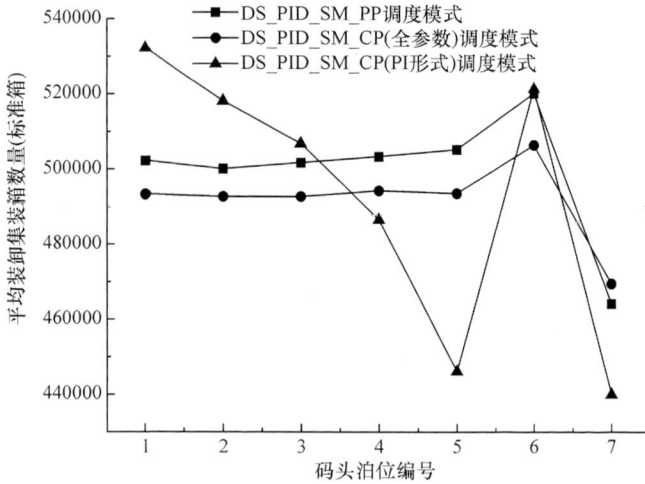

图 11-12　航班密度 225%情形下各泊位平均集装箱吞吐量

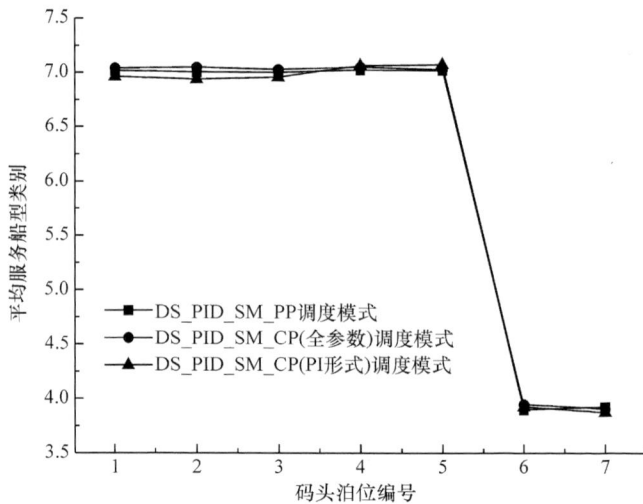

图 11-13　航班密度 225%情形下各泊位平均服务船型

的参数组合是下一步需要重点研究的问题,第 12 章将针对这个问题展开讨论。

（3）为应对现实世界中的诸多复杂控制问题,PID 控制有一系列的改进,尤其是与人工智能的结合,DS_PID_SM 调度算法试图将 CTLS 中的复杂性尽量隐藏,以给出较为简单的调度框架,但是在现阶段决策体系下的控制机制过于简单,下一阶段期望将改进型的 PID 控制思想,引入 DS_PID_SM 调度算法中,以改进算法性能和健壮性。

11.7　本　章　小　结

随着当前港航业的服务需要,集装箱船舶在速度和规模上持续升级,带动 CTLS 在装卸工艺和设备配置也不断跟进,这些对原本就已经高度复杂的集装箱码头生产调度问题在求解规模、约束条件、目标定义和并行控制等方面提出了新的挑战。同时,由于天气、潮汐等不可控因素以及装卸作业生产过程中的人为原因,相关的不确定性和动态性进一步加剧了 CTLS 的非线性和复杂性。本章在前述基于计算思维对 CTLS 进行建模的基础上,将计算机和自动化领域的调度框架、理念与算法引入 CTLS 的控制决策中,融合通过能力、任务延迟和负载均衡等关键指标,为港口的生产调度提出敏捷鲁棒的调度体系和策略,并给出了相应的初步评估结论。尤其是本章提出的面向 PID 控制的调度决策算法旨在将上述港口作业中的复杂性通过将港口作业关键属性的线性组合转化为一种相对简单的可度量定义,进而在控制决策允许的时间范围内帮助港口获取高质量的满意解,从而形成敏捷鲁棒的滚动周期型生产计划和实时调度控制方案。

第 12 章　面向 PID 控制和仿真优化的集装箱码头作业调度

12.1　引　　言

　　CTLS 是一个典型的多资源协同、多环节并发、多维空间作业的离散事件动态系统,同时也是一个多用户共存、多任务并行、多资源共享的分布式控制系统,更是一个多层次、工件双向流动、资源动态分配绑定的大规模并行处理系统(MPPS)。随着港口业、航运业和物流业的竞争日趋激烈,对 CTLS 的装卸生产要求也不断提高,为此港口装卸运输机械自动化设备不断升级其作业能力,以应对集装箱船舶大型化及其在港时间日益缩短所带来的吞吐量压力。当前仅从机械作业角度来看,设备工作参数已经能够满足未来 5~10 年内大型乃至超大型集装箱船舶的装卸服务要求,然而这只是理想情况下的理论值。如何规划合理的码头平面布局、基础设施、装卸工艺和设备配置,全面协调港口各环节的并发生产作业,进行敏捷鲁棒的多任务调度、多作业线控制、多环节协同和多资源分配,以充分发挥出港口各作业设备的生产潜能,是摆在物流工程、工业工程和系统工程等诸多学科面前的一个重要论题。

　　事实上,集装箱码头的任务调度、资源分配、协同控制和管理决策一直是国内外相关学科的研究重点、热点与难点。鉴于集装箱码头生产调度问题的 NP-Hard 特性,CTLS 一直缺乏从系统整体视角对 CTLS 的多任务调度和多资源适配进行建模、优化和综合评估的系统方案。本章基于计算思维,将自动化科学中经典的微观比例-积分-微分(PID)控制机制和复杂系统研究中颇具前途的基于仿真的优化(simulation based optimization,SBO)方法相结合,面向 CTLS 提出较为完整的作业调度计算体系和资源分配计算模式,从而为大中型集装箱港口的生产调度和控制决策提供新的研究思路和定量评估方法,同时也为激烈港航竞争背景下给出 CTLS 高效敏捷的工程应用解决方案进行较好的应用基础探索,同时,本章也是计算思维在复杂物流系统中综合应用的内涵体现。

12.2　基于仿真的优化与 CTLS

　　基于仿真的优化的基本思想是用仿真系统来模拟复杂系统的运行,并评估其性能,而用上层的优化器依据仿真结果进行优化。基于仿真的优化是数学规划和智能优化技术的自然延伸,其所主要面向的系统往往具有以下的特点:①人们对系统的特性和内在规则还不完全清楚,缺乏必要的相关知识,只能把系统当做黑箱来处理;②系统中因素多、关联多,很难用数学模型来表述,或者即使表述出来也难以处理;③系统中含有大量的不确定性,只能用仿真加统计的方法才能对系统性能进行评估[265]。这些特点使得相关的系统很难用基于数学模型的优化方法来求解,同时随着优化问题越来越复杂,对优化对象的评价只能通过仿真获得的统计指标来实现。但仿真本质上是一种实验方法,通过枚举对备选方案进行逐一验证,搜索目标不明确,无法给出问题最优或近优解,当实验方案较多时,该方法变得极其复杂,甚至无法实现[266]。于是基于仿真的优化就成为解决复杂优化问题的较优选择,其经修正后的基本实现原理如图 12-1 所示。

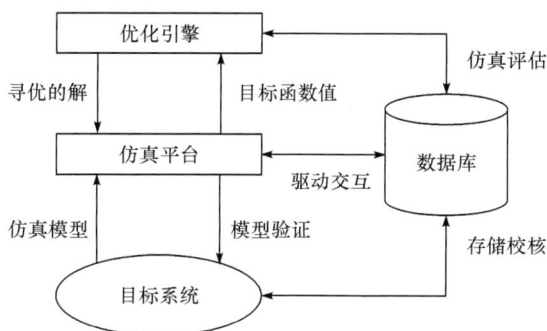

图 12-1　经改进后的基于仿真的优化原理图

这里需要着重强调的是在图 12-1 中数据库的作用至关重要,它相当于整个系统的"黑板"模块,是基于仿真的优化高效运作的中心枢纽。①现实实践中的目标系统将其运作过程和状态存储到数据库中,从而跟踪和分析系统的运作状况;②将生产任务输入数据库中,驱动仿真模型的运行,并记录其方案执行情况,这样做可以更全面地评估优化所给出解的优劣,也可以与实际系统运行的结果相比较,从而进一步验证仿真模型与实际系统之间的合理性。

另外,CTLS 的生产调度与管理决策是典型的 NP-Hard 问题,其一直是系统工程领域理论研究和实践应用的难点和热点。当前 CTLS 的研究应用中主要存在以下两点不足和趋势:①当前的研究对象主要是 CTLS 中的局部生产环节,但正在向港口的整体综合集成调度延伸;②目前研究问题基本上是针对港口作业的单目标优化问题,但随着港口发展的需要,以后必定向多目标优化问题扩展。

上述 CTLS 的研究发展趋势也使得再使用以往单纯的数学解析、建模仿真和智能优化方法很难满足当前理论研究和实践应用的需要,那么必然会向它们的融合——基于仿真的优化方向发展,而 CTLS 当前面临的研究对象和讨论问题正是基于仿真的优化所擅长的领域。同时以往 CTLS 研究目的主要是进行运筹学理论应用和系统工程方法研究,但以后更多向为港口提供高效智能的决策支持系统软件平台方向努力,而面向 CTLS 的基于仿真的优化可作为集装箱码头智能决策支持系统平台的核心决策引擎和关键组成部分,从而可增强港口的核心竞争力,提高其物流系统作业的软环境。

12.3　面向 CTLS 的基于仿真的优化整体体系

　　1998 年,美国密西西比州立大学的 Hall 和 Bowden 首次指出,仿真优化研究人员缺乏从系统的角度对仿真优化进行研究,有必要将仿真优化的各种单点技术集成到一个统一的技术框架下,为此,他们提出了"六域"的集成仿真优化框架,即问题域、算法域、分类域、策略域、智能域和界面域[267]。上述六域构成了一个完整而有联系的理论框架,为仿真优化的集成问题指明了方向。具体到 CTLS 的复杂系统,通过对国内外相关研究的总结和概括,可以提出如图 12-2 所示的面向 CTLS 的基于仿真的优化整体框架体系。在图 12-2 所示的面向 CTLS 的基于仿真的优化的整体框架体系中,从上述的六域对其进行展开。

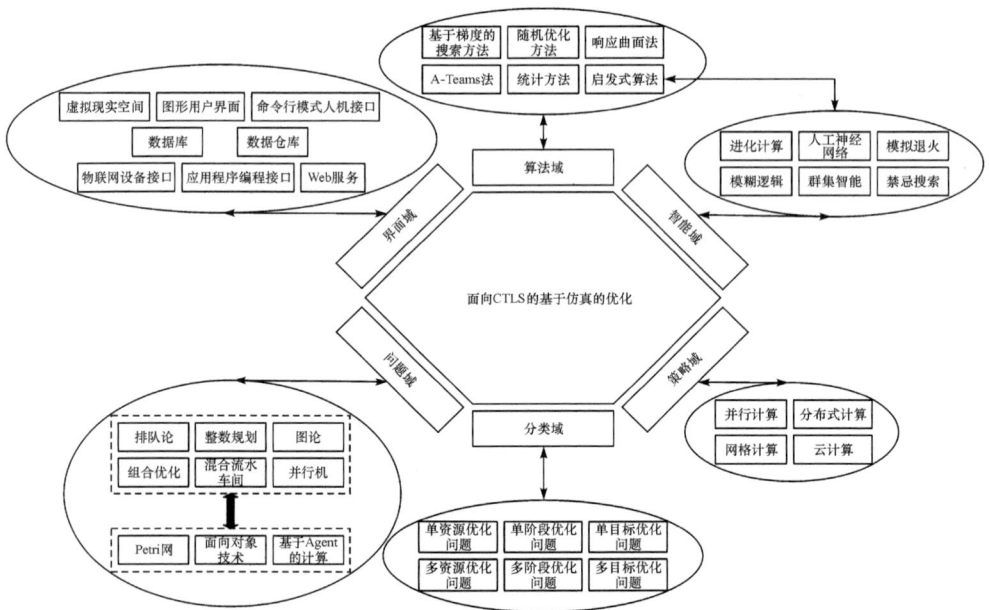

图 12-2　面向 CTLS 的基于仿真的优化的整体框架体系

　　(1)在问题域中,由于当前仅使用形式化或非形式化建模技术对 CTLS 进行描述,都有着不可克服的缺点,于是将两者结合对 CTLS 进行复合建模是一个最佳选择,并根据相应的复合模型依照不同的港口平面布局、生产工艺、集疏运体系和运营策略来提出 CTLS 的决策变量、约束条件、目标函数和协作机制。

(2) 在分类域中,有三个很重要的研究和应用趋势:第一,从以往单资源的生产计划向多资源的联合协同调度决策发展;第二,不管是单个环节的作业组织还是整体的集成调度,往往要求管理人员从整体进行考虑,于是其正从单目标优化问题向多目标优化问题转化,求解更加复杂;第三,由于 CTLS 内部运作时具有不同的调度层次和粒度,而 CTLS 自身也要求各子系统间的高协调性,因此往往现在 CTLS 中采用多阶段或多层次优化方法来取代传统的单阶段优化方法。这三个趋势使得基于仿真的优化在 CTLS 中将更有用武之地。

(3) 由于基于仿真的优化是将现实世界的运作通过仿真映射到信息世界中,而优化引擎自身也需要占用大量的计算资源,因此面向 CTLS 的基于仿真的优化的实现和应用需要采用高效鲁棒的后台计算策略支撑。而这从本质上既是基于仿真的优化通过构建在硅片中的世界来影响物理世界的需要,也是回归计算机最根本应用——科学计算的综合体现。具体在策略域中,一脉相承的并行计算、分布式计算、异构计算、可重构计算、网格计算和云计算等将为基于仿真的优化在 CTLS 中的实践应用提供丰富的计算资源和计算模式,从而帮助其在允许的时间范围内给出高效可行的计划调度较优可行解。

(4) CTLS 中的控制和调度的算法主要源于运筹学、统计学和启发式算法,而其中的启发式算法则多为计算智能算法,它们共同构成了上述体系中的算法域和智能域。它们依据 CTLS 应用的场景和时限的不同,而选用不同的方法,从而在集装箱码头的生产调度和决策支持中注入智能。

(5) 对于界面域,基于仿真的优化作为一个帮助 CTLS 寻求资源配置最佳和生产调度优化的决策支持工具,其应该与用户、信息系统、信息基础设施和后台数据库层都有着良好的交互作用,甚至能够提供沉浸式的虚拟现实服务,并且应依据需要,提供不同层次的接口和服务,就像计算机操作系统会提供图形用户接口和底层的应用程序编程接口(application programming interface,API)一样。

12.4　面向 CTLS 的基于仿真的优化的参考模型

针对上述的面向 CTLS 的基于仿真的优化体系,制定相应的建模方法、优化算法和软件体系结构就能具体确定一个针对 CTLS 基于仿真的优化的解决方案。CTLS 是一个高度复杂的开放分布式控制系统,利用分布式人工智能的典型方法——多 Agent 技术对其进行建模。基于 Agent 的建模与仿真(agent based modeling and simulation,ABMS)特别适用于具有如下特点的领域:①系统所处的环境具有高度的动态性、不确定性、复杂性和开放性;②在建模过程中,系统中各个相关的软硬件实体能够根据实际运作状况,很好地被隐喻和映射为各个 Agent;③系统中的数据、控制和知识具有典型的分布式特征;④系统的软硬件中有相当部分为遗留系统[243]。CTLS 显然具有上述四个特点:(a)集装箱码头作为国际物流体系的核心节点,需要和船代、货代等进行集装箱和信息的交换,那么 CTLS 的运作显然具有很强的动态性和开放性,而由于集装箱船舶和外集卡到港具有一定的集疏运的随意性、码头自身装卸工艺飞速发展和自然环境的突变等,CTLS 又具有高度的不确定性和复杂性;(b)CTLS 是由集装箱、集装箱船、泊位、堆场、港口装卸搬运设备、通信设施以及人员等若干相互制约的动态要素构成的复杂系统,其装卸生产过程可以看做一个典型的柔性制造系统的作业流程,是一个多环节的分布式控制过程,而这种内在的特点使得它拥有上述的②和③特点;(c)集装箱船舶的大型化、快速化以及日益激烈的港口之间的竞争,使得港口在自身建设中投入大量的财力和人力,但是前期投入的设备和软件系统并不会随着新的软硬件的投入使用而被淘汰,它们仍然会在港口中运行,即 CTLS 的软硬件是一个渐进的演化过程,而不是剧变式的,因此,其中必然存在大量的遗留系统,而这些遗留系统也需要和新投入使用的子系统间进行交互和协作。基于 Agent 的建模与仿真对于 CTLS 的生产调度和控制决策是一个可行敏捷和高效鲁棒的解决方案。事实上,鉴于 CTLS 与计算机系统在顶层视图、层次结构、系统组成和体系结构上的相似性,融合计算机体系结构和基于 Agent 的计算对 CTLS 进行建模,并在此基础上引入计算机体系结构的设计方法、操作系统的作业调度框架和计算机集成制造系统先进制造模式的思想提出 CTLS 的形式化建模方法——基于属性的有阻塞的混合流水车间(多层多阶段双向优化模型,请见本书第 10 章)。综合以上,可以得出一套完整的 CTLS 复合建模方法。

　　另外,由于不同的优化方法都有其各自的优缺点和适用领域,建议使用混合优化算法作为基于仿真的优化的引擎。而整个基于仿真的优化软件将作为一个智能决策支持的子系统融入 CTLS 的信息基础设施、信息管理系统和决策支持系统中。于是本章提出如图 12-3 所示的面向物联网环境的基于企业服务总线(enterprise service bus,ESB)和 Web 服务的 CTLS 软件系统的体系结构。

　　在图 12-3 所示的 CTLS 软件平台中,其通过物联网技术将集装箱码头装卸作业系统的实时运作数据通过消息总线经边缘服务器和事件服务器后封装为传感器和控制器访问服务,而信息系统的其余各子功能也封装为相应的各 Web 服务功能,仿真引擎根据自己的需要定位相关的算法和数据服务,得出相应的计划方案为集装箱码头的日常生产调度和决策支持进行支撑,从而提高集装箱码头的服务质量和通过能力。

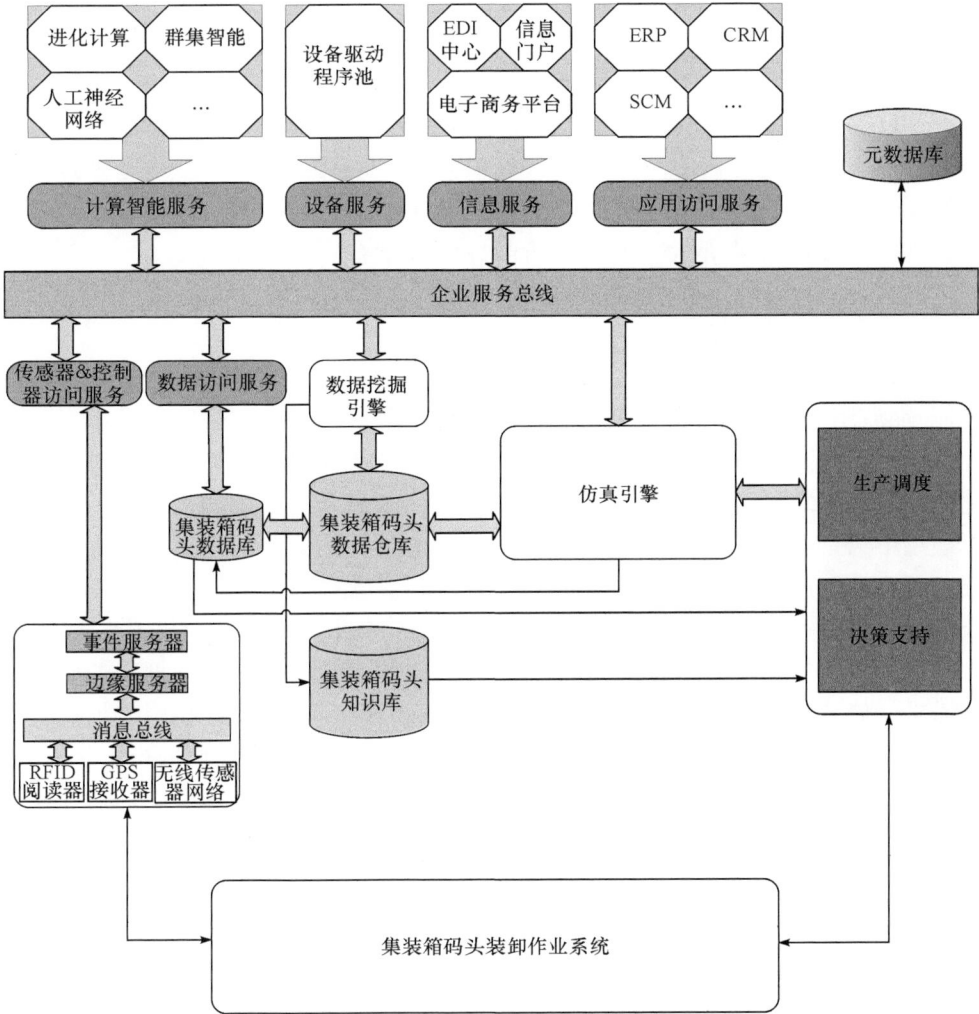

图 12-3　基于企业服务总线的 CTLS 软件体系结构

12.5　PID 控制与基于仿真的优化

12.5.1　经典的 PID 控制

Minorsky 提出的基于输出反馈的 PID 控制思想在过程控制中得到了广泛的应用,事实上,数字 PID 控制至今仍是生产过程中最普遍使用的一种控制方法[268]。PID 控制将偏差的比例、积分和微分通过线性组合构成控制量,对被控对象进行控制,其离散形式的定义如式(12-1)所示,k_p,k_i 和 k_d 分别为比例、积分和微分系数。

$$u(k) = k_p e(k) + k_i \sum_{j=0}^{k} e(j) + k_d (e(k) - e(k-1)) \tag{12-1}$$

PID 控制在实际的工程应用中已经取得了良好的效果,然而其也暴露出一些弊端,如用于非线性和不确定性系统,其鲁棒性还不够强等。然而,这些缺点并没有妨碍 PID 控制在各个领域的广泛推广,近年来 PID 控制已被应用到中观的任务调度和资源分配中,并取得了一定的阶段性成果[262,269,270]。

12.5.2　基于仿真的优化

基于仿真的优化的基本思想是用仿真系统来模拟复杂系统的运行,并评估其性能,而后用上层的优化器依据仿真结果进行优化。根据近年来国内外学者的研究,基于仿真的优化非常适合应用于 CTLS 的决策优化。然而,当基于仿真的优化应用于 CTLS 的生产调度时,仿真模型自身必须具备良好的调度机制。如果仿真模型中只是简单地再现码头生产过程,由基于仿真的优化的优化引擎直接进行任务调度和资源分配,那么优化算法的计算复杂度太高、计算量太大,所需机时过长。即使在规定时间内勉强得出较优解,由于港口作业中动态和随机因素太多,当次优化生成的作业计划也可能立即就会失效,很难满足港口生产计划和调度的实际需求。倘若仿真模型中自身就具有敏捷鲁棒的调度策略,由优化引擎根据具体码头的平面布局、装卸工艺、设备配置和任务负载对调度算法参数进行优化,然后加载不同时间窗范围内的具体任务,就有望在指定的时间限制内得出港口控制决策质量较高的满意解,甚至最优解,从而使集装箱码头装卸作业具有良好的敏捷性、健壮性和综合性能。

12.5.3　本质的统一与融合

当今的自动控制技术多是基于反馈的概念。PID 控制作为经典的自动控制思想,应用于各类自动化系统中,形成敏捷鲁棒的闭环控制系统,甚至是在没有精确系统模型的先决条件下。由前述基于仿真的优化的优化原理可知,基于仿真的优化本质上其实也形成了一个广义的闭环控制系统,其与 PID 控制思想的本质统一与融合如图 12-4 所示。具体来看,基于仿真的优化与 PID 控制的主要联系和区别如下:

(1) 整个基于仿真的优化本质可认为是由优化引擎、仿真模块和实际系统构成的一个两级复合闭环控制系统:①基于仿真的优化的优化引擎根据仿真模型运行结果(系统输出)的反馈调整寻优方向,得出新的优化结果(系统输入),驱动系统的下一次运行,从而形成广义的第一级闭环控制体系;②仿真模块根据运行状况,不断与实际系统进行对比验证,在建模目标下,完善白盒机制,调整仿真模型,提高

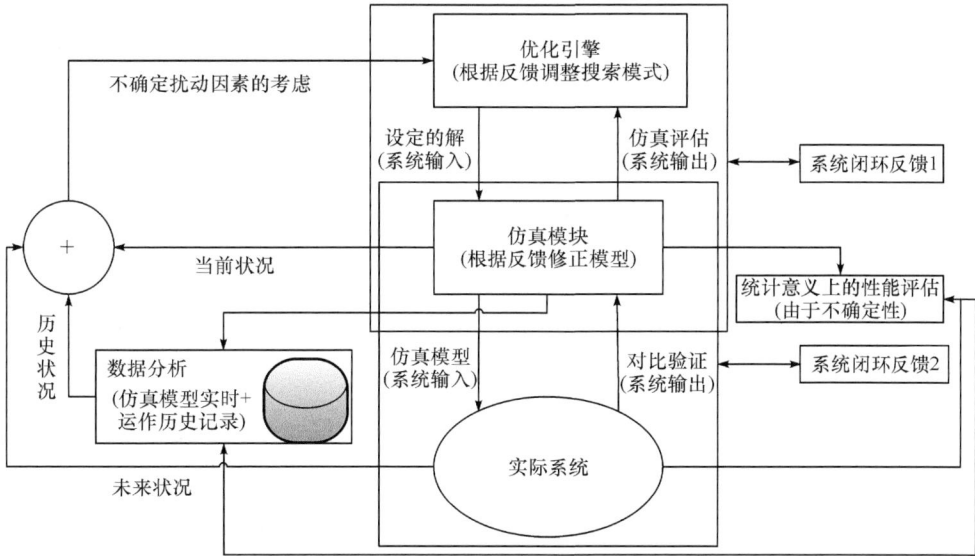

图 12-4　基于仿真的优化的广义反馈控制思想

输出可信度与精度,形成广义的第二级闭环控制;③两级闭环控制系统以仿真模型为桥梁,相互嵌套,将实际装卸生产系统最终映射到进化/群集智能计算实验空间中,利用智能优化算法的社会性、自适应性、学习性和涌现性演化寻优,面向复杂系统形成一个广义的复合闭环控制体系,从而为其规划管理、计划调度和控制决策提供宏观和中观的支持和参考。

（2）基于仿真的优化引擎在搜索寻优时,尤其是在面向滚动周期计划模式,进行准实时动态寻优时,其应该同时考虑实际系统近期和预期的作业负载（未来情况）、仿真模型目前运行结果（当前状况）和系统过去运作的历史记录（过去情况）,并兼顾不确定扰动因素对系统的影响,其兼顾过去、当前和未来情况对系统做出决策的科学思想与 PID 控制在根本上是一致的。

（3）PID 控制的目标是使系统输出与系统目标的误差减小,系统趋于稳定,而基于仿真的优化的目标是找到系统运行的优化配置,使系统趋于最优。如何使系统运行既稳定又较优,联合应用 PID 和基于仿真的优化,有望为复杂系统和复杂适应系统（complex adaptive systems,CAS）的运行和演化提供高效鲁棒的解决方案。

（4）PID 控制往往针对系统的实时运行状况对系统输入进行修正,而 CTLS 由于高度复杂性和随机性,同样的参数配置和任务负载下,CTLS 的作业性能往往表现出较大的差异性,因此无论是对 CTLS 的实际系统还是仿真模块的性能评估都应基于多次观测的统计值,而非单次作业值,这是基于仿真的优化和 PID 控制评估和应用时一个较大的区别。

集装箱码头物流服务调度既是典型的随机、动态调度,又是基于代价和性能的综合调度,其集成调度和协同控制是面向多层次双向多级混合流水车间[271]、具有超大规模组合 NP-Hard 复杂度的控制决策问题[272]。基于仿真的优化和 PID 从根本上都是基于反馈和综合考虑系统过去、当前和未来的运作情况对系统进行控制和调整,两者的综合应用将全面权衡系统服务代价和综合性能,融合通过能力、任务延迟、生产效率、资源利用率、负载均衡和服务代价形成全面的评估目标,从而为 CTLS 的调度决策优化提供完整的计算决策框架、控制实现范式和调度策略簇。

12.6　基于仿真优化的调度决策广义计算实验体系

12.6.1　计算实验和基于仿真的优化

王飞跃于 2004 年正式提出的计算实验(computational experiment,CE)是综合集成计算技术、复杂系统理论和演化理论等,通过计算机"生长培育"出现实系统的替代版本,并在此基础上,进行系统复杂行为分析、探索系统演化规律的一种科学研究方法[273-277]。

基于仿真的优化为计算实验的模型构建、设计实现和实验执行提供了完备良好的解决方案。事实上,基于仿真的优化也是因为在研究复杂系统的诸多问题而发展起来的。基于仿真的优化将系统仿真和优化算法有机地融合在一起,而计算实验正是在传统计算机仿真(主要面向简单系统)的基础上发展起来的,针对复杂系统而提出的。基于仿真的优化中的优化引擎往往是基于各种计算智能(computational intelligence,CI)的混合优化算法,它们大多师从自然,尤其是进化计算(evolutionary computation)和群集智能(swarm intelligence),可以利用人工生命和人工社会的思想对其进行建模(算法的简化原型仍然是复杂适应系统)和仿真[278-282],即基于仿真的优化的两个主要组成部分都是面向复杂系统的计算实验。于是基于仿真的优化和计算实验相互支撑和渗透促进,从而为以 CTLS 为代表的复杂物流/交通系统提供有效的研究方法和实现手段。

12.6.2　面向计算思维的统一决策框架

计算思维是运用计算机科学的基础概念去求解问题、设计系统和理解人类的行为的一种方法,是一类解析思维,以设计和构造为特征[236]。在前面几章中,已经利用计算机科学领域中经典的体系结构对 CTLS 进行了建模和仿真研究,为集装箱码头的生产调度和控制决策提出了一种新的研究路径,取得了初步的结论,并根据当前港航业中船舶大型化和船期缩短的特点,将并行计算和可重构计算的运行思想融入上述的建模体系中。这其实正是计算思维在 CTLS 中的具体应用,其核心思想是拓展计算的本质(将一个符号串 f 变换成另一个符号串 g 的过程),将集装箱码头物理世界中产生的牵引、靠离泊、装卸、运输、堆码、倒箱、拆拼箱和集疏运等皆认为是一种广义的"计算",将其与港口物流服务过程中发生在信息空间中相应的数据处理、通信和存储等同等看待,为集装箱码头的生产调度提供一种广义物理计算抽象层次、体系结构和概念视图。将计算思维引入 CTLS 中,为 CTLS 的控制决策建立计算模型以及利用计算实验方法展开讨论奠定了良好的基础。

计算思维同时包含了数学性思维和工程性思维,其本质是抽象和自动化,它反映了计算的根本问题,即什么能被有效地自动进行。基于仿真的优化中的仿真模型和优化算法两者从根本来看都是抽象和自动化的综合应用,且都可以基于计算实验进行实现。于是通过计算思维,将 CTLS 的生产作业映射到仿真系统模型和问题优化空间中,通过逻辑空间低成本的计算(主要包括模式识别、算法应用和参数设置等),以获取物理世界中 CTLS 广义计算敏捷高效的表现。于是整个 CTLS 控制决策的计算概念视图如图 12-5 所示。

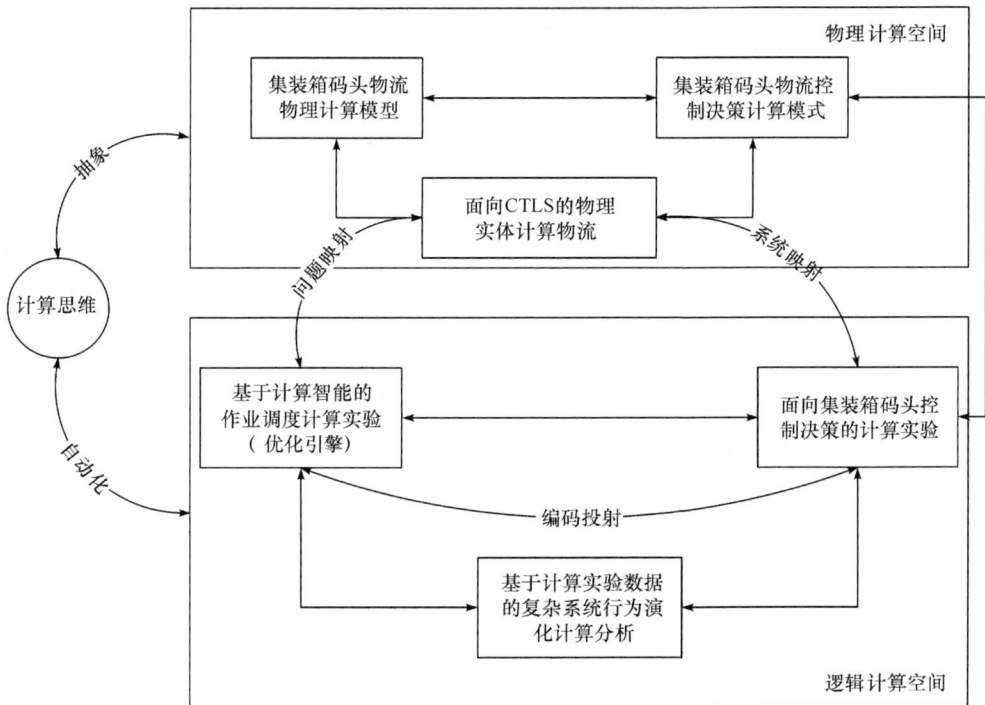

图 12-5　面向 CTLS 控制决策的广义计算思维视图

12.6.3　面向 CTLS 的广义计算实验

集装箱码头的控制决策是典型的大规模生产调度问题,具有很强的非确定性多项式(nondeterministic polynomial,NP)特性。CTLS 作为一种典型的复杂系统,其内部运作拥有很强的非线性和涌现性特征。面向前述图 12-5 的广义计算抽象概念视图,在基于仿真的优化和计算实验的思想下,利用多重反馈的思想,引入自动化控制模式,对 CTLS 中生产计划与调度决策进行求解。

事实上,当前生产调度的主要问题除了其具有高度的计算复杂性,就是控制和数据的分离,其直接导致很多算法不能有效地应用于带有复杂控制和复杂数据的大规模任务调度。在图 12-5 所示的 CTLS 广义计算思维视角中,通过计算思维建立集装箱码头生产作业的计算模型,随后以计算实验为手段,将 CTLS 引入逻辑计算和搜索寻优空间中。事实上,无论是在仿真模型还是在搜索引擎中,相关计算实验里控制和数据自然集中在一起,从而能够建立综合控制流和数据流的自适应学习和调度支持体系。这种思想本质上是平行控制(parallel control)[283-287] 面向港航物流和计算智能的复合应用和自然延伸,旨在深化应用反馈控制思想,通过计算实验为集装箱码头获取高质量的计划决策多模多目标优化可能解,以应对CTLS 作为复杂系统天然具有的"不可分"和"不可知"的特征。

从本质上看,面向 CTLS 控制决策的广义计算体系既是计算实验的复合嵌套应用,也是传统计算机集成制造系统(computer integrated manufacturing system,CIMS)思想的深化,物理世界中制造和服务系统不仅映射到信息空间中进行控制,而且进一步通过编码延伸进入问题优化空间,利用计算智能进行求解和决策。这使得不仅在形式上(信息与生产服务同步),而且能够基于计算思维,深层次地将大型复杂生产/服务系统的生产作业广义计算化,以通过在计算空间的求解使物理系统智能化和敏捷化。需要强调的是,在仿真模型和搜索引擎的计算实验过程中,都会产生大量的生产过程、资源使用和智能交互数据,它们是 CTLS 和相应定制计算智能算法计算模型在信息空间中的运行轨迹,为分析两者的行为规则、涌现规律和社会学习提供了原始记录。这些数据记录将为 CTLS 的计算模型定义、调度策略选取以及算法参数设置提供有力的支持。整个面向 CTLS 的广义计算概念视图和决策计算实验体系将帮助港口逐步迈向数据驱动控制、计算控制和自适应动态控制。

12.7　面向 PID 控制的港口调度决策优化

12.7.1　基于 PID 控制的调度决策算法

如作者在以往的研究中所提出的 CTLS 集成生产调度和协同控制决策模型

所述,集装箱码头的生产作业可抽象为一个基于属性的有阻塞的动态可重构混合流水车间调度(DR-HFS-BA)模型,其各个层次和各个环节的调度控制就已经是一个典型的 NP-Complete 问题,精确的整体形式化模型很难定义。

PID 控制能够在没有精确模型的情况下,对电子自动化系统做出较好的控制,将其引入集装箱码头的生产调度中,期望将确定系统微观控制层面中良好的控制机制和计算模式导入复杂系统的中观调度层面,定义 CTLS 的生产调度框架和资源分配策略集,形成运作灵活和高效的 CTLS 控制平面和作业平面。具体来看,在以往的研究中已经将 CTLS 内部调度决策复杂的层次性、非线性和动态性通过 PID 控制思想转化为较为简单的线性组合关系,形成了一种新的调度算法 discrete positional PID scheduling mode(DS_PID_SM),并利用主动时间窗和 PID 控制的变种形式进一步定义了相关的多种子控制模式 DS_PID_SM_PP、DS_PID_SM_CP 等(详见第 11 章),帮助 CTLS 在允许的决策时间范围内获取计划调度中高质量的较优解,其算法簇基本思想如图 12-6 所示。

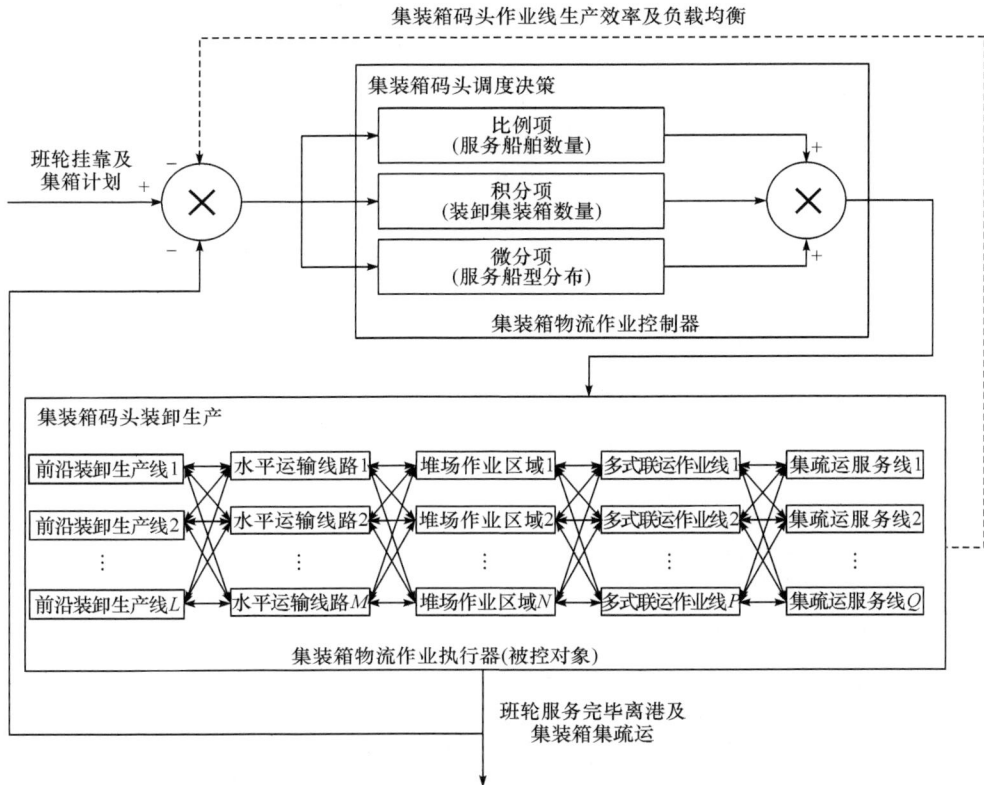

图 12-6　面向 PID 控制的 CTLS 调度决策原理

12.7.2　基于 PID 控制的调度决策目标定义

传统 PID 控制的目标往往是单一物理量的函数,在第 11 章的讨论中,优化的目标也是被简化为期望港口的船舶通过能力最大,整个算法的参数也是根据经验设置。但是 CTLS 的生产作业即使不考虑港航共同利益,也是一个典型的多模多目标优化问题(multi-objective optimization problem,MOP)。于是本节同样基于 PID 控制的思想,面向多种关键作业指标,重新定义港口作业的行为性能目标,从而将港口控制决策的多模多目标优化问题转化为单一目标优化问题(single-objective optimization problem,SOP),并给出其算法参数整定的优化方法。

实际上,传统的 PID 控制是计算单一物理量针对其偏差而综合过去、当前和未来的情况进行调整的,在图 12-6 所示的决策原理中,可以看出当应用 PID 控制到 CTLS 时,仍然期望将港口作业的综合表现(含多个目标)转化为单一的线性组合计算值,返回控制器中,作为后续决策的输入之一,以便降低调度计算复杂度。

然而,在 CTLS 的物流作业过程中存在一系列期望达到的目标:①从系统内部来看,各种服务设施设备的生产效率、利用率及运营成本是港口所关心的;②系统外在的表现则是期望拥有足够的船舶通过能力、集装箱吞吐量以及服务各种船型的综合能力。于是综合图 12-6 的调度思想和上述目标定义,利用 PID 控制的思想原理,从多个维度定义 CTLS 作业调度的决策目标函数,称为多目标优化模式(multi-objective optimization mode,MOM)1~多目标优化模式 6,以下简称 MOM1~MOM6,其具体形式分别如式(12-2)~式(12-13)所示。相关的符号定义如下:

(1) k_{poi} 为各个目标函数的比例控制系数,k_{ioi} 为各个目标函数的积分控制系数,k_{doi} 为各个目标函数的微分控制系数;

(2) S_v 为决策周期内已服务完毕离港的船舶数量,S_c 为决策周期内已装卸完毕的集装箱数量,s_{ti} 为决策周期内已接受服务完毕的船舶 i 的船型级别;

(3) U_v 为决策周期内未及服务和正在服务过程中船舶数量之和,U_c 为决策周期内 U_v 船舶中需在本港集疏运集装箱的总体数量,u_{tj} 为决策周期内未及服务或正在服务船舶 j 的船型类别;

(4) QC_i 和 YC_i 分别为决策周期内为第 i 艘船舶进行装卸服务的岸桥和场桥的平均并发作业系数;

(5) B 为集装箱码头的离散泊位总体数量,针对具体的码头,它是一个固定整数。

$$f_1 = k_{po1}S_v + k_{io1}C_1S_c + k_{do1}T_1 \frac{\sum_{i=1}^{S_v} s_{ti}}{S_v} \tag{12-2}$$

$$k_{po1} + k_{io1} + k_{do1} = 1 \tag{12-3}$$

$$f_2 = k_{po2} U_v + k_{io2} C_2 U_c + k_{do2} T_2 \frac{\sum\limits_{j=1}^{U_v} u_{tj}}{U_v} \tag{12-4}$$

$$k_{po2} + k_{io2} + k_{do2} = 1 \tag{12-5}$$

$$f_3 = k_{po3} \frac{U_v}{S_v + U_v} + k_{io3} C_3 \frac{U_c}{S_c + U_c} + k_{do3} T_3 \frac{\sum\limits_{j=1}^{U_v} u_{tj}}{\sum\limits_{i=1}^{S_v} s_{ti} + \sum\limits_{j=1}^{U_v} u_{tj}} \tag{12-6}$$

$$k_{po3} + k_{io3} + k_{do3} = 1 \tag{12-7}$$

$$f_4 = k_{po4} \sum_{i=1}^{S_v} \text{QC}_i + k_{io4} C_4 S_v + k_{do4} T_4 \sum_{i=1}^{S_v} \text{YC}_i \tag{12-8}$$

$$k_{po4} + k_{io4} + k_{do4} = 1 \tag{12-9}$$

$$f_5 = k_{po5} \sum_{i=1}^{S_v} \text{QC}_i - k_{io5} C_5 U_v + k_{do5} T_5 \sum_{i=1}^{S_v} \text{YC}_i \tag{12-10}$$

$$k_{po5} + k_{io5} + k_{do5} = 1 \tag{12-11}$$

$$f_6 = k_{po6} \sum_{i=1}^{S_v} \frac{\text{QC}_i}{s_{ti}} + k_{io6} C_6 \sum_{i=1}^{S_v} s_{ti} + k_{do6} T_6 \sum_{i=1}^{S_v} \frac{\text{YC}_i}{s_{ti}} \tag{12-12}$$

$$k_{po6} + k_{io6} + k_{do6} = 1 \tag{12-13}$$

　　MOM1 主要考虑的是在指定的服务周期内,CTLS 已完成的物流服务情况,包括已靠离泊作业完毕的船舶数量、已装卸完成的集装箱数量和已接待服务完成船舶的船型平均情况,由于上述三个组成部分间存在较大的数量差异,通过 C_1 和 T_1 常数将其调整到同一数量水平(后面定义中应用到 C_i 和 T_i 的作用相同),以便在参数归一化的情况下全面评价系统作业状况。MOM2 与 MOM1 恰恰相反,主要考虑的是在指定的服务周期结束时,CTLS 中等待服务的船舶数量、相关联的集装箱数量以及未服务完毕船舶的船型平均情况。无论是在港口的生产实践还是在相应的计算实验中,任务负载和资源分配都具有一定的随机性和不确定性,因此 MOM3 相对于前面的两种定义模式从绝对数量方面定义不同,虽然也是从船舶数量、集装箱数量和船型类别等三个角度定义目标函数,但其是从相对数量的角度来定义的。

　　前面三种定义主要从 CTLS 的外在行为表现来定义港口作业调度目标,MOM4 则既考虑了港口外在总体表现情况(通过已装卸完毕离港的船舶通过能力体现),又参考了港口水域和陆域中心服务设备——岸桥和场桥协同作业情况,从而得出港口作业的综合情况;MOM5 采用了类似的定义,其除了参考港口岸桥和场桥的总体作业状况,还考虑了港口中未及服务和正在服务的船舶数量之和,值得一提的是,为求得目标的最大值,对于未服务和正在服务船舶的数量,采用的是取负相加的形式;MOM6 主要从服务船舶的核心设备在码头前沿和堆场的并行作业度以及服务船型的情况来判定港口作业情况,即从岸桥和场桥的并行协同计算的角度来看待其对各种粒度作业的表现情况,结合 CTLS 内部资源利用率和外部实际表现来综合判定系统性能,与 MOM4 和 MOM5 的定义类似。

12.7.3　基于 PID 控制的调度决策模式参数整定

参数整定一直以来都是 PID 控制的核心内容。在第 11 章所述的调度策略中,以 DS_PID_SM_CP 的适用性最强,但其也最为复杂,为获得较好的调度控制效果,考虑的维度较多,参数也较传统的 PID 控制多得多,它们对算法调度性能的调节更较经典 PID 控制重要。鉴于此,面向基于仿真的优化和计算实验对 DS_PID_SM_CP 调度算法的参数进行搜索寻优(其参数整定本身就是一个多模的组合优化问题),以便为 CTLS 的调度决策的应用基础研究提供较为完整的理论研究路径和应用解决方案。

具体来看,针对 DS_PID_SM_CP 调度决策算法,其主要参数有:①应用于面向 PID 控制的 CTLS 调度决策基本计算框架的 k_p, k_i, k_d;②应用于各泊位服务船舶通过分量的 k_{p1}, k_{i1}, k_{d1};③应用于各泊位集装箱吞吐量分量的 k_{p2}, k_{i2}, k_{d2};④应用于各泊位服务船舶船型分量的 k_{p3}, k_{i3}, k_{d3};⑤主动时间窗(active time window, ATW)的选取对于调度算法的性能也有着不小的影响,因为其直接决定过去和未来的作业状况对当前控制决策影响的广度和深度。由此可知,DS_PID_SM_CP 调度算法共有 13 个参数。此外,不仅在调度策略中,而且在决策目标函数中也有参数:k_{poi}, k_{ioi} 和 k_{doi}。故面向 PID 控制的集装箱码头调度决策参数整定显然是一个多模优化问题。在面向 CTLS 的计算实验中,为使所提出的算法和参数更具有可信性和普适性,针对港口的负载和作业情况,分析到港船舶、集装箱集疏运数量和各环节单机服务时间的概率分布,用它们驱动计算模型,并根据港口实践情况,在计算实验中给予相应的随机性处理,故在每次的计算实验中,港口的作业负载情况都有所不同,单独考虑单一作业指标下某个参数组合在某次作业负载情况下的表现最优,不具有决策参考价值和实践意义。于是,依据前述的 CTLS 控制决策计算概念视图,制定基于 PID 控制的调度决策模式参数整定步骤如图 12-7 所示。

在图 12-7 所示的参数整定建模仿真中,除了考虑整个码头前沿、港口堆场的作业负载状况和各泊位到各箱区的水平运输距离,定义各个泊位的实时作业负载系数,还会定义各个泊位的当前上下文计算物流(context computational logistics, CCL)环境,以便确定具体任务的岸桥、内集卡和场桥的并发作业线数量。由于在港口装卸生产的各个环节中都存在大量的随机性和不确定因素,因此当面向基

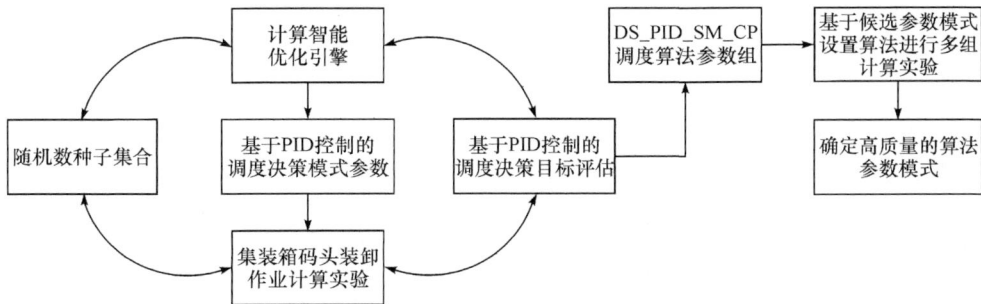

图 12-7　基于 PID 控制的调度决策模式参数整定主要步骤

于仿真的优化进行计算实验时,必须进行多组多次实验,以获取的多组最优参数。随后将各组参数代入仿真模型中,再分别进行多次实验,获取其统计值,以全面判断该组参数配置的优劣和适用性。具体来说,参数整定的核心要点如下:①由于无论是计算智能优化引擎寻优还是面向集装箱码头装卸作业的计算实验本质上都是随机动态演化过程,因此面向同一组随机数种子进行多组仿真优化实验,有利于获得更为全面的参数整定模式;②通过优化引擎获得算法的参数指导设置后,进行相应的 CTLS 计算实验,并面向 12.7.2 节所述的决策目标进行性能评估,其结果一方面返回优化引擎,供优化引擎搜索寻优参考,另一方面也存储到数据库中,使后续能够挑选出候选的参数设置模式集合;③候选的参数模式必须经过同一组随机种子的多次实验,根据港口作业目标判断其综合性能和适应性。

在图 12-7 所示的参数整定步骤下,针对同一调度策略,在同样的作业负载概率模式驱动下,针对同一集装箱码头,面向不同的优化目标函数,基于相同的随机数种子集合,进行多组仿真优化实验,以使所给出的参数设置模式针对特定生产背景和作业负载(在一定的范围内波动),具有一定的适用性和鲁棒性,能够在该策略及其参数组配置下,进行多次仿真实验,取得具有统计意义上的较优的实验结果。同时也能够评估和判断哪些目标函数能够更好地引导 CTLS 获得好的性能表现。

总体来看,上述融合 PID 控制和基于仿真的优化方法的决策优化体系和计算实验范式将为 CTLS 的生产调度提供较为完备的应用基础解决方案,其融合应用也有望为其他复杂制造/服务系统的高效运作提供借鉴和参考,其原因主要有如下三个:

(1) 调度研究已经由理论研究转向应用研究阶段,而严重阻碍经典调度理论研究取得重大进展和突破的关键还是调度问题的 NP-Hard 性质,其次就是某些调度研究是在很具体的对象和层次上,通用价值较小。实际调度问题往往都是非常复杂的,没有确定的物理和自然规律可循,尤其是 CTLS 中的调度控制问题,十分难解,并且大多数情况下是没有精确解的。从当前大量的文献所反映的情况看[288,289],智能调度方法是解决实际调度问题最有效的途径和最有前途的调度方法之一。同时,基于反馈控制的实时调度算法也初步显示了解决实际调度问题的强大威力[288-294]。因此,智能调度方法和基于反馈控制的实时调度理论和方法为解决实际调度问题展示了光明的前景。本节基于 PID 和基于仿真的优化提出了面向 CTLS 调度决策的优化方法,其本质正是智能优化算法和基于反馈控制的实时调度理论为解决复杂物流系统调度问题在多重意义上的综合应用。

(2)PID 控制的目标是使系统趋于稳定,而上述解决方案的目标之一是使系统各资源负载均衡,提高系统瓶颈的运作效率,减少系统运作的瓶颈,即也使系统运行趋于稳态,这与 PID 控制是一致的。同时由于系统负载均衡,一旦出现部分装卸生产资源宕机,也便于立即进行调整,这使 CTLS 在不确定环境下获得良好的敏捷性和性能表现的可能性大大增强。

(3)传统的 PID 控制在不同的应用场景中有多种简化和变种形式。事实上,作者在第 11 章中提出的 PID 调度算法是一个较为普适的调度策略框架,可以通过参数整定得出面向特定平面布局、装卸工艺、设备配置和作业负载的调度模式,其面向具体对象时很有可能在局部或总体上是 PID 控制的简化形式。

12.8　前沿装卸作业抽象

为应用前述的决策体系和调度算法,根据我国港口的典型平面布置,以顺岸式码头为主要研究背景,将不确定环境下的动态泊位指派和多岸桥协同作业调度进行抽象。由于船舶到港前可以获得船型、船长、装卸箱量、船舶配载图、额定岸桥数、最大可接受岸桥数以及期待离港时间等相关信息,而分配服务的岸桥数目将直接影响船舶的在港时间,因此首先将泊位指派和岸桥分配两个问题进行统一考虑,更符合生产实践,在船舶到港前给出相应的指派分配计划。随后进行的岸桥调度的目的则是保证所制定的泊位指派计划能够得到执行、控制与实现,即到港船舶的装卸生产任务能够按时完成,否则后续到港船舶作业将受到极大的影响,港口前沿通过能力和服务质量都将下降,这对于 24×7 连续运营、超负荷运转的我国大中型港口极为不利。如何将有限的岸桥分配给靠泊船舶,并安排每艘船舶上所有装卸任务在岸桥间的分割与排序,目标是最小化所有船舶的在港作业时间。岸桥调度应能够在船舶作业初始岸桥配置的基础上,根据潮汐影响、船舶实际靠泊时间、岸桥服务状态和船舶作业状况对岸桥进行实时调度,尽量确保在不确定环境下按时完成预定的生产任务,保证泊位指派计划的实现。根据生产实践,随后进行的仿真实验,建立泊位分配、QCAP 和 QCSP 的协同模型基于以下假设:

(1)船舶的停靠方向为统一朝向(左或右);

(2) 船舶间不会碰撞;

(3) 船舶不会停到岸壁线之外;

(4) 岸桥不会在生产作业时突然停机或发生故障,丧失服务能力;

(5) CTLS 内集卡水平运输作业顺畅,不会影响码头前沿的装卸生产。

同时系统所面临的不确定性因素主要是指:①潮汐对集装箱船舶靠离泊的影响;②集装箱船舶到港时间的延误;③岸桥服务作业时生产效率的波动。具体来看,集装箱码头协同配置调度模型的主要约束和目标如下:

(1) 部分考虑潮汐对泊位指派的影响,由于我国港口多超负荷过载运转,且集装箱船舶日益大型化和高速化的趋势,因此在泊位指派和岸桥分配时着重参考大客户和大型船舶及时靠离泊的需求;

(2) 充分考虑船舶实际航行情况与固定船期的差异,船舶到港时间是在一个时间范围内的随机变量;

(3) 综合考虑到港船舶进行装卸运输生产时的各种干扰和随机因素的影响,在参考装卸任务和作业岸桥数的基础上,作业时间在一定范围内向上波动;

(4) 根据港口生产实践情况,到港船舶靠离泊准备时间是一个在平均值附近震荡的随机变量;

(5) 每条船都必须且只能靠泊一次,不考虑船舶靠泊后的移泊情况,没有中断,即一艘船从开始装卸到完成之前,不会离开泊位;

(6) 船舶停泊服务时间与停泊的位置有关,由于船舶到港前,其集疏运堆场已经确定,因此每艘船舶均有一个最优的靠泊位置,便于其进行船舶装卸及水平运输作业,如果偏离此位置,则会增加作业成本,需在指派泊位和岸桥时,施加惩罚;

(7) 根据到港船舶的长度、装卸箱量、船舶配载图、岸桥前沿分布情况和泊位指派计划给出每艘到港船舶的最小作业岸桥数、最大作业岸桥数和初始岸桥分配计划;

(8) 若提供某个船舶服务的岸桥超过两个以上,则分配的岸桥位置必须相邻;

(9) 每条船舶设有同时作业的最大岸桥数和最小岸桥数,出于安全生产和船舶配载的需要,当可用岸桥数量达到最小岸桥数时才能开始装卸作业;

(10) 根据港口与船公司所签协议,任何情况下,每艘到港船舶停靠泊位后,至少有一个最小数目的岸桥始终为其进行装卸服务,不能强行调往相邻船舶作业中;

(11) 船舶长度要满足分配岸桥工作面的要求,即分配岸桥数量不大于船舶允许同时作业的最大岸桥数量;

(12) 不考虑因为船舶技术状态或集装箱集散延误等问题导致的服务时间延长;

(13) 对于岸桥调度,每艘到港船舶的预计靠泊时间和靠泊位置是已知的,由前述的泊位指派确定;

（14）岸桥在码头前沿同一轨道上行驶，因此在岸桥分配计划和实时生产调度控制中岸桥不能交叉跨越移动；

（15）假设每台岸桥的基本服务作业能力相同，但由于多台岸桥作业时，必定会存在一定的相互干扰，所以实际生产效率会存在一定的向下随机波动（依据同时作业的岸桥数，限制在一定的范围内）；

（16）为同一艘船舶服务的岸桥不一定同步开始工作（但最小岸桥集合必定是同时开始工作的），也未必同时结束服务，即岸桥可以根据需要在相邻的船舶作业中移动；

（17）不允许在船舶尚未靠泊时就抽调正在作业的岸桥移往该处（因为到港船舶有靠离泊准备时间）；

（18）岸桥水平移动的时间等于移动的距离除以水平移动的速度；

（19）为提高码头前沿作业效率，由于岸桥不能跨越交叉作业，存在一些非作业岸桥被迫移动的情况；

（20）岸桥在码头前沿移动时，应先收起桥架伸臂部分（前大梁俯仰机构），以免与船舶的上层建筑发生碰撞，移动到新的作业位置后，再放下桥架伸臂部分，进行作业，因此在进行岸桥调度时（在不同的船舶任务间切换时），需考虑相应的岸桥准备时间；

（21）岸桥分配计划和调度决策应考虑船舶装卸混合作业，根据作业的不同，将船上的贝（bay）分为装载贝、卸载贝和装卸混合贝；

（22）考虑岸桥间的碰撞约束与安全距离约束，即岸桥之间不能相互穿越，且作业时保留一个贝位的安全距离；

（23）考虑甲板约束，一个甲板包括多个贝，只有甲板上的卸载完以后才能进行船舱内的装卸，同样，只有船舱内的装卸完后才能进行甲板上的装载；

（24）每艘到港船舶的等待时间都应该有一个最大值，计划控制时不能超过该值；

（25）每艘到港船舶的作业时间都应该有一个最大值，装卸生产时不能超过该值；

（26）尽量均衡每个岸桥的装卸作业量；

（27）到港船舶的总体在港时间最小；

（28）到港船舶的总体等待时间最小；

（29）不同服务级别船舶的总延迟时间最小；

（30）CTLS 的总体装卸箱量最大；

（31）到港船舶的总作业成本最小；

（32）在上述目标间取得平衡，获取系统性能的多目标最优。

在上述定义下，建立 CTLS 的复合模型，整合系统模型和智能算法，建立仿真优化计算模型,智能支持码头前沿生产作业。需要注意的是,无论决策周期长短,都可以执行其中的一小段后,根据生产状况重新计算,实现下一阶段的计划、调度和控制,从而持续、滚动和全面改进 CTLS 综合能力。

12.9　计 算 实 验

12.9.1　生产实例

本节以 AnyLogic 7.1.2 和 SQL Server 2012 为计算实验和仿真分析平台。面向典型的集装箱枢纽港码头平面布局、基础设施、装卸工艺和设备配置对面向 PID 和基于仿真的优化的作业调度计算体系和计算模式进行可行性与可信性论证与分析。仿真实例中集装箱码头的平面布局、设备配置及到港船型如第 8 章所述,码头前沿共有 7 个大型深水泊位。码头投产的第一个完整年度中集装箱班轮到港规律符合八阶埃尔朗分布[262],码头的月航班密度平均为 166 艘。挂靠港口服务的主要是较大的支线喂给船舶和国际干线主流航运船舶。此外,虽然该集装箱码头主要服务于班轮,但是由于一个集装箱枢纽港往往有多个码头,因此该码头还需要接待因各种情况临时调配到码头进行作业的船舶,在本书的实验中,假设因各种不确定事件而临时调配到该码头的船舶服从正态分布,月均 5 艘左右。

使用简单的平均随机泊位指派模式(average randomized berth allocation mode,ARBAM),进行仿真模型的校核、验证和确认(verification,validation and accreditation,VV&A)实验,对计算模型进行验证,确保实验模型已经达到码头原始设计的通过能力,将其作为随后压力测试和负载调整实验的基础。由以往的压力测试(stress testing)可知,当对 CTLS 增加同样的负载时,增加挂靠班轮密度对集装箱码头的挑战更大,也是实践应用中 CTLS 面临的主要难题[297]。

12.9.2　参数优化

由于在 CTLS 的生产作业中,具有明显的临界点效应,对于 12.9.1 节中的生产实例,当挂靠船舶密度从 230% 增加到 235% 时,CTLS 中滞港的船舶数量激增(请见第 11 章),故选择当挂靠港口船舶密度为当前值的 235% 时为当前作业负载,应用面向 PID 控制的调度算法(DS_PID_SM_CP 全参数形式),以单个季度(2160h)为周期在随意设置的一组参数下,其仿真实验结果如表 12-1 所示。

表 12-1 面向 DS_PID_SM_CP(全参数)的仿真实验

仿真组别	航班密度增加比例/装卸箱量	最大装卸船舶数量/集装箱吞吐量	最小装卸船舶数量/集装箱吞吐量	平均服务船舶数量/装卸箱量	平均未服务船舶数量/随船箱量
1	0%/100%	524/3226712	481/2917412	501.48/3030773.68	14.20/96134.72
2	100%/0%	1041/3171182	971/2915938	1006.6/3026332.00	25.08/82644.96
3	41.5%/41.5%	737/3153457	689/2925526	716.28/3034381.08	14.12/66663.44
4	125%/0%	1162/3511089	1088/3317666	1135.52/3429238.12	26.32/86350.00
5	130%/0%	1179/3508391	1128/3377703	1149.72/3457639.08	37.00/120494.40
6	135%/0%	1181/3531147	1136/3415495	1154.80/3469878.92	59.84/191383.72
7	140%/0%	1185/3501534	1133/3420477	1158.32/3460280.68	80.28/262299.72

　　由于 CTLS 的生产作业环境和装卸服务过程中都具有大量的不确定性和随机性因素,因此在仿真模型的多处实现中都应用了随机分布(包括任务加载)。为取得的参数设置优化结果具有可信性和一定程度的普适性,针对 12.7.2 节中所提出的 6 种目标函数,基于 AnyLogic 自带的 OptQuest 优化引擎,面向不同的优化引擎种子和仿真模型种子(皆为 1～100),进行 100×6 共 600 组基于仿真的优化计算实验,每组寻优的迭代搜索次数为 500 且不自动停止搜索,以期望通过自学习获取当前负载下较优的参数配置。

　　鉴于面向集装箱码头作业调度的算法参数选取是一个多模优化问题,故面向 MOM1～MOM6 目标函数,针对随机种子 1～100 进行仿真优化实验各获得了一个较优的参数配置(可能会有多个等效的优化参数组合),其结果如表 12-2 所示。面向表 12-2 所述的参数设置,表 12-3 是基于随机种子 1～100 进行多次仿真实验后进行的统计处理的实验结果,以反映面向特定目标函数、较优参数设置下 CTLS 的作业性能,从而观察不同目标函数的模式特点及其引导表现。

表 12-2 参数整定实验结果

目标函数	决策计算框架参数	集装箱船舶通过分量参数	集装箱吞吐量分量参数	服务船舶船型分量参数	主动时间窗
MOM1	0.75,0.25,0.0	0.25,0.0,0.75	0.75,0.0,0.50	0.0,0.75,1.0	2148.0
MOM2	0.0,0.48,0.52	0.93,0.76,0.84	0.84,0.02,0.51	0.03,0.77,0.04	744.0
MOM3	0.0,0.75,0.25	0.50,0.95,1.00	0.78,0.00,0.79	0.78,0.96,0.78	1080.0
MOM4	0.0,0.86,0.14	1.0,1.0,1.0	0.84,0.02,1.0	0.03,1.0,0.04	744.0
MOM5	0.04,0.01,0.95	1.0,1.0,1.0	0.68,1.0,0.82	1.0,0.77,1.0	2160.0
MOM6	0.13,0.0,0.87	0.29,0.68,0.97	0.07,0.84,0.18	0.92,0.81,0.96	1372.0

表 12-3　仿真优化实验结果

目标 函数	最大船舶通过能 力/集装箱吞吐量	最小船舶通过能 力/集装箱吞吐量	平均船舶通过能 力/集装箱吞吐量	通过能力/吞吐 量标准偏差	平均未服务船舶 数量/随船箱量	未服务船舶/随 船箱量标准偏差
MOM1	1207/3578371	1160/3459354	1174.8/3513820.6	14.66/40195.07	33.7/110682.4	12.87/42201.12
MOM2	1192/3540965	1160/3457752	1173.6/3493571.2	13.58/34942.29	28.8/92178.8	18.25/60108.38
MOM3	1199/3586381	1161/3471278	1175.4/3520997.0	15.27/46033.45	27.2/90323.0	13.24/47481.20
MOM4	1181/3582139	1157/3485313	1166.3/3510309.5	7.67/32719.49	33.88/110948.75	9.06/26363.74
MOM5	1176/3535742	1152/3436630	1167.6/3490483.3	6.67/31033.75	29.3/94381.9	10.66/36126.78
MOM6	1177/3503643	1150/3391544	1166.2/3470091	11.73/45383.54	39.0/127983.6	7.28/20058.28

　　利用 PID 控制思想定义,将港口作业的多个外部关键表现指标和/或内部多个核心资源的行为系数转化为一种较为清晰的线性关系,进而来定义 CTLS 作业调度的多目标优化函数,从而将港口外部环境与系统自身的动态性、随机性与复杂性简单化,并能较为客观全面地反映 CTLS 的作业情况。通过大量的计算实验,人们发现相对于 CTLS 的作业性能较以往随意设置参数的情况有了进一步的提高。更重要的是,同仅判断单个关键指标,如关注在指定服务周期结束后:①已服务的船舶数量最多;②已装卸的集装箱数量最多;③服务船舶的船型类别总和最大;④未服务船舶的数量最小;⑤未装卸完毕的集装箱数量最少;⑥未完成服务的船舶的船型类别总和最小;⑦期望能获得作业周期内最大的岸桥和场桥并发数等,定义的多目标函数能够更好地引导 DS_PID_SM_CP 算法获得良好的表现,并且更好地排除高随机性和强耦合性带来的影响。利用单个目标通过基于仿真的优化获得的算法参数极易受随机性和耦合性的影响,在二次甄别时其多半是低效的,而通过 PID 控制思想定义的多目标函数取得的最优解在上述的单个指标上往往都不是最优的,但是其得到的参数组合往往在多次实验时能取得较好的统计表现,表明其参数优化结果是高质量的满意解。

12.9.3　性能评估

　　从表 12-3 的数据中可以看出,优化 DS_PID_SM_CP 的算法参数后,可以很好地提高 CTLS 的船舶通过能力和集装箱吞吐量,本节从任务延迟(task latency)的角度来判断优化参数设置后的 DS_PID_SM_CP 算法关于船舶在港时间方面的表现,也就是从航运方的角度来定量评估算法性能。当挂靠船舶密度达到基准测试数据的 235% 时,每季度平均到港船舶数量 1200 艘左右。面向 MOM1~MOM6逐一讨论和对比较优参数配置下的船舶在港周期。从各组实验中,选取最接近于平均性能表现的一组实验,选取计算实验中处于作业稳态的 600 艘船舶(选取到港船舶编号 301~900 的一段数据),其任务延迟时间如图 12-8 和图 12-9 所示。

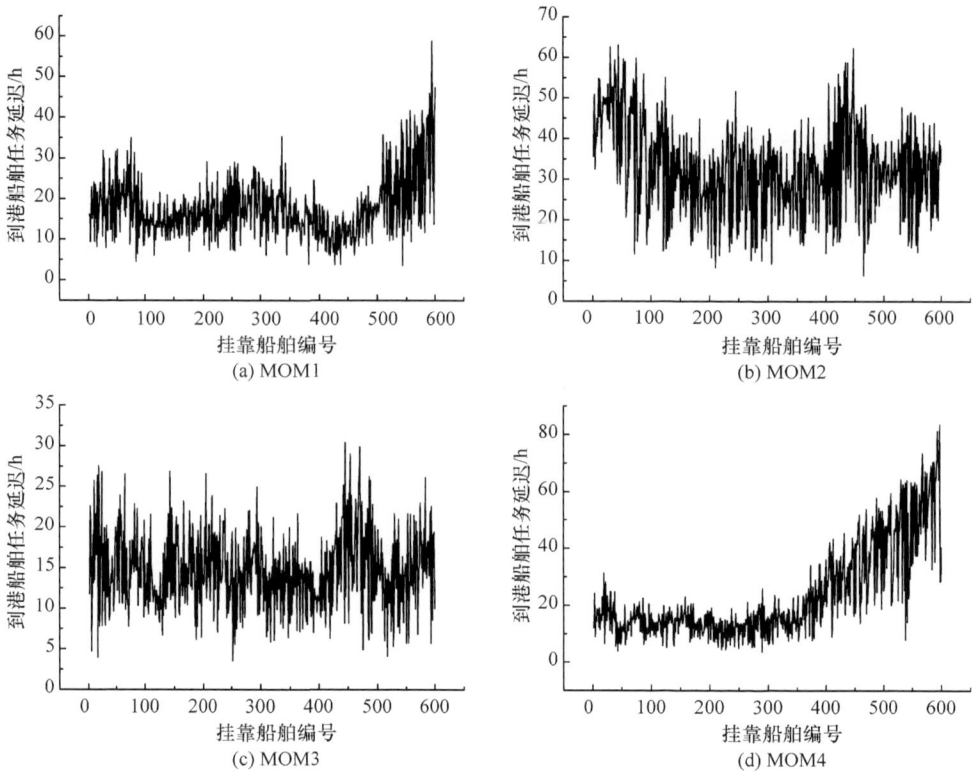

图 12-8　MOM1~MOM4 目标函数引导下的典型任务延迟对比

　　从图 12-8 和图 12-9 中可以看出,虽然各种目标函数引导下的船舶通过能力和集装箱吞吐量差异不是太大,但是船舶在港时间却有极大的差距,MOM1~MOM4 明显好于随意参数设置下的任务延迟时间(请见参考文献[295]),MOM5 和 MOM6 则大幅加大了船舶在港时间,其完全无法满足生产实践的需要。所有的实验中,尤以 MOM3 的综合性能最佳,其拥有与 MOM1 和 MOM2 相当的船舶通过能力和集装箱吞吐量,但又明显优于 MOM4~MOM6,同时其船舶在港时间又是最短的,能够同时兼顾港航双方的利益。此外,当应用 MOM3 计算模式时,各种船型的在港时间在一个较为稳定的范围内,便于进行任务调度与资源分配。

　　另外,MOM1、MOM2、MOM3 和 MOM4 的综合性能均明显优于同样基于计算思维而引入集装箱码头生产调度中的 LB_PA_SM 调度算法(基于处理器亲和性设计的调调策略),充分显示了将抽象和自动化机制深化应用到港口调度决策的可行性与优越性。

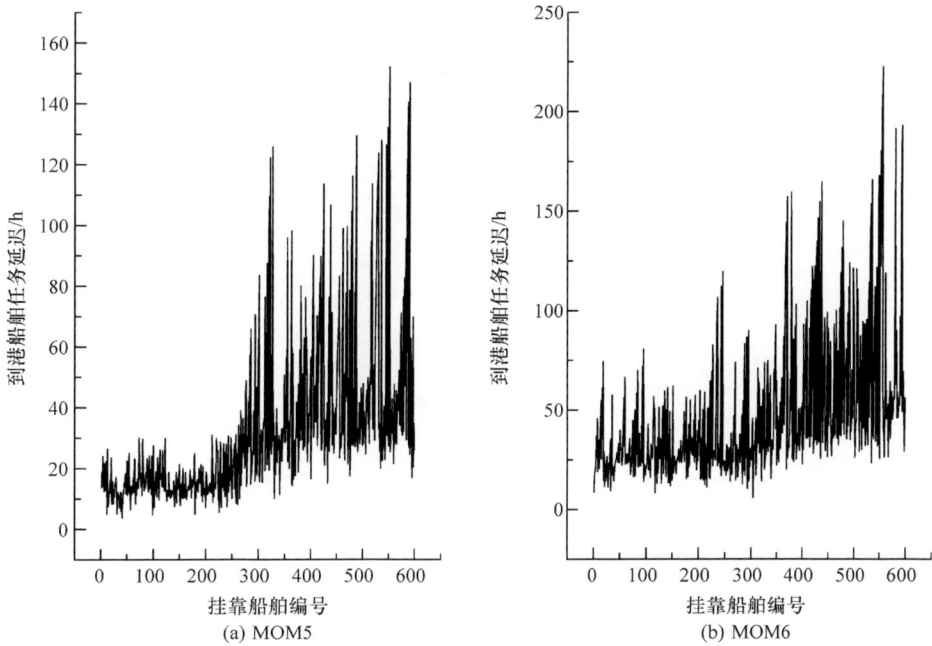

图 12-9　MOM5 和 MOM6 目标函数引导下的典型任务延迟对比

12.9.4　资源利用与负载均衡

　　前面主要从 CTLS 的外在性能表现对各种多目标函数计算模式进行了讨论，本节以挂靠该港的主力船型——超巴拿马Ⅲ型和超巴拿马Ⅳ型(两者占据挂靠船舶数量的一半)为讨论对象，来评估各种优化目标函数下，其岸桥和场桥的平均并发数目，即装卸作业线的部署和核心资源利用情况。限于篇幅，选取 MOM3 和MOM4 为代表来进行分析，其具体相关数据如图 12-10 所示。从图中可以看到，虽然 MOM4 旨在引导 CTLS 充分利用内部资源，但是其资源利用情况并不如MOM3，并未达到其初始目的。

　　此外，集装箱码头的 7 个泊位，根据亲和性，实际上是将其分为两组，1～5 号泊位为一组，6,7 号泊位为一组(详见本书第 11 章)，考察对单个泊位的两个关键指标船舶通过能力和集装箱吞吐量，对 MOM1～MOM6 在优化算法参数后，其各个泊位平均的靠离泊船舶数量和装卸集装箱数量分别如图 12-11 和图 12-12 所示。可以看出各种策略下，1～5 号泊位服务的船舶数量均较为平均，但是在集装箱吞吐量方面却有一定的差异，其主要是由于不同船型的集装箱船舶由拖轮辅助靠离泊的时间不同累加而造成的，联系到 6,7 号泊位的负载并不均衡，可见 CTLS在保持现阶段在港时间不变的前提下，仍有望进一步提高服务能力。

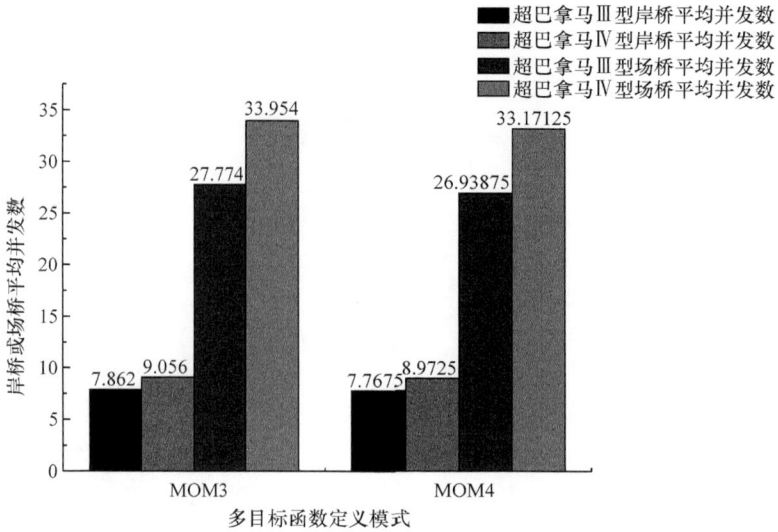

图 12-10 MOM3 和 MOM4 优化参数配置下核心设备的并发利用情况

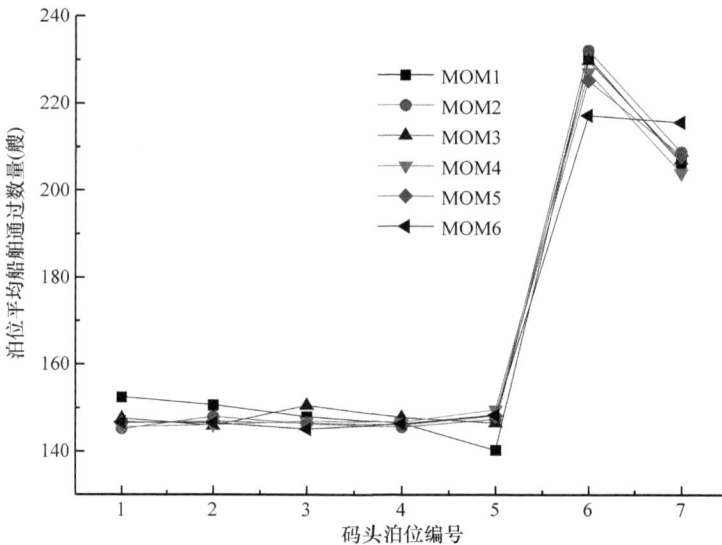

图 12-11 各泊位平均船舶通过能力

12.9.5 参数整定鲁棒性

对于表 12-2 所得到的算法参数,其主要面向的是当前生产实例,针对特定的集装箱码头平面布局、装卸工艺、设备配置和工作负载。当港口的平面布局、装卸工艺、设备配置有所改变时,需要对 DS_PID_SM_CP 的算法参数重新进行优化实

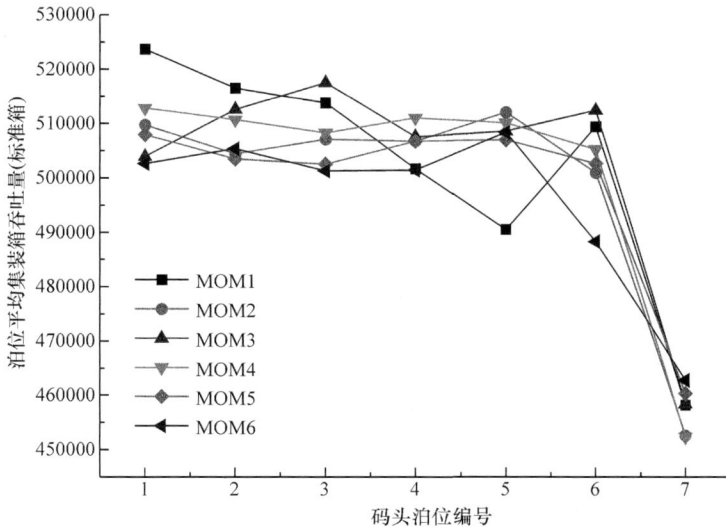

图 12-12 各泊位平均集装箱吞吐量

验,进行二次设置。当港口的作业负载增加方式不变,即只增加挂靠港口班轮的密度时,表 12-2 所获得的算法参数在 150%～300%区间都能获得较经验参数更佳的综合表现。然而,当作业负载调整的方式有所改变时,如同时增加挂靠港口航班密度和单船装卸箱量比例,算法参数也需要重新设置,这主要是由于港口作业的高复杂性和强耦合性所造成的。

12.10 本 章 小 结

CTLS 是典型的大规模复杂服务系统,其生产调度和控制决策十分困难,本章首先从“六域”的角度提出了面向 CTLS 的基于仿真的优化整体体系,并针对 CTLS 分布式处理系统的本质给出了相应的参考模型。随后从计算思维的角度探讨 CTLS 的平面布局、装卸工艺、设备配置、作业调度、资源分配和协同控制。这是一种较以往不同的解决思路,也是从物理世界的视角对计算本质的又一思考。计算思维的本质是抽象和自动化,基于仿真的优化方法本是抽象和计算自动化机制的综合体现,PID 控制则是自动化思想的经典机制,在计算思维的框架下融合两者,并利用计算实验加以设计和实现,为复杂系统的管理和控制提出了新的研究思想,其一方面是传统计算机集成制造系统思想的进一步延伸,同时也为大型复杂生产服务系统的智能决策支持提供了新的设计和实现参考方案。此外,本章也指出PID 控制思想不仅可以很好地应用到复杂系统的调度中,也可以很好地用于定义多目标优化目标函数,引导系统获得更好的内外综合性能。需要说明的是,本章所获得的优化参数组合对于环境和负载变化较为敏感，一旦两者之一有所变化，系统性能往往会有较大的波动，如何在不确定动态环境下提高算法和参数的鲁棒性是以后工作的重点方向之一。

第 13 章　总结与展望

13.1　本书的研究成果

当前集装箱船舶大型化和港航绿色运营的趋势日益明显,这种发展倾向给港口的装卸生产带来了巨大的压力和前所未有的挑战。同时,随着集装箱港口的发展,港口间的竞争也变得越来越激烈。因此,集装箱码头物流系统(CTLS)的建模优化与控制决策研究就成为交通运输工程、物流工程与管理以及工业工程领域的重要研究方向。当前的 CTLS 的研究主要是利用传统方法对单个生产环节的探讨,而从整体和方法论的角度去研究 CTLS 的建模优化与计算实验是 CTLS 调度决策领域的一个较新研究方向和重要课题。

本书针对当前港航业的发展趋势和集装箱码头作业的实践需求,在计算思维和复杂系统的理论框架下,重新诠释"计算物流"的定义,"计算"的理念贯穿始终,集成计算机科学中体系结构、组成原理和操作系统的思想,融合分布式计算、并行计算、异构计算、可重构计算的原理,对(CTLS)的建模优化与调度决策的理论和方法进行了较为系统而深入的研究。本书的主要内容和研究成果论述如下:

(1) 从计算思维的定义和内涵出发,面向物联网环境,重新定义了计算物流,计算物流的定义给出了 CTLS 建模优化和实验分析的根本原理和方法论,这也是全书的灵魂和要旨所在;

(2) 从系统层次结构、顶层视图、互连结构、体系结构、作业组织、任务调度和资源分配等多个角度论述了 CTLS 与计算机系统的相似性及其在组成和运作上的映射关系,为 CTLS 建模采用计算机系统体系结构提供了理论基础依据;

(3) 利用计算思维对 CTLS 进行了整体建模,通过将 CTLS 映射到哈佛体系结构和异构多处理器计算机系统(多处理器片上系统(MPSoC))中得到高效鲁棒的广义计算框架,以获得解决集装箱码头单一环节计划、集成调度、协同控制和资源分配的有效方法;

(4) 借鉴和引入了计算机系统中的核心部件——中央处理器的关键处理技术,结合 CTLS 的实际运作特点,融合计算机体系结构中并行计算和可重构计算的思想方法,抽象出基于属性的有阻塞的动态可重构混合流水车间调度(DR-HFS-BA)模式能够对 CTLS 的控制决策进行良好的形式化建模,尤其是利用基于属性的有阻塞的动态可重构混合流水车间提出了 CTLS 的多层多阶段双向集装

箱码头生产调度模型,从而提供了对港口平面布局、装卸工艺、单环节或者多环节任务调度进行运筹管理的统一范式;

(5) 融合计算机操作系统的概念视图、逻辑特征、分层微内核/外核体系结构、客户/服务器计算环境和执行模式等原理思想为集装箱码头操作系统(CTOS)提出了敏捷鲁棒的计算逻辑视图,同时也便于在此基础上建立集装箱码头操作系统的计算模型、决策框架、参考设计、实现范式和调度算法;

(6) 自动化科学中 PID 控制是一种经典的微观控制机制,将其引入复杂物流系统的中观调度模式中,将港口物流服务的关键属性通过线性组合转化为一种相对简单的可度量定义,降低港口调度管理的复杂性,进而帮助港口获取高质量的作业计划和调度决策模式。

13.2　进一步的研究工作

本书主要旨在基于计算思维对 CTLS 进行建模仿真和调度决策的理论分析、系统建模和实例验证,初步达到了预期的研究目标和技术指标。由于 CTLS 自身是一个不确定环境下的复杂动态开放系统,涉及的因素很多,而另一方面,融合计算思维和基于仿真的优化的思想和方法体系来建模 CTLS,具有一定的创新性,所以,过去十年的工作与积累只能算是"计算物流"研究的初期阶段,无论是建模理论和设计实现方面,还是从工程应用角度,都有大量的工作需要进一步研究和完善,未来的工作初步可以归纳为以下几点:

(1) 如何将并行异构多处理器多核计算机系统的任务调度和资源分配体系、框架、机制、特性和算法,在考虑 CTLS 与计算机系统差异性的前提下,进一步深入地移植到 CTLS 的作业组织和控制决策中,是作者及其研究团队以后的工作重点,也是面向计算思维对 CTLS 进行建模和实验的根本目的所在;

(2) 当前研究论证多是面向满负荷和超负荷工作状态下的集装箱码头的生产调度,对于任务量较小时,本研究所提出的计算框架和范式如何选取部分生产资源以提高作业效率和资源利用率还未进行探讨;

(3) 对采用同贝同步等新装卸工艺和混合装卸工艺的集装箱码头以及自动化集装箱码头的生产调度问题还未进行研究,而这也是当前港航业中所亟待解决的问题;

(4) 如何将自动化科学中的控制模式和计算机的调度算法相结合形成敏捷高效的调度算法,来有效提高集装箱码头的作业效率,还处于一个初步尝试阶段,如何设置相关混合算法的参数,更是一个极具挑战性的问题;

(5) 如何将计算智能和商业智能融入基于计算思维和仿真优化的 CTLS 建模调度和仿真分析体系中,以形成一个鲁棒智能的决策支持框架。

孤军薄旅,卧砺深山,筚路蓝缕,以启山林!

　　衷心期望本书的出版能有更多的老师、同学及业者关注和加入面向复杂交通/物流系统的计算思维和计算实验理论研究和工程实践中!

参 考 文 献

[1] Slack B, Wang J J. The challenge of peripheral ports: An Asian perspective. Geo Journal, 2002, 56(2): 159-166.

[2] Cheung R K, Tong J H, Slack B. The transition from freight consolidation to logistics: The case of Hong Kong. Journal of Transport Geography, 2003, 11(4): 245-253.

[3] Gordon J R M, Lee P M, Lucas Jr H C. A resource-based view of competitive advantage at the Port of Singapore. Journal of Strategic Information Systems, 2005, 14(1): 69-86.

[4] Tongzon J, Heng W. Port privatization, efficiency and competitiveness: Some empirical evidence from container ports (terminals). Transportation Research Part A: Policy and Practice, 2005, 39(5): 405-424.

[5] Wieberneit N. Service network design for freight transportation: A review. OR Spectrum, 2008, 30(1): 77-112.

[6] 王海平. 港口发展战略与规划. 天津: 天津人民出版社, 2005.

[7] Vis I F A, e Koster R. Transshipment of containers at a container terminal: An overview. European Journal of Operational Research, 2003, 147(1): 1-16.

[8] Steenken D, Voß S, Stahlbock R. Container terminal operation and operations research—A classification and literature review. OR Spectrum, 2004, 26(1): 3-49.

[9] Stahlbock R, Voß S. Operations research at container terminals: A literature update. OR Spectrum, 2008, 30(1): 1-52.

[10] Günther H O, Kim K H. Container terminals and terminal operations. OR Spectrum, 2006, 28(4): 437-445.

[11] Kuroda K, Takebayashi M, Tsuji T. International container transportation network analysis considering post-panamax class container ships. Research in Transportation Economics, 2005, 13(1): 369-391.

[12] 肖青, 李晶, 黄建柱. 物流环境下集装箱港口国际竞争力评价模型. 大连海事大学学报, 2005, 31(2): 28-31.

[13] 吉阿兵. 集装箱港口的竞争策略研究. 上海: 复旦大学博士学位论文, 2006.

[14] de Oliveira G F, Cariou P. The impact of competition on container port (in) efficiency. Transportation Research Part A: Policy and Practice, 2015, 78: 124-133.

[15] Jiang J L, Lee L H, Chew E P, et al. Port connectivity study: An analysis framework from a global container liner shipping network perspective. Transportation Research Part E: Logistics and Transportation Review, 2015, 73: 47-64.

[16] 张海霖, 江志斌. 基于 R-OPN 的集装箱码头物流系统建模与分析. 上海交通大学学报, 2007, 41(2): 231-237.

[17] 张海霖,江志斌,许泓. 集装箱港口集疏运调度系统作业模式的仿真分析. 上海交通大学学报,2006,40(6):1024-1030.

[18] Kotachi M,Rabadi G,Obeid M F. Simulation modeling and analysis of complex port operations with multimodal transportation. Procedia Computer Science,2013,20:229-234.

[19] Lin C C,Chiang Y I,Lin S W. Efficient model and heuristic for the intermodal terminal location problem. Computers & Operations Research,2014,51:41-51.

[20] Legato P,Mazza R M. Berth planning and resources optimization at a container terminal via discrete event simulation. European Journal of Operational Research, 2001, 133(3): 537-547.

[21] Cartenì A,de Luca S. Tactical and strategic planning for a container terminal:Modelling issues within a discrete event simulation approach. Simulation Modelling Practice and Theory,2012,21(1):123-145.

[22] Douma A,Schutten M,Schuur P. Waiting profiles:An efficient protocol for enabling distributed planning of container barge rotations along terminals in the Port of Rotterdam. Transportation Research Part C,2009,17(2):133-148.

[23] Bearzotti L,Gonzalez R,Miranda P. The event management problem in a container terminal. Journal of Applied Research and Technology,2013,11(1):95-102.

[24] Xu D S,Li C L,Leung J Y T. Berth allocation with time-dependent physical limitations on vessels. European Journal of Operational Research,2012,216(1):47-56.

[25] Hu Z H. Heuristics for solving continuous berth allocation problem considering periodic balancing utilization of cranes. Computers & Industrial Engineering,2015,85:216-226.

[26] Edmond E D,Maggs R P. How useful are queue models in port investment decisions for container berths. Journal of the Operational Research Society,1978,19(8):741-750.

[27] Canonaco P,Legato P,Mazza R M,et al. A queuing network model for the management of berth crane operations. Computers & Operations Research,2008,35(8):2432-2446.

[28] Chen G,Govindan K,Yang Z Z,et al. Terminal appointment system design by non-stationary $M(t)/Ek/c(t)$ queueing model and genetic algorithm. International Journal of Production Economics,2013,146(2):694-703.

[29] 张莉. 基于排队网络理论的集装箱码头设备配置优化研究. 上海:同济大学博士学位论文,2007.

[30] 曾庆成,张笑菊,陈文浩,等. 基于 BCMP 排队网络的码头集卡预约优化模型. 系统工程学报,2013,28(5):592-599.

[31] Tang L X,Zhao J J,Liu J Y. Modeling and solution of the joint quay crane and truck scheduling problem. European Journal of Operational Research,2014,236(3):978-990.

[32] Assadipour G,Ke G Y,Verma M. An analytical framework for integrated maritime terminal scheduling problems with time windows. Expert Systems with Applications,2014,41(16):7415-7424.

[33] Zhang R,Jin Z H,Ma Y,et al. Optimization for two-stage double-cycle operations in con-

tainer terminals. Computers & Industrial Engineering,2015,83:316-326.

[34] Lu Y Q,Le M L. The integrated optimization of container terminal scheduling with uncertain factors. Computers & Industrial Engineering,2014,75:209-216.

[35] 孙彬,孙俊清,陈秋双. 基于鲁棒反应式策略的泊位和岸桥联合调度. 系统工程理论与实践,2013,33(4):1076-1083.

[36] 张振毓,陆志强,韩笑乐. 基于前摄-反应的泊位岸桥鲁棒性集成调度. 计算机集成制造系统,2014,20(5):1181-1190.

[37] 周鹏飞,李丕安. 集装箱堆场不确定提箱次序与卸船箱位分配. 哈尔滨工程大学学报,2013,34(9):1119-1123.

[38] 陈超,台伟力,杨逸蓝,等. 出口箱随机入港下的箱区选择与箱位分配协调调度. 上海交通大学学报,2014,48(4):544-550.

[39] 陈超,张哲,曾庆成. 集装箱码头混合交叉作业集成调度模型. 交通运输工程学报,2012,12(3):92-100.

[40] 曾庆成,杨忠振,陆靖. 集装箱码头同贝同步装卸调度模型与算法. 交通运输工程学报,2010,10(1):88-93.

[41] 曾庆成,陈子根,黄玲. 集装箱码头同贝同步装卸调度的多阶段混合流水线模型. 上海交通大学学报,2015,49(4):499-505.

[42] Gnimpieba Z D R,Nait-Sidi-Moh A,Durand D,et al. Using Internet of things technologies for a collaborative supply chain:Application to tracking of pallets and containers. Procedia Computer Science,2015,56:550-557.

[43] 张宏宇,柴逸飞,涂时亮,等. 基于传感器网络和有源 RFID 的集装箱管理系统. 计算机工程,2009,35(1):245-246.

[44] 胡悦,肖汉斌. 现代港口集装箱电子标签系统构建模式研究. 武汉理工大学学报,2010,32(2):72-75.

[45] 包雄关,刘桂云. 基于自动感知技术的集装箱码头生产监控系统. 大连海事大学学报,2013,39(3):95-98.

[46] Lee D H,Jin J G. Feeder vessel management at container transshipment terminals. Transportation Research Part E:Logistics and Transportation Review,2013,49(1):201-216.

[47] Bichou K. An empirical study of the impacts of operating and market conditions on container-port efficiency and benchmarking. Research in Transportation Economics,2013,42(1):28-37.

[48] 梁亮,陆志强. 集装箱码头装卸系统集成调度的建模与优化. 系统工程理论与实践,2010,30(3):476-483.

[49] 李斌,李文锋. 基于 MAS 的集装箱码头物流系统协同生产调度体系. 计算机集成制造系统,2011,17(11):2502-2513.

[50] 陶莎,胡志华,盛昭瀚. 基于关键资源优先的三级装卸搬运分时协调策略. 控制与决策,2015,30(8):1441-1446.

[51] Imai A,Nishimura E,Papadimitriou S. The dynamic berth allocation problem for a contai-

ner port. Transportation Research Part B:Methodological,2001,35(4):401-417.

[52] Chen J H,Lee D H,Goh M. An effective mathematical formulation for the unidirectional cluster-based quay crane scheduling problem. European Journal of Operational Research, 2014,232(1):198-208.

[53] Kozan E. Comparison of analytical and simulation planning models of seaport container terminals. Transportation Planning and Technology,1997,20(3):235-248.

[54] Yun W Y,Choi Y S. A simulation model for container-terminal operation analysis using an object-oriented approach. International Journal of Production Economics,1999,59(1-3): 221-230.

[55] Ottjes J A,Veeke H P M,Duinkerken M B,et al. Simulation of a multiterminal system for container handling. OR Spectrum,2006,28(4):447-468.

[56] Legato P,Trunfio R. A simulation modeling paradigm for the optimal management of logistics in container terminals. Proceedings of 21st European Conference on Modeling and Simulation,Pontypridd,European Council for Modeling and Simulation,2007:479-488.

[57] Legato P,Gullì D,Trunfio R,et al. Simulation at a maritime container terminal:Models and computational frameworks. Proceedings of the 22nd European Conference on Modeling and Simulation,Pontypridd,European Council for Modeling and Simulation,2008:261-269.

[58] 杨静蕾,丁以中. 集装箱码头设备配置的模拟研究. 系统仿真学报,2003,15(8): 1069-1073.

[59] 张婕姝. 港口生产调度仿真模型. 上海海事大学学报,2005,26(2):42-46.

[60] 张婕姝. 集装箱码头微观调度仿真系统建模研究. 系统仿真学报,2005,17(10): 2560-2563.

[61] 陈伟,沈斌,王少梅. 启发式仿真优化方法在设备配置中的应用研究. 系统仿真学报, 2005,17(9):2280-2283,2309.

[62] 真虹. 集装箱码头装卸工艺设计仿真通用平台的构建. 系统仿真学报,2006,18(7): 1829-1834.

[63] 韩晓龙,张少凯,于航. 基于仿真的集装箱港口装卸工艺对比研究. 系统仿真学报,2014, 26(5):1170-1175.

[64] 于航,乐美龙. 装卸同步工艺下前方堆场布局分散度仿真研究. 系统仿真学报,2015, 27(5):1127-1132.

[65] Kozan E,Preston P. Genetic algorithms to schedule container transfers at multimodal terminals. International Transactions in Operational Research,1999,6(3):311-329.

[66] Kozan E. Optimising container transfers at multimodal terminals. Mathematical and Computer Modeling,2000,31(10):235-243.

[67] Alicke K. Modeling and optimization of the intermodal terminal mega hub. OR Spectrum, 2002,24(1):1-18.

[68] Kim K H,Moon K C. Berth scheduling by simulated annealing. Transportation Research Part B:Methodological,2003,37(6):541-560.

[69] Nishimura E,Imai A,Papadimitriou S. Berth allocation planning in the public berth system by genetic algorithms. European Journal of Operational Research,2001,131(2):282-292.

[70] Chen L,Bostel N,Dejax P,et al. A tabu search algorithm for the integrated scheduling problem of container handling systems in a maritime terminal. European Journal of Operational Research,2007,181(1):40-58.

[71] Kaveshgar N,Huynh N,Rahimian S K. An efficient genetic algorithm for solving the quay crane scheduling problem. Expert Systems with Applications,2012,39(18):13108-13117.

[72] Wua Y,Luo J B,Zhang D L,et al. An integrated programming model for storage management and vehicle scheduling at container terminals. Research in Transportation Economics,2013,42(1):13-27.

[73] Golias M,Portal I,Konur D,et al. Robust berth scheduling at marine container terminals via hierarchical optimization. Computers & Operations Research,2014,41:412-422.

[74] Monaco M F,Sammarra M,Sorrentino G. The terminal-oriented ship stowage planning problem. European Journal of Operational Research,2014,239(1):256-265.

[75] 张新艳. 基于进化策略的港口集装箱装船作业优化. 同济大学学报,2005,33(3):361-365.

[76] 张煜,王少梅. 基于遗传算法的泊位连续化动态调度研究. 系统仿真学报,2007,19(10):2161-2164.

[77] 曹庆奎,赵斐. 基于遗传蚁群算法的港口集卡路径优化. 系统工程理论与实践,2013,33(7):1820-1828.

[78] 祝慧灵,计明军. 集装箱船舶全航线配载优化模型与改进遗传算法. 交通运输工程学报,2014,14(5):59-67.

[79] 李坤,唐立新,陈树发. 多集装箱堆场空间分配与车辆调度集成问题的建模与优化. 系统工程理论与实践,2014,34(1):115-121.

[80] 邵乾虔,徐奇,边展,等. 考虑了交箱时间不确定性的场桥堆存作业优化. 系统工程理论与实践,2015,35(2):394-405.

[81] Yue Y,Chun J,Lin H. Optimal planning on gate system on container terminals based on simulation optimization method and case study. Proceedings of 2006 International Conference on Management Science and Engineering. Piscataway:Institute of Electrical and Electronics Engineers Inc,2006:342-347.

[82] Legato P,Mazza R M,Trunfio R. Simulation-based optimization for the quay crane scheduling problem. Proceedings of the 2008 Winter Simulation Conference. Piscataway:Institute of Electrical and Electronics Engineers Inc,2008:2717-2725.

[83] Guo X,Huang S Y,Hsu W J,et al. A simulation based hybrid algorithm for yard crane dispatching in container terminals. Proceedings of Winter Simulation Conference. Piscataway:Institute of Electrical and Electronics Engineers Inc,2009:2320-2331.

[84] Legato P,Mazza R M,Trunfio R. Simulation based optimization for discharge/loading operations at a maritime container terminal. OR Spectrum,2010,32(3):543-567.

［85］Legato P,Mazza R M,Gullì D. Integrating tactical and operational berth allocation decisions via simulation-optimization. Computers & Industrial Engineering,2014,78:84-94.

［86］Cordeau J F,Legato P,Mazza R M,et al. Simulation-based optimization for housekeeping in a container transshipment terminal. Computers & Operations Research,2015,53:81-95.

［87］He J L,Huang Y F,Yan W,et al. Integrated internal truck,yard crane and quay crane scheduling in a container terminal considering energy consumption. Expert Systems with Applications,2015,42(5):2464-2487.

［88］蔡芸. 港口集装箱物流系统仿真和优化方法的研究及应用. 武汉:武汉理工大学博士学位论文,2005.

［89］张涛,苗明,金淳. 基于仿真优化的集装箱堆场资源配置研究. 系统仿真学报,2007,19(24):5631-5634,5638.

［90］金淳,于越,赵璐. 基于仿真优化的集装箱港口大门作业调度研究. 系统仿真学报,2008,20(8):1998-2002.

［91］金淳,邓玲丽,高鹏. 集装箱港口作业资源配置的分布式仿真优化方法. 系统管理学报,2011,20(3):363-369.

［92］王红湘,严伟. 基于启发式算法和仿真优化的岸壁线长度泊位分配策略. 上海海事大学学报,2008,29(1):19-22.

［93］李浩渊,汪定伟. 集装箱码头箱区规划的并行仿真优化方法. 东北大学学报,2008,29(12):1685-1688.

［94］李浩渊,汪定伟. 集装箱码头动态集卡配置的并行仿真优化方法. 系统仿真学报,2009,21(14):4243-4247.

［95］李斌,闫新庆. 面向集装箱码头物流系统的仿真优化研究. 计算机工程与设计,2011,32(11):3814.

［96］Kozan E. Increasing the operational efficiency of container terminals in Australia. Journal of the Operational Research Society,1997,48(2):151-161.

［97］沙梅. 集装箱码头工艺方案设计建模与仿真. 系统仿真学报,2003,15(9):1240-1244.

［98］沙梅. 集装箱码头物流系统建模与仿真综述. 上海海事大学学报,2005,26(1):6-12.

［99］沙梅. 集装箱码头物流运营系统通用性仿真建模共性抽象研究. 系统仿真学报,2008,20(2):285-292.

［100］Bielli M,Boulmakoul A,Rida M. Object oriented model for container terminal distributed simulation. European Journal of Operational Research,2006,175(3):1731-1751.

［101］Henesey L,Davidsson P,Persson J A. Agent based simulation architecture for evaluating operational policies in transshipping containers. Lecture Notes in Computer Science. Berlin:Springer,2006:73-85.

［102］Henesey L. Multi-Agent Systems for Container Terminal Management. Blekinge:Blekinge Institute of Technology PhD thesis,2006.

［103］Kefi M,Korbaa O,Ghedira K,et al. Container Handling Using Multi-Agent Architecture//Lecture Notes in Computer Science. Berlin:Springer,2007:685-693.

[104] Garro A, Russo W. EasyABMS: A domain-expert oriented methodology for agent-based modeling and simulation. Simulation Modelling Practice and Theory, 2010, 18 (10): 1453-1467.

[105] Sun Z, Lee L H, Chew E P, et al. MicroPort: A general simulation platform for seaport container terminals. Advanced Engineering Informatics, 2012, 26(1): 80-89.

[106] Fotuhi F, Huynh N, Vidal J M, et al. Modeling yard crane operators as reinforcement learning agents. Advanced Engineering Informatics, 2013, 42(1): 3-12.

[107] 于蒙. 基于多 Agent 的集装箱码头生产调度系统的研究. 武汉:武汉理工大学博士学位论文, 2007.

[108] 万宁, 林国顺. 基于 Agent 的后方堆场集装箱到达模型. 大连海事大学学报, 2007, 33(1): 76-78, 106.

[109] 周建频. 基于提前期的码头与供应链多 Agent 策略协同及优化. 西南交通大学学报, 2013, 48(6): 1129-1135.

[110] 周鹏飞, 方金灿. 集装箱堆场收发箱管理 Multi-agent 系统研究. 大连理工大学学报, 2013, 53(3): 382-389.

[111] 张煜. 面向集装箱码头的仿真技术和优化方法研究. 武汉:武汉理工大学博士学位论文, 2007.

[112] Dotoli M, Fanti M P, Mangini A M, et al. The impact of ICT on intermodal transportation systems: A modelling approach by Petri nets. Control Engineering Practice, 2010, 18(8): 893-903.

[113] Legato P, Trunfio R, Meisel F. Modeling and solving rich quay crane scheduling problems. Computers & Operations Research, 2012, 39(9): 2063-2078.

[114] 杨神化, 施朝建, 关克平, 等. 基于 MAS 和 SHS 智能港口交通流模拟系统的开发与应用. 系统仿真学报, 2007, 19(2): 289-292, 299.

[115] 张莉, 霍佳震. 基于单船装卸运输模型的集卡配置仿真研究. 系统仿真学报, 2006, 18(12): 3532-3535.

[116] 张莉, 霍佳震. 基于仿真模型的集装箱码头排队系统分析. 计算机工程与应用, 2007, 43(35): 235-238.

[117] Cordeau J F, Laporte G, Legato P, et al. Models and tabu search heuristics for the berth-hallocation problem. Transportation Science, 2005, 39(4): 526-538.

[118] Lee D H, Cao Z, Meng Q. Scheduling of two-transtainer systems for loading outbound containers in port container terminals with simulated annealing algorithm. International Journal of Production Economics, 2007, 107(1): 115-124.

[119] 刘志雄, 王少梅. 带特殊工艺约束的双目标并行多机调度问题研究. 计算机集成制造系统, 2005, 11(11): 1616-1620.

[120] 刘志雄, 王少梅. 基于粒子群算法的并行多机调度问题研究. 计算机集成制造系统, 2006, 12(2): 183-187, 296.

[121] He J L, Huang Y F, Yan W. Yard crane scheduling in a container terminal for the trade-

off between efficiency and energy consumption. Advanced Engineering Informatics,2015, 29(1):59-75.

[122] Sharif O,Huynh N. Storage space allocation at marine container terminals using ant-based control. Expert Systems with Applications,2013,40(6):2323-2330.

[123] Zeng Q C,Yang Z Z. Integrating simulation and optimization to schedule loading operations in container terminals. Computers and Operations Research,2009,36(6):1935-1944.

[124] Bierwirth C,Meisel F. A survey of berth allocation and quay crane scheduling problems in container terminals. European Journal of Operational Research,2010,202(3):615-627.

[125] Bierwirth C,Meisel F. A follow-up survey of berth allocation and quay crane scheduling problems in container terminals. European Journal of Operational Research,2015,244(3): 675-689.

[126] Carlo H J,Vis I F A,Roodbergen K J. Transport operations in container terminals:Literature overview,trends,research directions and classification scheme. European Journal of Operational Research,2014,236(1):1-13.

[127] Carlo H J,Vis I F A,Roodbergen K J. Storage yard operations in container terminals:Literature overview, trends, and research directions. European Journal of Operational Research,2014,235(2):412-430.

[128] Lehnfeld J,Knust S. Loading, unloading and premarshalling of stacks in storage areas: Survey and classification. European Journal of Operational Research, 2014, 239 (2): 297-312.

[129] 吉清凯,胡祥培,孙丽君. 集装箱空箱调度问题的研究现状与发展. 系统工程理论与实践,2014,34(6):1578-1586.

[130] 杨志华,王少梅. 港口拖船配置的计算机仿真研究. 武汉理工大学学报(交通科学与工程版),2003,27(1):124-126.

[131] 刘志雄,王少梅. 港口拖轮作业的计算机仿真研究. 系统仿真学报,2004,16(1):45-47.

[132] 刘志雄. 考虑最短距离作业的港口拖轮作业调度优化. 西南交通大学学报,2011,46(5): 875-881.

[133] 徐奇,邵乾虔,靳志宏. 基于混合流水作业组织的港口拖轮调度优化. 系统工程理论与实践,2014,34(2):485-493.

[134] 徐奇,边展,陈燕,等. 多停泊基地约束下港口拖轮作业的一体化调度优化. 上海交通大学学报,2014,48(1):132-139.

[135] Lim A. The berth planning problem. Operations Research Letters,1998,22(2):105-110.

[136] Brown G G,Lawphongpanich S,Thurman K P. Optimizing ship berthing. Naval Research Logistics,1994,41(1):1-15.

[137] Li C L,Cai X Q,Lee C Y. Scheduling with multiple-job-on-one-processor pattern. IIE Transactions,1998,30(5):433-445.

[138] Guan Y P,Xiao W Q,Cheung R K,et al. A multiprocessor task scheduling model for berth allocation:heuristic and worst-case analysis. Operations Research Letters, 2002, 30(5):

343-350.

[139] Imai A, Nishimura E, Papadimitriou S. Berth allocation with service priority. Transportation Research Part B: Methodological, 2003, 37(5): 437-457.

[140] Imai A, Zhang J T, Nishimura E, et al. The berth allocation problem with service time and delay time objectives. Maritime Economics & Logistics, 2007, 9(4): 269-290.

[141] Imai A, Nishimura E, Hattori M, et al. Berth allocation at indented berths for mega-containerships. European Journal of Operational Research, 2007, 179(2): 579-593.

[142] Vis I F A, Anholt R G. Performance analysis of berth configurations at container terminals. OR Spectrum, 2010, 32(3): 453-476.

[143] 严伟, 杨露, 黄有方, 等. 基于神经网络的集装箱码头泊位分配聚类分析. 上海海事大学学报, 2013, 34(3): 8-12.

[144] Imai A, Sun X, Nishimura E, et al. Berth allocation in a container port: Using a continuous location space approach. Transportation Research Part B: Methodological, 2005, 39(3): 199-221.

[145] 何军良, 宓为建, 谢尘, 等. 基于分布式混合遗传算法的动态泊位分配策略与仿真. 上海海事大学学报, 2008, 29(2): 52-57.

[146] Ganji S R S, Babazadeh A, Arabshahi N. Analysis of the continuous berth allocation problem in container ports using a genetic algorithm. Journal of Marine Science and Technology, 2010, 15(4): 408-416.

[147] Lee D H, Chen J H, Cao J X. The continuous berth allocation problem: A greedy randomized adaptive search solution. Transportation Research Part E, 2010, 46(6): 1017-1029.

[148] Hendriks M, Laumanns M, Lefeber E, et al. Robust cyclic berth planning of container vessels. OR Spectrum, 2010, 32(3): 501-517.

[149] Cheong C Y, Tan K C, Liu D K, et al. Multi-objective and prioritized berth allocation in container ports. Annals of Operations Research, 2010, 180(1): 63-103.

[150] Zhen L, Lee L H, Chew E P. A decision model for berth allocation under uncertainty. European Journal of Operational Research, 2011, 212(1): 54-68.

[151] Xu Y, Chen Q S, Quan X W. Robust berth scheduling with uncertain vessel delay and handling time. Annals of Operations Research, 2012, 192(1): 123-140.

[152] Daganzo C F. The crane scheduling problem. Transportation Research B, 1989, 23(3): 159-175.

[153] Peterkofsky R I, Daganzo C F. A branch and bound solution method for the crane scheduling problem. Transportation Research B, 1990, 24(3): 159-172.

[154] Kim K H, Park Y M. A crane scheduling method for port container terminals. European Journal of Operational Research, 2004, 156(3): 752-768.

[155] Bish E K. A multiple-crane-constrained scheduling problem in a container terminal. European Journal of Operational Research, 2003, 144(1): 83-107.

[156] Sammarra M, Cordeau J F, Laporte G, et al. A tabu search heuristic for the quay crane

scheduling problem. Journal of Scheduling,2007,10(4):327-336.

[157] Chung S H,Choy K L. A modified genetic algorithm for quay crane scheduling operations. Expert Systems with Applications,2012,39(4):4213-4221.

[158] 张亚辉,梁承姬. 基于离散贝位的集装箱港口岸桥作业调度研究. 武汉理工大学学报,2012,34(5):64-69.

[159] 秦天保,沙梅. 基于约束规划建模求解岸桥调度问题. 计算机集成制造系统,2013,19(1):181-186.

[160] 董良才,宓为建. 全岸线集装箱装卸桥调度模型研究. 计算机工程与应用,2012,48(13):216-222.

[161] Meisel F,Bierwirth C. A unified approach for the evaluation of quay crane scheduling models and algorithms. Computers & Operations Research,2011,38(3):683-693.

[162] Park Y M,Kim K H. A scheduling method for Berth and Quay cranes. OR Spectrum,2003,25(1):1-23.

[163] Imai A,Chen H C,Nishimura E,et al. The simultaneous berth and quay crane allocation problem. Transportation Research Part E,2008,44(5):900-920.

[164] Meisel F,Bierwirth C. Heuristics for the integration of crane productivity in the berth allocation problem. Transportation Research Part E,2009,45(1):196-209.

[165] Chen J H, Lee D H,Cao J X. A combinatorial benders cuts algorithm for the quayside operation problem at container terminals. Transportation Research Part E,2012,48(1):266-275.

[166] Birger R,Wout D,Rowan V S. An enriched model for the integrated berth allocation and quay crane assignment problem. Expert Systems with Applications, 2011, 38 (11):14136-14147.

[167] Yavuz B T,Taskin Z C,Aras N,et al. Optimal berth allocation and time-invariant quay crane assignment in container terminals. European Journal of Operational Research,2014,235(1):88-101.

[168] Chang D F,Jiang Z H,Yan W,et al. Integrating berth allocation and quay crane assignments. Transportation Research Part E,2010,46(6):975-990.

[169] Liang C J,Huang Y F,Yang Y. A quay crane dynamic scheduling problem by hybrid evolutionary algorithm for berth allocation planning. Computers & Industrial Engineering,2009,56(3):1021-1028.

[170] Song L Y,Cherrett T,Guan W. Study on berth planning problem in a container seaport:Using an integrated programming approach. Computers & Industrial Engineering,2012,62(1):119-128.

[171] 杨春霞,王诺,杨华龙. 集装箱码头泊位-岸桥分配耦合优化. 计算机集成制造系统,2011,17(10):2270-2277.

[172] 董盼,胡志华,陶莎. 基于岸桥成本分析的集装箱港口泊位和岸桥分配问题. 大连海事大学学报,2013,39(2):60-64.

[173] 赵坤强,韩晓龙,梁承姬. 连续泊位下集装箱港口泊位与桥吊协同调度优化研究. 武汉理工大学学报,2011,33(11):60-65.

[174] 桂小娅,陆志强,韩笑乐. 集装箱码头连续型泊位与岸桥集成调度. 上海交通大学学报,2013,47(2):226-229.

[175] 魏晓东,杨智应. 基于桥吊迁移的集装箱码头连续泊位分配算法研究. 计算机应用研究,2013,30(10):2972-2976.

[176] 肖玲,胡志华. 基于滚动策略的集装箱码头连续泊位与桥吊集成调度. 计算机应用,2013,33(10):2969-2973.

[177] Han X L, Lu Z Q, Xi L F. A proactive approach for simultaneous berth and quay crane scheduling problem with stochastic arrival and handling time. European Journal of Operational Research,2010,207(3):1327-1340.

[178] 周鹏飞,康海贵. 面向随机环境的集装箱码头泊位-岸桥分配方法. 系统工程理论与实践,2008,28(1):161-169.

[179] 曾庆成,胡祥培,杨忠振. 集装箱码头泊位分配-装卸桥调度干扰管理模型. 系统工程理论与实践,2010,30(11):2026-2035.

[180] Matthew E H P. Development and simulation analysis of real-time, dual-load yard truck control systems for seaport container transshipment terminals. OR Spectrum, 2010, 32(3):633-661.

[181] Zhang R Y, Yun W Y, Kopfer H. Heuristic-based truck scheduling for inland container transportation. OR Spectrum,2010,32(3):787-808.

[182] 计明军,刘丰硕,李跟记,等. 基于装卸协同作业的集装箱码头集卡调度及配置优化. 大连海事大学学报,2010,36(1):47-50.

[183] 王铮,陆游,张景玲,等. 面向港口集装箱运输的共享式集卡动态调度. 计算机集成制造系统,2013,19(10):2607-2614.

[184] 徐德磊,韩晓龙,梁承姬. 基于堆存能力的集卡优化分派研究. 武汉理工大学学报,2011,33(9):79-83.

[185] 徐远琴,韩晓龙. 集装箱码头集卡动态调度模型优化. 武汉理工大学学报(信息与管理工程版),2013,35(3):357-360.

[186] 李广儒,杨大奔,任大伟. 集卡动态调度路径优化算法. 交通运输工程学报,2012,12(3):86-91.

[187] 王军,许晓雷. 集装箱码头集卡作业的路径选择. 大连海事大学学报,2011,37(2):25-27.

[188] 尚晶. 面向双40英尺岸桥的码头集卡调度模型与算法. 华中科技大学学报,2010,38(11):84-87.

[189] 丁荣涛. 基于协作能力约束的港口集卡调度优化策略. 清华大学学报,2012,52(8):1158-1164.

[190] Chen L, Langevin A, Lu Z Q. Integrated scheduling of crane handling and truck transportation in a maritime container terminal. European Journal of Operational Research,2013,

225(1):142-152.

[191] 秦天保,彭嘉瑶,沙梅. 带任务顺序约束的岸桥集卡集成调度约束规划模型. 上海海事大学学报,2013,34(3):1-7.

[192] 乐美龙,包节,范志强. 龙门吊与集卡协同调度问题研究. 计算机工程与应用,2012,48(14):241-248.

[193] Kim K H, Kim H B. The optimal determination of the space requirement and the number of transfer cranes for import containers. Computers & Industrial Engineering, 1998, 35(4):427-430.

[194] Zhang C Q, Liu J Y, Wan Y W, et al. Storage space allocation in container terminals. Transportation Research Part B:Methodological,2003,37(10):883-903.

[195] Lee B K, Kim K H. Optimizing the block size in container yards. Transportation Research Part E:Logistics and Transportation Review,2010,46(1):120-135.

[196] Woo Y J, Kim K H. Estimating the space requirement for outbound container inventories in port container terminals. International Journal of Production Economics,2011,133(1):293-301.

[197] Saurí S, Martín E. Space allocating strategies for improving import yard performance at marine terminals. Transportation Research Part E:Logistics and Transportation Review, 2011,47(6):1038-1057.

[198] Alcalde E M, Kim K H, Marchán S S. Optimal space for storage yard considering yard inventory forecasts and terminal performance. Transportation Research Part E:Logistics and Transportation Review,2015,82:101-128.

[199] Matthew E H P. Real-time container storage location assignment at an RTG-based seaport container transshipment terminal:Problem description, control system, simulation model, and penalty scheme experimentation. Flexible Services and Manufacturing Journal,2013, 27(2):351-381.

[200] 王斌. 集装箱码头堆场的一种动态随机堆存方法. 系统工程理论与实践,2007,27(4):147-153,170.

[201] 倪全慧,梁承姬. 基于作业量平衡的集装箱堆场堆存策略研究. 武汉理工大学学报,2012,34(3):75-79.

[202] Kim K H, Hong G P. A heuristic rule for relocating blocks. Computers & Operations Research,2006,33(4):940-954.

[203] Petering M E H, Hussein M I. A new mixed integer program and extended look-ahead heuristic algorithm for the block relocation problem. European Journal of Operational Research,2013,231(1):120-130.

[204] Expósito-Izquierdo C, Melián-Batista B, Moreno-Vega J M. A domain-specific knowledge-based heuristic for the Blocks Relocation Problem. Advanced Engineering Informatics, 2014,28(4):327-343.

[205] Jin B, Zhu W B, Lim A. Solving the container relocation problem by an improved greedy

look-ahead heuristic. European Journal of Operational Research,2015,240(3):837-847.

[206] 张灿荣,钟明,缪立新. 集装箱场地箱位分配问题. 清华大学学报(自然科学版),2015,55(10):1150-1156.

[207] 徐亚,陈秋双,龙磊,等. 集装箱倒箱问题的启发式算法研究. 系统仿真学报,2008,20(14):3666-3669,3674.

[208] 易正俊,江静,胡勇. 堆场集装箱翻箱的 PCNN 优化控制算法. 自动化学报,2011,37(2):241-244.

[209] 朱明华,程奂翀,范秀敏. 基于定向搜索算法的集装箱堆场翻箱问题. 计算机集成制造系统,2012,18(3):639-644.

[210] 周鹏飞,李丕安. 集装箱堆场进口箱翻箱落位仿真分析与启发式优选算法. 系统工程理论与实践,2013,33(12):3145-3155.

[211] Ng W C,Mak K L. Yard crane scheduling in port container terminals. Applied Mathematical Modelling,2005,29(3):263-276.

[212] Ng W C. Crane scheduling in container yards with inter-crane interference. European Journal of Operational Research,2005,164(1):64-78.

[213] 李建忠,韩晓龙. 集装箱港口堆场轮胎式龙门起重机的动态优化配置. 上海海事大学学报,2005,26(3):44-48.

[214] He J L,Chang D F,Mi W J,et al. A hybrid parallel genetic algorithm for yard crane scheduling. Transportation Research Part E:Logistics and Transportation Review,2010,46(1):136-155.

[215] Chang D F,Jiang Z H,Yan W,et al. Developing a dynamic rolling-horizon decision strategy for yard crane scheduling. Advanced Engineering Informatics,2011,25(3):485-494.

[216] 王展,陆志强,潘尔顺. 堆区混贝的堆场场吊调度模型与算法. 系统工程理论与实践,2012,32(1):182-188.

[217] 赵磊,胡志华,李淑琴. 基于作业均衡的集装箱堆场箱区场桥作业调度. 武汉理工大学学报,2013,35(1):69-74.

[218] 李斌,李文锋. 面向哈佛体系结构的集装箱码头场桥作业调度. 计算机工程与应用,2011,47(22):17-20.

[219] 金淳,沈剑峰. 基于仿真的港口大门服务系统性能测试. 系统仿真学报,2008,20(9):2429-2432,2436.

[220] 汤齐,伍德俊. 异贝位混合装卸作业的集装箱码头设备调度优化. 天津大学学报(社会科学版),2015,17(3):274-278.

[221] 丁以中,费红英,韩晓龙. 港口集装箱流研究现状与分析. 上海海运学院学报,2004,25(2):45-54.

[222] 王中杰,谢璐璐. 信息物理融合系统研究综述. 自动化学报,2011,37(10):1157-1166.

[223] 温景容,武穆清,宿景芳. 信息物理融合系统. 自动化学报,2012,38(4):507-517.

[224] 李仁发,谢勇,李蕊,等. 信息-物理融合系统若干关键问题综述. 计算机研究与发展,2012,49(6):1149-1161.

[225] 周兴社,杨亚磊,杨刚. 信息-物理融合系统动态行为模型构建方法. 计算机学报,2014, 37(6):1411-1423.

[226] 李晖,王映辉,于振华. 信息物理融合系统的面向对象 Petri 网建模. 西安电子科技大学 学报,2014,41(2):165-171.

[227] 彭商濂,李战怀,陈群,等. 在线-离线数据流上复杂事件检测. 计算机学报,2012,35(3): 540-554.

[228] 赵祥模,惠飞,史昕,等. 泛在交通信息服务系统的概念、架构与关键技术. 交通运输工 程学报,2014,14(4):105-115.

[229] 刘海宁,刘成良,李彦明,等. 基于 GPS/GIS 的虚拟港口可视化建模. 上海交通大学学 报,2009,43(6):866-870.

[230] 曹小华,陶德馨. 集装箱 RFID 系统的传播损耗模型及其性能分析. 计算机工程,2008, 34(24):272-273.

[231] 庞蓓蓓,梁山,谢开明. 用于多集装箱监测 Leach 协议的改进与仿真研究. 传感技术学 报,2009,22(12):1808-1812.

[232] 张宏宇,柴逸飞,途时亮,等. 基于传感器网络和有源 RFID 的集装箱管理系统. 计算机 工程,2009,35(1):245-246,252.

[233] 谢云,包起帆,姚振强,等. 外高桥自动化堆场的自动作业装卸系统研究. 机械设计与研 究,2007,23(4):106-108.

[234] 唐雅璇,余金山. 采用物联网技术的港口信息化系统. 华侨大学学报(自然科学 版),2012.

[235] 包雄关,刘桂云. 基于自动感知技术的集装箱码头生产监控系统. 大连海事大学学报, 2013,39(3):95-98.

[236] Wing J M. Computational thinking. Communications of the ACM,2006,49(3):33-35.

[237] 董荣胜. 计算思维与计算机导论. 计算机科学,2009,36(4):50-52.

[238] Li B. Container terminal logistics scheduling and decision-making within the conceptual framework of computational thinking. Proceedings of the IEEE 54th Annual Conference on Decision and Control (CDC 2015). Piscataway:Institute of Electrical and Electronics Engineers Inc,2015:330-337.

[239] 牟琴,谭良. 计算思维的研究及其进展. 计算机科学,2011,38(3):10-15.

[240] 李斌. 基于哈佛体系结构的集装箱码头物流系统建模仿真研究. 武汉:武汉理工大学博 士学位论文,2009.

[241] Stallings W. Computer Organization & Architecture:Design for Performance. 7th ed. Indianapolis:Pearson Education,2006.

[242] Hennessy J L,Patterson D A. Computer Architecture:A Quantitative Approach. 4th ed. Amsterdam:Elsevier Science,2007.

[243] 石纯一,张伟. 基于 Agent 的计算. 北京:清华大学出版社,2007.

[244] 毛新军. 面向主体的软件开发. 北京:清华大学出版社,2005.

[245] Wooldridge M. An Introduction to Multi Agent Systems. West Sussex:John Wiley and

Sons Ltd,2002.

[246] 王圣尧,王凌,许烨,等. 求解混合流水车间调度问题的分布估计算法. 自动化学报, 2012,38(3):437-443.

[247] 张煜,李文锋,Storer R H,et al. 多工件族无缓冲混合 Flow Shop 问题的模型和算法构建. 系统工程理论与实践,2013,33(8):2116-2124.

[248] Ramachandran U,Leahy Jr W D. Computer Systems:An Integrated Approach to Architecture and Operating Systems. Indianapolis:Pearson Education,2011.

[249] Stallings W. Operating Systems:Internals and Design Principles. 5th ed. Indianapolis: Pearson Education,2006.

[250] Bic L F,Shaw A C. Operating Systems Principles. Indianapolis:Pearson Education,2003.

[251] 顾晓东,许胤龙,陈国良. 调和装箱算法的平均性能分析. 计算机学报,2001,24(5): 548-552.

[252] 何军良,宓为建,严伟. 基于爬山算法的集装箱堆场场桥调度. 上海海事大学学报,2007, 28(4):11-15.

[253] 严伟,宓为建,苌道方,等.一种基于最佳优先搜索算法的集装箱堆场场桥调度策略. 中国工程机械学报,2008,6(1):95-100.

[254] 李仁发,刘彦,徐成. 多处理器片上系统任务调度研究进展评述. 计算机研究与发展, 2008,45(9):1620-1629.

[255] 卢风顺,宋君强,银福康,等. CPU/GPU 协同并行计算研究综述. 计算机科学,2011, 38(3):4-9.

[256] 王志远,王建华,徐旸. 可重构计算综述. 小型微型计算机,2009,30(6):1203-1207.

[257] Salido M A,Rodriguez-Molins M,Barber F. A decision support system for managing combinatorial problems in container terminals. Knowledge-Based Systems,2012,29:63-74.

[258] Zhang H P,Kim K H. Maximizing the number of dual-cycle operations of quay cranes in container terminals. Computers & Industrial Engineering,2009,56(3):979-992.

[259] Meisel F,Wichmann M. Container sequencing for quay cranes with internal reshuffles. OR Spectrum,2010,32(3):569-591.

[260] 李斌,杨家其. 面向负载均衡的集装箱码头生产调度决策. 系统仿真学报,2013,25(9): 2222-2229.

[261] Yin X F,Khoo L P,Chen C H. A distributed agent system for port planning and scheduling. Advanced Engineering Informatics,2011,25(3):403-412.

[262] 林军,倪宏,孙鹏,等. 一种采用神经网络 PID 控制的自适应资源分配方法. 西安交通大学学报,2013,47(4):112-117.

[263] 李草苍,张翠芳. 基于最小资源分配网络的自适应 PID 控制. 计算机应用研究,2015, 32(1):167-169.

[264] 王诺,徐灵杰,宋南奇,等. 集装箱班轮到港规律的分布函数及实证研究. 大连海事大学学报,2013,39(4):107-110.

[265] 李东,汪定伟. 基于仿真的优化方法综述. 控制工程,2008,15(6):672-677.

[266] 王国新,宁汝新,王爱民. 基于仿真的生产调度优化技术研究. 计算机集成制造系统, 2007,13(7):1419-1427.

[267] Bowen R O, Hall J D. Simulation optimization research and development. Proceedings of Winter Simulation Conference. Piscataway: Institute of Electrical and Electronics Engineers Inc, 2009:1693-1698.

[268] Garpinger O, Hägglund T, Aström K J. Performance and robustness trade-offs in PID control. Journal of Process Control, 2014, 24(5):568-577.

[269] 殷锋,何先波,刘韬. 基于自适应模糊-PID反馈模型的网格调度技术. 计算机科学, 2009,36(7):226-229.

[270] 尹琦,袁小平. 基于灰色预测可变裕度PID网络自适应算法. 计算机应用研究,2012, 29(2):711-713.

[271] 李斌,杨家其. 面向并行可重构计算的集装箱码头生产调度建模与仿真. 计算机应用研究,2013,30(8):2432-2438.

[272] Lee D H, Jin J G, Chen J H. Terminal and yard allocation problem for a container transshipment hub with multiple terminals. Transportation Research Part E, 2012, 48 (2): 516-528.

[273] 王飞跃. 计算实验方法与复杂系统行为分析和决策评估. 系统仿真学报,2004,16(5): 893-897.

[274] 崔凯楠,郑晓龙 文丁,等. 计算实验研究方法及应用. 自动化学报,2013,39(8): 1157-1169.

[275] 叶佩军,吕宜生,吉竞初. 基于社会网络视角的交通仿真和计算实验研究文献分析. 自动化学报,2013,39(9):1402-1412.

[276] 陈英武,刑立宁,王晖,等. 网络环境下社会管理的组织行为建模与计算研究综述. 自动化学报,2015,41(3):462-474.

[277] 袁勇,王飞跃. 不完全信息议价博弈的序贯均衡分析与计算实验. 自动化学报,2016, 42(5):724-734.

[278] 介婧,曾建潮,韩崇昭. 基于群体多样性反馈控制的自组织微粒群算法. 计算机研究与发展,2008,45(03):464-471.

[279] 董红斌,黄厚宽,印桂生. 协同演化算法研究进展. 计算机研究与发展,2008,45(03): 454-463.

[280] 李斌,李文锋. 面向仿真优化的粒子群算法计算模型. 系统仿真学报,2011,23(10): 2118-2124.

[281] Li B. A novel particle swarm optimization with small world network and group decision information. Proceedings of the 2014 IEEE International Conference on Systems, Man, and Cybernetics. Piscataway: Institute of Electrical and Electronics Engineers Inc, 2014: 1132-1139.

[282] Li B, Liang X L, Yang L. An adaptive particle swarm optimization within the conceptual framework of computational thinking. Springer, Advances in Swarm Intelligence, Lecture

Notes in Computer Science (LNCS),2014,8794:134-141.

[283] 王飞跃. 平行控制:数据驱动的计算控制方法. 自动化学报,2013,39(4):293-302.

[284] 王飞跃,刘德荣,熊刚,等. 复杂系统的平行控制理论及应用. 复杂系统与复杂性科学, 2012,9(3):1-12.

[285] 王飞跃. 软件定义的系统与知识自动化:从牛顿到默顿的平行升华. 自动化学报,2015, 41(01):1-8.

[286] 段艳杰,吕宜生,张杰. 深度学习在控制领域的研究现状与展望. 自动化学报,2016, 42(05):643-654.

[287] Li Y,Wang F Y. Vehicle detection based on and-or graph and hybrid image templates for complex urban traffic conditions. Transportation Research Part C:Emerging Technologies,2015,51:19-28.

[288] Li K,Leung J Y T,Cheng B Y. An agent-based intelligent algorithm for uniform machine scheduling to minimize total completion time. Applied Soft Computing,2014,25:277-284.

[289] Guo Z X,Ngai E W T,Yang C. An RFID-based intelligent decision support system architecture for production monitoring and scheduling in a distributed manufacturing environment. International Journal of Production Economics,2014,159:16-28.

[290] 周兴社,梁克,张凯龙,等. 基于反馈控制的多处理器任务调度算法. 西北工业大学学报,2009,27(3):416-420.

[291] 尹超,李涛,刘飞,等. 基于反馈控制的车用空调装配车间动态调度方法. 重庆大学学报,2011,34(10):8-14.

[292] 王凯,候紫峰. Xen 虚拟 CPU 空闲调度算法. 计算机研究与发展,2013,50(11): 2429-2435.

[293] 李晓林,王劲林,尤佳莉. P2P 流媒体系统的数据调度反馈控制实现. 华中科技大学学报 (自然科学版),2013,41(10):105-109.

[294] 汤峰,张平,李方,等. 基于总线的开放式控制系统调度策略. 控制与决策,2015,30(07): 1309-1314.

[295] 朱信成,周川,陈庆伟. 网络控制系统的模型依赖平均驻留时间调度与控制. 控制理论 与应用,2015,32(01):86-92.

[296] Lee S,Prabhu V V. Just-in-time delivery for green fleets:A feedback control approach. Transportation Research Part D:Transport and Environment,2016,46:229-245.

[297] 李斌,杨家其. PID 控制框架下的集装箱码头调度算法. 交通运输系统工程与信息, 2014,14(1):124-130.

近十年的主要科研工作

1. 发表的期刊论文

［1］李斌．面向计算思维的集装箱码头装卸作业调度．交通运输系统工程与信息,2016,16(3)：161-167.（EI Compendex 收录,Accession number:20162802581897）

［2］李斌,杨家其．PID 控制框架下的集装箱码头调度算法．交通运输系统工程与信息,2014,14(01):124-130.（EI Compendex 收录,Accession number:20141317524022）

［3］李斌．面向 PID 控制和仿真优化的集装箱码头作业调度．计算机集成制造系统,2016,22(3):833-845.（EI Compendex 收录,Accession number:20161902360554）

［4］李斌,杨家其．哈佛体系结构下的集装箱码头操作系统计算模型与仿真分析．计算机集成制造系统,2013,19（09）:2300-2314.（EI Compendex 收录,Accession number:20134516954796）

［5］李斌,李文锋．基于 MAS 的集装箱码头物流系统协同生产调度体系．计算机集成制造系统,2011,17(11):2502-2513.（EI Compendex 收录,Accession number:20120114659153）

［6］李斌,李文锋．智能物流中面向 RFID 的信息融合研究．电子科技大学学报,2007,36(6):1329-1332,1349.（EI Compendex 收录,Accession number:080811110933）

［7］Li B,Li W F,Zhang Y,et al. Modeling of container terminal logistics system based on multi-agent. 东南大学学报（英文版）,2007,23（Sup）:146-150.（EI Compendex 收录,Accession number:081611206703）

［8］李斌,李文锋,张煜．Agent-based modeling and simulation for vehicle dispatching at container terminals. 系统仿真学报,2008,20(19):5158-5161,5198.（EI Compendex 收录,Accession number:084611702447）

［9］Li B,Li W F,Zhang Y. Study on modeling of container terminal logistics system using agent-based computing and knowledge discovery. Proceedings of International Symposium on Advances in Computer and Sensor Networks and Systems,2008:164-171. ISBN 978-1-4276-2980-7.（ISTP 收录,Accession number:WOS:000257195200026）International Journal of Distributed Sensor Networks,2009,5（1）:36.（SCI 收录,Accession number:WOS:000265103800035,会后推荐）

［10］李斌,杨家其．面向负载均衡的集装箱码头生产调度决策．系统仿真学报,2013,25(09):2222-2229.（CSCD 核心期刊）

［11］李斌,李文锋．面向仿真优化的粒子群算法计算模型．系统仿真学报,2011,23(10):2118-2124.（CSCD 核心期刊）

［12］李斌,杨家其．面向并行可重构计算的集装箱码头生产调度建模与仿真．计算机应用研究,2013,30(08):2432-2438,2450.（CSCD 核心期刊）

[13] 李斌,李文锋. WSN 与 RFID 技术的融合研究. 计算机工程,2008,34(9):127-129. (CSCD 核心期刊)

[14] 李斌,李文锋. 面向哈佛体系结构的集装箱码头场桥作业调度. 计算机工程与应用, 2011,47(22):17-20,28. (CSCD 核心期刊)

[15] 李斌,李文锋. 基于仿真的优化的粒子群算法参数选取研究. 计算机工程与应用,2011, 47(33):30-35. (CSCD 核心期刊)

[16] 李斌,闫新庆. 面向集装箱码头物流系统的仿真优化研究. 计算机工程与设计,2011, 32(11):3814-3818. (北京大学核心期刊)

[17] 李斌,闫新庆,胡家香. 基于哈佛结构和群集智能的集装箱码头物流系统建模优化. 江苏 科技大学学报,2011,25(3):282-287. (北京大学核心期刊)

[18] Yan X Q,Liu Y,Li B,et al. A memoryless binary query tree based successive scheme for passive RFID tag collision resolution. Information Fusion,2015,22:26-38. (SCI 1 区期刊, SCI 收录,Accession number:WOS:000343619300004)

2. 发表的会议论文

[1] Li B. Container terminal logistics scheduling and decision-making within the conceptual framework of computational thinking. Proceedings of the IEEE 54th Annual Conference on Decision and Control (CDC 2015),Osaka,Piscataway:Institute of Electrical and Electronics Engineers Inc,2015:330-337. (清华大学重要国际学术会议 A 类会议,EI Compendex 收录, Accession number:20161402197001)

[2] Li B,Shen W M. A gang scheduling computational paradigm for container terminal logistics with processor affinity. Proceedings of the 2015 IEEE International Conference on Systems, Man,and Cybernetics. Hong Kong,2015:1357-1362. (清华大学重要国际学术会议 A 类会 议,EI Compendex 收录,Accession number:20161802324559;ISTP 收录,Accession number:WOS:000368940201073)

[3] Li B. A novel particle swarm optimization with small world network and group decision information. Proceedings of the 2014 IEEE International Conference on Systems,Man,and Cybernetics (SMC 2014). Piscataway,Institute of Electrical and Electronics Engineers Inc, 2014:1132-1139. (清华大学重要国际学术会议 A 类会议,EI Compendex 收录,Accession number:20153101092324;ISTP 收录,Accession number:WOS:000370963701040)

[4] Li B,Shen W M. A parallel computing model for container terminal logistics. Proceedings of the 2015 IEEE International Conference on Automation Science and Engineering,Gothenburg,2015:267-273. (清华大学重要国际学术会议 B 类会议,EI Compendex 收录,Accession number:20160101765843)

[5] Li B,Li W F. Modeling and simulation of container terminal logistics systems using Harvard architecture and agent-based computing. Proceedings of the 2010 Winter Simulation Conference. Winter Simulation Conference 2010. Piscataway:Institute of Electrical and Electronics Engineers Inc,2010:3396-3410. (清华大学重要国际学术会议 B 类会议,EI Compendex 收

录,Accession number:20110813674148;ISTP 收录,Accession number:WOS:000287976-703048)

[6] Li B,Li W F,Stefan V. Modeling container terminal scheduling systems as hybrid flow shops with blocking based on attributes. Logistik Management,2009:413-434. ISBN:978-3-7908-2361-5.(与德国物流权威 Stefan Voß 教授合写,并赴德国参会宣读论文)

[7] Li B,Yang J Q. A generalized computational model for container terminal logistics systems with the perspective of multiprocessor system-on-chip. Proceedings of 2013 IEEE Region 10 Conference,2013:1-6. ISBN:978-1-4799-2825-5.(EI Compendex 收录,Accession number:20140917393009;ISTP 收录,Accession number:WOS:000334921600212)

[8] Li B,Liang X L,Yang L. An adaptive particle swarm optimization within the conceptual framework of computational thinking. Springer,Advances in Swarm Intelligence,Lecture Notes in Computer Science(LNCS),2014,8794:134-141.(EI Compendex 收录,Accession number:20150400451734;ISTP 收录,Accession number:WOS:000345009700015)

[9] Li B. A container terminal logistics computational architecture with MPSoC distributed cooperative computing perspective. 第 34 届中国控制会议论文集,Hangzhou,2015:8709-8714.(EI Compendex 收录,Accession number:20154601537715)

[10] 李斌,李文锋. 基于 RFID 和 GPS 的物流信息融合应用研究. 第 27 届中国控制会议论文集,Kunming,2008:389-393. IEEE Catalog ♯:CFP0840A. ISBN:978-7-81124-390-1.(EI Compendex 收录,Accession number:084011616386;ISTP 收录,Accession number:WOS:000259746400083)

[11] Li B,Yan X Q. Berth allocation problem with Harvard architecture and agent-based computing. Proceedings of the 2010 International Conference on Computer Application and System Modeling,Piscataway:Institute of Electrical and Electronics Engineers Inc,2010:197-201.(EI Compendex 收录,Accession number:20104913451767)

[12] Li B,Yan X Q. Modeling of ambient intelligence based on information fusion and service oriented computing. Proceedings of the 5th International Conference on Ubiquitous Information Technologies and Applications,2010:1-5.(EI Compendex 收录,Accession number:20110413625685)

[13] Li B,Li W F,Zhang Y,et al. Modeling and simulation of yard trailer dispatching at container terminals. Proceedings of 2009 the IEEE International Conference on Automation and Logistics,2009:29-34. ISBN:978-1-4244-4795-4.(EI Compendex 收录,Accession number:20094812517040;ISTP 收录,Accession number:WOS:000291503400006)

[14] Li W F,Li B,Zhang Y. Container terminal scheduling and decision-making using simulation based optimization and business intelligence. Proceedings of 2008 IEEE International Conference on Mechatronics and Automation,2008:1053-1058. IEEE Catalog ♯:CFP08839. ISBN:978-1-4244-2632-4.(EI Compendex 收录,Accession number:20091712055277;ISTP 收录,Accession number:WOS:000267671500189,第一作者是本人的博士生导师)

[15] Li B,Li W F,Zhang Y. Modeling of container terminal logistics system using multi-agent

and data mining. Proceedings of the 4th International Conference on Intelligent Logistics Systems,2008:164-170. ISBN:978-7-305-05482-2. (ISTP 收录,Accession Number:WOS:000259513600023)

3. 主持和参与的主要科研项目

（1）中国博士后科学基金:集装箱码头泊位-岸桥-集卡协同生产调度仿真优化研究（第 51 批二等资助,批准号:2012M511695,起止年月:2012.06～2014.06,主持,按时结题）;

（2）国家自然科学基金:面向同贝同步装卸的集装箱码头前沿集成生产调度计算实验（批准号:61304210,起止年月:2014.01～2016.12,主持,在研）;

（3）教育部人文社会科学研究一般项目:不确定环境下集装箱码头生产调度的复合模型、优化策略及其计算实现（批准号:11YJC630089,起止年月:2012.06～2014.06,主持,免于鉴定结题）;

（4）福建省自然科学基金:不确定环境下的集装箱码头泊位与岸桥协同配置调度仿真优化研究（批准号:2012J05108,起止年月:2012.06～2014.12,主持,按时结题）;

（5）福建省教育厅 A 类科技计划项目:基于哈佛体系结构的集装箱码头物流系统建模与优化研究（批准号:JA10214,起止年月:2010.08～2012.12,主持,按时结题）;

（6）福建省教育厅 2012 年度"福建省高校杰出青年科研人才培育计划":集装箱码头物流系统集成生产调度控制计算实验研究（批准号:JA12268S,起止年月:2012.08～2014.09,主持,按时结题）;

（7）福建省教育厅 2015 年度"福建省高校新世纪优秀人才支持计划":基于计算思维和计算实验的集装箱港口集疏运调度决策体系与优化模式（批准号:闽教科〔2015〕54 号文件,起止年月:2015.08～2017.09,主持,在研）;

（8）国家"十一五"科技支撑计划课题:现代物流综合管理关键技术与平台（批准号:2006BAH02A06,起止年月:2006.12～2009.06,主研,按时结题）。

4. 相关成果获奖情况

（1）《基于哈佛体系结构的集装箱码头物流系统建模仿真研究》——武汉理工大学优秀博士学位论文;

（2）《哈佛体系结构下的集装箱码头操作系统计算模型与仿真分析》——第十三次中国物流学术年会优秀论文奖（二等奖）;

（3）《PID 控制框架下的集装箱码头调度算法》——第十四次中国物流学术年会优秀论文奖（三等奖）;

（4）《面向负载均衡的集装箱码头物流服务调度建模与仿真》——第十三次中国物流学术年会优秀论文奖（三等奖）;

（5）《基于 MAS 的集装箱码头物流系统协同生产调度体系》——第十一次中国物流学术年会优秀论文奖（三等奖）;

（6）*Modeling and simulation of container terminal logistics systems using Harvard architecture and agent-based computing*——第十次中国物流学术年会优秀论文奖（三等奖）;

（7）《现代物流综合管理关键技术与平台》——2010 年度教育部科技成果完成者，排名第十二。

5．学术任职与荣誉

（1）入选福建省教育厅 2015 年度"福建省高校新世纪优秀人才支持计划"；

（2）入选福建省教育厅 2012 年度"福建省高校杰出青年科研人才培育计划"；

（3）中国物流学会特约研究员；

（4）福建工程学院省一级重点学科交通运输工程二级学科方向交通运输规划与管理学术带头人；

（5）福建工程学院交通运输学院物流管理专业负责人。

编　后　记

　　《博士后文库》(以下简称《文库》)是汇集自然科学领域博士后研究人员优秀学术成果的系列丛书。《文库》致力于打造专属于博士后学术创新的旗舰品牌，营造博士后百花齐放的学术氛围，提升博士后优秀成果的学术和社会影响力。

　　《文库》出版资助工作开展以来，得到了全国博士后管委会办公室、中国博士后科学基金会、中国科学院、科学出版社等有关单位领导的大力支持，众多热心博士后事业的专家学者给予积极的建议，工作人员做了大量艰苦细致的工作。在此，我们一并表示感谢！

《博士后文库》编委会